Jeweler 도우미 I

J CAD Pro

장성식 저

북스힐

머리말

현재 세계적으로 귀금속 업계는 디자인에서부터 3D까지 표현하고 출력할 수 있는 CAD & CAM 시대라고 할 수 있습니다.

10여 년 전에 JCAD는 대상물을 그리기 위한 Tool bar가 가장 적고, 가장 간단한 명령체계로 쉽고 빠르게 그릴 수 있다 보니 귀금속 업계의 세공인들과 귀금속에 관심이 있는 많은 분들이 JCAD를 배우고 싶어 하였으나 배울 수 있는 교재나 프로그램이 국내에는 거의 없었습니다.

그러던 중에 JCAD를 공급하고 있는 영진재료상사의 류재현 회장님과 일본의 JCAD 개발자이며 GLB CAD & CAM Laboratory(株式繇社 GLB)의 대표이신 Hisanori Sato님, 학계와 교육의 일선에서 교육하시는 존경하는 교수님과 선생님 여러분, 귀금속 업계에 계신 사장님 여러분, 그리고 JCAD에 관심이 많으신 여러분들의 적극적인 권유와 도움으로 2008년 11월 한국 JCAD CAM 연구소가 생기면서 저는 초대 소장이 되었으며 초보자를 위한 『Jeweler 도우미 I JCAD Pro』를 쓰기에 이르렀습니다.

저는 지난 30여 년 넘게 귀금속업계에서 몸담아 왔으며, 그 중에 20여 년 동안은 훌륭하신 스승님들의 가르침으로 귀금속업계에서의 원본, 세공, 조각, 도매, 소매 등 다양한 실무경험을 하였고, 이후 축적된 지식과 제가 가지고 있는 기능을 바탕으로 10여 년 동안은 일선 교육원에서 교육하고 있습니다.

JCAD의 기능에 대하여 영문으로 해설하여 놓은 것을 단순하게 번역하여 놓은 책이 아닌 지난 실무경력의 지식과 기능과 교육의 경험을 총 동원하여 JCAD를 배우려는 분들을 위하여 JCAD의 기초 교육 교재인 『Jeweler 도우미 I JCAD Pro』를 썼으며, 초반부에 '따라하기'와 후반부에 'Tool bar와 Manual의 기능'들을 새롭고 상세하게 설명하였습니다.

교재에 나오는 용어들을 '용어집'으로 모아서 해석해 놓아 일반인들이 이해하기 쉽고 배우기 쉽게 자세히 썼습니다.

『Jeweler 도우미 I JCAD Pro』를 더 추가적으로 설명하자면 귀금속 업계에 종사하시는 분들이 JCAD를 보다 쉽게 배우실 수 있도록 초보자가 귀금속 기능을 배우는 체계적인 방법을 적용하고 응용하여 22가지의 '따라 하기'를 체계적으로 썼으며, 매 페이지마다 별도의 하트 칸을 만들어서 해당 페이지에서 사용되는 Tool bar들의 이름에 해당하는 Tool bar들의 모양을 해당 페이지의 하트 칸에 사실적으로 표현하여 Tool bar들을 보다 빨리 익히실 수 있게 배려하였습니다.

또한, JCAD를 그리기 쉬운 순서대로 배열한 '따라 하기'를 3번 이상 따라 하다 보면 자신도 모르게 JCAD를 잘 이해하시고 초보단계는 벗어나 있을 것입니다.

'따라 하기'로 Tool bar와 익숙하여진 후에 후반에 소개되어 있는 Tool bar의 상세 기능을 자세히 소개하였으니 이를 잘 익히고 응용하신다면 여러분께서도 귀금속 업계에서 프로가 되실 수 있을 것입니다.

마지막으로 『Jeweler 도우미 I JCAD Pro』 교재 안에 나오는 용어들을 용어집으로 요약하여 놓았으며, 그림을 그릴 때 도움이 되는 필수 자료들을 올려 놓았습니다.

보다 많은 분들이 JCAD를 잘 익히시어 다양한 디자인의 세계에 많이 동참하시길 바라면서 추후 전문인을 위한 『Jeweler 도우미 II JCAD Pro』로 다시 여러분을 만나길 바랍니다.

끝으로 남다른 신체조건을 가지고 있는 저를 이 자리에까지 이끌어 주신 모든 분들에게 감사드립니다.

2009년 4월

장성식 씀

CONTENTS

따라 하기

툴 바(Tool bar) 기능 살펴보기

부록

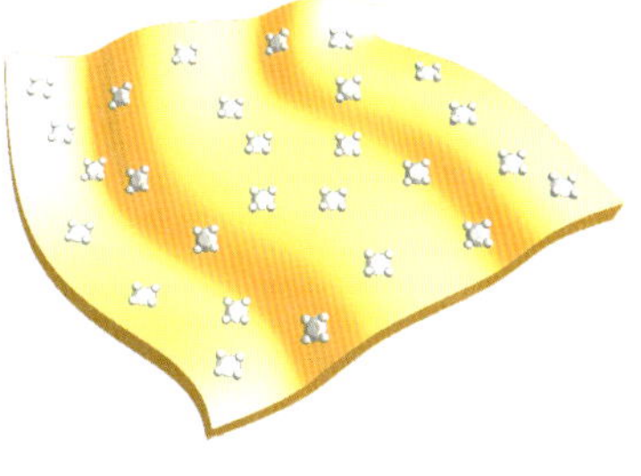

JCAD 설치하기

JCAD 설치하기 전에 JCAD로 원하는 물체를 그리기 위하여 실행 파일이 있는 JCAD CD가 있어야 하는데 영진재료상사가 제공하여 책 뒤에 포장되어 있는 Trial Edition 데모 버전(demonstration version) CD(저장은 안 되지만 기능은 모두 있습니다)와 영진재료상사에서 판매하고 있는 교육용 Basic Ver.2.0(몇 가지의 중요한 기능이 없습니다) CD, 그리고 정품 Pro Ver.2.0.2이 있습니다.

또한, JCAD CD 안에는 JCAD 실행 파일과 툴 바들의 사용법을 비디오로 보여주는 Lotus Screen CAM 97 MFC Application Video 실행 파일이 함께 내장되어 있는데 35가지로 분류하여 제작해 놓은 Video를 실행하여 보시면 JCAD를 배우시는 데 보다 더 많은 도움이 되실 것입니다.

아울러, JCAD를 실행하기 위하여 컴퓨터의 최소 사양은 운영체계=MS Windows 98 이상, CPU=Pentium Ⅲ 이상, RAM=256MB 이상, 그리고 CD-ROM이 있어야 합니다.

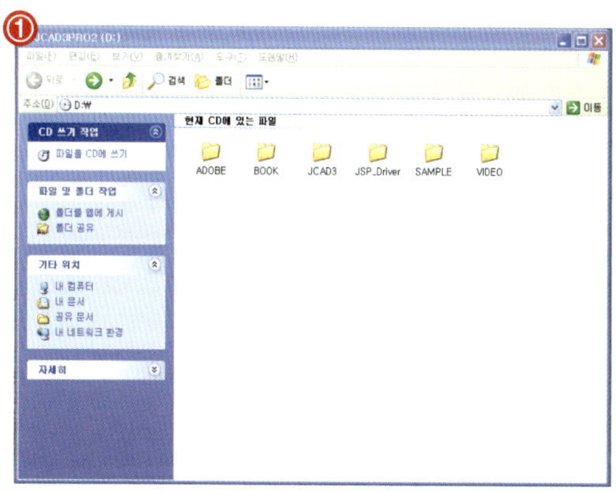

JCAD 설치하기 위하여 구입하신 JCAD CD를 컴퓨터의 CD-ROM에 넣으면 ①과 같이 JCAD 설치 창이 화면에 나타납니다(예제는 정품 Pro Ver.2.0.2로 실행합니다).

②

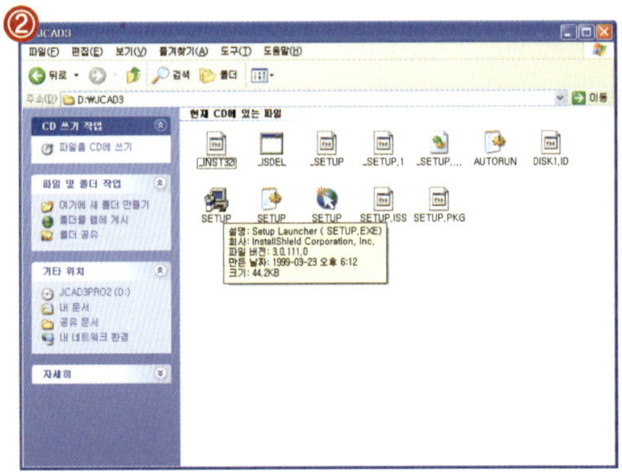

JCAD3 폴더 클릭하면 ②와 같은 창에서 두 번째 줄에 첫 번째 SETUP을 클릭합니다.

③

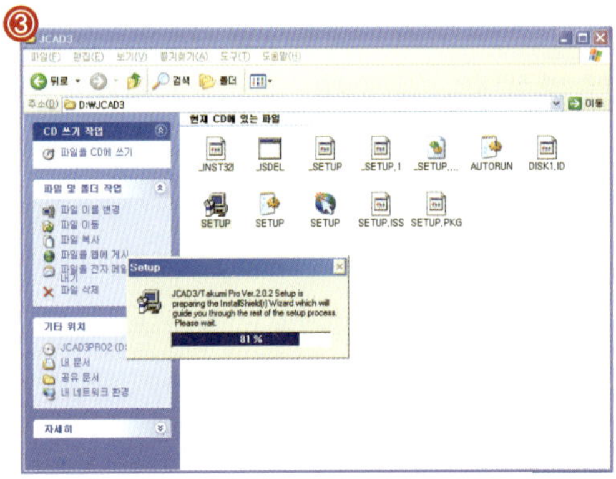

③과 같이 SETUP창이 뜨면 100 %가 될 때까지 잠시 기다리시면 됩니다.

④

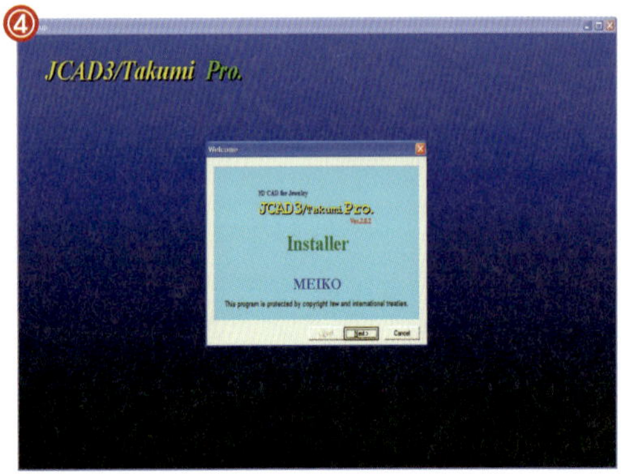

설치 화면이 ④와 같이 나타나면 NEXT를 클릭합니다.

⑤

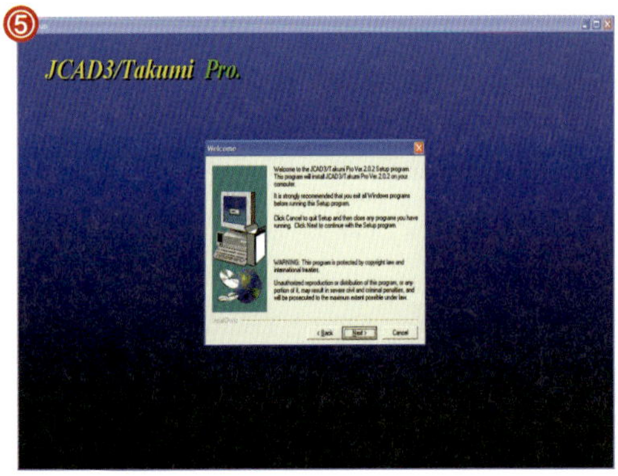

프로그램을 실행하기 전에 윈도우상의 다른 프로그램들을 클릭하여 종료 후 실행하여 주십시오.

다른 프로그램들을 종료한 후 ⑤와 같이 NEXT를 클릭합니다.

⑥

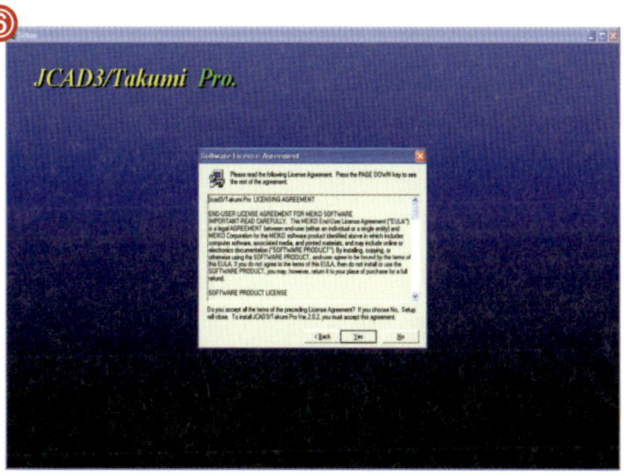

SOFRWARE 사용에 관한 동의에 관한 내용입니다.
동의하시면 ⑥과 같이 YES를 클릭합니다.

⑦

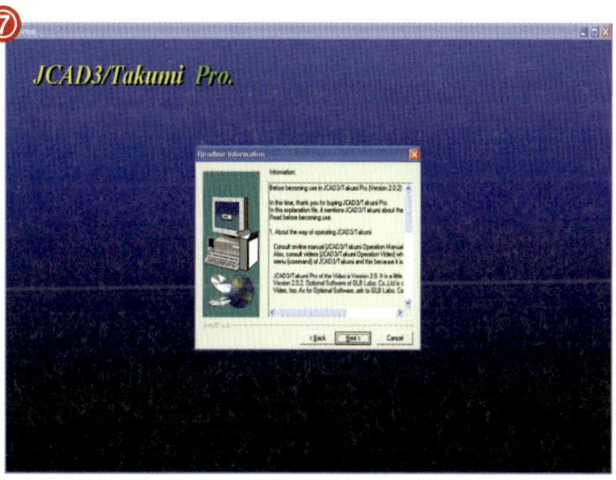

MANUAL에 관한 정보입니다.
정보를 읽어 보시고 ⑦과 같이 NEXT를 클릭합니다.

⑧

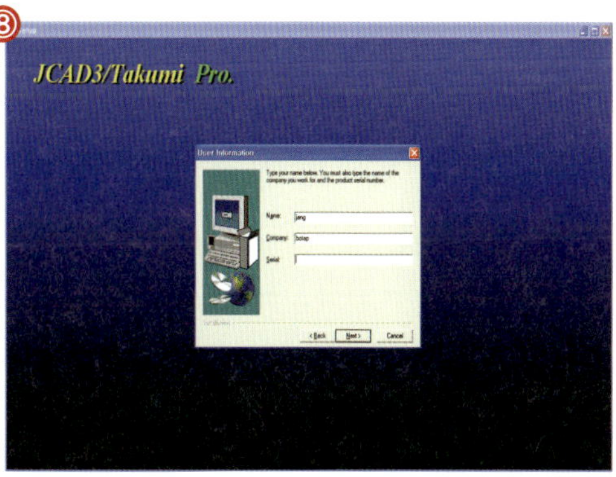

사용자 정보 창에 사용자의 이름과 사용 회사명, 그리고 SERIAL넘버를 기입하고 ⑧과 같이 NEXT를 클릭합니다.

⑨

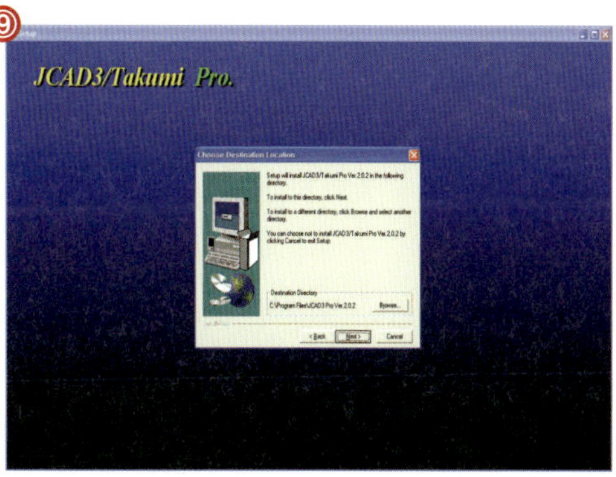

설치를 할 경로가 나오는데 설치를 다른 파일에 설치하고 싶으면 Browser를 선택하여 원하는 파일 안에 설치하고 그렇지 않고 프로그램 파일 안에 설치하려면 ⑨와 같이 NEXT를 클릭합니다.

⑩
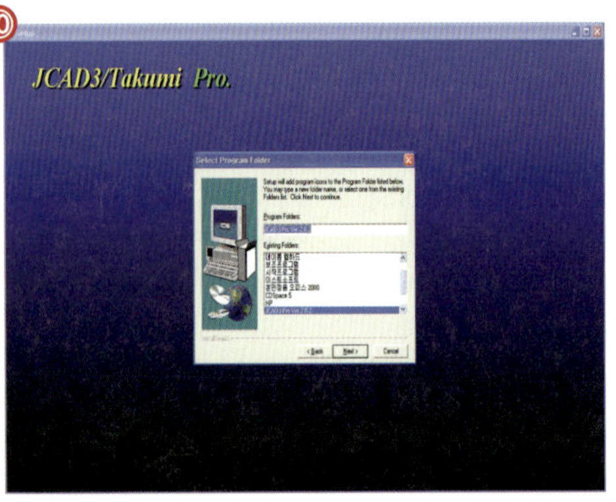

프로그램 폴더 이름의 변경을 원하면 변경이 가능하며 아이콘을 생성합니다.
파일 명을 정하였으면 ⑩과 같이 NEXT를 클릭합니다.

⑪
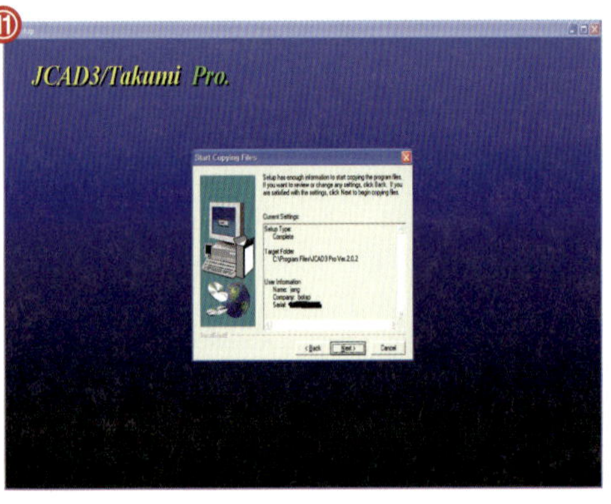

파일의 정보들을 복사하고 있습니다.
파일의 정보들을 확인 후 ⑪과 같이 NEXT를 클릭합니다.

⑫
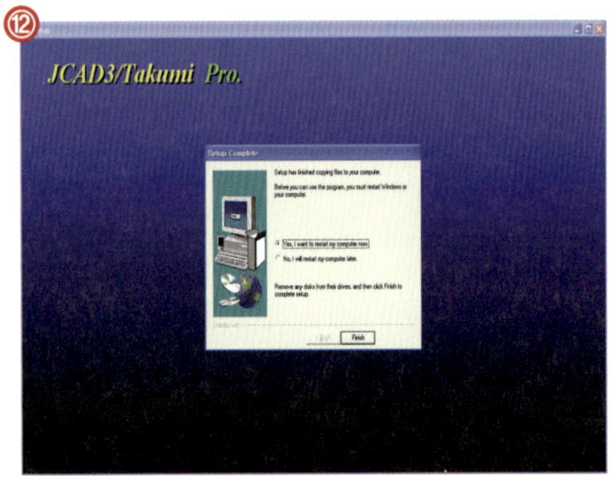

파일들의 설치가 끝나면 프로그램 시작 전에 반드시 컴퓨터를 재시작해야 하는데 그 여부를 묻고 있습니다.
⑫와 같이 설치 CD를 제거하고 컴퓨터를 재시작해야 하는 곳에 클릭하고 FINISH를 클릭하면 SETUP이 완료됩니다.

컴퓨터 화면의 왼편 하단에 있는 시작 메뉴 안에 ⇔ 프로그램 클릭 ⇔ JCAD3 Pro Ver.2.0.2 클릭 ⇔ JCAD3 Pro 클릭하면 JCAD 프로그램이 실행됩니다.

JCAD Pro

따라 하기

1 기초 다지기

①

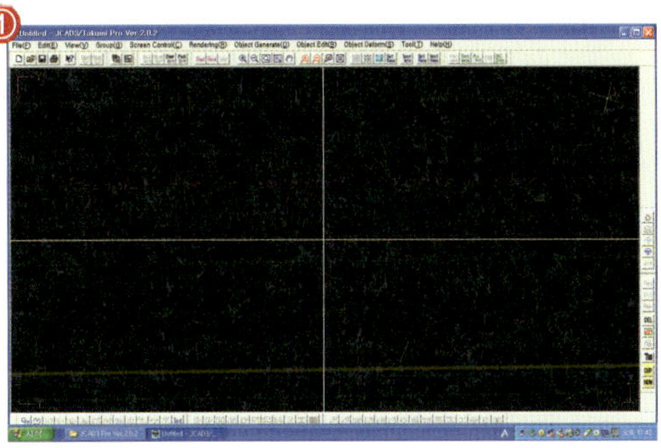

(1) JCAD를 실행하게 되면 ①과 같은 화면 우측 상단에 있는 '최대화' 버튼을 클릭합니다(소개되어질 따라 하기에서는 페이지의 한쪽 편에 Tool 모음들을 만들어 현재 페이지에서 사용되는 여러 툴의 모양을 차례로 제시해 놓아 보다 쉽게 툴을 선택하여 클릭할 수 있게 도울 것입니다).

②

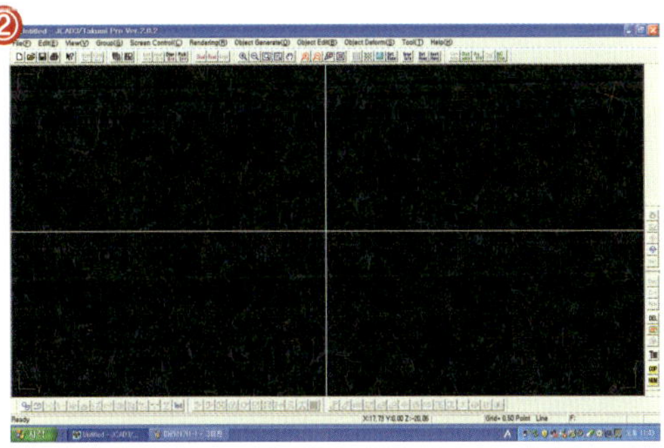

(2) ②와 같이 '아이콘에서 화면 복원' 상태로 버튼을 변하게 하면 화면 하단에 현재의 명령 상태와 원하는 툴을 클릭하였을 때 해당되는 툴의 기본 기능 설명, 마우스의 위치의 수치, Set Group 번호, Show Group 번호, Grid의 간격 등을 보여주는 새로운 줄이 보이게 됩니다.

③

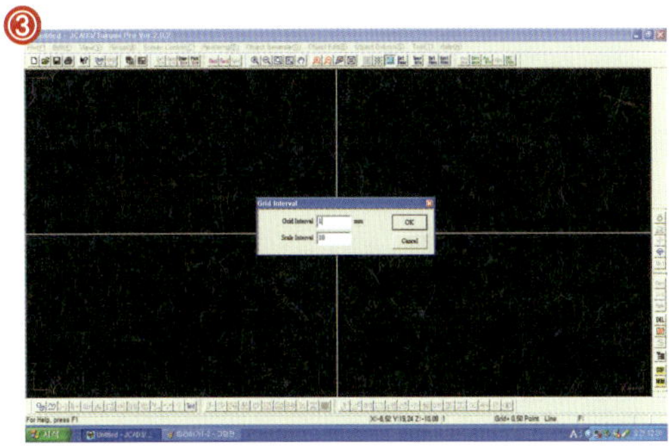

(3) 화면 상단의 Tool 중에 Grid Interval 클릭하면 ③과 같이 Grid Interval 창이 뜨는데 화면에 나타나는 파란 점들의 간격을 나타내는 Grid Interval 칸에 1을 입력하고, 화면에 나타나는 노란 점과 노란 점 사이의 파란 점의 개수를 입력할 수 있는 Scale Interval에 10을 입력하고 OK를 클릭합니다.

TOOL

TOOL

④

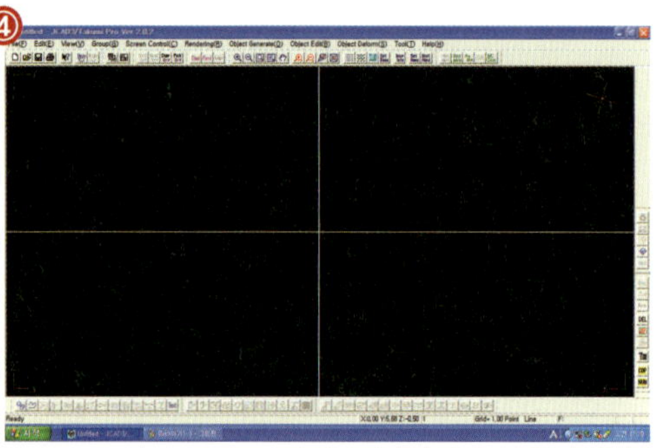

(4) ④와 같이 ⊙ XY-Plan, ⊙ YZ-Plan, ⊙ ZX-Plan의 세 화면에 표시되는 눈금 점들의 간격을 활용하여 정확한 간격으로 연속 클릭, 확대나 축소, 복사나 이동 등을 하려고 할 때 그때 그때 용도에 맞게 수시로 변형하여 용이하게 사용할 수 있습니다.

⑤

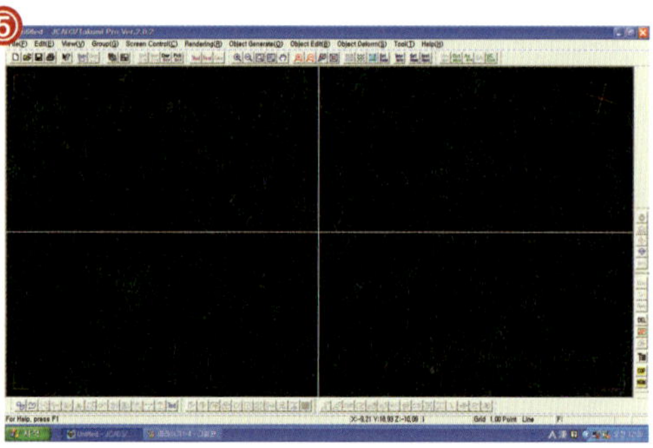

(5) Show Grid를 클릭하면 ⑤와 같이 눈금 점들이 없어지면서 화면 하단 오른편에 Grid ＊ 별 모양이 사라지며, Show Grid를 다시 클릭하면 파란 점과 파란 점 사이가 1 mm 간격으로 파란 점들이 화면에 눈금으로 나타나고 파란 점 10개마다 1개씩 표시되는 노란 점들이 눈금으로 나타나며 화면 하단 오른편에 Grid ＊별 모양이 다시 표시됩니다.

⑥

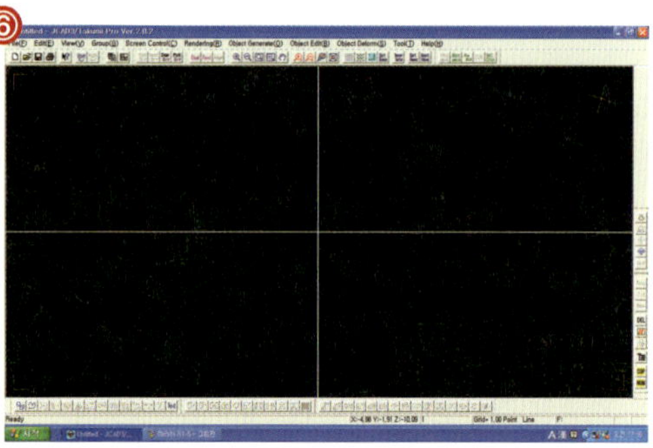

(6) 화면 상단에 Zoom In을 클릭할 때마다 조금씩 화면이 커지고 Zoom Out을 클릭할 때마다 조금씩 화면이 작아지는데 이 두 개의 Tool들을 이용하여 ⑥과 같이 화면 상태를 그리기 좋은 크기로 조정합니다.

⑦

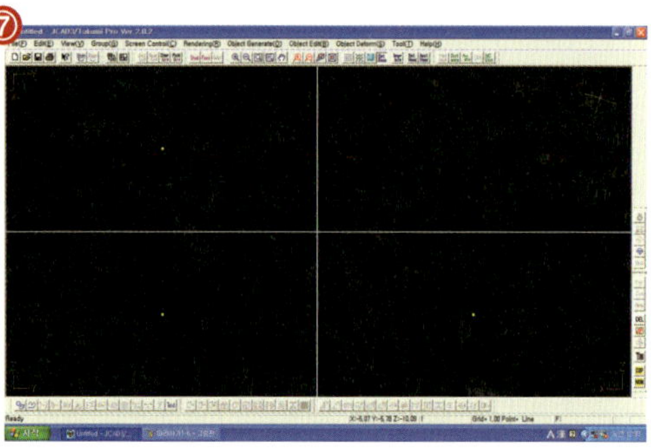

(7) Set Base Point/Line 클릭하면 ⑦과 같이 Select Point/Line 창이 뜨는데 ⊙ Point 클릭 ⇔ 초기 화면의 중심점을 정하여 표시하는 굵은 노란 점이 나타나는데 이 굵은 점을 그리는 상황에 따라 자유롭게 클릭 드래그하여 옮겨 놓아 그려질 화면의 중심을 변경할 수 있습니다.

⑧
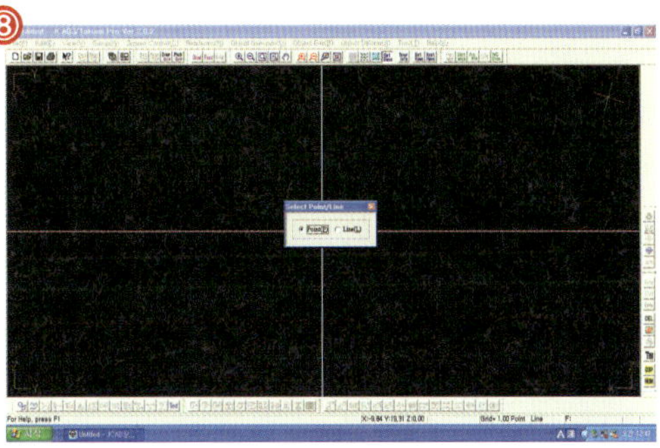

(8) Set Base Point/Line 다시 클릭하면 ⑧과 같이 Select Point/Line 창이 뜨는데 ⊙ Line 클릭 ⇔ 초기 화면의 중심선을 정하여 표시하는 굵은 노란 선과 선 양쪽에 굵은 노란 두 점이 나타나는데 이 굵은 노란 두 점도 그림 그리기 편리하게 수시로 원하는 위치로 클릭 드래그하여 화면의 중심 값을 수정해서 결정할 수 있습니다.

⑨
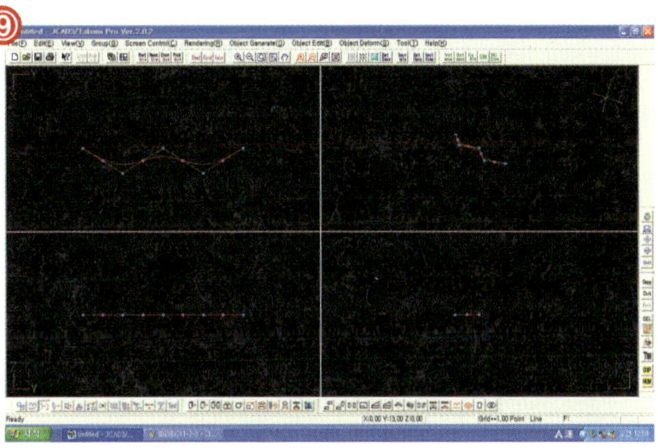

(9) Bind Grid를 클릭하면 ⑨와 같이 화면 하단 상태표시줄 오른편에 Grid ＊＊(첫 번째는 Show Grid 표시 별 모양) 두 번째 자리에 별 모양이 나타나고 화면의 눈금 점 위에 징짐이 찍힙니다. 이를 잘 이용하여 각진 정사각과 원형 등을 잘 그릴 수 있습니다.

⑩
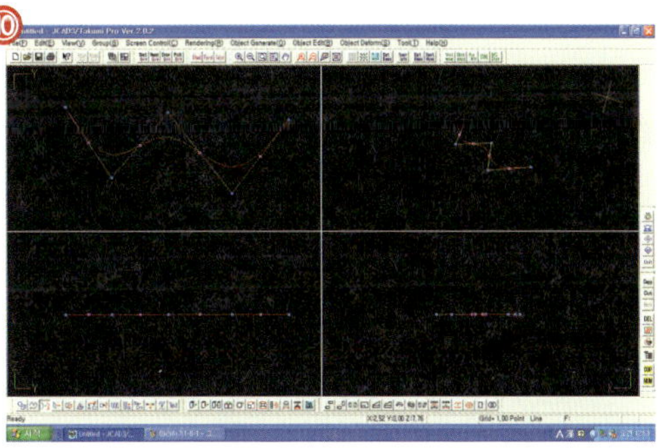

(10) Bind Grid를 또 다시 클릭하면 ⑩과 같이 화면 하단 상태표시줄 오른편에 Grid 옆에 두 번째에 나타났던＊별 모양이 없어지며 화면의 눈금 점 위나 자유롭게 원하는 곳에 임의의 정점을 찍을 수 있어서 이를 이용하여 자유로운 선을 그릴 수 있습니다.

⑪
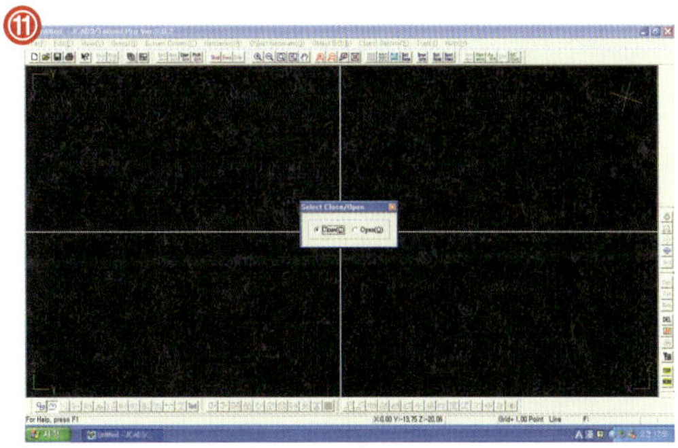

(11) 화면에 새로운 선을 표현하기 위해 New 클릭 ⇔ 아니오 클릭 ⇔ Wire 클릭하면 ⑪과 같이 select Close/Open 창이 나오는데 ⊙ Close 클릭 ⇔ 닫히게 그리는 선과 ⊙ Open 클릭 ⇔ 열리게 그리는 선 중에 하나를 선택하여 클릭하고 화면을 왼쪽 마우스로 클릭하면 정점이 찍히는데 선 모양이 되게 연속 클릭하여 원하는 선을 그립니다.

TOOL

⑫

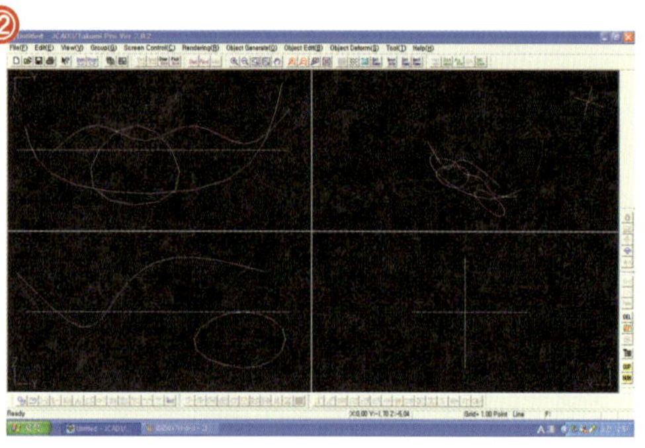

(12) 닫히거나 열리게 자유로운 여러 선들을 표현해 보고 ⑫와 같이 오른쪽 마우스를 클릭하여 명령을 종료하고 왼쪽 마우스를 클릭하면 선의 색이 하얀색으로 변하면서 선들이 비활성화되는데, 다시 한 선을 왼쪽 마우스로 클릭하면 빨간 상태의 활성화된 선으로 되는데 Delete을 클릭하여 차례로 지워 봅니다.

⑬

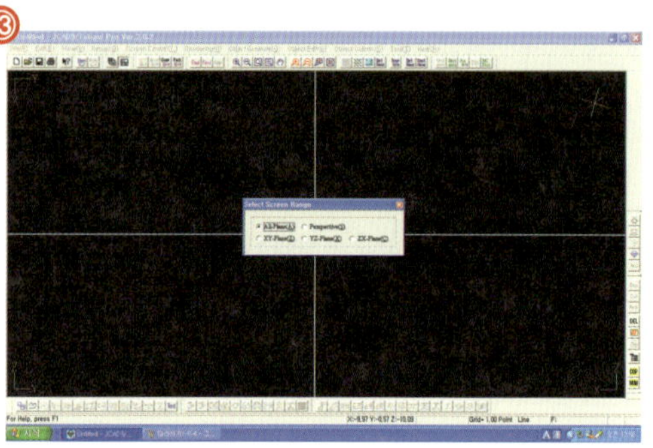

(13) Screen Range 클릭하여 ⑬ 과 같이 Select Screen Ranger 창에서 하나씩 클릭⇔화면 상태를 변경하여 봅니다.

i. ⊙ All-Plane(A) ⇔ 4개 화면으로 보기
ii. ⊙ Perspective(S) ⇔ 3D의 화면
iii. ⊙ XY-Plane(Z) ⇔ 평면도의 화면
iv. ⊙ YZ-Plane(X) ⇔ 정면도의 화면
v. ⊙ ZX-Plane(C) ⇔ 우측면도의 화면

⑭

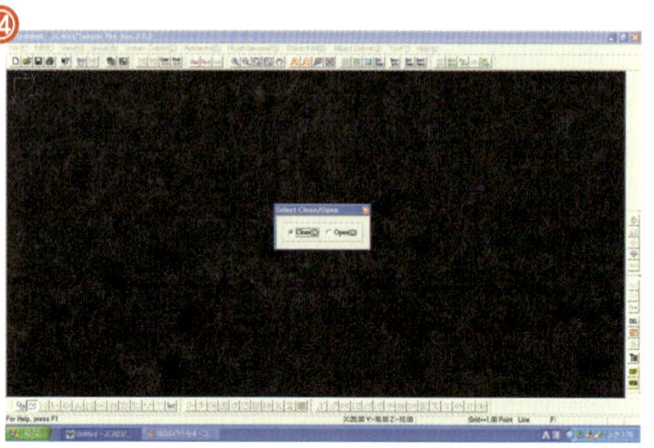

(14) XY-Plane 클릭⇔ Wire 클릭하면 ⑭ 와 같이 Select Close/Open 창의 Open 선택 ⇔ ⑮ 와 같이 화면을 왼쪽 마우스로 연속 클릭하며 자유로운 선을 표현하고 오른쪽 마우스를 클릭하여 명령을 종료하는 방법으로 다른 선을 차례로 그립니다.

i. 파란 점 ⇔ 곡이 진 표시 부분 정점
ii. 녹색 점 ⇔ 각이 진 표시 부분의 정점 (마우스를 잡지 않은 다른 손으로 키보드의 Shift를 누른 상태에서 왼쪽 마우스 반복 클릭 ⇔ 각진 녹색 정점이나 곡선 표시의 파란 정점으로 클릭할 때마다 바꾸어 집니다).
iii. 파란 점이나 녹색 점을 클릭하면 노란

⑮

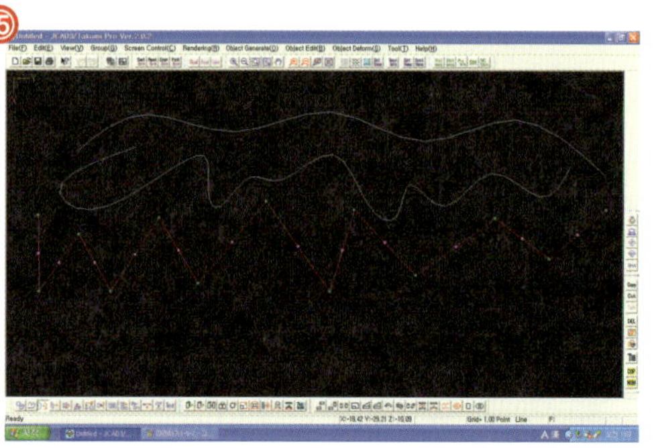

⑯
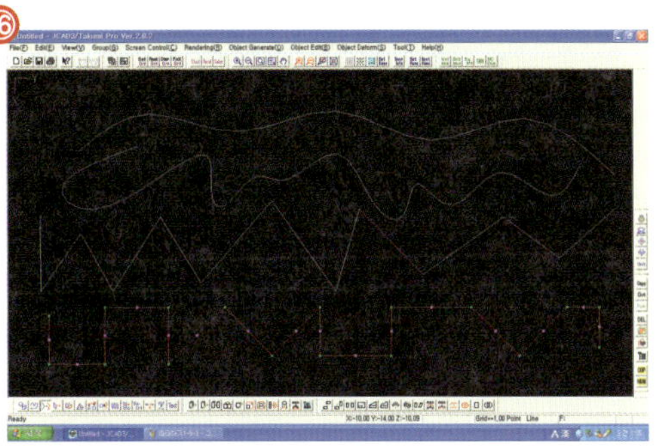

⑰
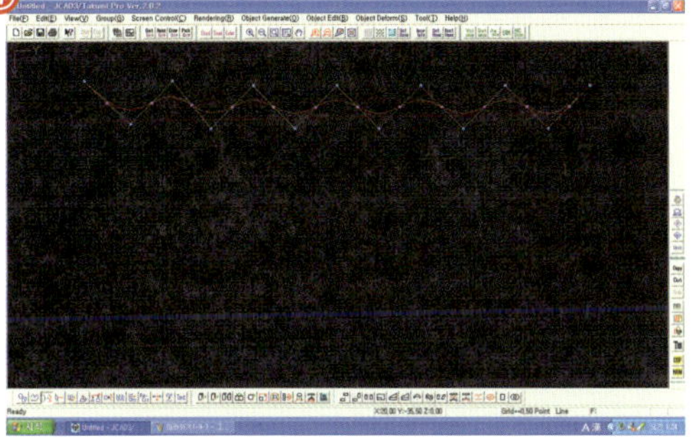

⑱
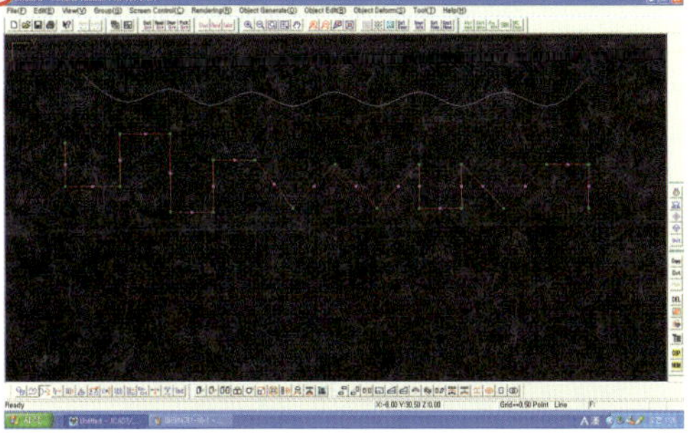

⑲
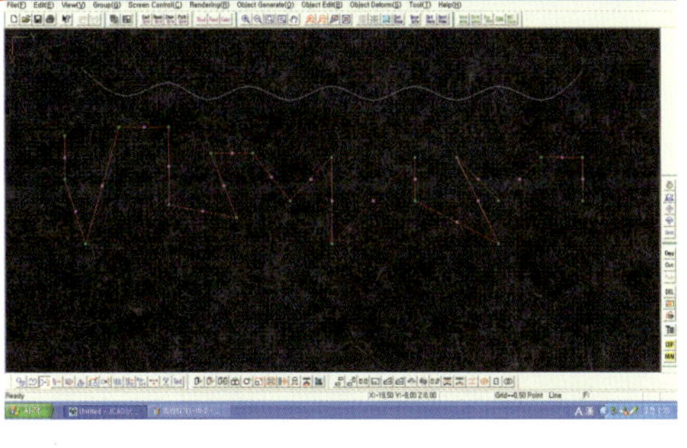

정점으로 바뀌는데 이점을 클릭 드래그하여 변형하며 Del로 없앨 수 있습니다.

iv. 분홍 점 ⇔ 파란 정점이 될 예비 정점인데 분홍 정점을 클릭 ⇔ 파란 정점으로 변하면서 양쪽에 분홍 점을 가지게 됩니다.

v. 마우스를 잡지 않은 다른 손으로 키보드의 Ctrl을 누르고 왼쪽 마우스로 다음 정점을 클릭하면 ⑯과 같이 직선과 45˚로 이동하며 찍을 수 있습니다.

(15) New 클릭 ⇔ 아니오 클릭 ⇔ Show Grid 클릭 ⇔ 정점을 정확한 간격으로 그릴 수 있는 Bind Grid와 Wire를 클릭하면 ⇔ Select Close/Open 창의 Open 선택하여 ⇔ ⑰과 같이 왼쪽 마우스로 원하는 곳을 클릭하면 가장 가까운 파란 눈금 점과 노란 눈금 점 위에 정점을 찍어 주어 원하는 치수로 클릭이 가능합니다.

(16) 다시 Wire를 클릭하고⇔Select Close/Open 창의 Open 선택하여 ⇔ 키보드의 Shift와 Ctrl을 누른 상태에서 왼쪽 마우스로 클릭하며 ⑱과 같이 그리고 Wire Deform 클릭하고 수정하려는 정점을 클릭 ⇔ 노란색으로 변한 정점을 누른 상태에서 이동 ⇔ ⑱을 ⑲와 같이 자유롭게 변형하여 봅니다.

(17) 여러 선들을 그려 보았는데 여러 선을 활성화하고 싶을 때는 마우스를 잡지 않은

⑳

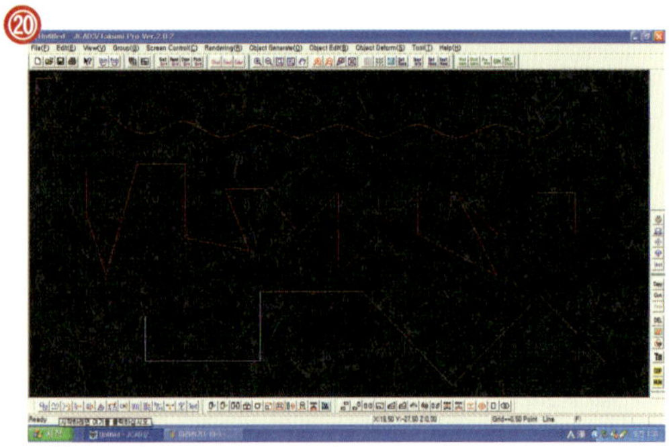

다른 손으로 키보드의 Ctrl를 누른 상태에서 왼쪽 마우스로 원하는 선을 클릭하여 ⑳과 같이 추가로 활성화할 수 있습니다. 정점이나 물체들에서도 활성화하는 방법은 동일합니다.

(18) 또 다른 방법으로 선이나 물체들을 왼쪽 마우스로 클릭한 상태에서 한꺼번에 드래그하여 활성화하고 마우스를 잡지 않은 다른 손으로 키보드의 Shift를 누른 상태에서 선이나 물체를 하나씩 클릭하면 비활성화되는데 이 방법을 역으로 이용하여 원하는 선이나 물체를 활성화할 수도 있습니다.

㉑

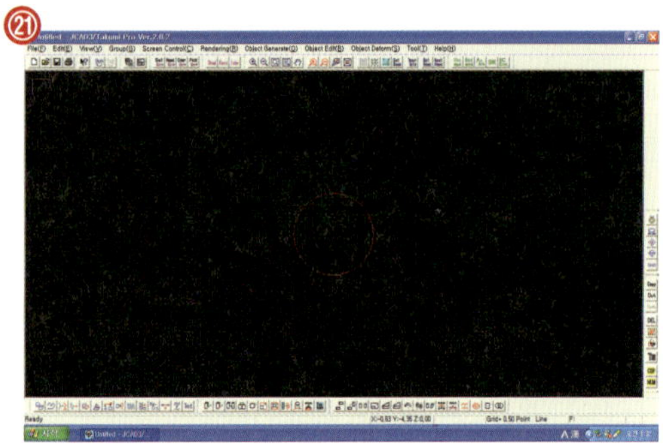

(19) New 클릭 ⇔ 아니오 클릭 ⇔ Primitive를 클릭 ⇔ ㉑과 같이 Select Primitive 창이 보이는데 Circle을 클릭하면 화면에 원이 보입니다.

㉒

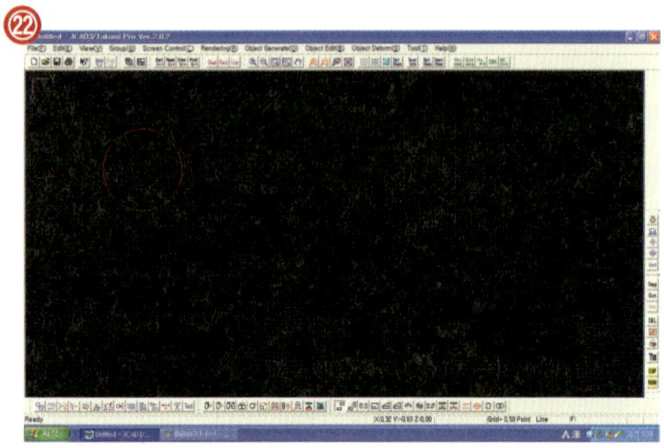

(20) Move를 클릭하고 ㉒와 같이 왼쪽 마우스를 클릭 드래그하여 화면에 알맞은 자리에 이동시킨 후에 오른쪽 마우스를 클릭하여 명령을 종료합니다.

㉓

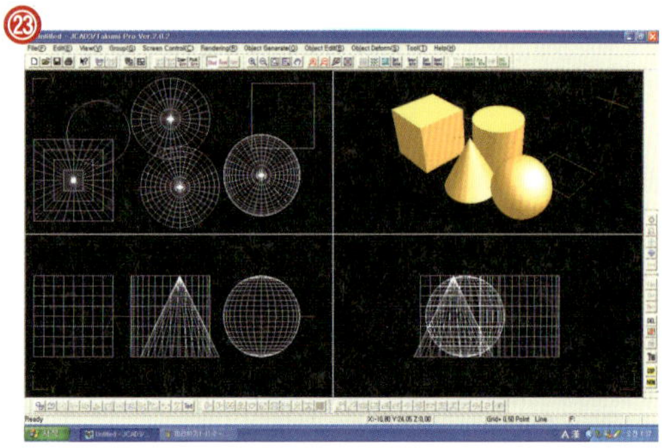

(21) Screen Range 클릭 ⇔ ⊙ All-Plane 클릭 ⇔ 위와 같은 방법으로 ㉓과 같이 Select Primitive 창 안에 있는 6가지를 화면에 보이게 하고 오른쪽 마우스를 클릭하여 명령을 종료시키며 화면을 왼쪽 마우스를 클릭하여 모두를 비활성화 시키고 Shading을 클릭하여 봅니다.

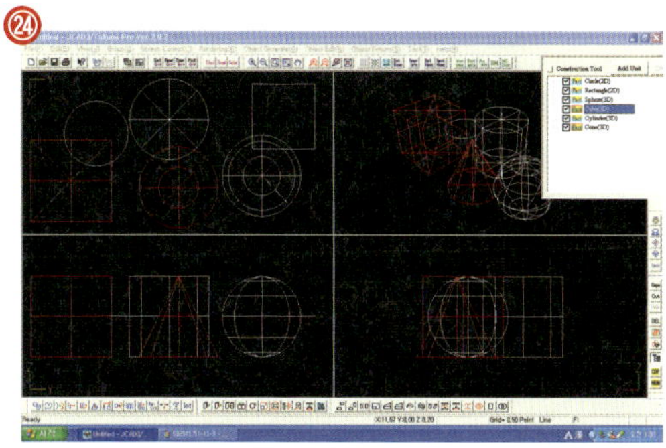

여러 물체나 선 등이 한 화면에 있을 경우 한 선이나 물체만을 활성화하기 위하여 오른쪽 마우스를 클릭하여 Shading 명령을 종료하고 Construction Tool을 클릭합니다.

(22) 대화 창에서 ㉔와 같이 Part를 클릭할 때마다 활성화나 비활성회를 할 수 있으며 ⇔ Part 앞에 체크되어 있는 것을 클릭하면 화면에서 사라지고 다시 체크하면 화면에 나타나고 ⇔ Add Unit를 클릭하여 폴더를 만들어 물체들을 넣어 관리할 수도 있으며 Delete Unit을 클릭하여 만든 폴더를 지울수도 있는데 폴더 안에 있던 Part는 사라지지 않습니다.

TOOL

DEL

2 기본 도형 · 정육면체

TOOL

①

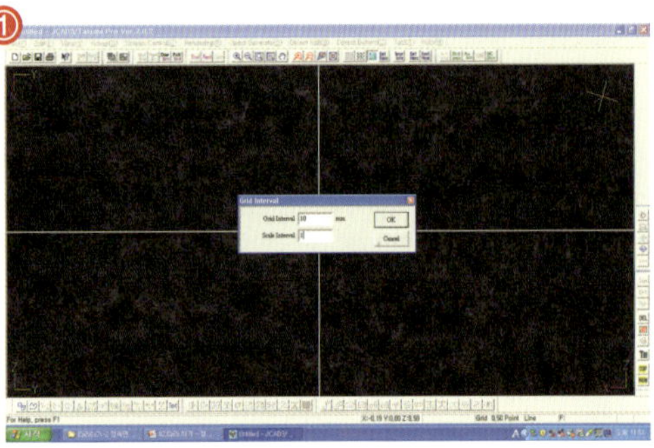

(1) 가로 10 mm, 세로 10 mm, 높이 10 mm 의 정육면체를 그려 봅니다.

(2) Grid Interval 클릭 ⇔ ① 과 같이 화면의 표시 점인 파란 점과 파란 점의 간격을 표시하는 Grid Interval을 10 mm로 변경하고 노란 점과 노란 점 사이에 있는 파란 점의 개수를 scale Interval에서 1로 변경한 후 OK를 클릭합니다.

②

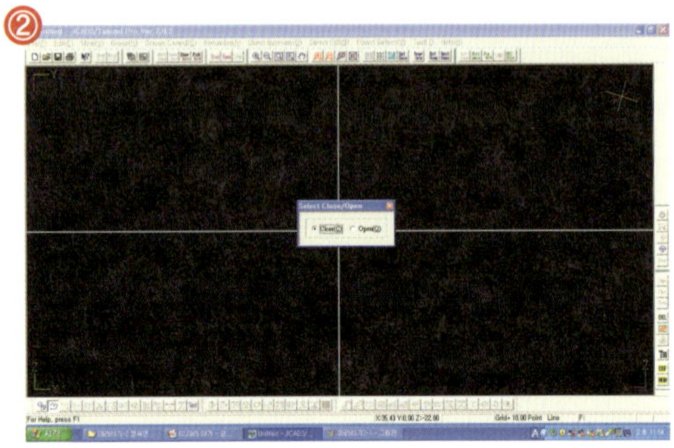

(3) Show Grid 클릭⇔ 화면을 클릭하면 10 mm 간격의 화면의 표시 점인 노란 점(파란 점들은 노란 점 속에 같이 표현되어 있습니다)들이 표시되는데 ⇔ Zoom out과 Zoom In으로 화면을 그리기 편리한 크기로 맞춥니다.

(4) Wire 클릭 ⇔ ②와 같이 Select Close/Open 창에서 ⊙ Close 선택합니다.

③

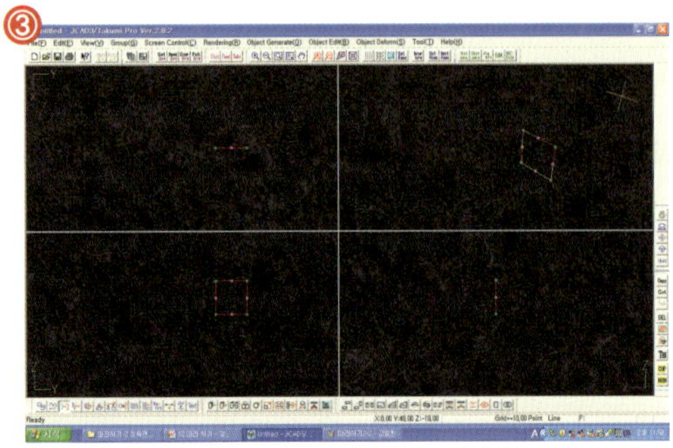

(5) Bind Grid 클릭 ⇔ ③ 과 같이 YZ-Plane에서 10 mm 간격의 화면의 표시 점인 노란 3개의 점을 마우스를 잡지 않은 다른 손으로 키보드의 Shift를 누른 상태에서 시계

④
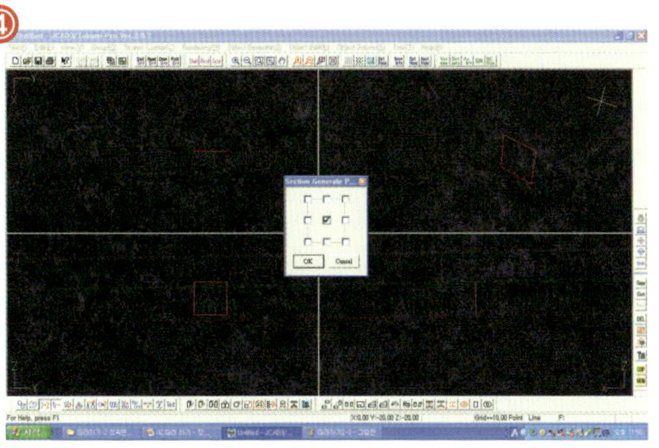

방향으로 각각 클릭하고 오른쪽 마우스를 클릭하면 각진 녹색 점의 정사각형을 쉽게 그릴 수 있습니다.

(6) Sweep 클릭 ⇔ ④와 같이 Section 창에서 중앙 윗부분을 클릭 ⇔ OK를 클릭합니다.

(7) XZ-Plane 화면에서 볼 때 윗면에 해당하는 부분을 왼쪽 마우스로 클릭한 상태를 유지하고 ⇔ 아래로 한 눈금 (10 mm)을 드래그하고 다시 한 번 왼쪽 마우스를 클릭하면 ⑤와 같이 됩니다.

⑤
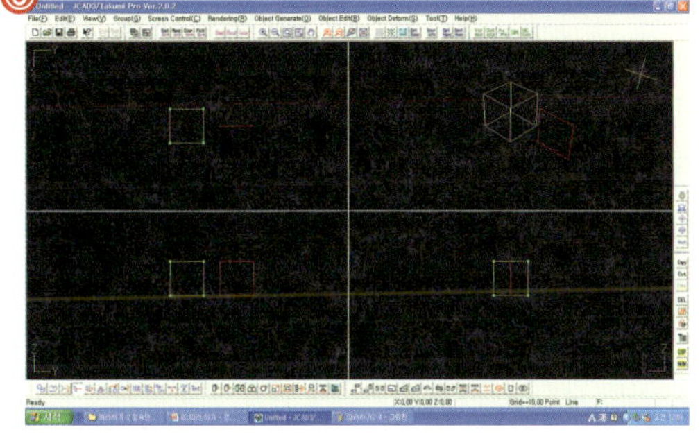

(8) 위 상태에서 오른쪽 마우스를 클릭 ⇔ 새로운 Sweep Divide Number 창이 열리는데 Sweep Divide(물체 안에 단면의 숫자) 박스에 0을 기입하고 OK를 클릭합니다.

⑥
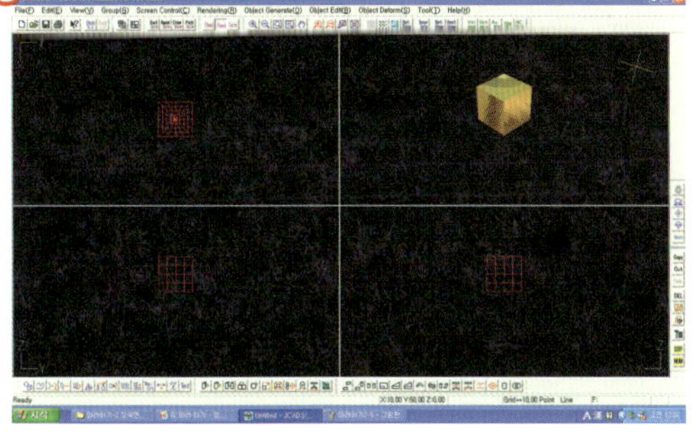

(9) Rendering 클릭 ⇔ ⑥과 같이 정육면체가 완성됩니다.

3 기본 도형 · 원기둥

TOOL

①

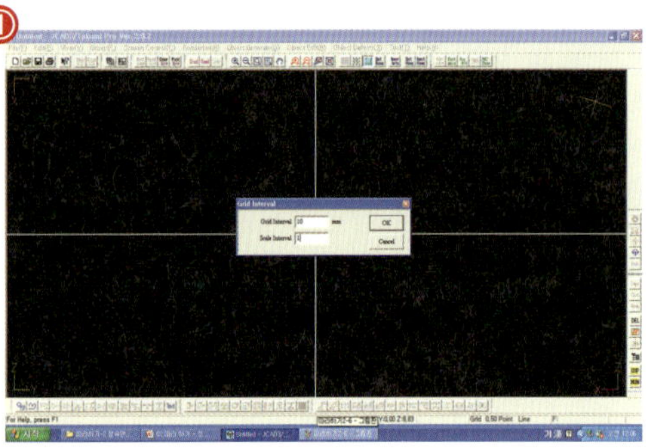

(1) 지름 10 mm, 높이 10 mm의 원기둥을 그려 봅니다.

(2) Grid Interval 클릭 ⇔ ①과 같이 화면의 표시 점인 파란 점과 파란 점의 간격을 표시하는 Grid Interval을 10 mm로 변경하고 노란 점과 노란 점 사이에 있는 파란 점의 개수를 scale Interval에서 1로 변경하고 OK를 클릭한 후에 Show Grid 클릭 ⇔ 화면을 클릭하면 10 mm 간격의 화면의 표시 점인 노란 점들이 표시됩니다.

②

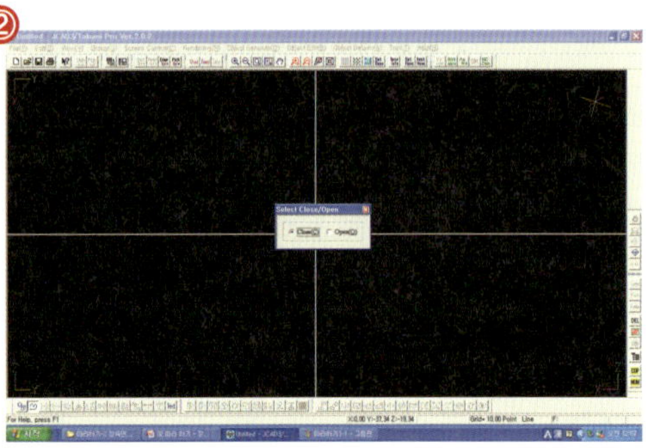

(3) Wire 클릭 ⇔ Select Close/Open 창에서 ②와 같이 ⊙ Close (C)를 선택합니다.

③

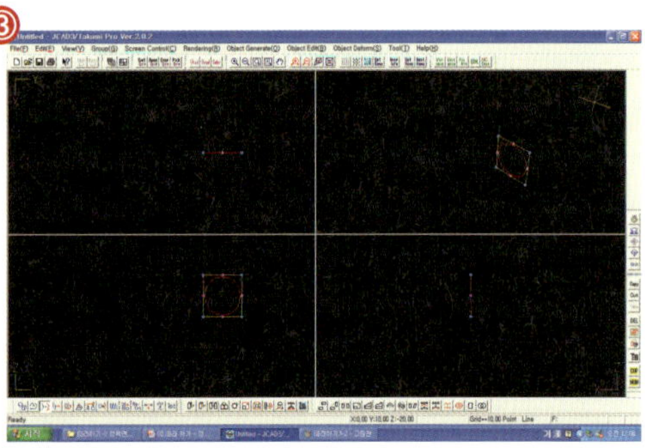

(4) Bind Grid 클릭 ⇔ ③과 같이 화면의 표시 점인 10 mm 간격의 노란 3개의 점을 시계 방향으로 왼쪽 마우스로 클릭하고 오른쪽 마우스를 클릭하면 원형이 쉽게 그려 집니다.

④
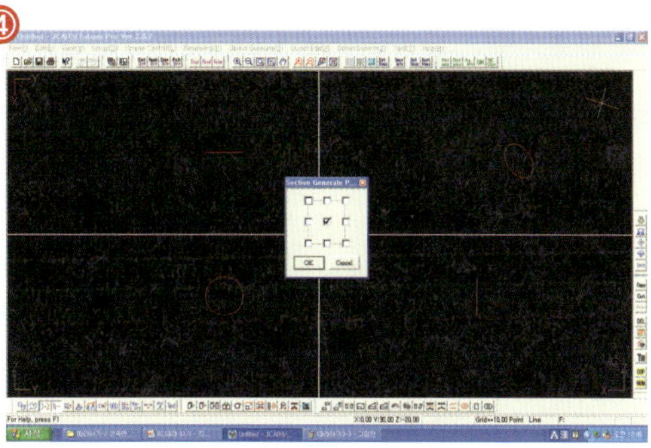

(5) Sweep 클릭 ⇔ ④와 같이 Section 창의 가운데 윗부분을 클릭하고 ⇔ OK를 클릭합니다.

⑤
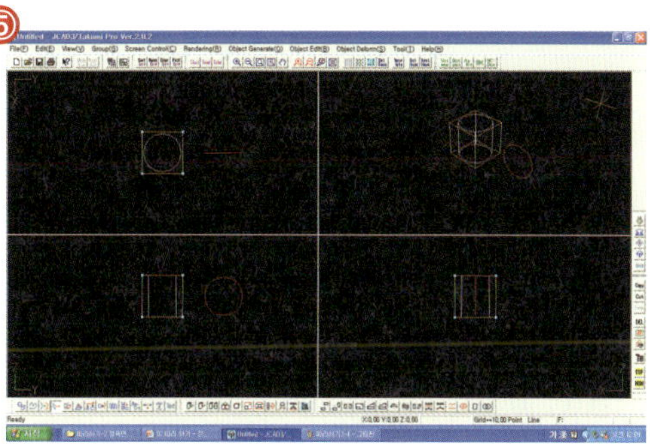

(6) YZ-Plane 화면에서 볼 때 윗면에 해당하는 부분을 왼쪽 마우스로 클릭한 상태에서 ⇔ 아래로 한 눈금 10 mm를 드래그하고 다시 한 번 왼쪽 마우스 클릭하면 ⑤와 같이 됩니다.

(7) 이 상태에서 오른쪽 마우스를 클릭하면 ⇔ 새로운 Sweep Divide Number 창이 열리는데 Sweep Divide 박스에 0을 기입하고 OK를 클릭합니다.

⑥
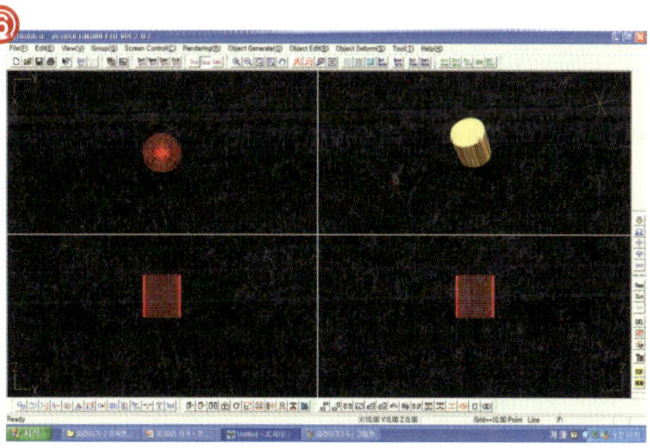

(8) 마지막으로 Rendering 클릭 ⇔ ⑥과 같이 원기둥이 완성됩니다.

4 Round Brilliant · Prong Setting

①

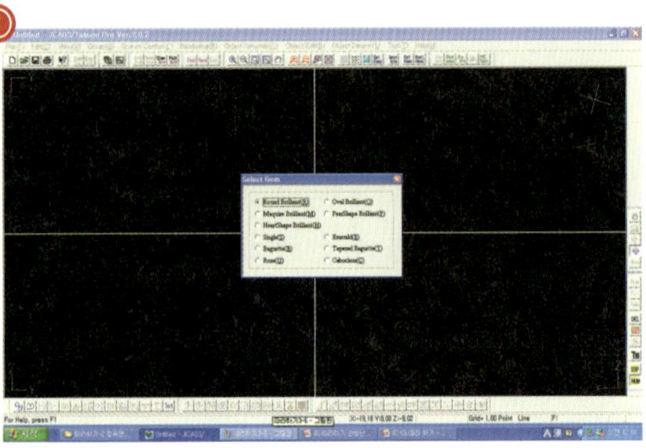

②

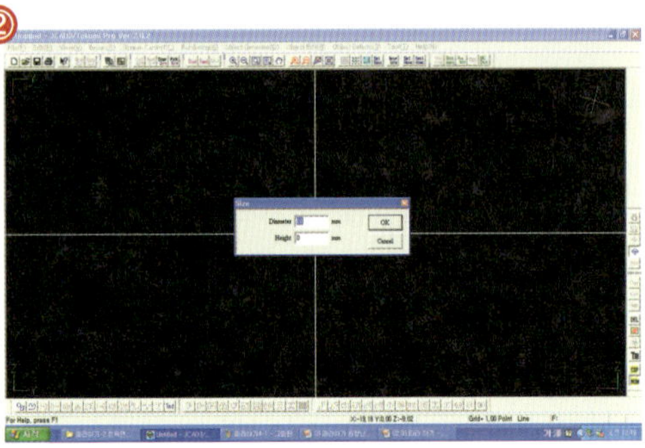

③

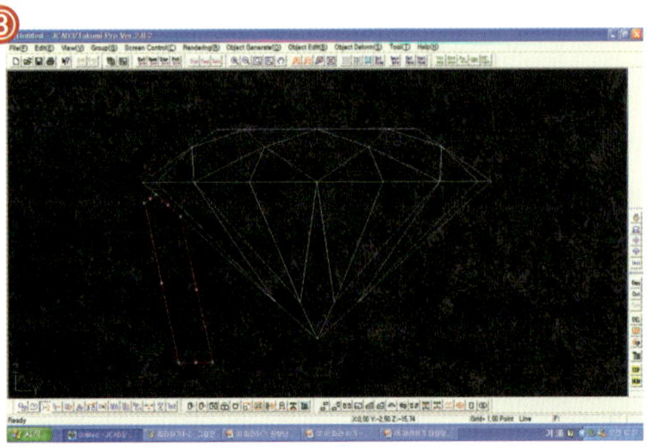

(1) 지름 10 mm 원형 보석의 네발 난 집을 그려 봅니다.

(2) Set Base Point/Line 클릭⇔ Select Point/Line 창에서 Point를 클릭하여 화면의 중심을 잡은 후 ⇔ Grid Interval 클릭⇔ Grid Interval을 1로 변형하고 scale Interval에서 10을 확인하고 OK를 클릭한 후에 Show Grid 클릭 ⇔ ①과 같이 Numeric을 클릭 ⇔ Gem 클릭 ⇔ Select Gem 창에서 ⇔ Round Brilliant 클릭 ⇔ ②와 같이 Size 창에서 Diameter : 10을 입력하고 ⇔ OK를 클릭하면 ⇔ 10 mm의 Round 보석이 화면에 보입니다.

(3) Screen Range 클릭 ⇔ ⊙ YZ-Plane 클릭 ⇔ YZ-Plane 화면에서 Zoom In과 Zoom Out으로 보석을 화면에 알맞은 크기로 맞추고⇔ Wire 클릭 ⇔ Select Close/Open 창에서 ⊙ Close 클릭하면 ⇔ 화면을 왼쪽 마우스로 클릭할 때마다 정점이 찍히는데 ⇔ 마우스를 잡지 않은 다른 손으로 키보드의 Shift를 클릭한 상태에서 왼쪽 마우스 클릭 ⇔ 각진 녹색 점이 찍히는 것을 적절히 이용하여 ③과 같이 정확하게 각진 단

④
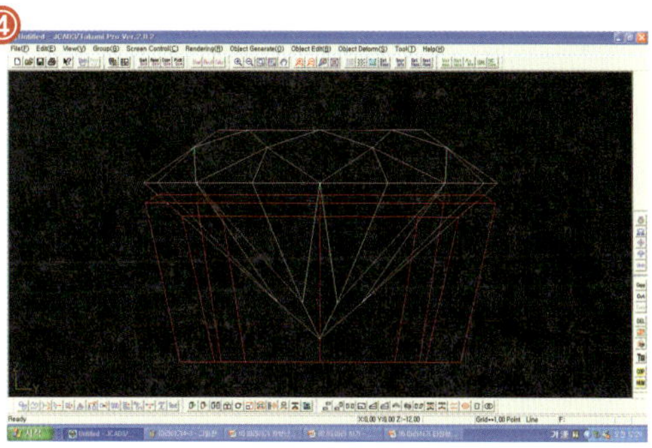

⑤
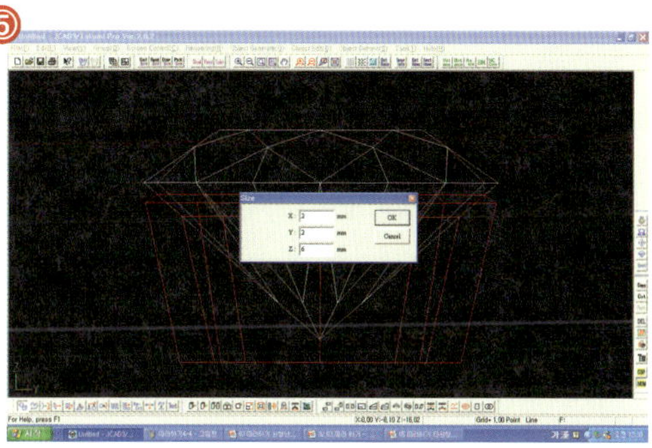

⑥
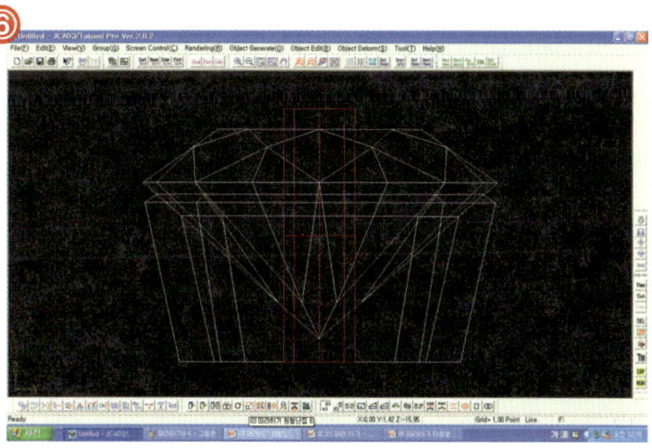

⑦
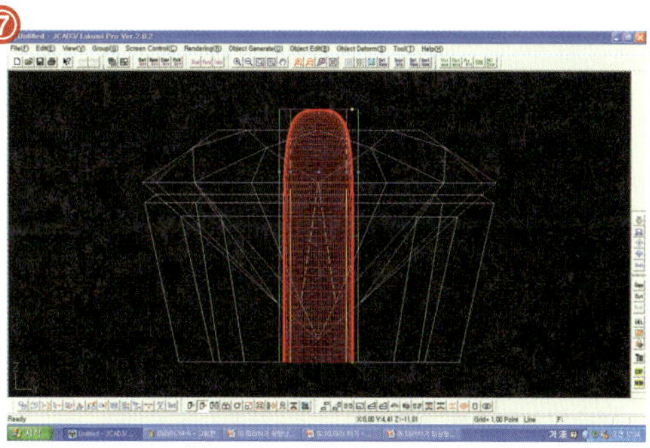

면을 화면 왼편에 그립니다.

(4) 먼저 Bind Grid 클릭 ⇔ ④와 같이 Revolve 클릭 ⇔ Revolve Divide Number 창에서 Revolve Divide에 8을 입력하고 ⇔ OK를 클릭한 후 ⇔ 마우스를 잡지 않은 다른 손으로 키보드의 Ctrl을 누른 상태에서 보석의 중심을 왼쪽 마우스로 클릭하고 아래로 드래그 ⇔ 수직 이동하여 보석의 틀인 난집을 완성합니다.

(5) 다시 Bind Grid 클릭 ⇔ 보석의 발을 만들기 위해 ⑤와 같이 Numeric을 클릭하고 ⇔ Primitive 클릭 ⇔ select Primitive 창에서 ⊙ Cylinder를 클릭 ⇔ Size 창에서 X : 2, Y : 2, Z : 7을 입력한 후 ⇔ OK를 클릭 ⇔ 원기둥을 그립니다.

(6) Move를 클릭하고 ⇔ 원기둥을 활성화 확인 ⇔ 마우스를 잡지 않은 다른 손으로 키보드의 Ctrl을 누른 상태에서 수직 이동하여 ⑥과 같이 원기둥의 하단을 난 집의 하단에 높이를 같게 맞추고 화면에 오른쪽 마우스를 클릭하여 Move 명령을 종료시킵니다.

(7) 계속 YZ-Plane 상태에서 F5를 먼저 누르고 ⇔ Line Move를 클릭하면 ⇔ 원기둥에 녹색 점들이 나타나는데 ⇔ ⑦과 같이 맨 위의 녹색 정점을 마우스를 잡지 않은 다른 손으로 키보드의 Shift를 누른 상태에서 왼쪽 마우스로 클릭하면 ⇔ 원기둥의 윗부

TOOL

⑧

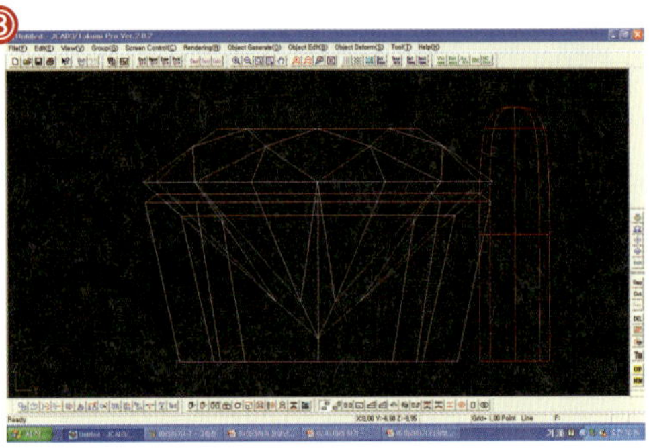

분이 둥근 모양으로 변하는 것을 확인할 수 있습니다.

(8) YZ-Plane 화면에서 Move를 클릭하여 ⇔ 마우스를 잡지 않은 다른 손으로 키보드의 Ctrl을 누른 상태에서 왼쪽 마우스로 클릭 드래그하여 ⇔ ⑧과 같이 원기둥을 난 집 오른쪽으로 수평 이동합니다.

⑨

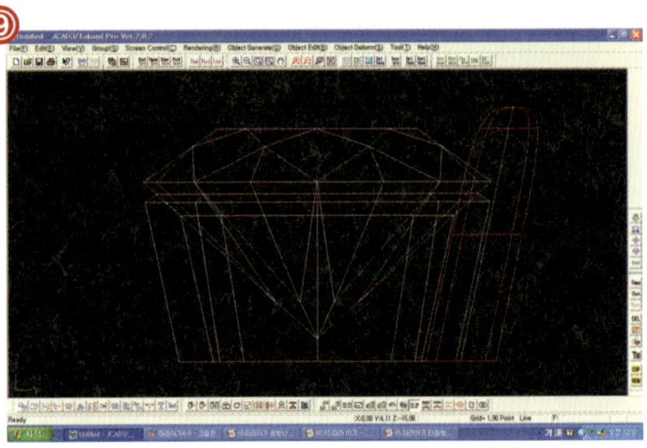

(9) YZ-Plane 상태에서 Shear를 클릭하면 ⇔ 파란 정점들이 나타나는데 그 중에 원기둥의 맨 아래 파란색 정점을 클릭한 상태에서 드래그하여 ⇔ ⑨와 같이 난 집의 기울기와 같게 변형하고 오른쪽 마우스를 클릭하여 명령을 완료합니다.

⑩

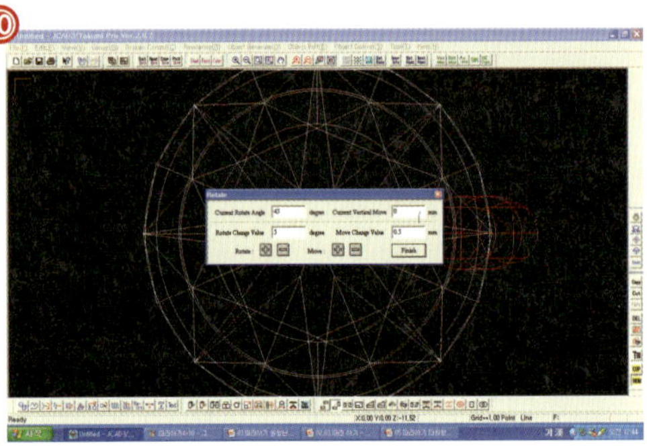

(10) Screen Range 클릭 ⇔ XY-Plane 클릭 ⇔ ⑩과 같이 먼저 Bind Grid 클릭 ⇔ Numeric을 클릭하고 ⇔ Rotate를 클릭한 후 ⇔ 보석의 중심을 왼쪽 마우스로 클릭하면 ⇔ Rotate 창에서 Current Rotate Angle : 45를 입력하고 Finish를 클릭하면 ⇔ 원기둥이 보석의 중심을 기준으로 45° 회전한 것을 확인할 수 있습니다.

⑪

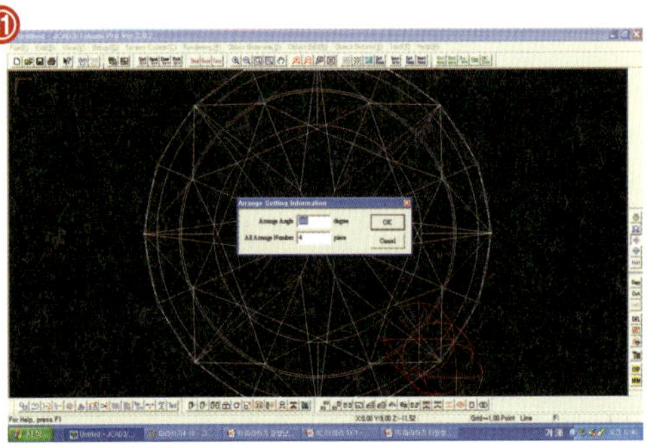

(11) XY-Plane에서 ⇔ ⑪과 같이 Arrange Setting을 실행하면 ⇔ Arrange Setting Information 창에서 Arrange Angle : 360, All Arrange Number : 4를 입력하고 ⇔ OK를 클릭한 후 ⇔ 보석의 중심을 클릭하면 ⇔ 보석의 중심을 기준으로 원기둥이 4개가 복사된 것을 확인할 수 있

⑫

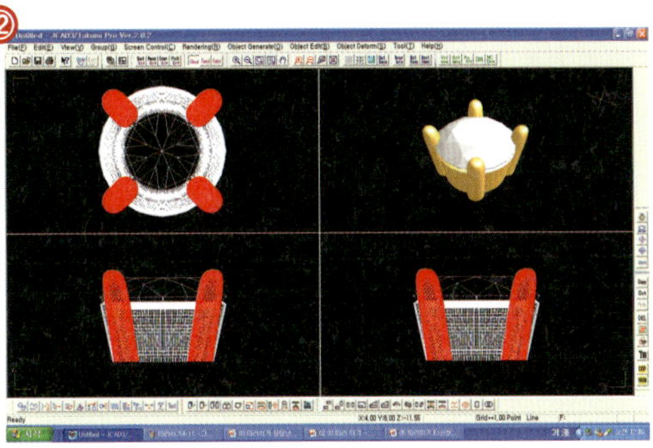

습니다(항상 Bind Grid 클릭이 되어야만 정확하게 중심에서 회전과 복사가 됩니다).

(12) Screen Range 클릭 ⇔ ⊙ All-Plane 클릭 ⇔ Auto Zoom 클릭 ⇔ ⑫와 같이 All-Plane 화면에서 Shading을 실행하여 확인합니다.

TOOL

5 Round Brilliant · Basel Setting

①
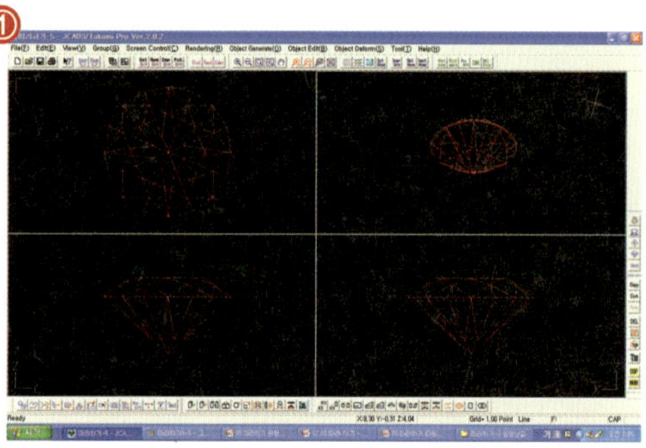

②
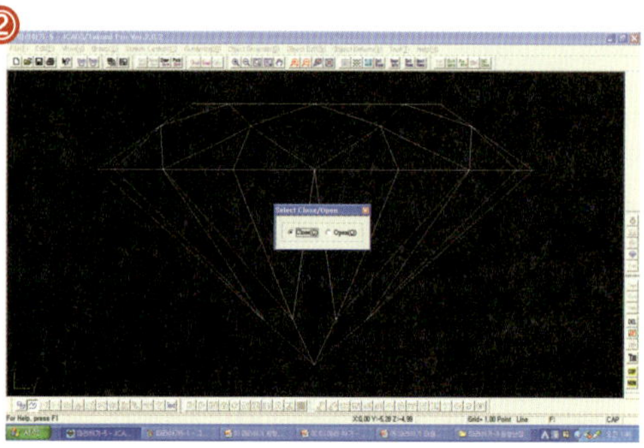

③
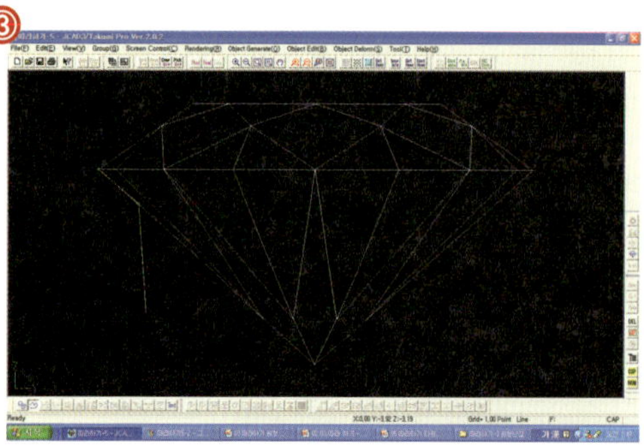

(1) 지름 10 mm 원형보석의 이중 난 집을 그립니다.

(2) Set Base Point/Line 클릭 ⇔ Select Point/Line 창에서 Point를 클릭 ⇔ Grid Interval 클릭 ⇔ Grid Interval : 1, scale Interval : 10 ⇔ OK ⇔ Show Grid 클릭 ⇔ Numeric을 클릭 ⇔ Gem 클릭 ⇔ Select Gem 창에서⇔ Round Brilliant 클릭⇔ Size 창에서 Diameter : 10을 ⇔ OK를 클릭 ⇔ ①과 같이 10 mm의 Round 보석이 화면에 보입니다.

(3) Screen Range 클릭 ⇔ ⊙ YZ-Plane 클릭 ⇔ Auto Zoom 클릭 ⇔ ②와 같이 YZ-Plane 화면에서 Wire 클릭 ⇔ Select Close/Open 창에서 ⊙ Close 클릭합니다.

(4) 화면의 왼쪽 편에 ③과 같이 마우스를 잡지 않은 다른 손으로 키보드의 Shift를 클릭한 상태에서 왼쪽 마우스로 보석의 거들에 첫 번째 정점을 클릭 ⇔ 각진 녹색 점이 찍히는 것을 확인하고 두 번째 정점은 보석의 거들 아래 부분으로 난 집의 알맞은 두께를 보아가며 클릭합니다.

④
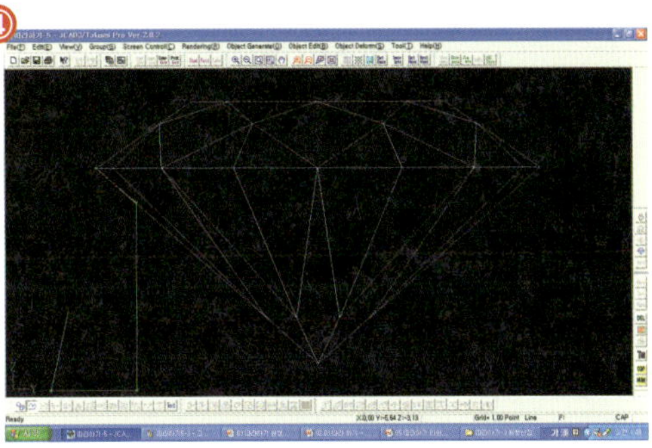

(5) ④와 같이 세 번째 정점은 난 집의 높이를 보아가며 키보드의 Shift와 Ctrl을 함께 누르며 하향 수직 이동하여 클릭하고 ⇔ 네 번째 정점은 이중 난 집의 두께를 보아가며 키보드의 Shift와 Ctrl을 함께 누르며 수평 이동하여 클릭합니다(키보드의 Shift를 클릭한 상태에서 왼쪽 마우스로 클릭하면 각진 정점이 찍히며, 키보드의 Ctrl을 누른 상태에서 수직, 수평 이동되어 정점을 클릭할 수 있는 것을 적절히 사용하여야 합니다).

⑤
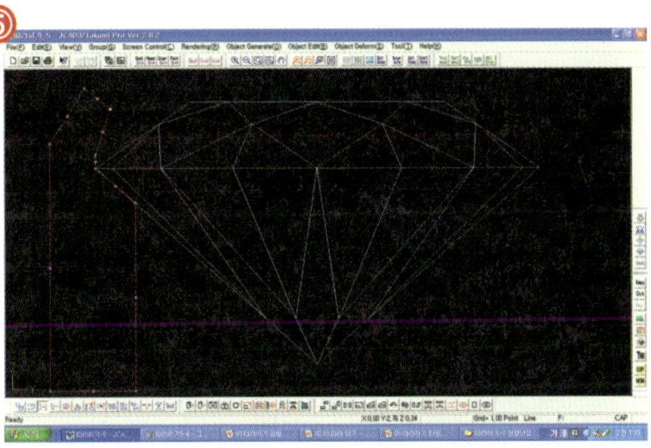

(6) 다섯 번째 정점은 보석의 거들보다 약간 높은 위치에 키보드의 Shift와 Ctrl을 함께 누르며 상향 수직 이동하여 클릭하며 ⇔ 여섯번째 정점은 보석의 테이블보다 약간 높게 키보드의 Shift만을 클릭한 상태에서 약간 사선으로 클릭하고 ⇔ 일곱 번째 정점은 키보드의 Shift를 누른 상태에서 보석의 테이블보다 약간 낮게 클릭하며 ⇔ 여덟 번째 정점도 보석의 거들 두께 만큼의 자리에 키보드의 Shift를 누른 상태에서 클릭하고 오른쪽 마우스를 클릭하여 ⑤와 같이 단면을 완성합니다.

⑥
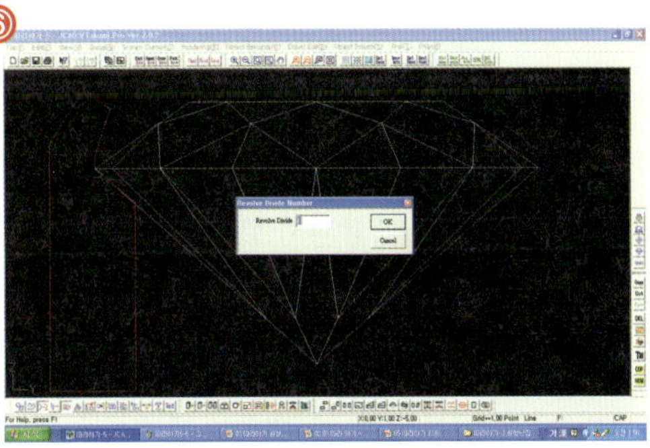

(7) Bind Grid 클릭 ⇔ Revolve 클릭 ⇔ Revolve Divide Number 창에서 Revolve Divide : 8을 입력하고 ⇔ ⑥과 같이 OK를 클릭합니다(항상 Bind Grid 클릭이 되어 있어야만 정확하게 물체의 중심에서 Revolve가 됩니다).

⑦
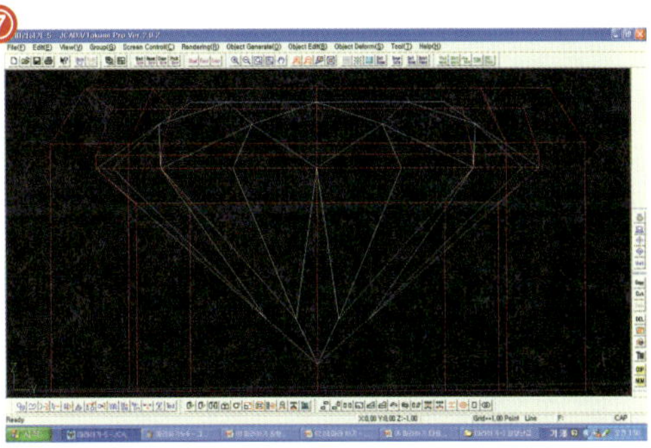

(8) ⑦과 같이 마우스를 잡지 않은 다른 손으로 키보드의 Ctrl을 누른 상태에서 보석의 중심

⑧
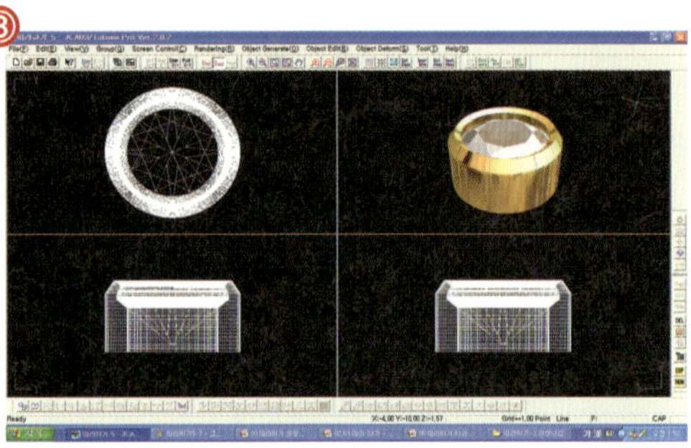

⑨
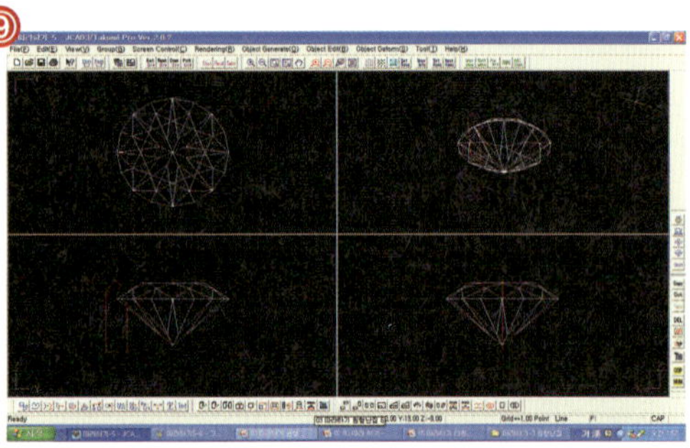

⑩
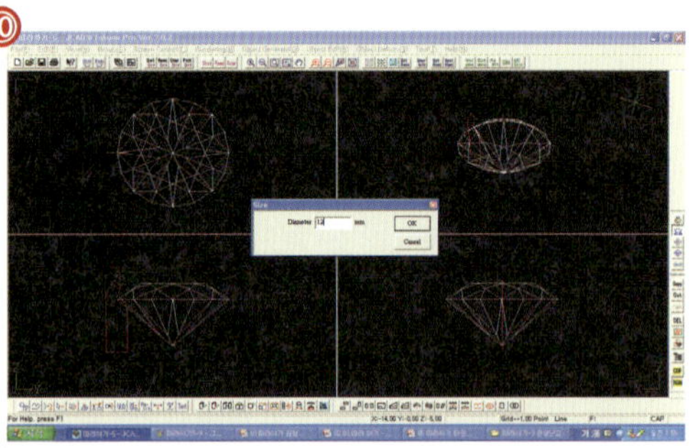

⑪
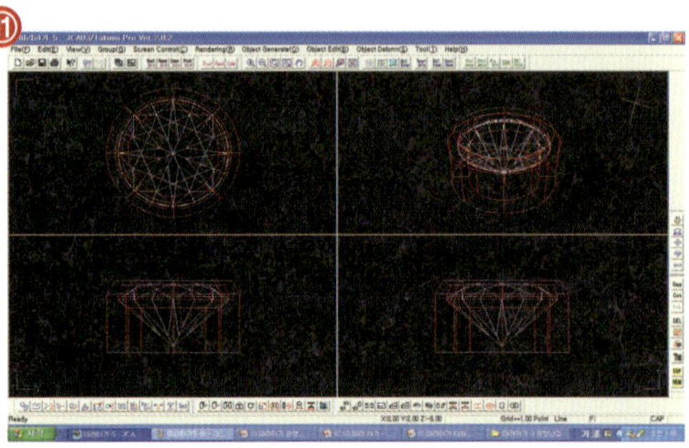

⑫
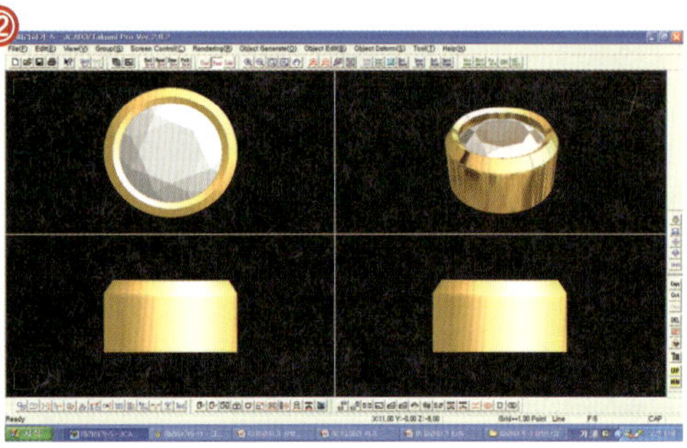

을 왼쪽 마우스로 클릭하고 아래로 드래그 ⇔ 보석의 틀인 이중 난 집을 완성합니다.

(9) Screen Range 클릭 ⇔ ⊙ All-Plane 클릭 ⇔ Auto Zoom 클릭 ⇔ ⑧과 같이 All-Plane 화면에서 Rendering을 실행하여 원형 보석의 이중 난 집을 확인합니다.

(10) 다른 방법으로 그리기 위해 원형 보석 난 집의 단면이 화면에 나타날 때까지 Undo 클릭 ⇔ ⑨와 같이 단면이 화면에 나타나면 왼쪽 마우스로 클릭하여 활성화합니다.

(11) 먼저 Numeric 클릭 ⇔ Generate Setting 클릭 ⇔ Select Gem Type 창에서 Round 클릭하면 ⇔ ⑩과 같이 Size 창이 나타나는데 보석의 크기와 난 집 단면 두께의 2배를 더한 크기인 Diameter 칸에 12를 입력하고 OK 클릭합니다.

(12) Prong Setting 창에서 Prongs Numbers 칸에 0을 입력하고 OK 클릭 ⇔ Revolve Divide Number 창이 또 나타나는데 Revolve Divide 칸에 8을 확인 후 OK 클릭 ⇔ 오른쪽 마우스 클릭하면 ⑪과 같이 Revolve로 그린 원형 이중 난 집과 똑같은 모양의 난 집이 완성됩니다.

(13) 키보드의 F5를 클릭하고 Rendering을 클릭하면 ⑫와 같이 모든 화면이 Rendering 되어 있는 원형 보석의 이중 난 집을 확인할 수 있습니다.

6 기본 형태 · 별

①

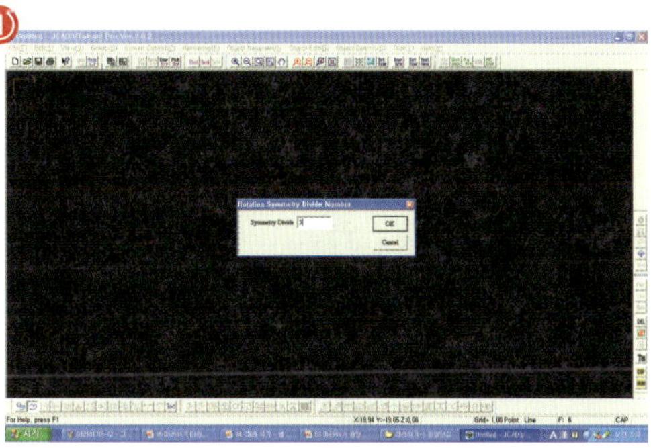

(1) Grid Interval 클릭⇔ Grid Interval을 1로 변형하고 scale Interval에서 10을 확인하고 OK를 클릭한 후에 Show Grid 클릭 ⇔ Screen Range 클릭 ⇔ Select Screen Range 창에서 ⊙ XY-Plane 선택 ⇔ Set Base 클릭 ⇔ Select Point/Line 창에서 Point를 클릭하여 화면의 중심을 잡은 후 ⇔ 키보드의 F6을 누릅니다.

②

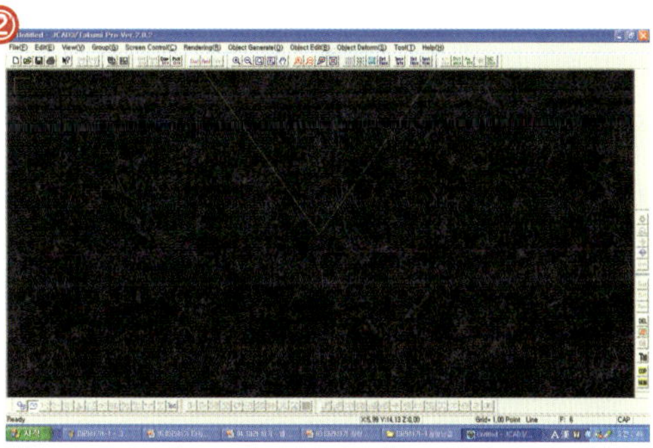

(2) Wire 클릭 ⇔ Select Close/Open 창에서 ⇔ ⊙ Close(C)를 선택 ⇔ 화면 중심을 기준으로 회전 대칭 분할되는 수치를 입력하는 ①과 같이 Rotation Symmetry Divide Number 창에 Symmetry Divide 5를 입력 ⇔ OK를 클릭합니다.

(3) 화면을 왼쪽 마우스로 클릭하면 ②와 같이 자동으로 회전 분할되어 화면의 중심으로 원의 1/5에 해당하는 녹색 선이 나타납니다.

③

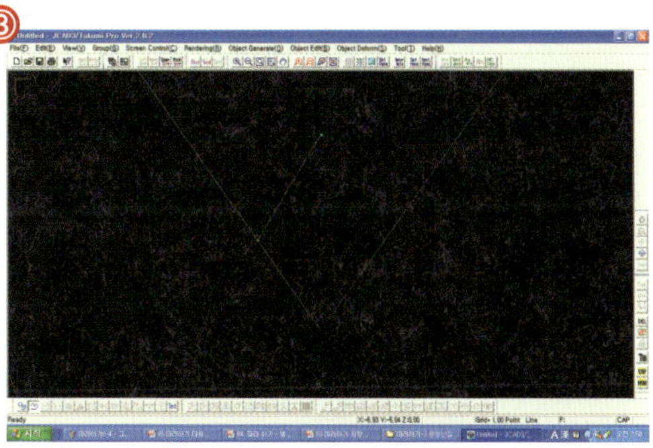

(4) Zoom Box 클릭 ⇔ ③과 같이 왼쪽 마우스로 클릭 드래그하여 부분 확대 후 오른쪽 마우스 클릭하여 명령 종료 ⇔ 마우스

TOOL

TOOL

④
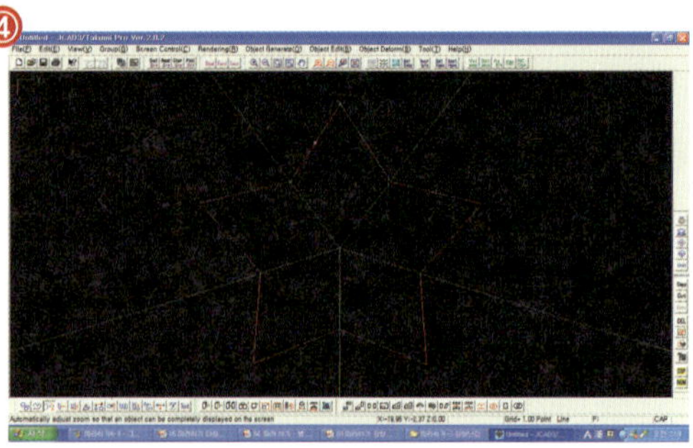

를 잡지 않은 다른 손으로 키보드의 Shift 를 누른 상태에서 왼쪽 마우스로 중앙 상단에 첫 정점을 클릭 ⇔ 녹색 선 내에 최대한 가깝게 두 번째 정점을 클릭합니다.

(5) 오른쪽 마우스를 클릭하여 명령을 종료시키고 ⇔ Auto Zoom 클릭하면 ⇔ ④와 같이 별 모양의 선이 나타납니다.

⑤
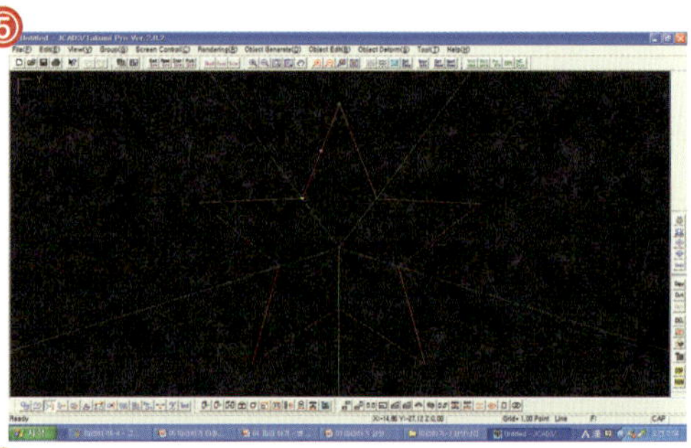

(6) 녹색 선에 가까운 안쪽의 두 번째 점을 클릭한 상태에서 드래그하여 녹색 선상에 맞추면서 원하는 별 모양으로 ⑤와 같이 수정하고 오른쪽 마우스를 클릭하면 녹색 선이 사라 집니다.

⑥
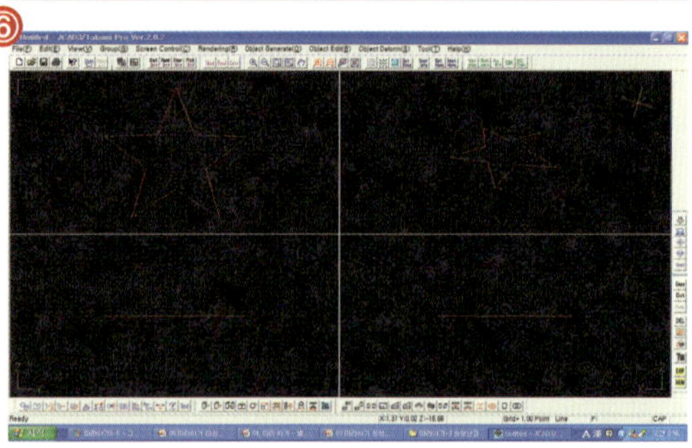

(7) Screen Range 클릭 ⇔ ⊙ All-Plane ⇔ Auto Zoom 클릭 ⇔ ⑥과 같이 4개 화면이 됩니다.

⑦
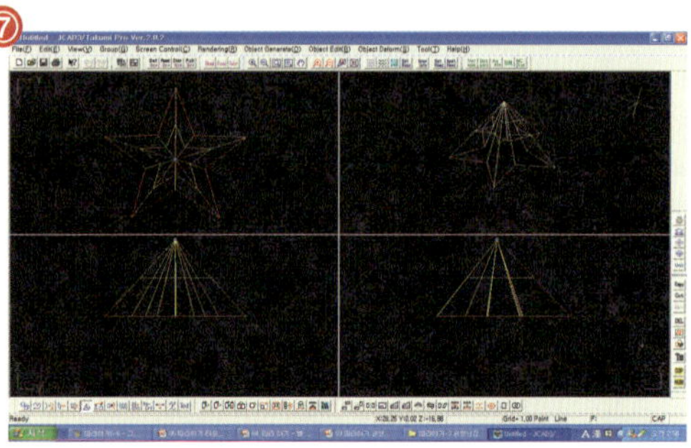

(8) 별 모양의 선 색이 빨갛게 활성화된 상태에서 ⇔ Polyhedron 클릭 ⇔ ⑦과 같이 파란 점이 나타나는데 이 파란 점을 클릭한 상태에서 드래그하여 원하는 높이로 조절하고 오른쪽 마우스를 클릭하여 실행을 종료합니다.

⑧
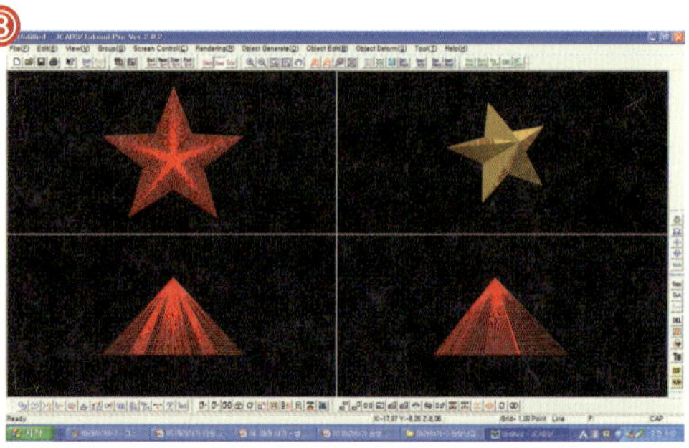

(9) Auto Zoom 클릭 ⇔ Rendering 클릭 ⇔ ⑧과 같이 별 모양을 확인합니다.

7 기본 형태 · 하트

①

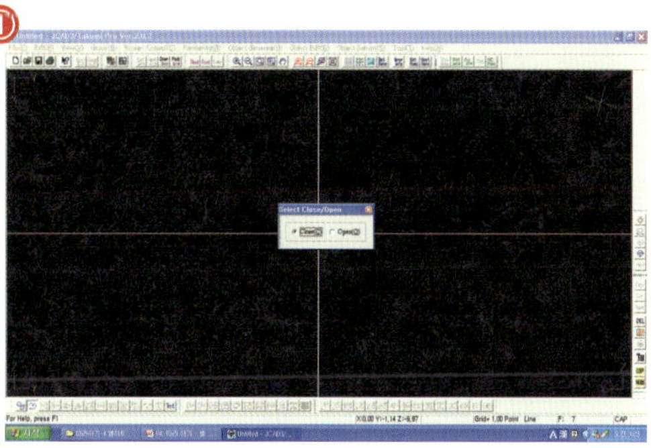

(1) Grid Interval 클릭 ⇔ Grid Interval : 1, scale Interval : 10 ⇔ OK를 클릭한 후에 Show Grid 클릭 ⇔ Set Base 클릭 ⇔ Select Point/Line 창에서 Point를 클릭하여 화면의 중심을 잡은 후 ⇔ Screen Range 클릭 ⇔ Select Screen Range 창에서 ⊙ XY-Plane 선택하고 ⇔ 키보드 F7을 누릅니다.

②

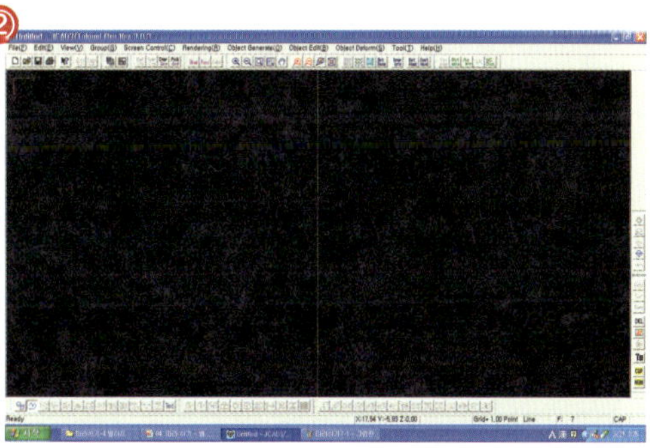

(2) Wire 클릭 ⇔ Select Close/Open 창에서 ⇔ ①과 같이 ⊙ Close Wire를 선택 ⇔ 화면을 클릭합니다.

(3) 화면 중심을 기준하여 상하로 ②와 같이 녹색 선이 나타납니다.

③

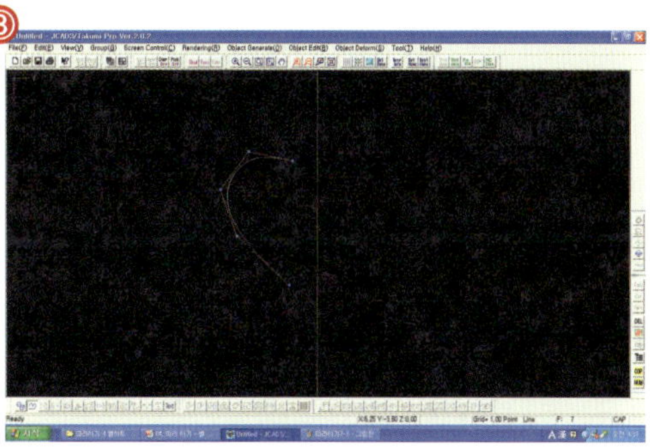

(4) 녹색 선을 중심으로 하여 한쪽에 ③과 같이 하트 형태의 반을 그리고 오른쪽 마우스를 클릭하여 명령을 종료하면 대칭으로 하트 형태가 완성됩니다(녹색 선에 떨어지게 그립니다).

TOOL

④
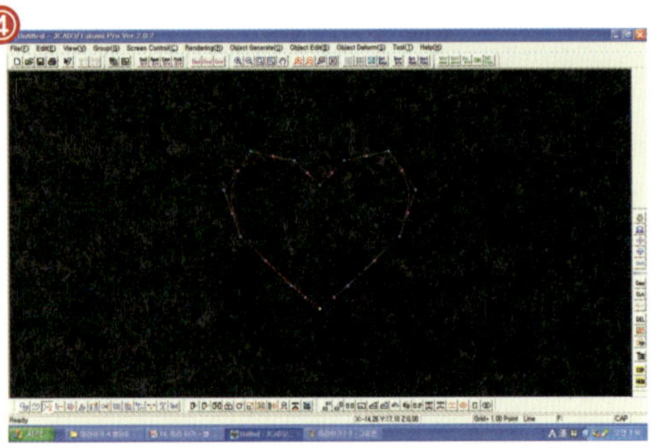

(5) 다시 오른쪽 마우스를 클릭하고 Wire Deform을 클릭하면 파란 점들이 나타나는데 ④ 와 같이 하트 형태의 중앙 위 파란 두 점 사이의 분홍 점을 키보드의 Shift와 함께 왼쪽 마우스로 클릭 드래그하여 하트형태의 오목한 부분이 되게 이동한 후 오른쪽 마우스를 클릭하여 완성하고 중앙 아래 파란 두 점도 위와 같이 실행하여 하트 형태를 그리고 오른쪽 마우스를 클릭하여 명령을 종료합니다.

⑤
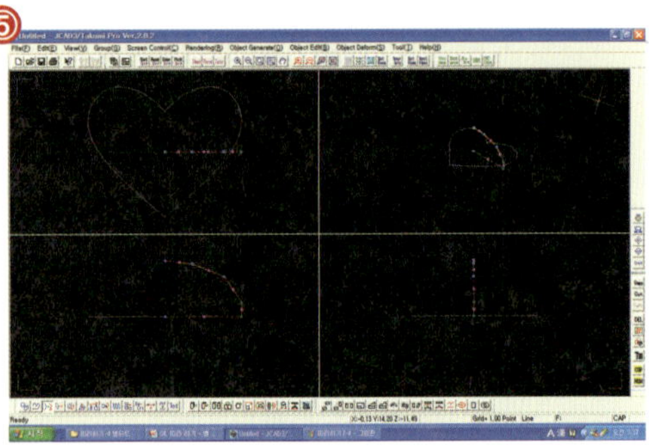

(6) Screen Range 클릭 ⇔ ⊙ All-Plane 선택 ⇔ Auto Zoom 클릭 ⇔ 4면도가 보입니다.

(7) Wire 클릭 ⇔ Select Close/Open 창에서 ⇔ ⊙ Open Wire를 선택 ⇔ YZ-Plane 화면에서 ⑤와 같이 단면인 빨간 선을 그리고 오른쪽 마우스를 클릭합니다(단면을 그릴 때 반 단면의 아래 부분도 꼭 그려야 합니다).

⑥
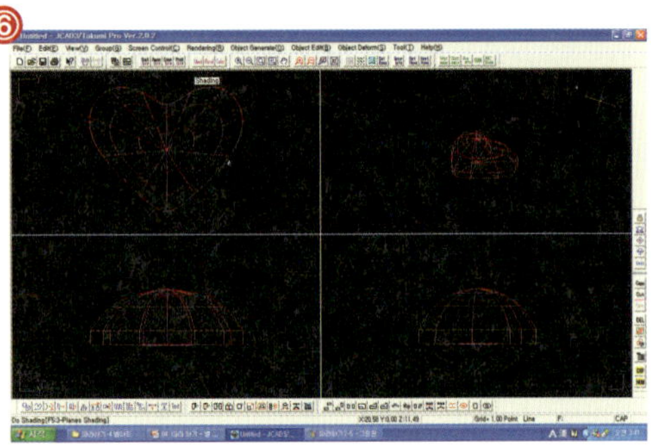

(8) 하트 선을 클릭 ⇔ 활성화한 후 Assign Section 클릭 ⇔ Select Revolve Type 창에서 ⊙ Revolution Shape (2)를 선택 후 ⇔ 하트 모양의 선에 녹색 정점이 나타나면 ⇔ ⑥과 같이 단면을 클릭하여 활성화하고 하트 모양의 선에 나타난 연두색 점 중에 임의의 점 하나를 클릭하면 분홍색으로 바뀌는데 이때 오른쪽 마우스를 클릭하면 하트 형태가 완성됩니다.

⑦

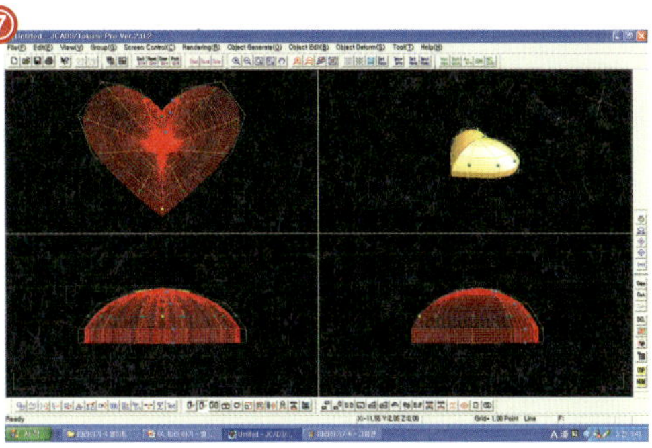

(9) 키보드의 F5를 누른 후 ⇔ Line Move를 클릭 ⇔ ⑦과 같이 XY-Plane에서 하트의 각이 져야 할 부분인 중앙의 위와 아래의 두 녹색 점을 차례로 마우스를 잡지 않은 다른 손으로 키보드의 shift를 누르면서 왼쪽 마우스로 한 번씩 클릭 ⇔ 하트 모양의 중앙 위와 아래 부분에 각이 예쁘게 생깁니다

⑧

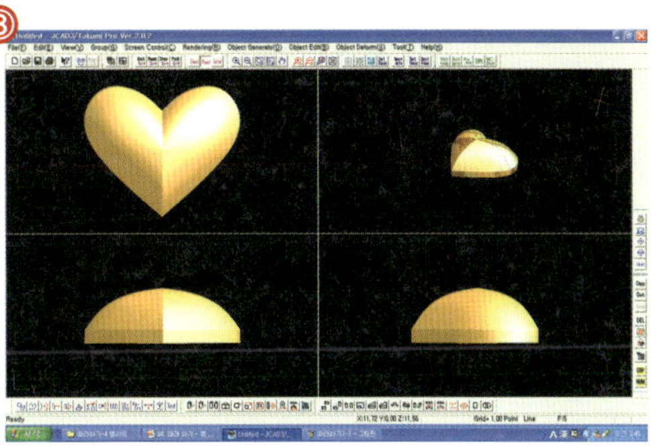

(10) 키보드의 F5를 누른 후 ⇔ ⑧과 같이 Rendering 클릭 ⇔ 하트 모양을 확인하고 종료합니다.

8 Oval Brilliant · Prong Setting

TOOL

①

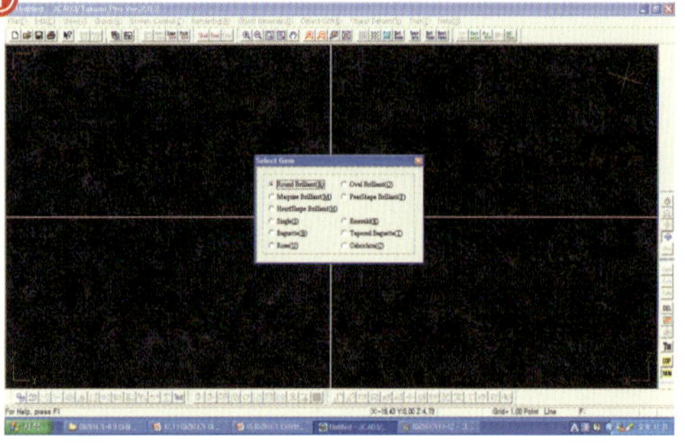

②

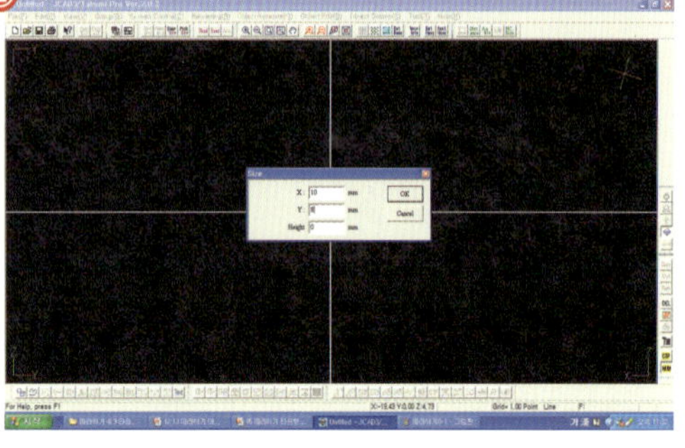

③

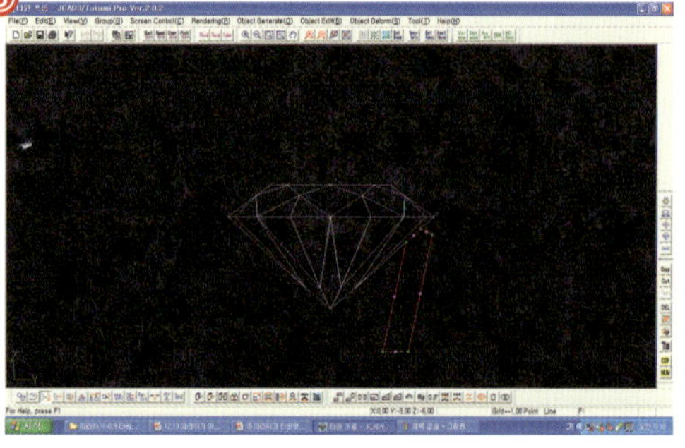

(1) 가로 : 8 mm, 세로 : 10 mm의 타원형 보석의 네발 난 집을 그려 봅니다.

(2) Set Base Point/Line 클릭 ⇔ Select Point/Line 창에서 Point를 클릭하여 화면의 중심을 잡은 후 ⇔ Grid Interval을 1 mm ⇔ Show Grid 클릭하고 ⇔ ①과 같이 Numeric을 클릭⇔ Gem 클릭 ⇔ Select Gem 창에서 ⇔ Oval Brilliant 클릭 ⇔ ②와 같이 Size 창에 X : 10, Y : 8을 입력 ⇔ OK를 클릭 ⇔ 입력한 수치에 해당하는 Oval Brilliant 보석이 화면에 보입니다.

(3) Screen Range 클릭 ⇔ YZ-Plane 화면에서 ⇔ Zoom In으로 보석을 화면에 알맞은 크기로 맞추고 Wire 클릭 ⇔ Select Close/Open 창에서 ⊙ Close 클릭하면 ⇔ 화면을 왼쪽 마우스로 클릭할 때마다 정점이 찍히고 ⇔ 마우스를 잡지 않은 다른 손으로 키보드의 Shift를 누른 상태에서 왼쪽 마우스 클릭하면 ⇔ 각진 녹색 점이 찍히는데 이를 적절히 이용하여 ⇔ ③과 같이 각진 오벌 난 집의 단면을 오른편에 그립니다.

④
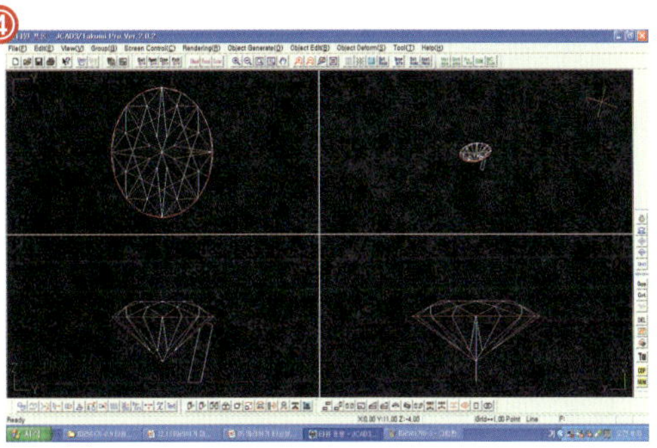

(4) Screen Range 클릭 ⇔ All-Plane 클릭 ⇔ Zoom Out 클릭 ⇔ Numeric을 클릭 ⇔ Primitive클릭 ⇔ Select Primitive 창에서 ⊙ Circle를 클릭하면 ⇔ Size 창에 보석 크기와 같은 X : 10, Y : 8을 입력하고 OK를 클릭하면 ⇔ ④ 와 같이 입력한 수치만큼의 타원이 나타납니다.

⑤
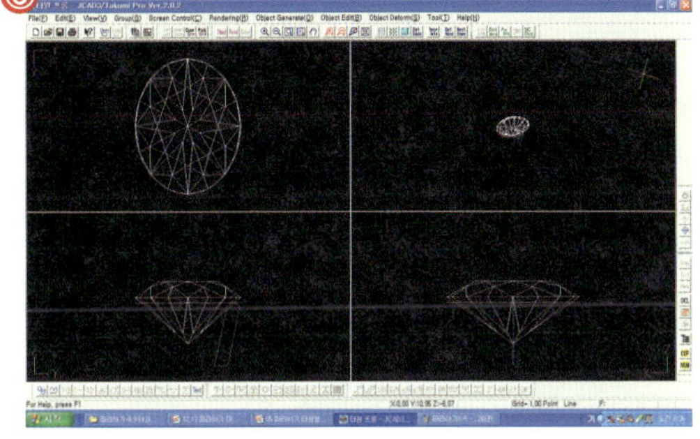

(5) 이 타원의 선을 Move를 클릭 ⇔ 마우스를 잡지 않은 다른 손으로 키보드의 Ctrl을 누른 상태에서 ⇔ 오벌 난 집 단면의 가장 위쪽 정점까지 아래로 왼쪽 마우스로 클릭 드래그하여 높이를 맞추고 오른쪽 마우스를 클릭하여 명령을 종료하고 ⇔ 오벌 난 집 단면을 왼쪽 마우스로 클릭하고 ⇔ Wire Combine을 클릭하면 ⇔ ⑤ 와 같이 단면이 회색으로 변합니다.

⑥
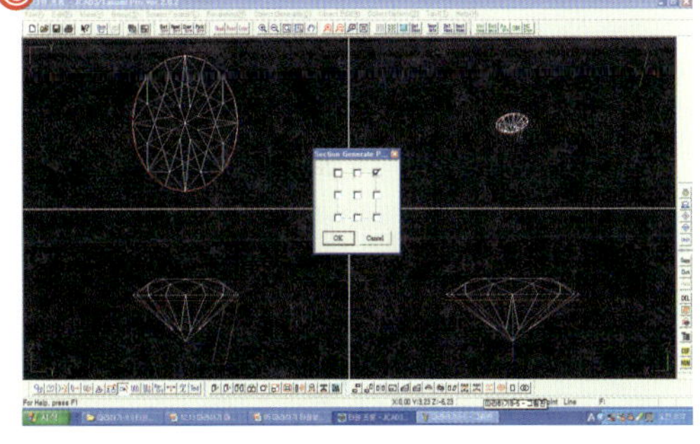

(6) 이번에는 ⑥과 같이 오벌 형태의 타원을 왼쪽 마우스로 클릭하고(클릭이 잘 안 되면 전체를 클릭 드래그하여 활성화하고 키보드의 Shift를 누른 상태에서 원하지 않는 부분들을 YZ-Plane 화면에서 클릭하여 비활성화시키고 타원을 활성화합니다) ⇔ Wire Combine을 다시 클릭하면 ⇔ Section Generate 창에서 오른쪽 상단을 클릭하고 ⇔ OK를 클릭합니다.

⑦
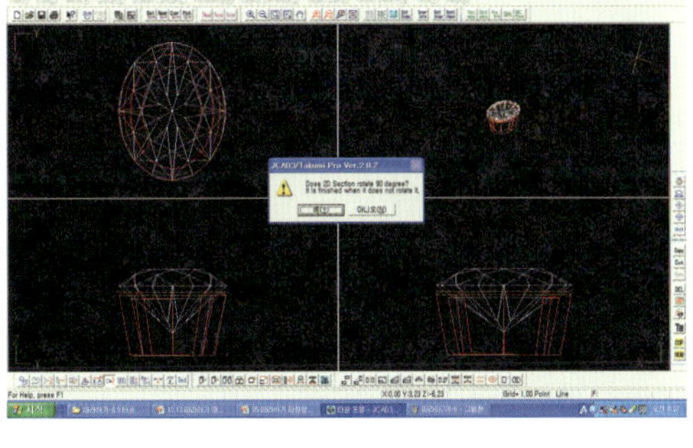

(7) 단면이 물체화 되면서 ⇔ ⑦ 과 같이 단면의 90 ° 회전 여부를 묻는 질문 상자가 나오는데 ⇔ '아니오'를 클릭하여 오벌 난 집을 완성합니다.

⑧

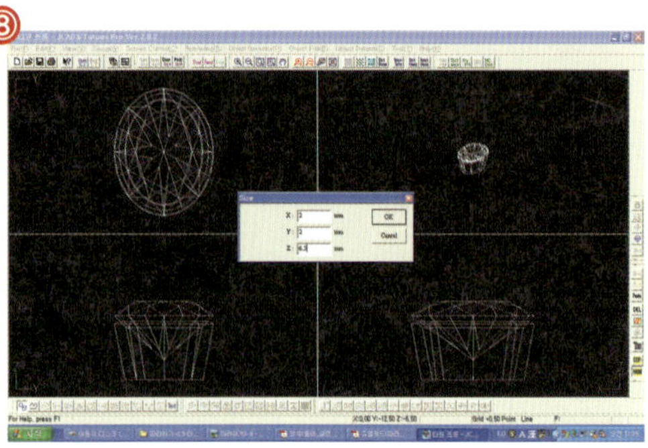

(8) 발을 만들기 위해 ⇔ ⑧과 같이 Numeric을 클릭 ⇔ Primitive 클릭 ⇔ Select Primitive 창에서 ⊙ Cylinder를 클릭하면 ⇔ Size 창에 X : 2, Y : 2, Z : 6.5를 입력하고 ⇔ OK를 클릭하여 원하는 원기둥을 그립니다(Z값은 단면 높이에 따라 다릅니다).

⑨

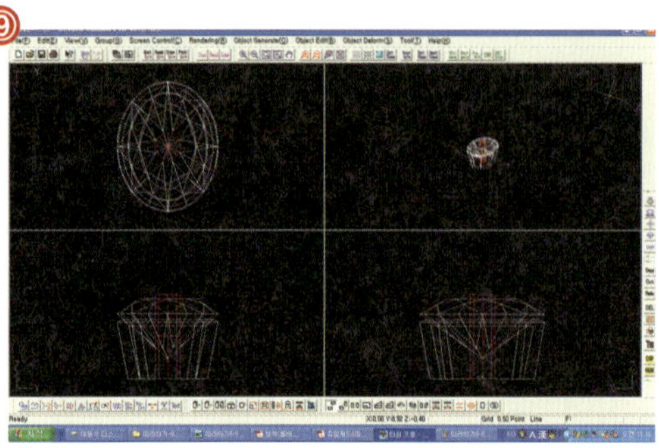

(9) 원기둥의 하단과 난 집의 하단의 높이를 같게 맞추기 위하여 ⑨와 같이 Move를 클릭 ⇔ 마우스를 잡지 않은 다른 손으로 키보드의 Ctrl을 누른 상태에서 ⇔ 원기둥을 이동하여 알맞게 맞춥니다.

⑩

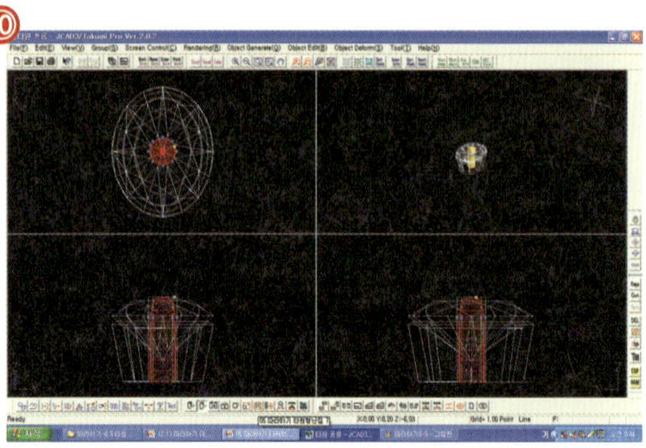

(10) 원기둥을 ⑩과 같이 키보드의 F5를 먼저 누르고 ⇔ Line Move를 클릭 ⇔ 발에 나타난 정점들 중 가장 위쪽에 있는 녹색 정점을 마우스를 잡지 않은 다른 손으로 키보드의 Shift를 누르고 ⇔ 왼쪽 마우스로 클릭하면 원기둥의 상단 끝부분이 둥그렇게 바뀌는 것을 확인하고 오른쪽 마우스를 클릭하여 명령을 종료합니다.

⑪

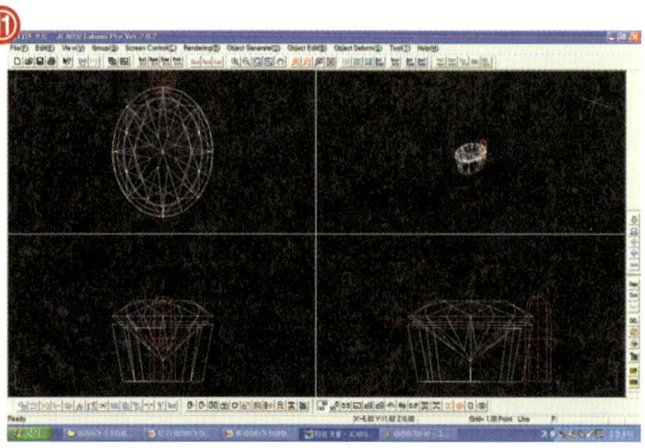

(11) 원기둥을 ⑪과 같이 Move를 클릭하여 ⇔ XY-Plane 화면에서 난 집의 상단 방향으로 보석의 거들의 3분의 1 정도가 물려지게 키보드의 Ctrl을 누른 상태에서 원기둥을 이동합니다.

⑫
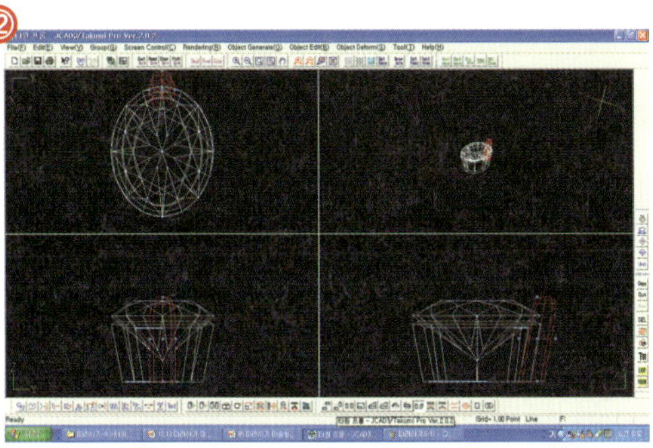

(12) Shear를 클릭하면 ⇔ 십자 형태의 5개의 파란색 정점이 나타나는데 ⇔ ZX-Plane 화면에서 하단의 파란 정점을 왼쪽 마우스로 클릭하고 드래그하여 난 집 기울기와 똑같게 ⑫와 같이 기울이고 오른쪽 마우스를 클릭하여 완성합니다.

⑬
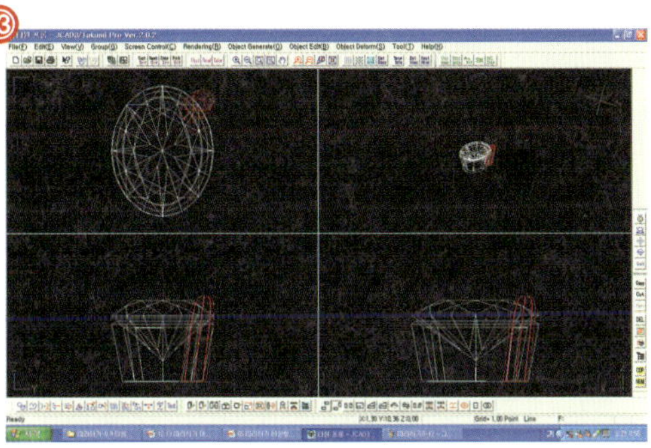

(13) Rotate를 클릭하여 ⇔ XY-Plane 화면에서 보석의 중심에서 1 mm 위의 점을 먼저 클릭하면 파란 점이 나타나고 ⇔ 발을 아래 방향으로 클릭 드래그하여 ⑬과 같이 보석의 발 자리로 이동합니다(오벌 형태의 발 자리는 오벌 둘레에 맞는 단 하나의 직사각형의 모시리에서 모서리를 연결한 대각선과로 오벌 외곽선과의 4개의 교점이 발 자리입니다).

⑭
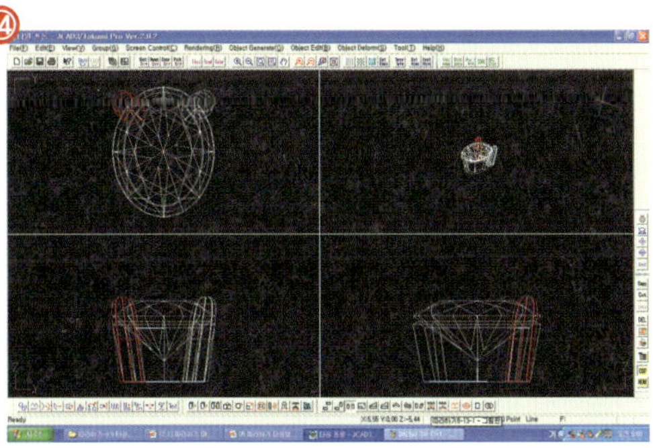

(14) Copy Mode를 클릭하고 ⇔ Mirror를 클릭 후 ⇔ 마우스를 잡지 않은 다른 손으로 키보드의 Ctrl을 누른 상태에서 ⇔ XY-Plane 화면에서 기준점을 보석의 중심에 왼쪽 마우스로 클릭한 상태에서 상 또는 하로 드래그하면 ⑭와 같이 원기둥이 대칭으로 복사됩니다.

⑮
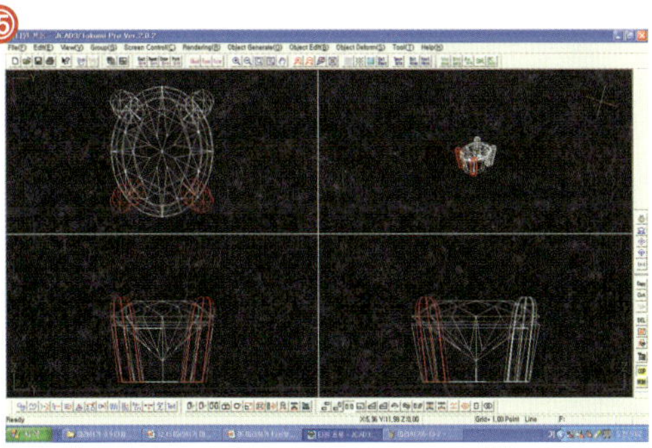

(15) 오른쪽 마우스를 눌러 완료한 후 다시 두 개의 원기둥을 왼쪽 마우스로 클릭하여 활성화하고 ⇔ Copy Mode를 클릭하고 ⇔ Mirror를 클릭 후 ⇔ 마우스를 잡지 않은 다른 손으로 키보드의 Ctrl을 누른 상태에서 ⇔ 기준점으로 보석의 중심을 왼쪽 마우스로 클릭한 상태에서 좌 또는 우로 드래그하면 ⑮와 같이 복사가 됩니다.

TOOL

TOOL

Rend

⑯

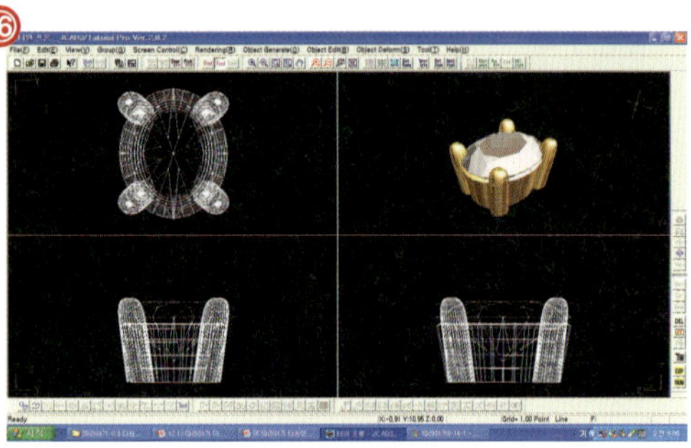

(16) 오른쪽 마우스를 클릭하여 명령을 종료하고 ⇔ 왼쪽 마우스를 클릭하여 모든 물체를 비활성화하고 ⇔ Rendering을 클릭 ⇔ ⑯과 같이 확인합니다.

9 Oval Brilliant · Basel Setting

①
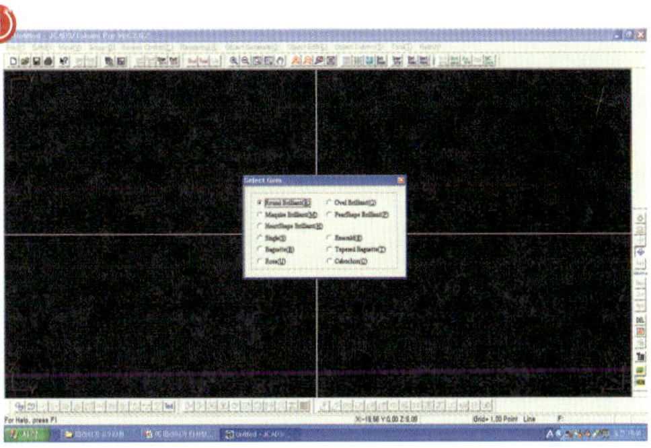

②
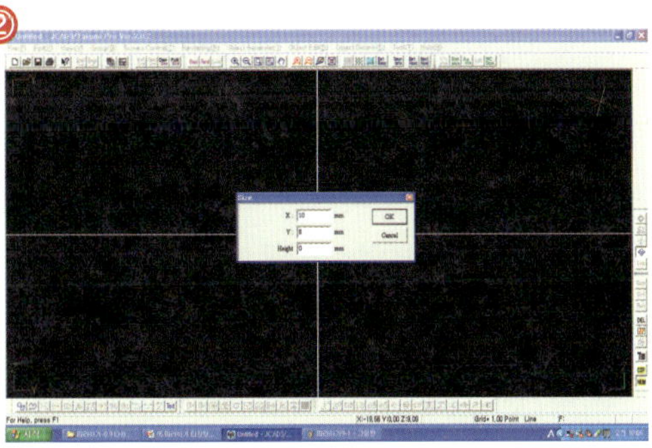

③
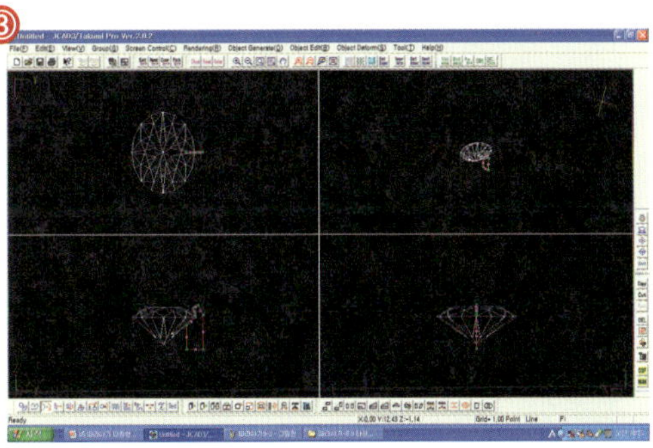

(1) 가로 : 8 mm, 세로 : 10 mm의 타원형 보석의 이중 난 집을 그려 봅니다.

(2) Set Base Point/Line 클릭 ⇔ Select Point /Line창에서 Point를 클릭하여 화면의 중심을 잡은 후 ⇔ Grid Interval을 1 mm ⇔ Show Grid 클릭하고 ⇔ ①과 같이 Numeric을 클릭 ⇔ Gem 클릭 ⇔ Select Gem 창에서 ⇔ Oval Brilliant 클릭 ⇔ ②와 같이 Size 창에서 Diameter-X : 10, Y : 8을 입력 ⇔ OK를 클릭 ⇔ 입력한 수치에 해당하는 Oval Brilliant 보석이 화면에 보입니다.

(3) Wire 클릭⇔ Select Close/Open 창에서 ⊙ Close 클릭 ⇔ 마우스를 잡지 않은 다른 손으로 키보드의 Shift를 클릭한 상태에서 왼쪽 마우스 클릭하면 각진 녹색 점이 찍히는 것을 이용하여 ③과 같이 YZ-Plane 화면 오른편에 각진 오벌 이중 난 집의 단면을 그립니다.

(4) Numeric을 클릭 ⇔ Primitive 클릭 ⇔ Select Primitive 창에서 ⇔ ⊙ Circle을 클

TOOL

④
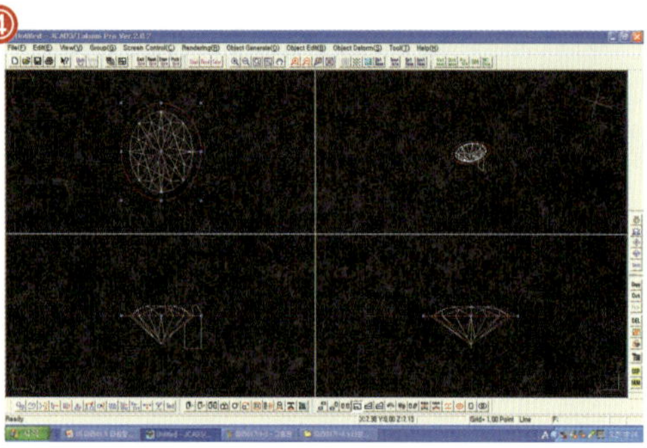

릭 ⇔ Size 창에 보석 크기와 같은 X : 10, Y : 8을 입력하고 OK를 클릭 ⇔ 입력한 수치만큼의 타원이 그려진 후 ⇔ Scale을 클릭 ⇔ 키우고자 하는 타원의 기준점을 가운데의 파란 정점으로 정하고 클릭 ⇔ 바깥쪽 녹색 정점을 클릭 드래그하여 ⇔ ④와 같이 오벌 이중 난 집의 단면의 바깥 부분까지 타원을 키우는데 오벌 보석의 외곽과의 간격을 잘 살피면서 실행하고 오른쪽 마우스를 클릭하여 완성합니다.

⑤
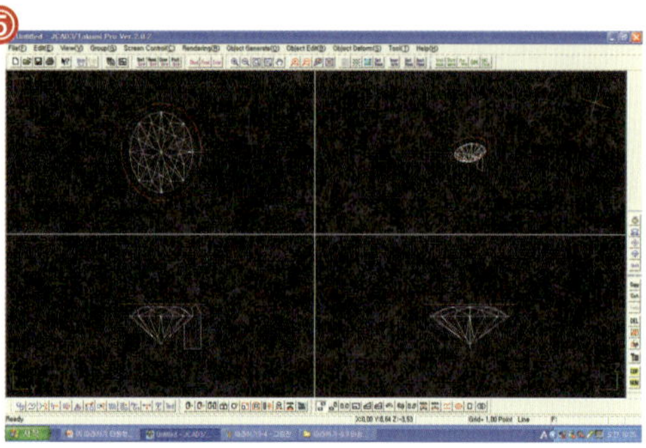

(5) ZX-Plane에서 ⑤와 같이 Move를 클릭하여 ⇔ 그려진 타원을 오벌 이중 난 집의 단면 가장 위의 정점까지 ⇔ 마우스를 잡지 않은 다른 손으로 키보드의 Ctrl을 누른 상태에서 ⇔ 정확히 이동하여 맞추고 화면에 오른쪽 마우스를 클릭하여 Move 명령을 종료합니다.

⑥
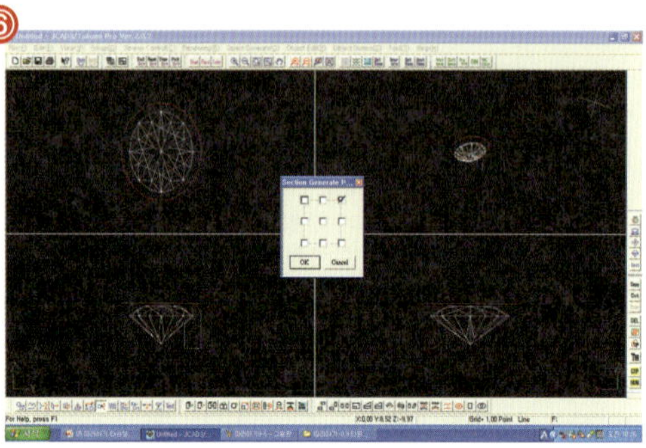

(6) 단면을 활성화하고 ⇔ Wire Combine을 클릭하면 ⇔ 단면이 회색으로 변합니다. ⇔ 다시 타원을 활성화하고 ⇔ Wire Combine을 클릭하면 ⇔ ⑥과 같이 Section Generate 창에서 오른편의 상단을 선택하고 OK를 클릭합니다.

⑦
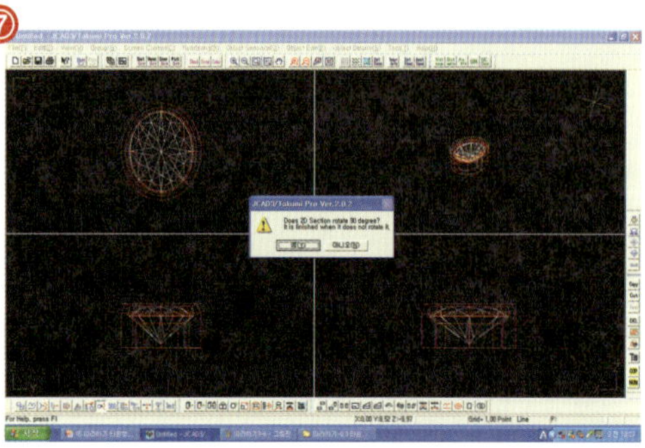

(7) 연이어 단면이 물체화 되면서 ⑦과 같이 단면의 90° 회전 여부를 묻는 질문 상자가 나오면 '아니오'를 클릭하여 완성하고 오른쪽 마우스를 클릭하여 명령을 종료하고 왼쪽 마우스를 클릭하여 물체들을 비활성화합니다.

⑧
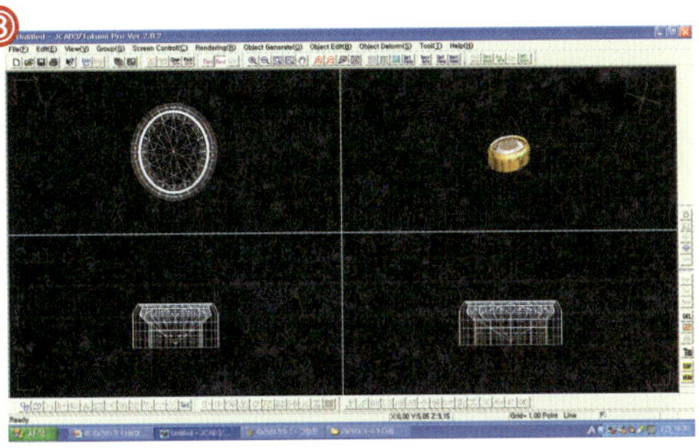

(8) ⑧ 과 같이 Rendering을 실행하여 확인합니다.

⑨
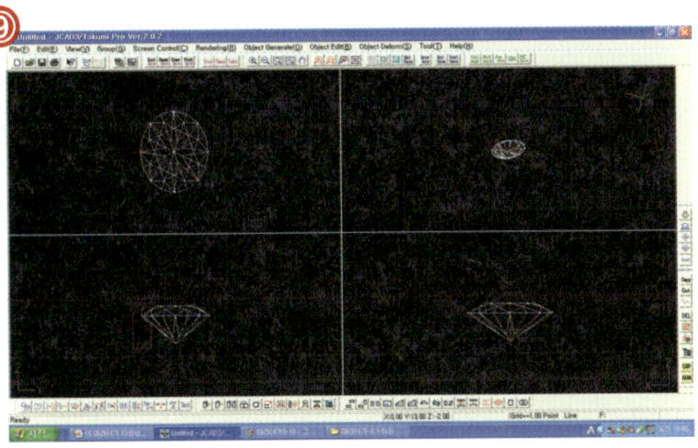

(9) 다른 방법으로 타원형 보석의 이중 난 집을 그리기 위하여 타원형 보석 난 집의 단면이 화면에 다시 나타날 때까지 Undo 클릭 ⇔ ⑨ 와 같이 단면이 화면에 나타나면 왼쪽 마우스로 클릭하여 활성화하고 Bind Grid 클릭 ⇔ Mirror 클릭하여 단면을 왼편으로 이동합니다.

⑩
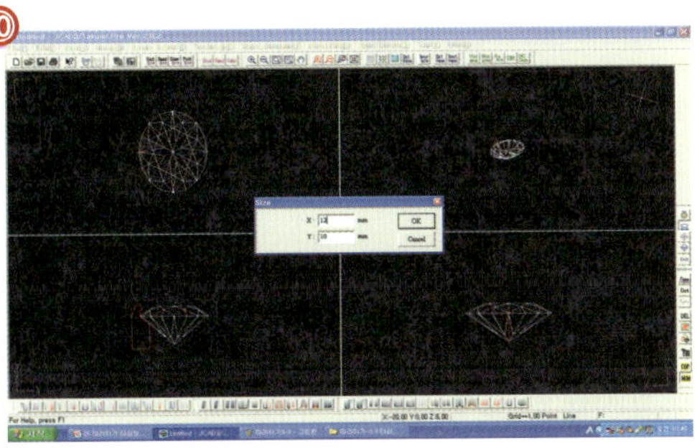

(11) 먼저 Numeric 클릭 ⇔ ⑩과 같이 Generate Setting 클릭 ⇔ Select Gem Type 창에서 Oval을 선택하면 ⇔ Size 창이 나타나는데 보석의 크기와 난 집 단면 두께의 2배를 더한 크기인 X칸에 12, Y칸에 10을 입력하고 OK 클릭합니다.

⑪
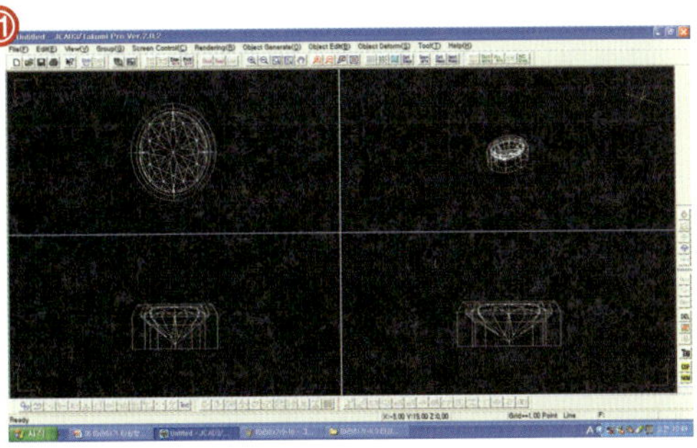

(12) Revolve Divide Number 창이 또 나타나는데 Revolve Divide 칸에 8을 확인 후 OK 클릭 ⇔ ⑪과 같이 먼저 그린 타원형 보석의 이중 난 집과 똑같은 모양의 Oval 난 집이 완성 오른쪽 마우스 클릭하여 명령을 종료하고 왼쪽 마우스를 클릭하여 물체를 비활성화시킵니다.

⑫
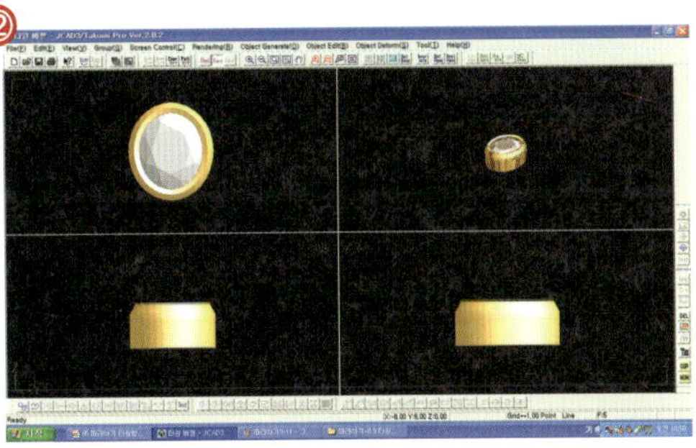

(13) 키보드의 F5를 클릭하고 Rendering을 클릭하면 ⑫와 같이 All-Plane 화면에 Rendering 되어 있는 Oval 보석의 이중 난 집을 확인할 수 있습니다.

TOOL

10 평 반지

TOOL

①

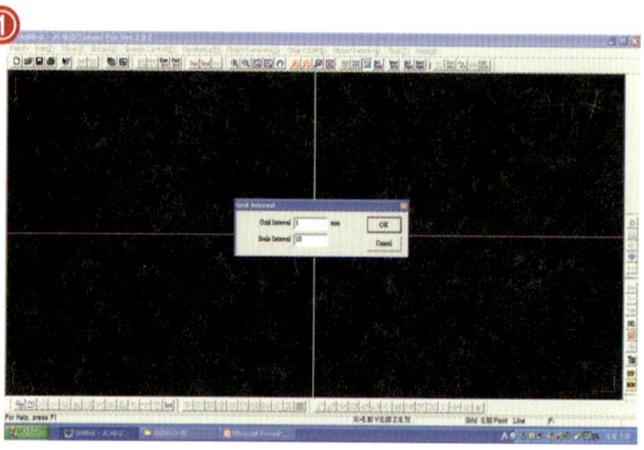

(1) 폭 4 mm, 두께 2 mm, Size 10호(내경 16 mm)의 평 반지를 그립니다.

(2) Grid Interval 클릭 ⇔ ①과 같이 파란 점과 파란 점의 간격을 표시하는 Grid Interval ⇔ 1 mm로 변경하고 OK를 클릭합니다.

②

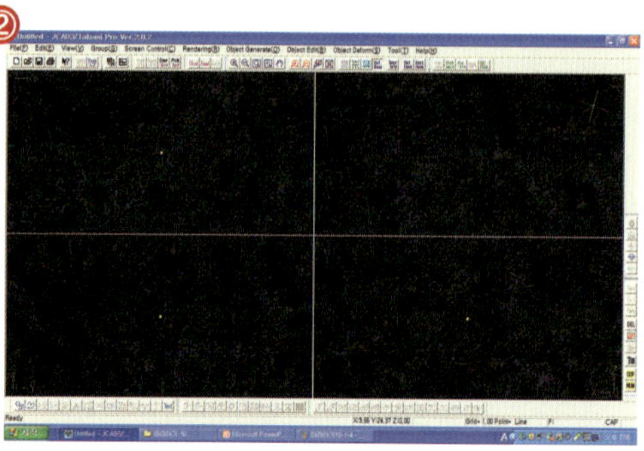

(3) Set Base Point/Line 클릭 ⇔ Select Point /Line 창에서 Point를 클릭하여 화면의 중심을 잡은 후 ⇔ Show Grid 클릭 ⇔ ②와 같이 화면을 클릭 ⇔ 화면의 기본 형태를 표시합니다.

③

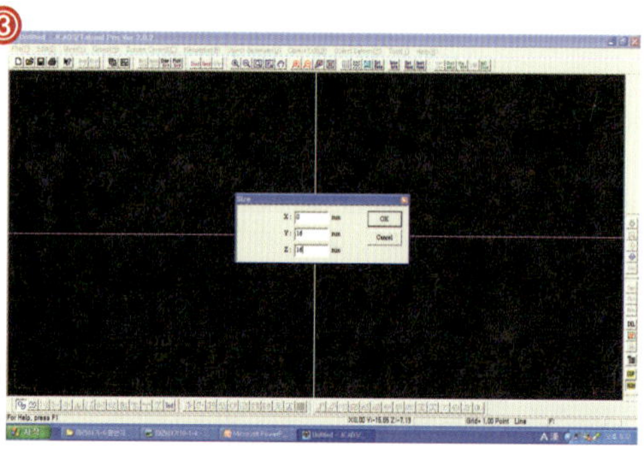

(4) Numeric과 Primitive를 차례로 클릭 ⇔ Select Primitive 창이 나오면 ⊙ Rectangle을 선택하고 ③과 같이 Size 창에 x에는 0을 입력하고, Y와 Z의 입력 칸에는 평 반지 내경 16 mm만큼 각각 16을 입력하고 OK를 클릭합니다.

④
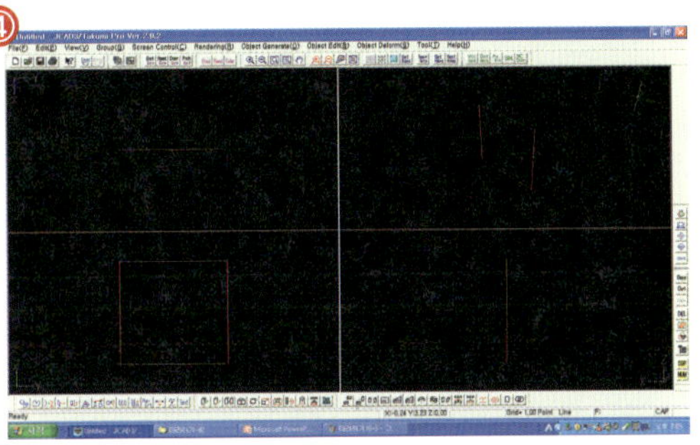

(5) ④와 같이 YZ-Plane (Front) 화면에의 평 반지 내경의 표준값인 사각형이 표현되는데 ⇔ 이 표준 사각형은 반지 형태를 Sweep으로 그릴 때 반지 형태에 중심 변형이 일어나지 않게 하기 위해서 그리는 것입니다.

⑤
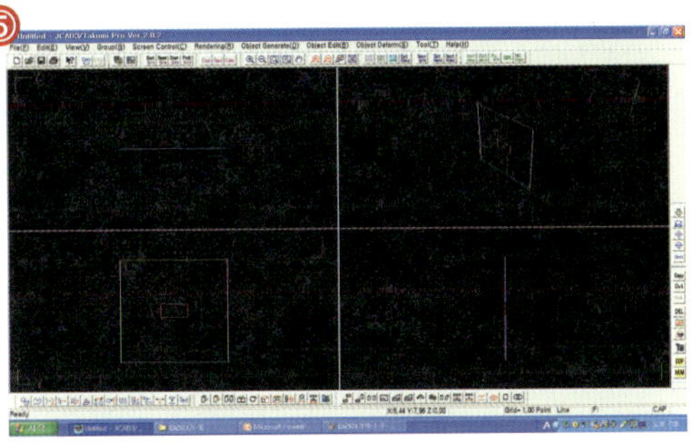

(6) Bind Grid와 Numeric과 Primitive 차례로 클릭 ⇔ Select Primitive 창에서 ⊙ Rectangle을 선택하고 수치 입력 박스에 x는 0 , 반지의 폭 4 mm와 두께 2 mm 만큼 Y에 4와 Z에 2를 입력하여 OK 클릭 ⇔ ⑤와 같이 단면을 완성합니다.

⑥
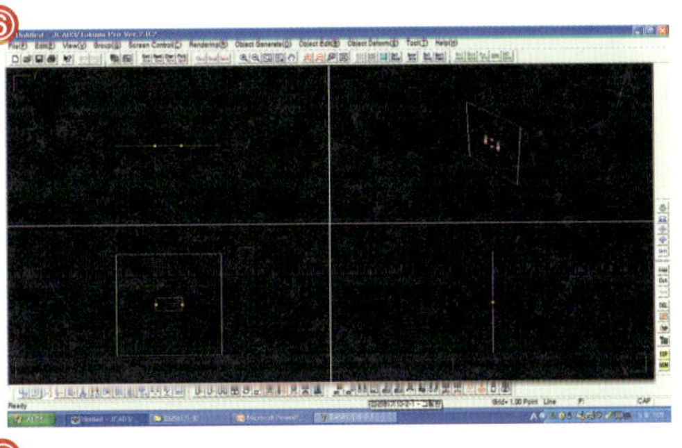

(7) Wire Deform 클릭 ⇔ 정점들이 나타나는데 이 정점들 중에 각진 초록색 점 4개를 제외한 사각 선 가운데 부분의 파란색 점 4개를 Ctrl을 누른 상태에서 차례로 한 점씩 클릭하여 노란 점으로 만들어 Delete하여 없애서 ⑥과 같이 정점이 단순화된 사각 단면을 그립니다.

⑦
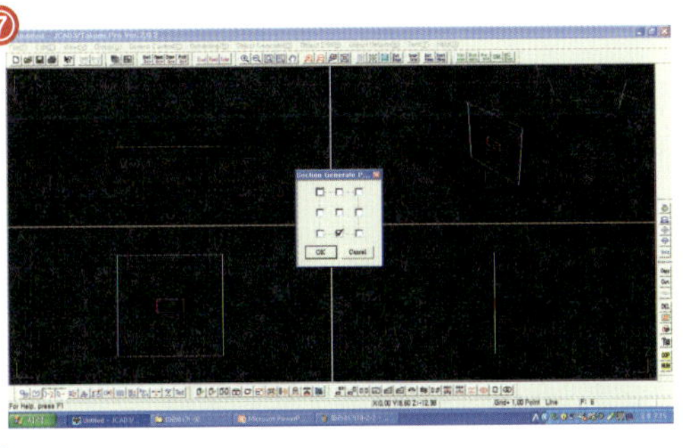

(8) 키보드의 F6를 먼저 누르고 Sweep 클릭 ⇔ ⑦과 같이 Section Generate 창의 중앙 하단을 클릭하고 OK를 클릭합니다.

⑧

(9) 반지의 표준 값으로 그린 16 mm 정사각형 상단의 한쪽 끝을 ⇔ ⑧과 같이 왼쪽 마우스로 클릭하고 ⇔ 다시 클릭한 상태에서 다른 쪽 끝까지 드래그하여 다시 한 번 왼쪽 마우스를 클릭하여 ⇔ 오른쪽 마우스를 클릭하면 Sweep Divide Number 창이

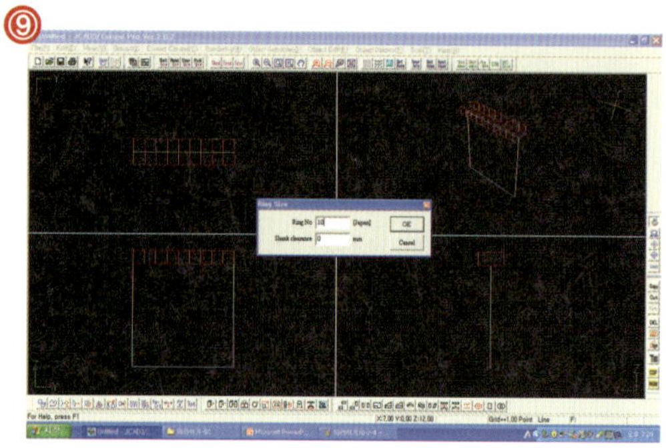

나오는데 ⇔ Sweep Divide에 8을 입력하고 OK를 클릭합니다.

(10) 평 반지의 펼쳐진 그림이 그려졌는데 이 상태에서 Ring size 클릭 ⇔ ⑨와 같이 Ring Size 창이 나오면 Ring No 10을 입력하고 OK를 클릭합니다.

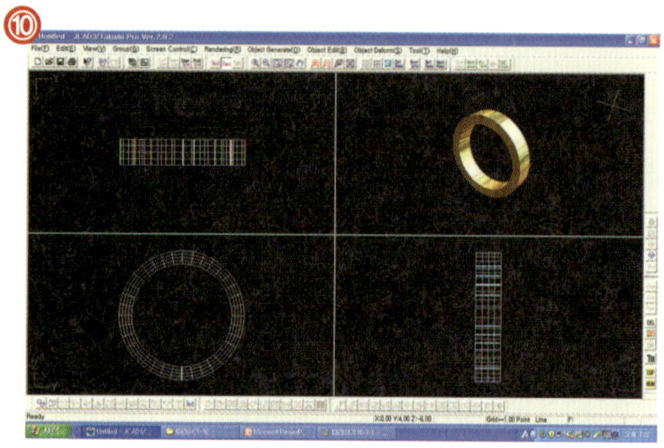

(11) 평 반지가 그려졌으면 반지의 표준 값으로 그린 16 mm 사각형을 지우고 Rendering 클릭 ⇔ ⑩과 같이 완성시킵니다.

(12) Save 클릭 ⇔ 저장 창이 나오면 ⑪과 같이 JCAD3 Pro Ver.2.0.2 폴더에 새로운 JCAD 폴더를 만들고 JCAD 폴더 안에 파일 이름을 평 반지-1이라고 쓰고 저장을 누릅니다.

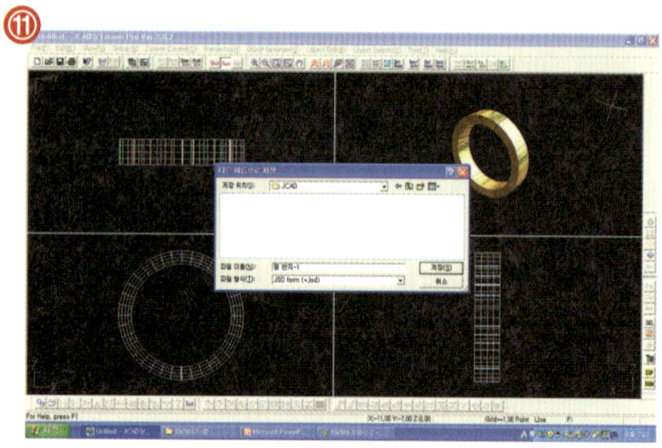

(13) 이번에는 다른 방법으로 평 반지를 그리기 위하여 Undo를 클릭 ⇔ ⑫와 같이 단순화된 평 반지의 단면이 나올 때까지 Undo를 연속 클릭하고 단면과 함께 화면에 있는 Rectangle을 Delete하고 Numeric과 Primitive를 차례로 클릭 ⇔ Select Primitive 창에서 ⊙ Circle을 클릭 ⇔ Size 창에 x에는 0을 입력하고, Y와 Z의 입력 칸에는 평 반지 내경 16 mm만큼 각각 16을 입력하고 OK를 클릭하여 16 mm 원을 그립니다.

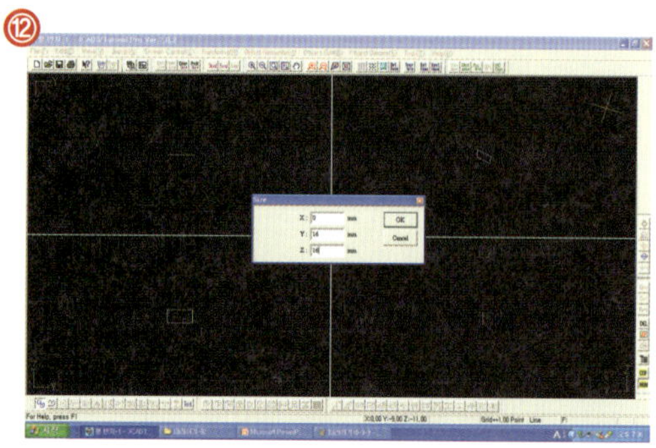

⑬
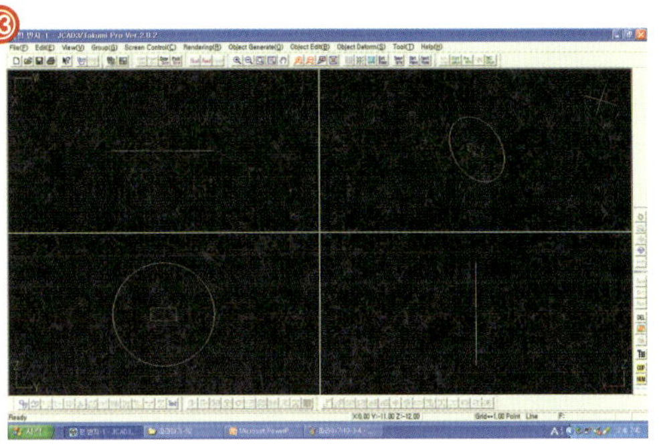

(14) 단순화된 사각 단면을 왼쪽 마우스로 클릭하여 빨간색이 되게 활성화시키고 ⇔ Wire Combine을 클릭하면 ⑬과 같이 단면이 회색으로 변합니다.

⑭
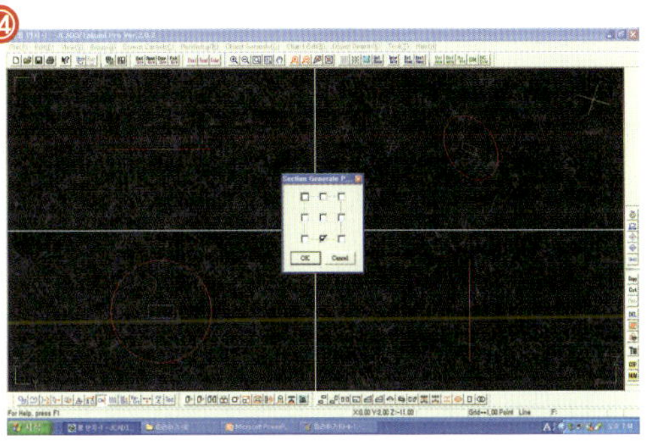

(15) 이번에는 16 mm 원을 왼쪽 마우스로 클릭하고 ⑭와 같이 Wire Combine을 다시 클릭하면 ⇔ Section Generate 창에서 하단 중앙을 클릭 ⇔ OK를 클릭합니다.

⑮
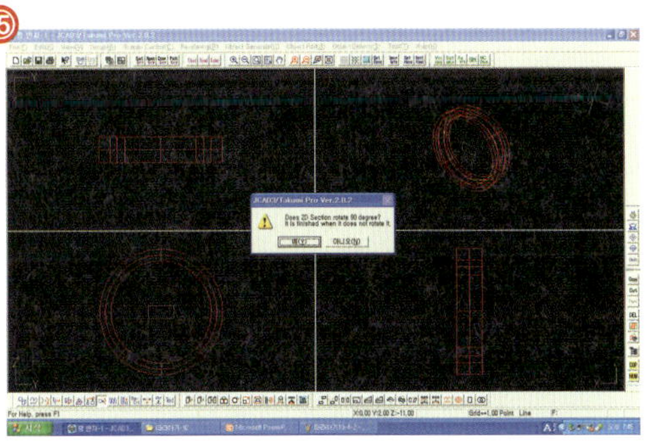

(16) 물체화 되면서 ⇔ ⑮와 같이 단면의 90 ° 회전 여부를 묻는 질문 상자가 나오는데 ⇔ '아니오'를 클릭하면 평 반지 형태가 완성됩니다.

⑯
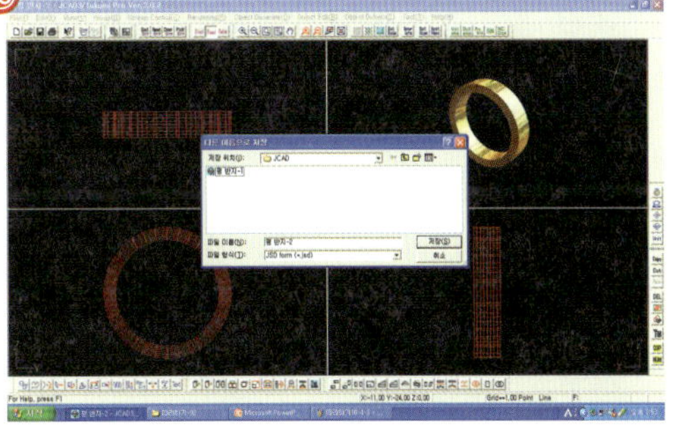

(17) 평 반지가 그려졌으면 Rendering 클릭 ⇔ 완성시켜 확인 후 화면 상단의 첫 번째 매뉴얼 File 클릭 ⇔ Save As 클릭 ⇔ 저장 창이 나오면 ⑯과 같이 JCAD3 Pro Ver.2.0.2 폴더에 만들었던 JCAD 폴더 안에 파일 이름을 평 반지-2라고 쓰고 저장을 누릅니다.

⑰

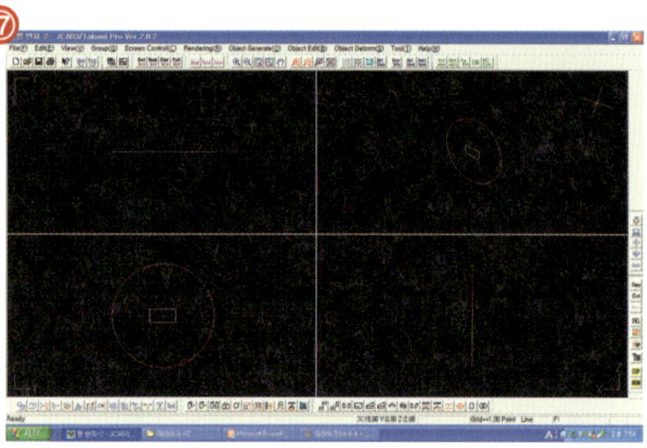

(18) 이번에도 또 다른 방법으로 평 반지를 그리기 위하여 Undo를 클릭 ⇔ ⑰과 같이 단순화된 단면과 16 mm 원이 나오면 원을 왼쪽 마우스로 클릭하여 활성화시킵니다.

⑱

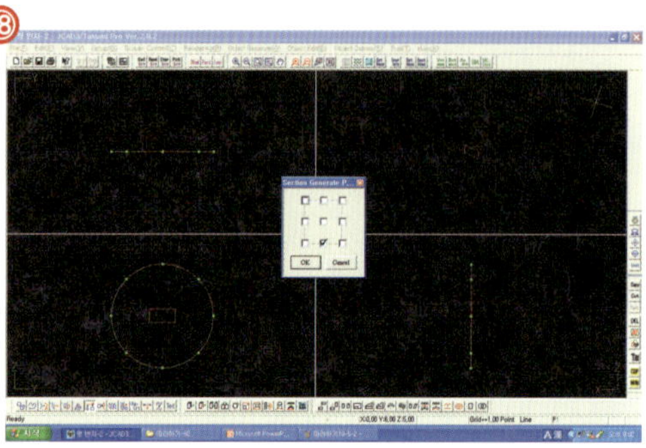

(19) Assign Section 클릭 ⇔ Select Revolve Type 창에서 ⊙ Annulus Shape (1)를 클릭한 후⇔ 원 모양의 선이 노란색으로 변하며 녹색 정점들이 나타나면 ⇔ ⑱과 같이 단면을 클릭하여 활성화하고 원 모양의 선에 나타난 연두색 점 중에 임의의 점 하나를 클릭하면 Section Generate 창이 나오는데 중앙의 아래 칸을 클릭하고 OK를 클릭하면 연두색 점이 분홍색으로 바뀌는데 이때 오른쪽 마우스를 클릭하면 평 반지 형태가 완성합니다.

⑲

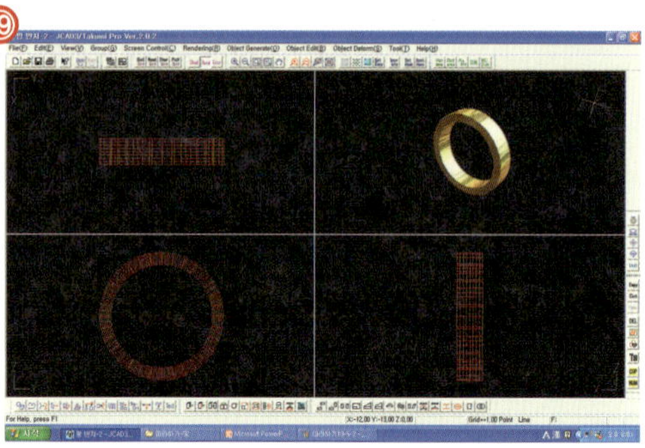

(20) 평 반지가 그려졌으면 Rendering 클릭 ⇔ ⑲와 같이 완성시켜 확인합니다.

⑳

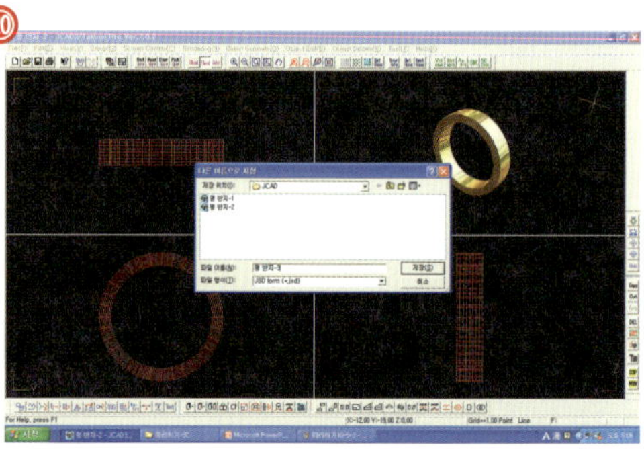

(21) 화면 상단의 첫 번째 매뉴얼 File 클릭 ⇔ Save As 클릭 ⇔ ⑳과 같이 저장 창이 나오면 JCAD3 Pro Ver.2.0.2 폴더에 만들었던 JCAD 폴더 안에 파일 이름을 평 반지-3이라고 쓰고 저장을 누릅니다.

이외에도 많은 방법으로 평 반지를 그릴 수 있는데 이는 다음 기회에 소개하도록 하겠습니다.

TOOL

11 사방 반지

①

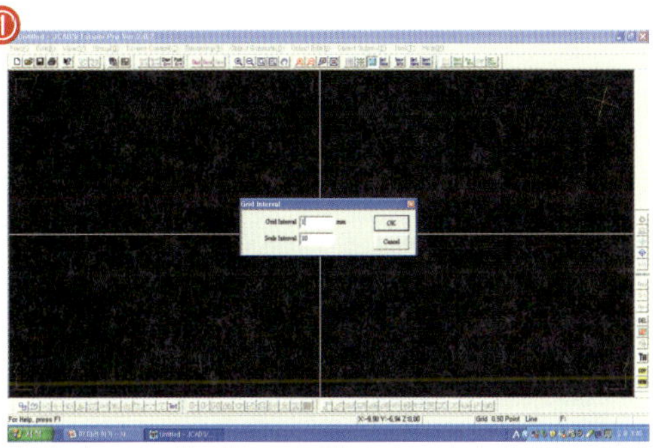

(1) Grid Interval 클릭 ⇔ ①과 같이 파란 점과 파란 점의 간격을 표시하는 Grid Interval을 1 mm로 정하고 OK를 클릭합니다.

(노란 점과 노란 점의 간격은 Scale Interval에 수치를 입력하여 그리는 용도에 맞게 줄이기도 하고 늘려서 사용합니다.)

②

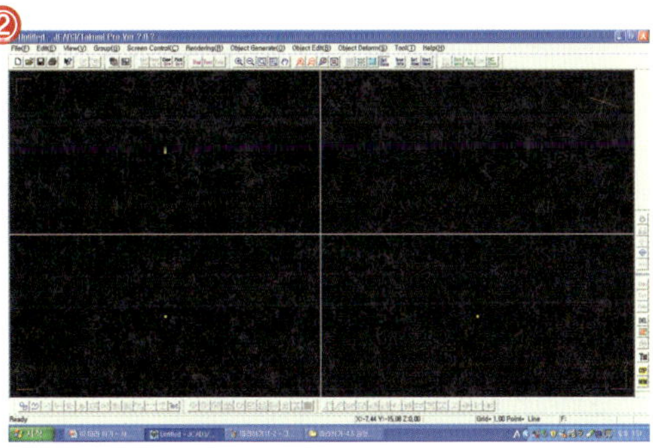

(2) Set Base Point/Line 클릭 ⇔ Select Point /Line 창에서 Point를 클릭하여 화면의 중심을 잡은 후 ⇔ Show Grid 클릭 ⇔ ②와 같이 화면을 클릭 ⇔ 화면의 기본 형태를 표시합니다.

③

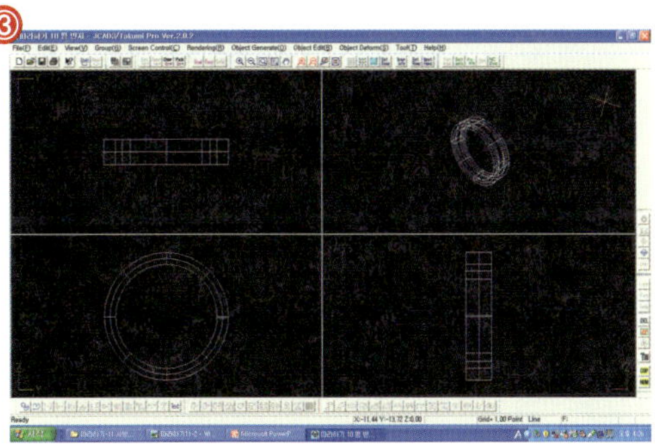

(3) Open을 클릭 ⇔ 내 컴퓨터 ⇔ 로컬디스크 (C) ⇔ Program Files ⇔ JCAD3 Pro Ver.2.0.2 폴더 클릭 ⇔ JCAD 폴더 클릭 ⇔ JCAD 폴더 안에 파일 이름 평 반지-1을 클릭하고 열기를 클릭하여 ③과 같이 평 반지-1을 불러들이고 Zoom Out 클릭하여 물체를 화면에 보기 좋게 축소합니다(평 반지-2와 평 반지-3은 Insert를 하면 내경이 변형되므로 적합하지 않습니다).

TOOL

TOOL

④
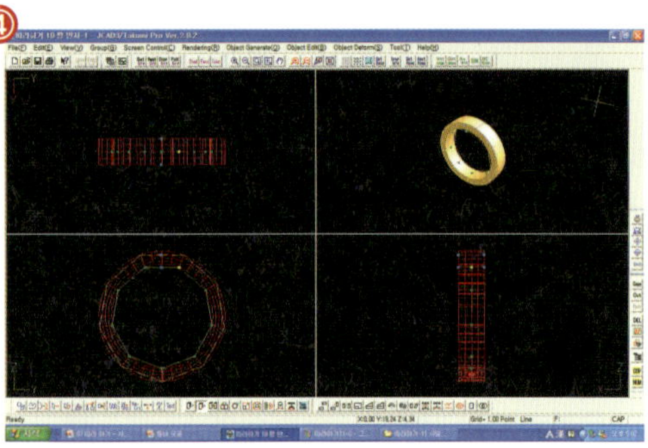

(4) 반지를 클릭 활성화시키고 키보드의 F5와 Line Move를 차례로 클릭 ⇔ ④와 같이 YZ-Plane 화면에서 보면 평 반지 윗부분의 중앙 단면 표시 녹색 점 2개를 키보드의 Shift를 누른 상태에서 1개씩 클릭하여 각진 성격을 가진 단면으로 만들고 오른쪽 마우스를 클릭합니다.

⑤
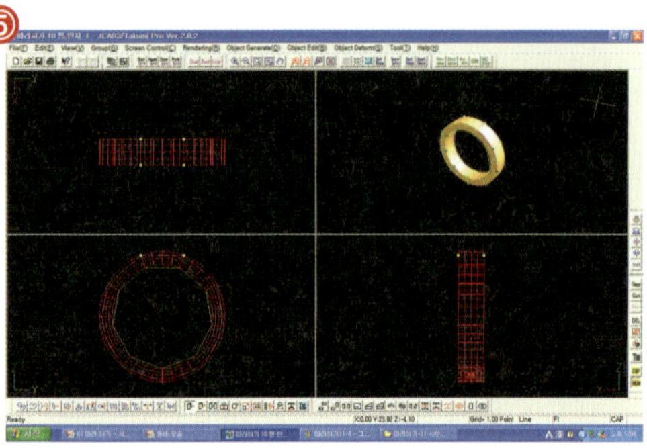

(5) 키 보드의 F5와 Numeric 그리고 Point Move를 순서대로 클릭 ⇔ Line Move에서 물체의 각진 성격을 주었던 연두색 점들과 단면의 성격을 가진 초록색 점들이 보이는데 ⇔ 평 반지 위 중앙 부분의 연두색 정점 4개를 클릭하여 드래그하면 ⑤와 같이 정점이 노랗게 변합니다.

⑥
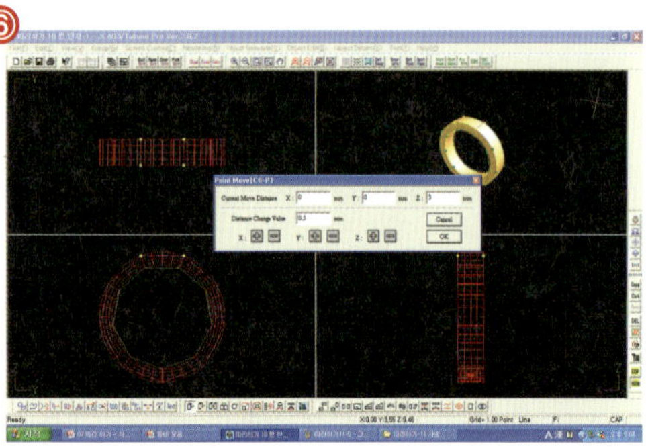

(6) 노랗게 변한 노란 정점을 클릭 ⇔ ⑥과 같이 Point Move 창이 나오면 Z : 3을 기입하고 OK를 클릭합니다.

⑦
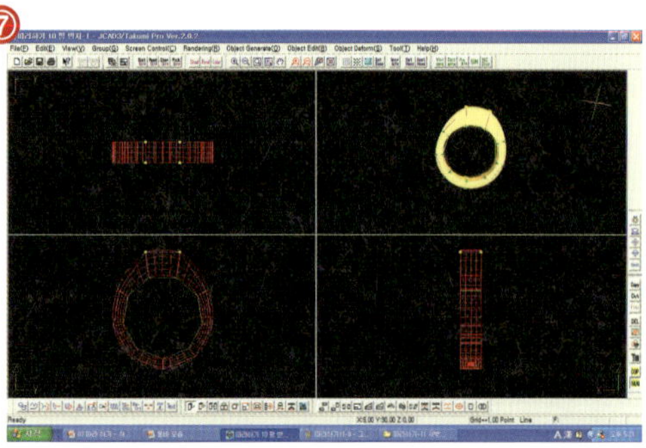

(7) ⑦과 같이 네 개 정점이 3 mm 올라가 있는 것을 확인 후 Zoom Out 클릭하여 물체를 화면에 보기 좋게 축소하고 ⇔ 오른쪽 마우스를 클릭하여 명령을 종료합니다.

⑧
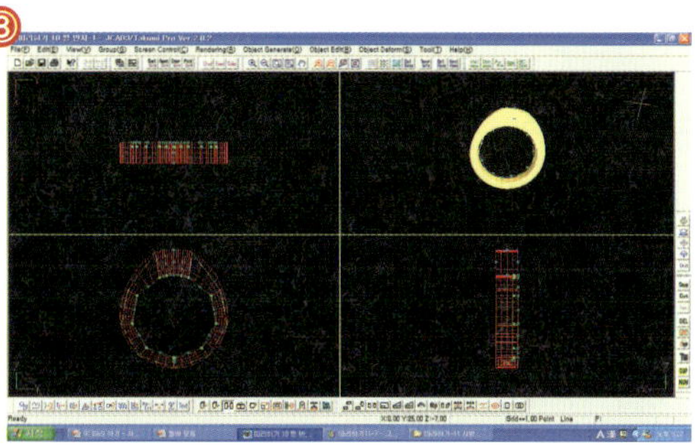

(8) 키보드의 F5와 Insert를 순서대로 클릭 ⇔ Insert에서는 물체의 단면 성격의 연두색 점과 단면의 예비 정점 녹색, 물체의 단면 형태의 하늘색 점이 나타나는데 ⇔ 내경의 중앙 상단에 있는 1개의 녹색 점을 클릭하고 나면 연두색으로 변하면서 양쪽에 녹색 점이 두 개가 나타나는데 두 녹색 점도 클릭하면 ⇔ ⑧과 같이 연두색 점으로 변하면서 녹색 점 자리에 단면이 3개 추가되는 것을 확인하고 ⇔ 오른쪽 마우스를 클릭하여 명령을 종료합니다.

⑨
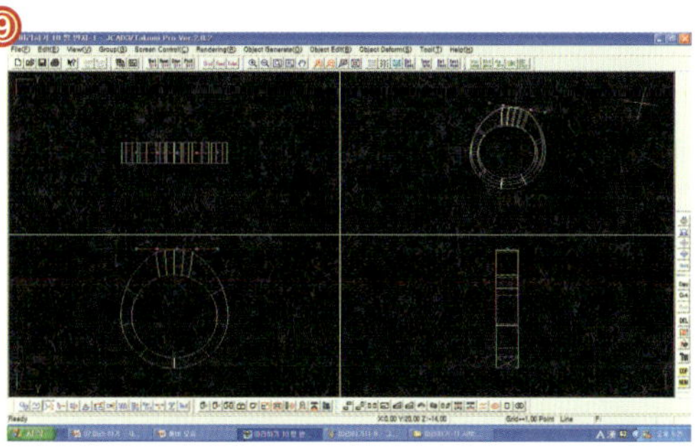

(9) Bind Grid 클릭 ⇔ Wire 클릭하고 ⇔ Open 클릭 ⇔ ⑨와 같이 YZ-Plane에서 반지 윗부분에 수평으로 직선을 그립니다.

⑩
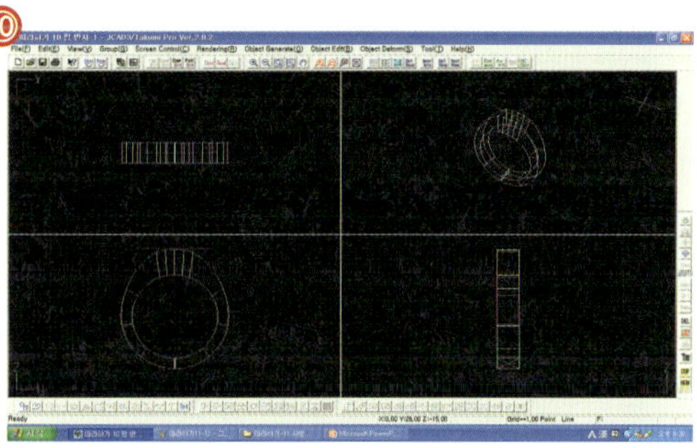

(10) 키보드의 F7 먼저 클릭한 후 ⇔ Base Wire Deform 클릭 ⇔ ⑩과 같이 선이 회색으로 변합니다.

⑪
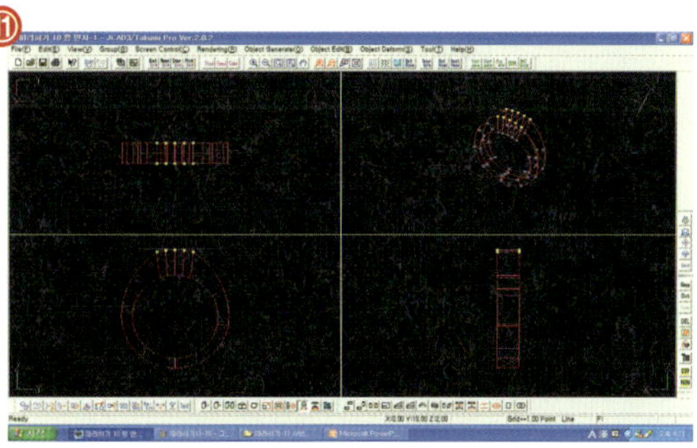

(11) 이번에는 반지를 왼쪽 마우스로 클릭하여 활성화하고 ⇔ 다시 Base Wire Deform 클릭하면 ⇔ 반지에 파란 점들이 나타나고 ⇔ ⑪과 같이 반지 위 중앙의 다섯 점을 왼쪽 마우스로 클릭 드래그하면 노란 점으로 변합니다.

⑫
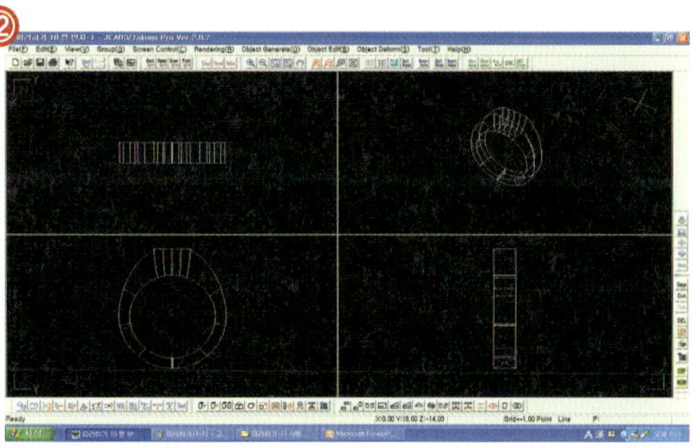

(12) 이때 오른쪽 마우스를 클릭하면 ⑫와 같이 반지의 윗부분에 그렸던 선의 위치로 노란 점들이 올라 붙으면서 반지가 비활성화되는 것을 확인할 수 있습니다.

⑬
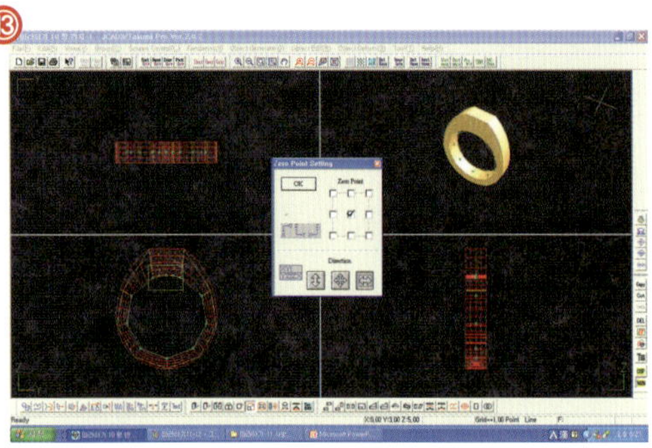

(13) 반지를 왼쪽 마우스로 클릭 ⇔ 키보드의 F5와 Numeric과 Extend/Reduce를 순서대로 클릭 ⇔ 반지에 녹색 점들이 나타나는데 YZ-Plane 화면에서 반지 중앙 상위 5개의 녹색 점을 드래그하여 선택하면 ⑬과 같이 Zero Point Setting 창이 나오는데 Direction에 좌우 폭을 선택하고 OK를 클릭합니다.

⑭
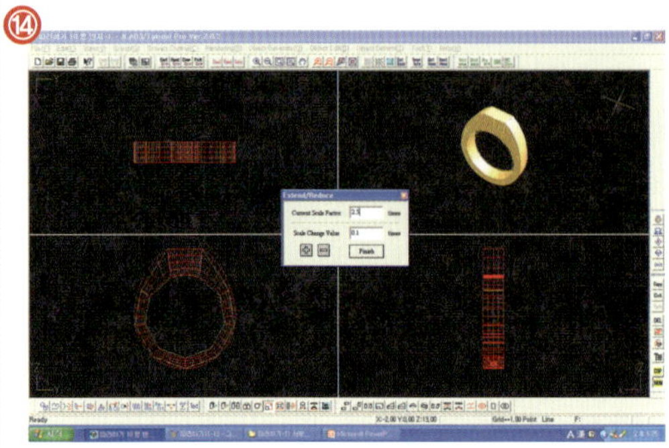

(14) 4개의 파란색 정점으로 바뀐 정점이 나타나는데 그 중에 한 파란 점을 클릭하면 ⑭와 같이 Extend/Reduce 창이 뜨는데 Current Scale Factor에 2.5를 기입하고 Finish를 클릭합니다.

⑮
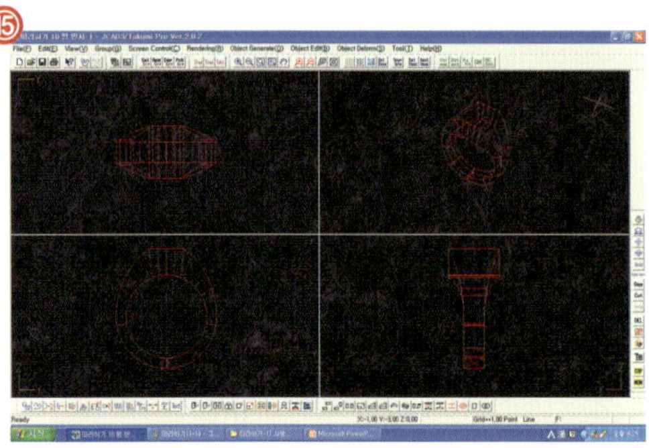

(15) 평 반지 형태 상단 부분이 사방 반지의 형태로 변하였음을 ⑮와 같이 확인하고 오른쪽 마우스를 클릭하여 명령을 종료합니다.

⑯
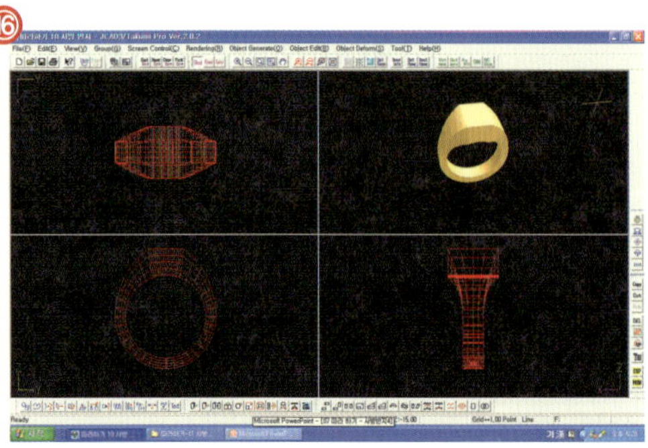

(16) Shading 클릭 ⇔ ⑯과 같이 원하는 폭만큼 넓혀져 있는 것을 확인하고 화면 상단의 첫 번째 매뉴얼 File 클릭 ⇔ Save As 클릭 ⇔ 저장 창이 나오면 JCAD3 Pro Ver.2.0.2 폴더에 만들었던 JCAD 폴더 안에 파일 이름을 사방 반지라고 쓰고 저장을 누르고 Perspective 화면을 왼쪽 마우스로 클릭 드래그하여 사방 반지를 돌려보고 종료합니다.

12 Marquise Brilliant · Prong Setting

①

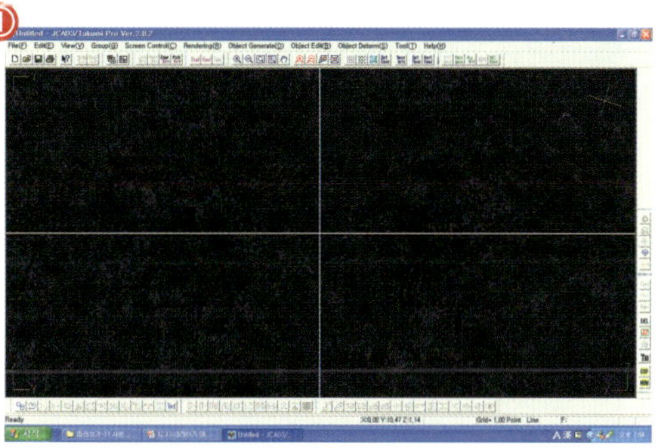

②

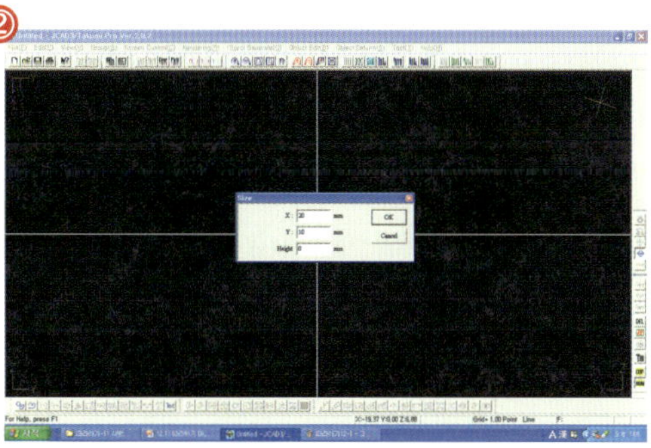

③

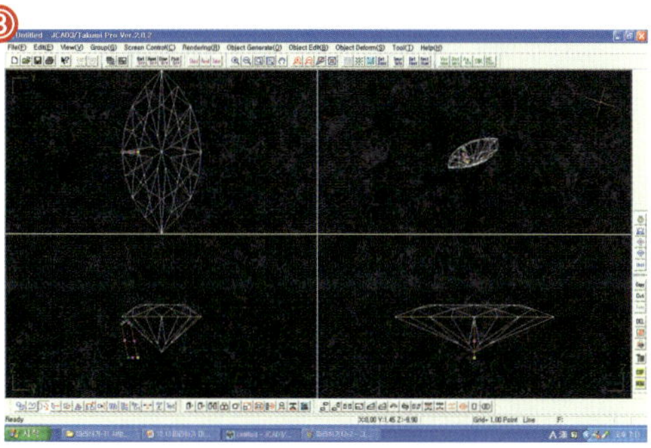

(1) 가로 : 10 mm, 세로 : 20 mm 마르키스 형태 보석의 두 발 난 집을 그려 봅니다.

(2) ①과 같이 Grid Interval을 1 mm ⇔ Show Grid 클릭하여 초기 화면 상태를 정하고⇔ Numeric을 클릭 ⇔ Gem 클릭 ⇔ Select Gem 창에서⇔ Marquise Brilliant 클릭 ⇔ ② 와 같이 Size 창에서 Diameter의 X : 20, Y : 10을 입력 ⇔ OK를 클릭 ⇔ Auto Zoom 클릭 ⇔ 입력한 크기의 Marquise Brilliant 보석이 화면에 보입니다.

(3) Wire 클릭 ⇔ Select Close/Open 창에서 ⊙ Close 클릭하면 ⇔ 화면을 왼쪽 마우스로 클릭할 때마다 정점이 찍히는데 ⇔ 마우스를 잡지 않은 다른 손으로 키보드의 Shift를 클릭한 상태에서 왼쪽 마우스 클릭 ⇔ 각진 녹색 점이 찍히는 것을 적절히 이용하여 ③과 같이 YZ-Plane 화면에 각진 마르키스 난 집의 단면을 왼쪽 편에 그린 후 오른쪽 마우스를 클릭하여 종료합니다.

TOOL

④

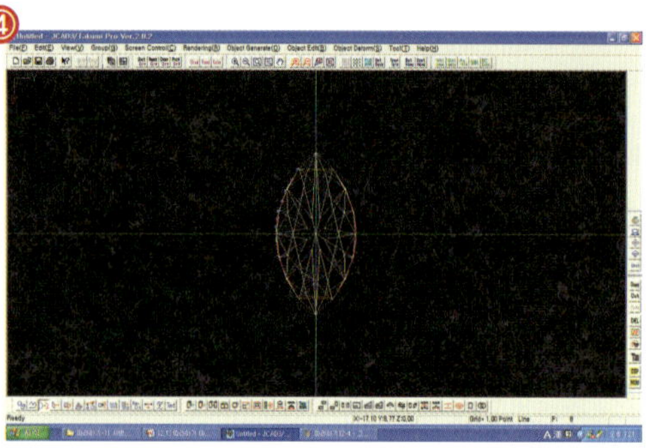

(4) Screen Range 클릭 ⇔ ⊙ XY-Plane 클릭 ⇔ 키보드의 F8을 누르고 ⇔ Wire 클릭 ⇔ Select Close/Open 창에서 ⊙ Close 클릭하고 화면을 왼쪽 마우스로 클릭하면 ⇔ 화면을 4등분하는 녹색 선이 십자 형태로 나타나는데 ⇔ ④와 같이 왼쪽 위편에 녹색 선에 닿지 않게 왼쪽 마우스로 클릭하면서 ⇔ 1/4 부분에만 마르키스의 바깥 선을 따라 선을 그리고 오른쪽 마우스를 클릭하여 종료합니다.

⑤

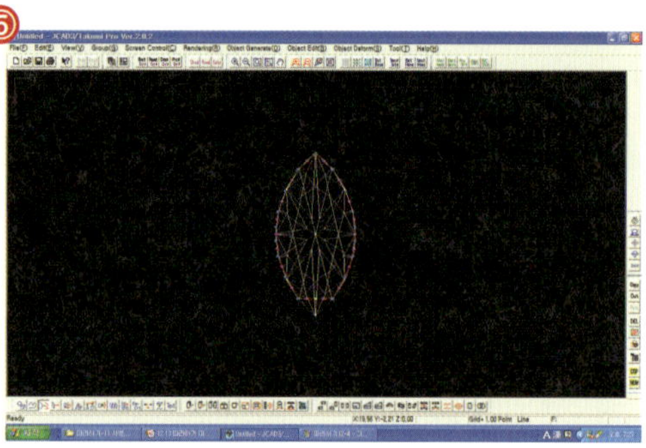

(5) 다시 오른쪽 마우스를 클릭 ⇔ Wire Deform을 클릭하면 파란 점들이 나타나는데 ⑤와 같이 XY-Plane 화면에서 마르키스 형태의 중앙 위 분홍색 예비 점을 Shift를 누른 상태에서 왼쪽 마우스로 클릭하여 각진 초록색 정점으로 만들고 다시 왼쪽 마우스로 클릭 드래그하여 마르키스의 모서리 각진 부분까지 이동한 후 다시 오른쪽 마우스를 클릭하여 정점의 이동을 종료하고 중앙 아래 분홍색 예비 점도 위와 같이 실행하여 양쪽 모서리 부분을 각지게 수정하여 마르키스 둘레의 선을 그리고 오른쪽 마우스를 클릭하여 명령을 종료합니다.

⑥

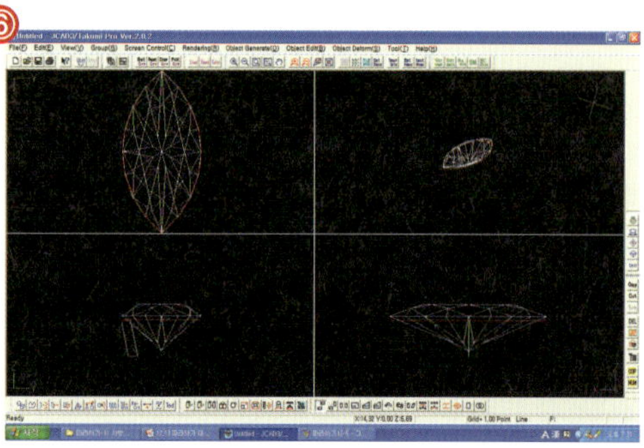

(6) Screen Range 클릭 ⇔ ⊙ All-Plane 클릭 ⇔ Move 클릭 ⇔ YZ-Plane 화면에서 마우스를 잡지 않은 다른 손으로 키보드의 Ctrl을 누른 상태에서 ⇔ ⑥과 같이 마르키스 둘레의 선을 ⇔ 마르키스 난 집 단면의 가장 위쪽 정점의 높이와 같게 아래로 이동하여 맞추고 오른쪽 마우스를 클릭합니다.

⑦

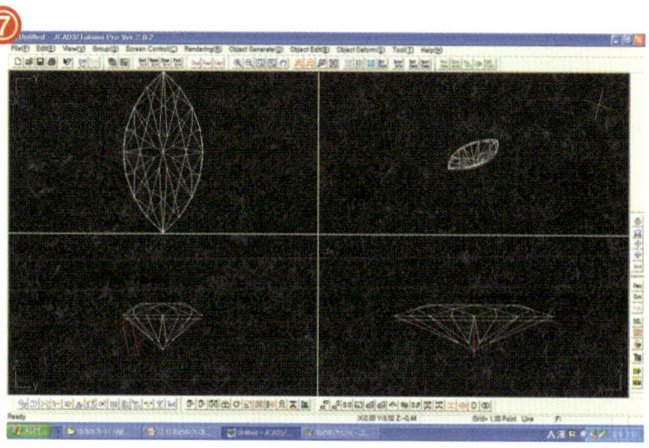

(7) ⑦과 같이 단면을 왼쪽 마우스로 클릭하여 빨간색이 되게 활성화시키고 ⇔ Wire Combine을 클릭합니다.

⑧

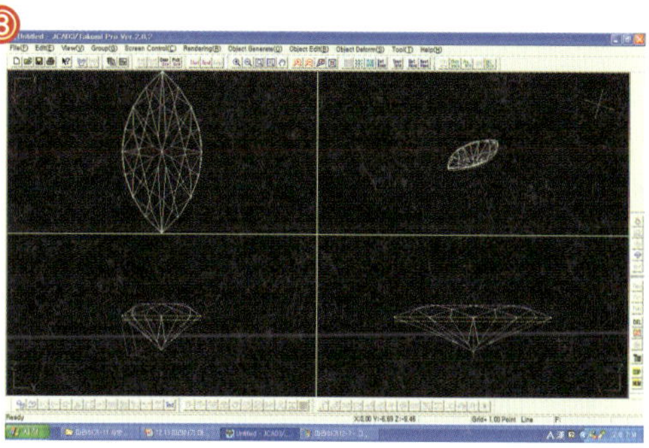

(8) ⑧과 같이 단면이 회색으로 변합니다.

⑨

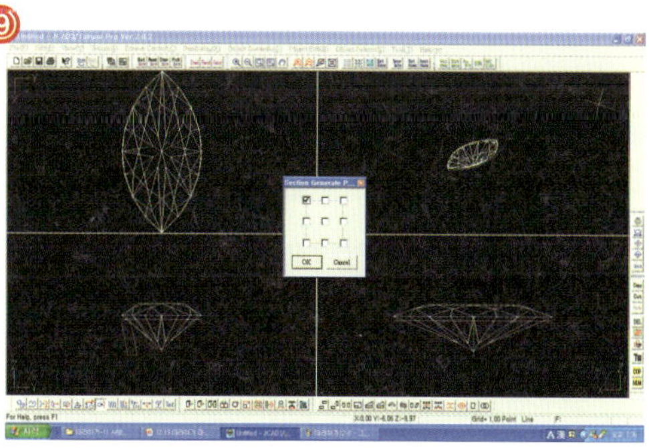

(9) 이번에는 ⑨와 같이 마르키스 형태의 선을 왼쪽 마우스로 클릭하고(클릭이 잘 안 되면 전체를 클릭 드래그하여 활성화하고 키보드의 Shift를 누른 상태에서 원하지 않는 부분들을 YZ-Plane 화면에서 클릭하여 비활성화시키고 선을 활성화합니다) ⇔ Wire Combine을 다시 클릭하면 ⇔ Section Generate 창에서 왼쪽 상단을 클릭 ⇔ OK를 클릭합니다.

⑩

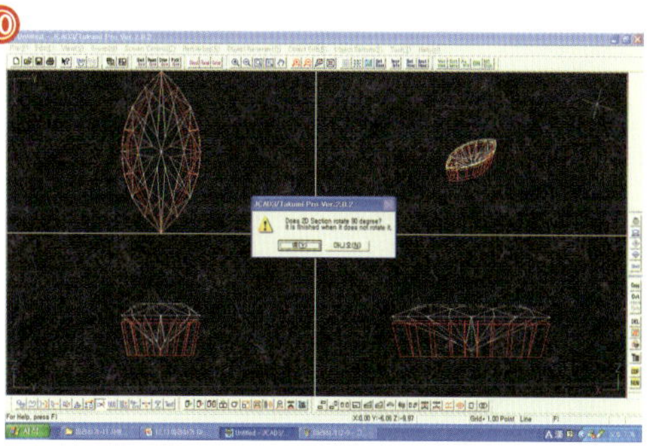

(10) 물체화 되면서 ⇔ ⑩과 같이 단면의 90° 회전 여부를 묻는 질문 상자가 나오는데 ⇔ '아니오'를 클릭하여 마르키스 난 집을 완성합니다.

TOOL

TOOL

⑪

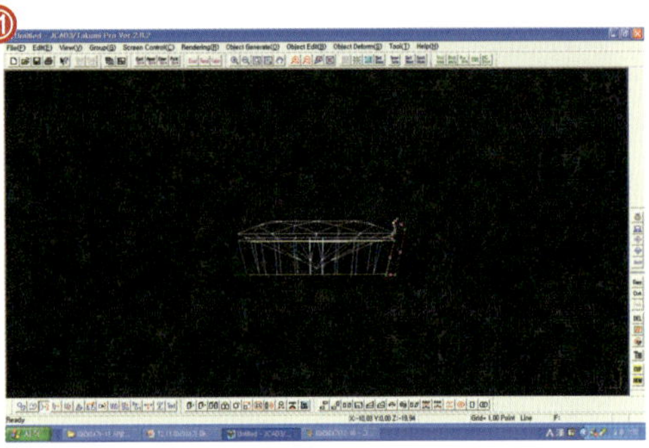

(11) 마르키스 난 집에 필요한 발을 만들기 위해 ⇔ Screen Range 클릭 ⇔ ⊙ ZX-Plane 화면에서 ⇔ Wire 클릭 ⇔ Select Close/Open 창에서 ⊙ Close 클릭하면 ⇔ 화면을 왼쪽 마우스로 클릭할 때마다 정점이 찍히는데 ⇔ 키보드의 Shift를 클릭한 상태에서 왼쪽 마우스 클릭 ⇔ 각진 녹색 점이 찍히는 것을 적절히 이용하여 ⇔ ⑪과 같이 각진 마르키스 발의 단면을 그립니다.

⑫

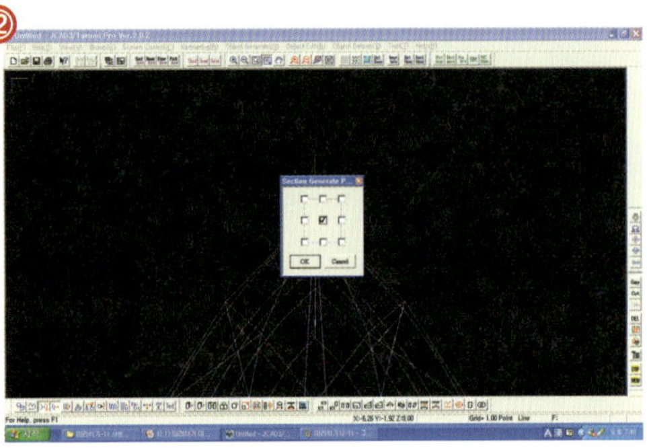

(12) Screen Range 클릭 ⇔ ⊙ XY-Plane 클릭 ⇔ Zoom Box 클릭하여 단면을 그린 부분을 확대하고 ⇔ ⑫와 같이 Sweep을 클릭 ⇔ Section Generate 창에 중앙을 선택하고 OK를 누릅니다.

⑬

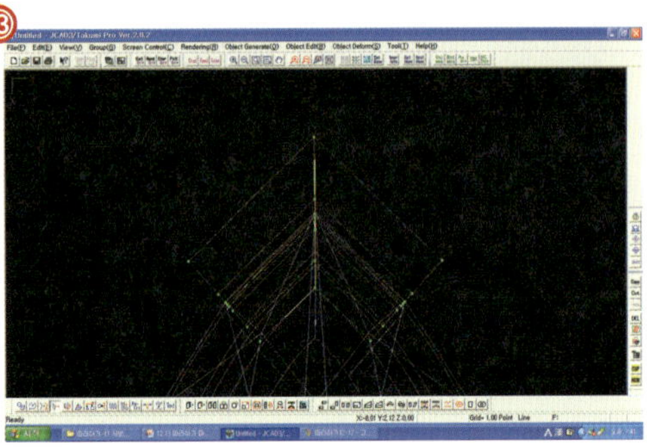

(13) 마르키스의 알맞은 발 자리에 ⑬과 같이 왼쪽부터 왼쪽 마우스로 클릭하고 ⇔ 가운데는 키보드의 Shift를 누른 상태에서 클릭하고 ⇔ 마지막으로 좌우가 잘 맞게 클릭하고 ⇔ 오른쪽 마우스를 클릭하여 명령을 종료시킵니다.

⑭

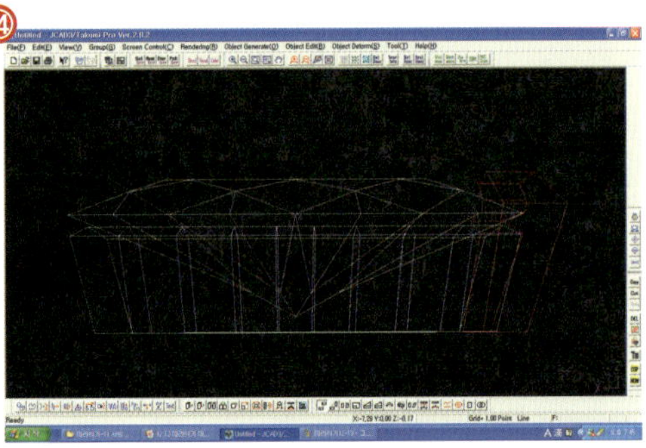

(14) Screen Range 클릭 ⇔ ⊙ ZX-Plane 화면에서 ⇔ Auto Zoom 클릭 ⇔ Move를 클릭하고 ⇔ ⑭와 같이 완성한 마르키스 난 집 발을 클릭하여 마르키스 거들 부분을 잘 맞추면서 난 집 하단의 높이와 발 하단의 높이를 같게 아래로 이동하여 맞추고 화면에 오른쪽 마우스를 클릭하여 Move 명령을 종료합니다.

⑮
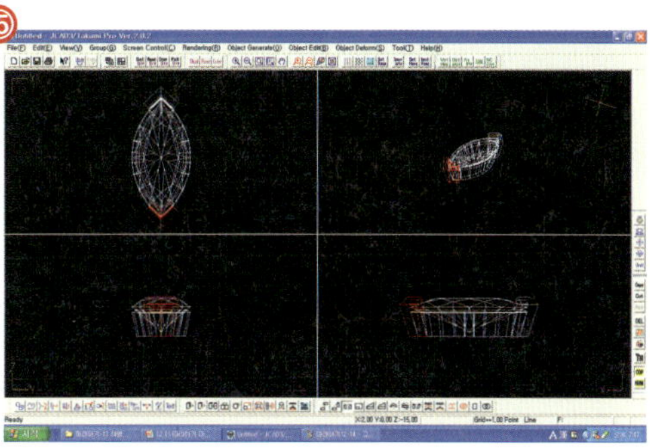

(15) Screen Range 클릭 ⇔ ⊙ All-Plane 클릭 ⇔ Auto Zoom 클릭 ⇔ Bind Grid 클릭 ⇔ Copy를 클릭하고 ⇔ Mirror를 클릭 ⇔ XY-Plane 화면에서 ⇔ 마우스를 잡지 않은 다른 손으로 키보드의 Ctrl을 누른 상태에서 ⇔ ⑮와 같이 보석의 중심을 기준으로 왼쪽 마우스로 클릭하여 좌측 또는 우측으로 드래그하면 상하로 반대편에 복사합니다.

⑯
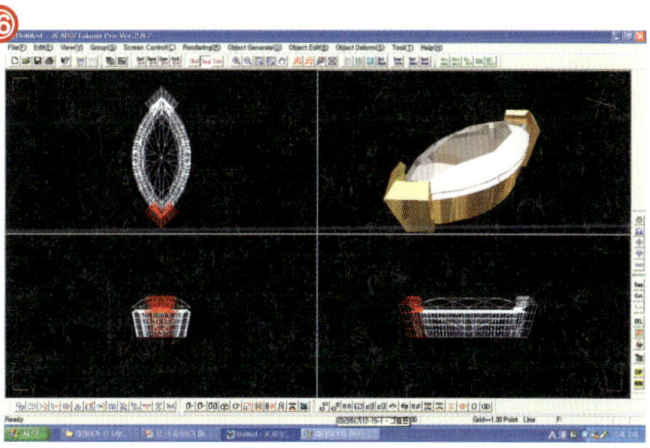

(16) Rendering을 클릭 ⇔ ⑯과 같이 Track Up 클릭 ⇔ Perspective (3D) 화면을 확대하여 확인합니다.

TOOL

13 Marquise Brilliant · Basel Setting

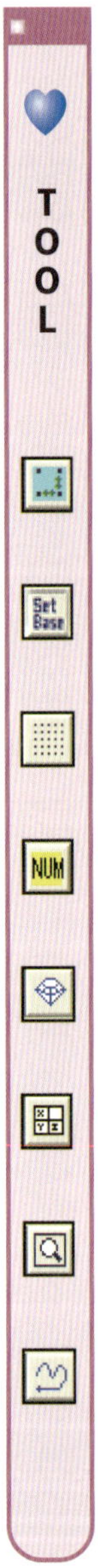

①

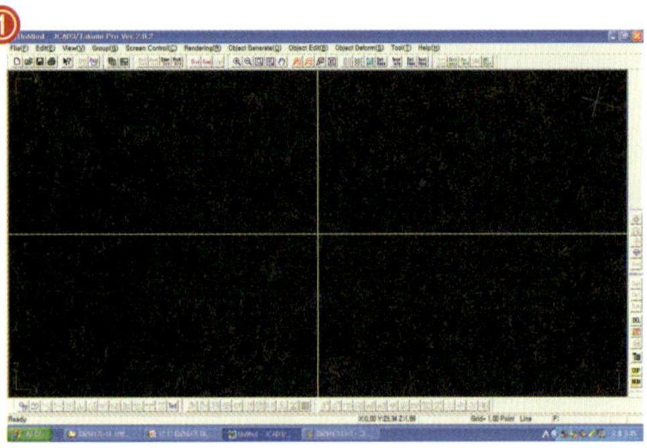

②

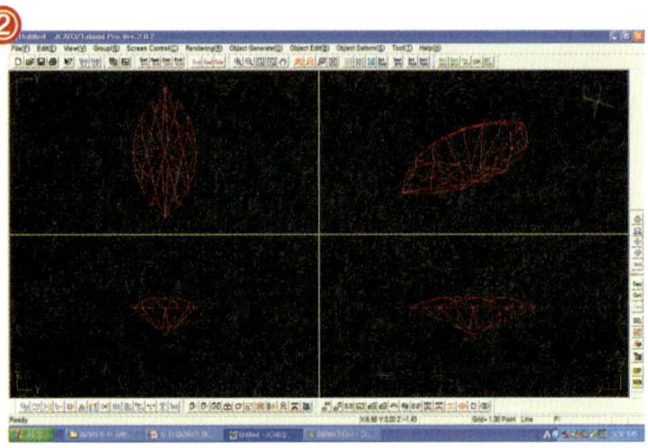

③

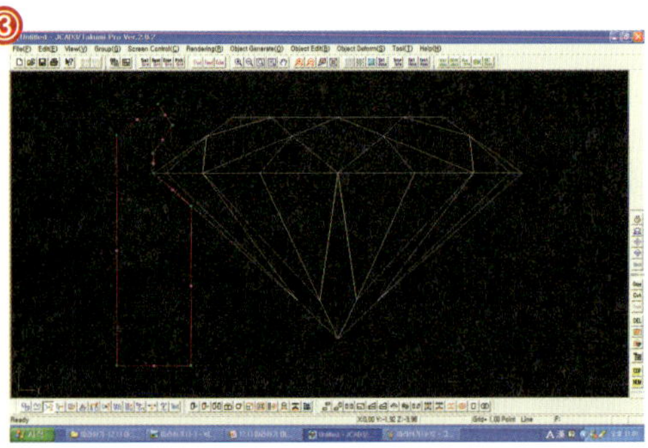

(1) 가로 : 10 mm, 세로 : 20 mm 마르키스 형태 보석의 이중 난 집을 그려 봅니다.

(2) ① 과 같이 Grid Interval을 1 mm ⇔ Show Grid 클릭하여 초기 화면 상태를 정하고 ⇔ Numeric을 클릭 ⇔ Gem 클릭 ⇔ Select Gem 창에서 ⇔ Marquise Brilliant 클릭 ⇔ ② 와 같이 Size 창에서 Diameter의 X : 20, Y : 10을 입력 ⇔ OK를 클릭 ⇔ Auto Zoom 클릭 ⇔ 입력한 크기의 Marquise Brilliant 보석이 화면에 보입니다.

(3) Screen Range 클릭 ⇔ ⊙ YZ-Plane 클릭 ⇔ Auto Zoom 클릭 ⇔ Wire 클릭 ⇔ Select Close/Open 창에서 ⊙ Close 클릭하고 ⇔ 키보드의 Shift를 클릭한 상태에서 왼쪽 마우스 클릭 ⇔ 각진 녹색 점이 찍히는 것을 적절히 이용하여 ③과 같이 각진 마르키스 이중 난 집의 단면을 그립니다.

(4) Screen Range 클릭 ⇔ ⊙ XY-Plane 클릭 릭 ⇔ Auto Zoom 클릭 ⇔ Set base Point 클릭 ⇔ 키보드의 F8을 누르고 ⇔ Wire 클릭 ⇔ Select Close/Open 창에서 ⊙ Close 클릭하고 ⇔ 화면을 왼쪽 마우스로 클릭하

④
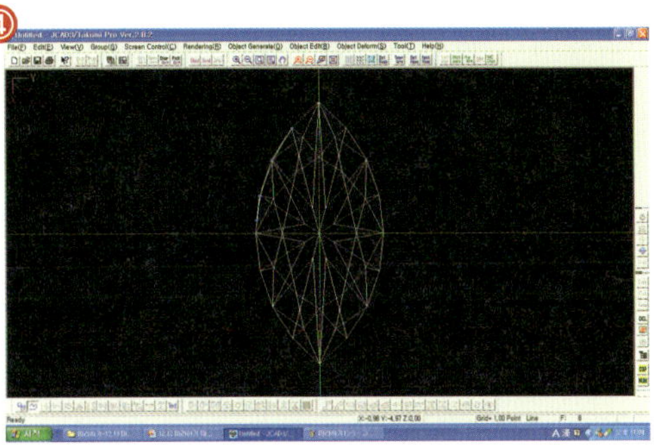

면 ⇔ 화면을 4등분하는 녹색 선이 십자 형태로 나타나는데 ⇔ ④와 같이 녹색 선에 닿지 않게 왼쪽 위편에 1/4 부분만 마르키스의 바깥 선을 따라 왼쪽 마우스로 클릭해 가며 선을 그린 후 오른쪽 마우스를 클릭하면 ⇔ 네 부분이 똑같이 복사되어 마르키스 형태로 이어지는 하나의 선으로 표현됩니다.

⑤
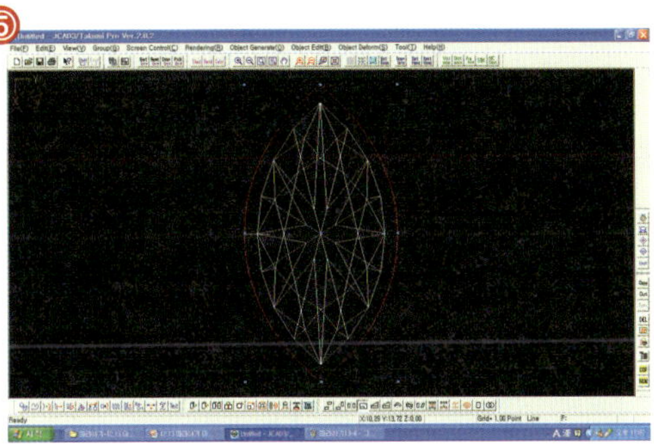

(6) 마르키스 형태의 선을 먼저 Marquise Brilliant · Prong Setting에서 배운 방식으로 각지게 수정하고 ⇔ ⑤와 같이 마르키스 형태의 선을 선택 ⇔ Scale을 클릭하고 ⇔ 키우고자 하는 기준점인 중앙의 가운데 파란 정점을 클릭 ⇔ 마르키스 이중 난 집 단면의 바깥 부분까지 나머지 녹색 점을 클릭 드래그하여야 하는데 ⇔ 마르키스 형태의 선을 키울 때 보석의 외곽과 간격이 일정하게 주의를 기울여 늘리고 오른쪽 마우스를 클릭하여 명령을 종료합니다.

⑥
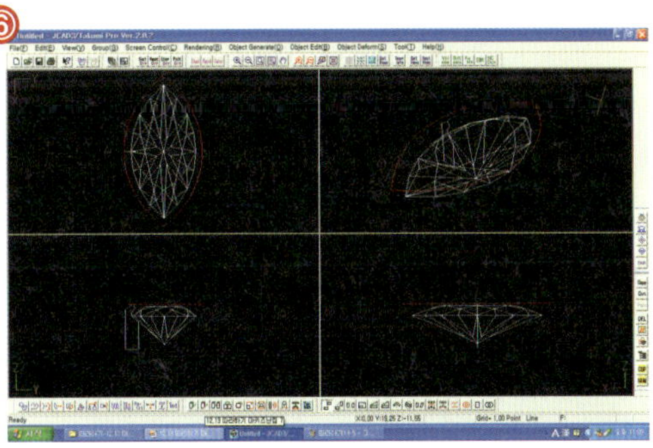

(7) Screen Range 클릭 ⇔ ⊙ All-Plane 클릭 Zoom Out 클릭 ⇔ ZX-Plane 화면에서 위의 선이 활성화된 상태에서 Move 클릭하고 ⇔ 마우스를 잡지 않은 다른 손으로 키보드의 Ctrl을 누른 상태에서 ⇔ ⑥과 같이 마르키스 이중 난 집 단면의 가장 위쪽 정점의 높이와 같게 위로 이동하여 맞추고 오른쪽 마우스를 클릭합니다.

⑦
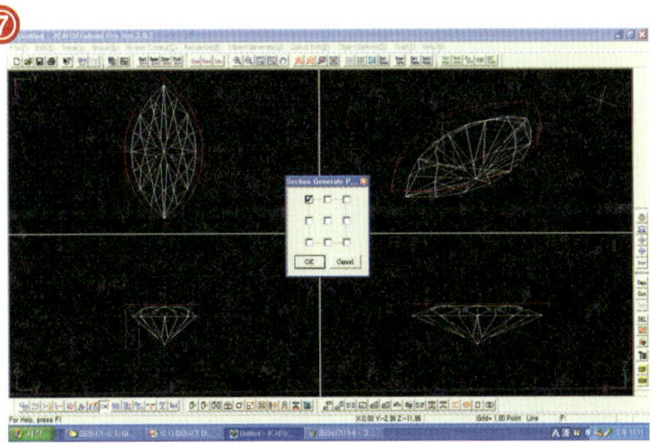

(8) 마르키스 이중 난 집 단면을 활성화하고 ⇔ Wire Combine을 클릭 ⇔ 단면이 회색으로 변하고 ⇔ 다시 ⑦과 같이 마르키스

⑧

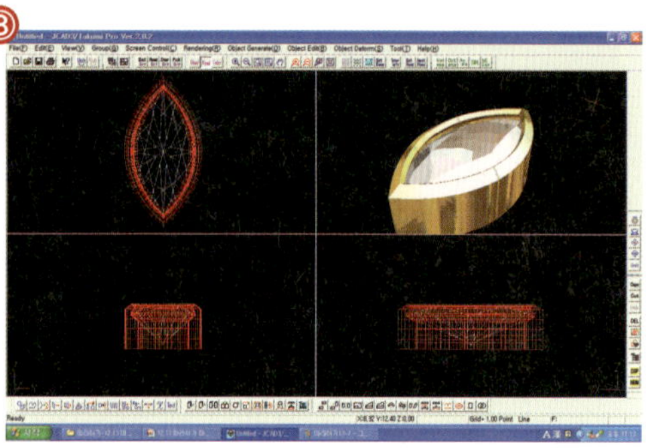

형태의 선을 선택 ⇔ Wire Combine을 실행하면 ⇔ Section Generate 창에서 왼쪽 상단을 선택 ⇔ OK를 클릭합니다.

(9) 물체화 되면서 단면의 90° 회전 여부를 묻는 질문 상자가 나오면 '아니오'를 클릭하고 ⇔ ⑧과 같이 Rendering을 클릭하여 마르키스 이중 난 집을 완성합니다.

⑨

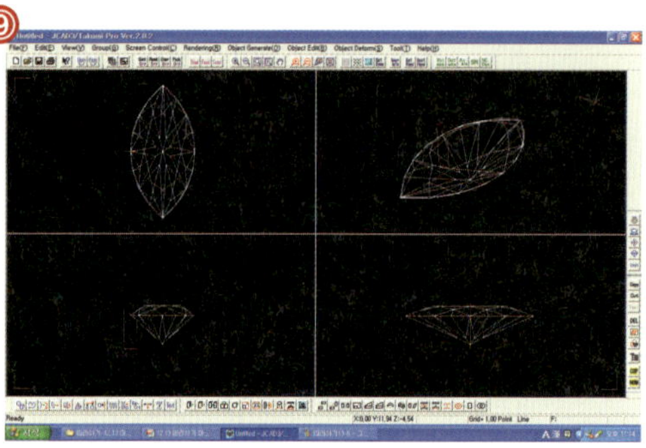

(10) 다른 방법으로 난 집을 그려보기 위하여 마르키스 보석 난 집의 단면이 화면에 다시 나타날 때까지 Undo 클릭 ⇔ ⑨와 같이 폭이 2 mm인 단면이 화면에 나타나면 왼쪽 마우스로 클릭하여 활성화합니다.

(11) 먼저 Numeric 클릭 ⇔ Generate Setting 클릭 ⇔ ⑩ 과 같이 Select Gem Type 창에서 Oval을 선택합니다.

⑩

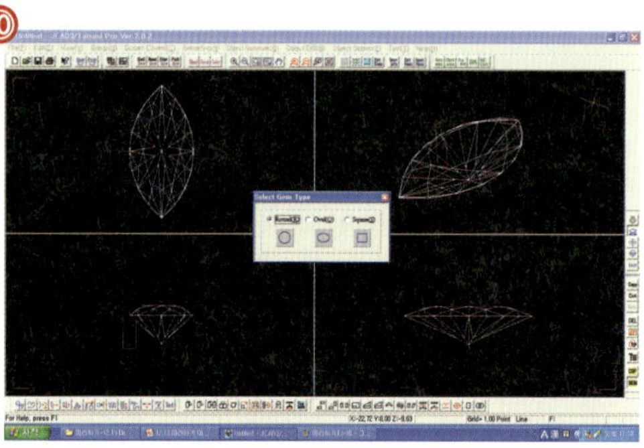

(12) Size 창이 나타나는데 보석의 크기와 난 집 단면 두께의 2배를 더한 크기인 X칸에 22, Y칸에 12를 입력하고 OK 클릭 ⇔ Revolve Divide Number 창이 또 나타나는데 Revolve Divide 칸에 8을 확인 후 OK 클릭 ⇔ 오른쪽 마우스 클릭하면 타원형의 난 집이 나타나는데 Zoom Out 클릭하여 화면을 줄이고 ⇔ F5 클릭 ⇔ Line Move 클릭 ⇔ 키보드의 Shift를 누른 상태에서 마르키스의 두 각진 부분이 될 수 있게 ⑪과 같이 난 집의 각지게 할 두 부분을 차례로 클릭하여 각지게 만들고 ⇔ Scale을 클릭하여 원하는 크기로

⑪

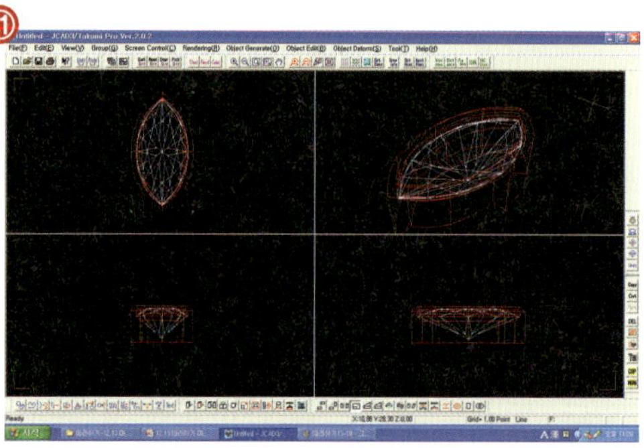

⑫
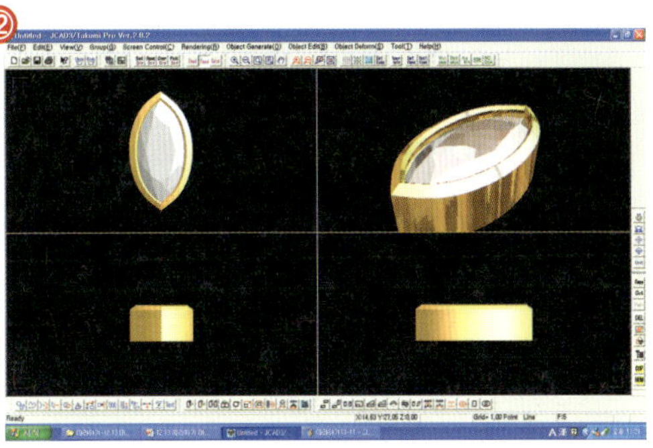

조절하고 오른쪽 마우스 클릭하면 먼저 그린 이중 난 집과 똑같은 모양의 마르키스 난 집이 완성됩니다.

(13) 키보드의 F5를 클릭하고 Rendering을 클릭하면 ⑫와 같이 All-Plane 화면에 Rendering 되어 있는 마르키스 보석의 이중 난 집을 확인할 수 있습니다.

14 가락지

①

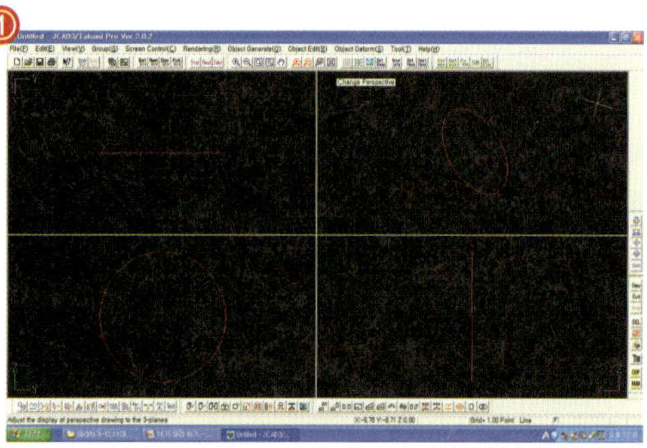

②

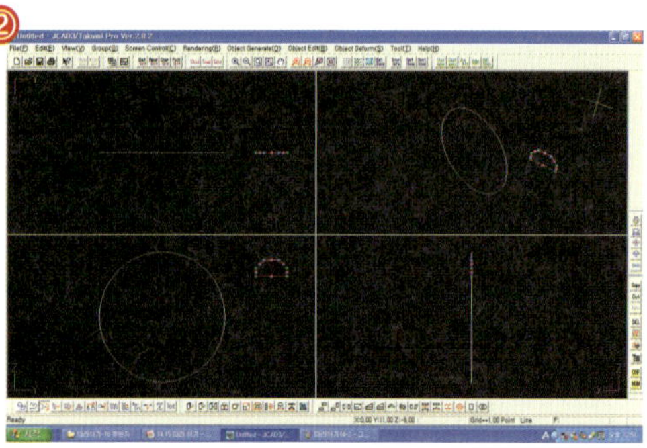

③

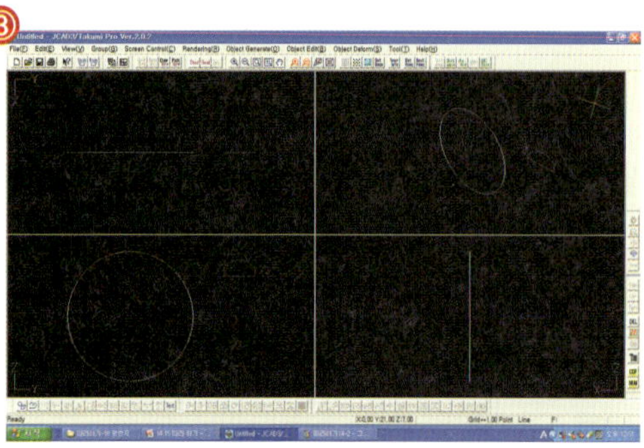

(1) 폭 4 mm, 두께 2 mm, 사이즈 10호(내경 16 mm)의 가락지를 그립니다.

(2) Grid Interval 1 mm와 Show Grid 클릭 ⇔ 화면의 기본 형태를 표시하고 Numeric과 Primitive 클릭 ⇔ Select Primitive 창이 나오면 Circle 클릭 ⇔ Size ⇔ X는 0을 Y, Z는 16을 입력하면 ①과 같은 내경 16 mm의 원이 만들어집니다.

(3) Bind Grid와 Wire 클릭 ⇔ Close Wire를 선택 ⇔ ②와 같이 YZ-Plane에 Z : 2 mm, Y : 4 mm 단면을 그립니다(마우스를 잡지 않은 다른 손으로 키보드의 Shift를 누른 상태에서 클릭 ⇔ 각진 녹색 점, Ctrl과 함께 클릭 ⇔ 직선과 45 ° 로 꺾이는 기능을 적절히 사용하여 각지고 부드럽게 그립니다).

(4) Zoom Box 클릭 ⇔ 위의 단면 주위만 클릭 드래그하여 확대 ⇔ 치수를 확인한 후 Auto Zoom 클릭 ⇔ 물체에 화면을 맞춥니다.

(5) 오른쪽 마우스를 클릭하여 단면이 활성화되어 있는 것을 확인하고 Wire Combine 클릭 ⇔ ③과 같이 단면이 빨간색에서 회색으로 변합니다.

④
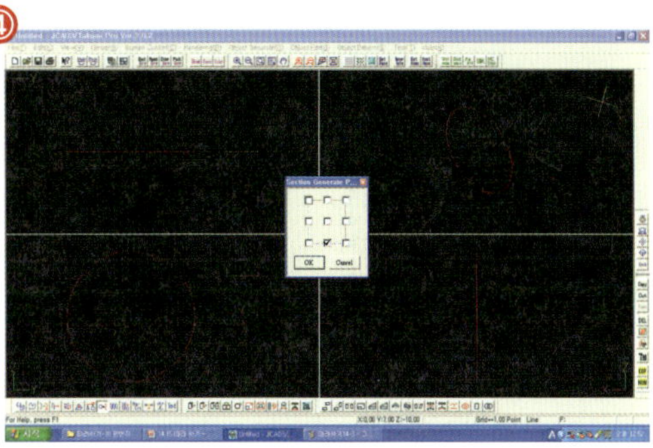

(6) 이번에는 원을 활성화하고 다시 Wire Combine 클릭 ⇔ ④ 그림과 같이 Section Generate 창에 하단의 중앙을 선택하고 OK를 클릭합니다.

⑤
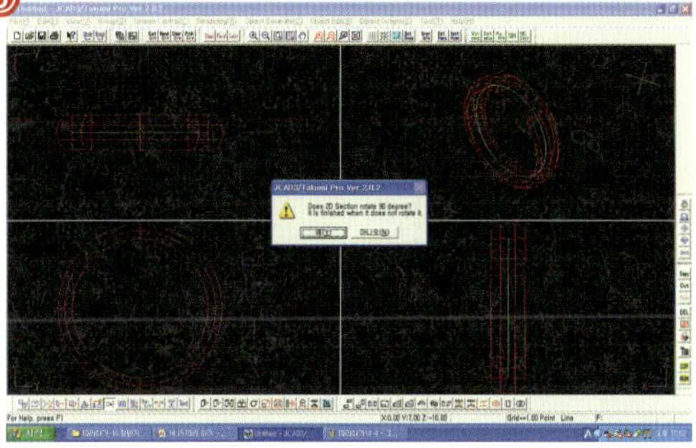

(7) ⑤ 와 같이 '단면을 90 ˚로 회전하여 물체의 형태를 변형' 할지를 묻는 질문이 나오면 '아니오'를 클릭하여 완성합니다.

⑥
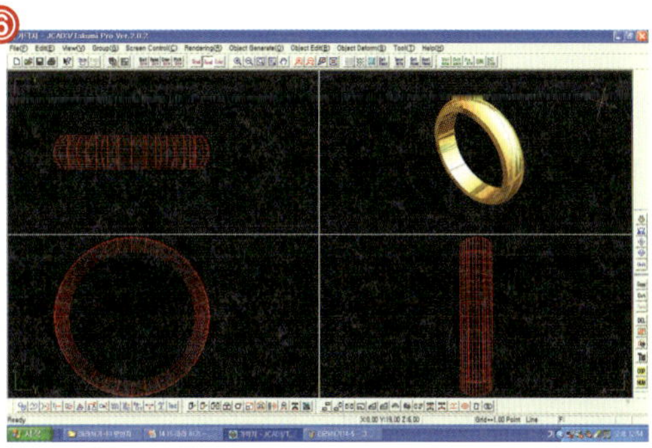

(8) Auto Zoom 클릭 ⇔ ⑥ 과 같이 Rendering과 Save를 클릭 ⇔ 저장 창이 나오면 내 컴퓨터 ⇔ 로컬디스크(C) ⇔ Program Files ⇔ JCAD3 Pro Ver.2.0.2 폴더에 새로운 JCAD 폴더를 만들고 JCAD 폴더 안에 파일 이름을 가락지라고 쓰고 저장을 누르고 종료합니다.

TOOL

15 고 마루 반지(갑 환)

①

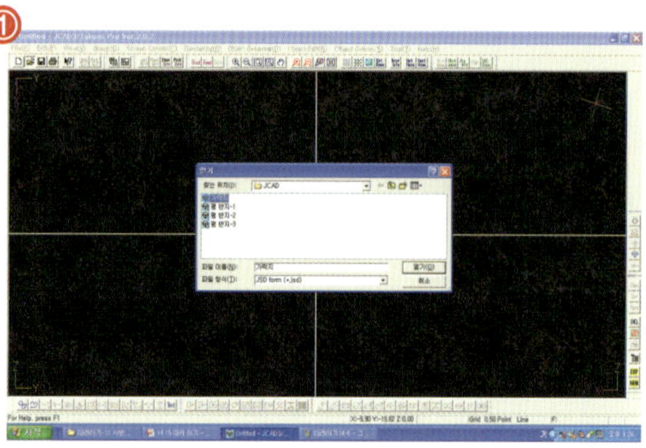

(1) Open을 클릭 ⇔ 내 컴퓨터 ⇔ 로컬디스크 (C) ⇔ Program Files ⇔ JCAD3 Pro Ver.2.0.2 폴더 클릭 ⇔ JCAD 폴더 클릭 ⇔ 폴더 안에 파일 이름 가락지를 클릭 ⇔ ① 과 같이 열기를 클릭하여 저장하였던 가락지를 다시 불러들입니다.

②

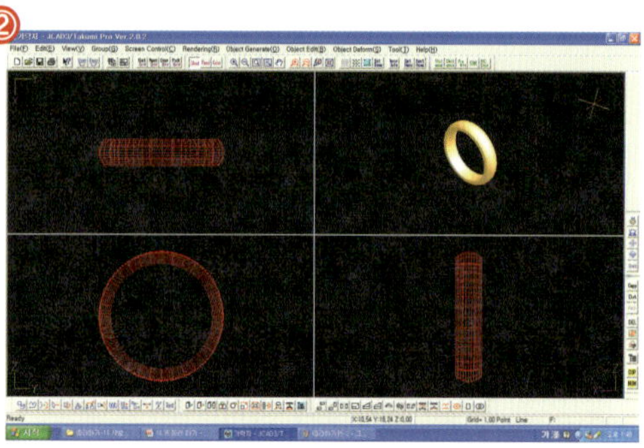

(2) Auto Zoom 클릭 ⇔ Grid Interval 1 mm와 Show Grid 클릭 ⇔ 화면의 기본 형태를 표시하고 가락지를 클릭하여 활성화하고 ⇔ ②와 같이 Shading을 클릭합니다.

③

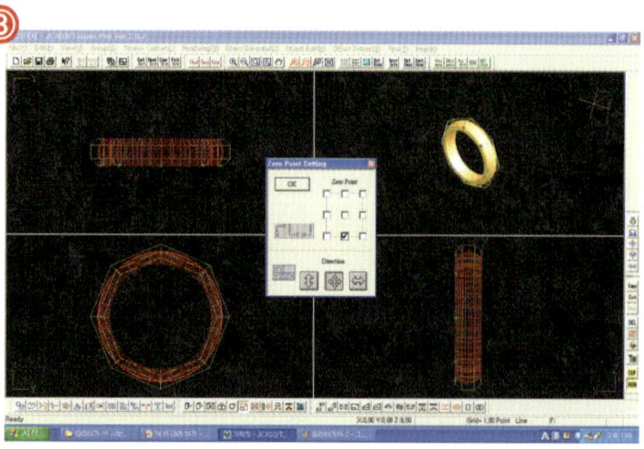

(3) YZ-Plane 화면에서 ③과 같이 F5 클릭 ⇔ Numeric 클릭 ⇔ Extend/Reduce 클릭 ⇔ 왼쪽 마우스로 상위 중앙 녹색 1점을 클릭 ⇔ Zero Point Setting 창이 나오는데 중앙 칸들 중 하단 칸을 선택하고 OK를 클릭하면 파란 점들이 나타납니다.

④
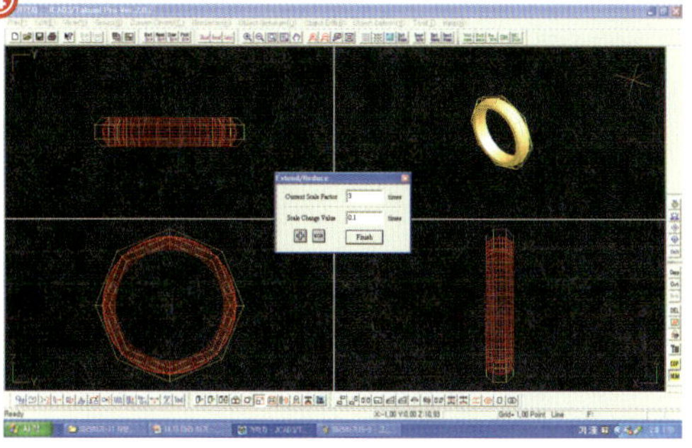

(4) 파란 점들 중 한 점을 클릭 ⇔ ④와 같이 Extend/Reduce 창이 나오는데 Current Scare Factor 칸에 3을 입력하고 Finish 클릭 ⇔ 오른쪽 마우스를 클릭하여 실행 명령을 종료합니다.

⑤
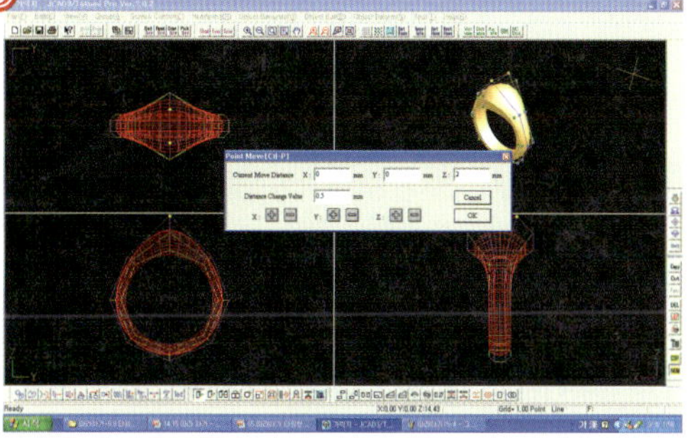

(5) Numeric과 F5 클릭 ⇔ Point Move를 클릭 ⇔ Zoom Out 클릭 ⇔ 부드러운 성격의 파란 점과 각진 성격의 녹색 점들이 나타나는데 YZ-Plane에서 중앙 상위 파란 점을 클릭 ⇔ 노란 점으로 바뀝니다.

(6) 노란 점을 클릭 ⇔ ⑤와 같이 Point Move 창이 나오는데 Current Move Distance의 Z축에 2를 기입하고 OK 클릭 ⇔ 오른쪽 마우스를 클릭하여 실행 명령을 종료합니다.

⑥
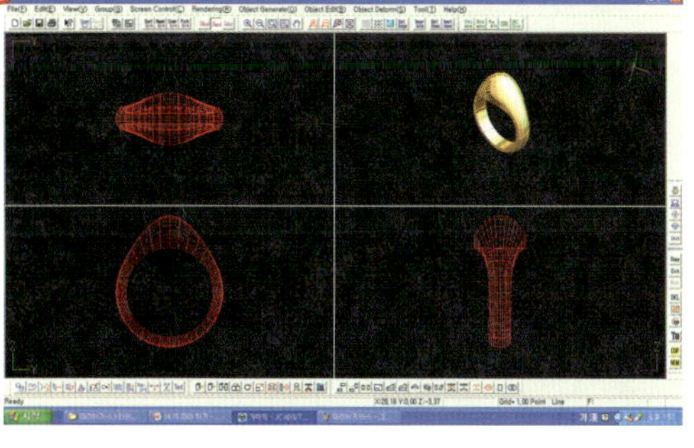

(7) ⑥과 같이 Rendering 클릭 ⇔ 원하는 형태의 고 마루 반지(갑 환)를 완성합니다.

TOOL

16 Heart Brilliant · Prong Setting

①

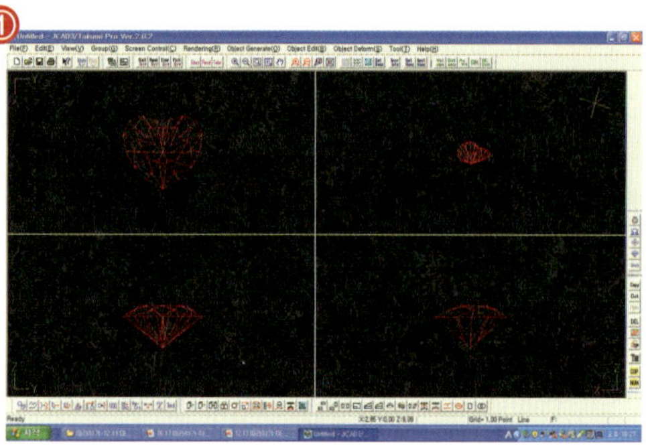

(1) 가로 : 10 mm, 세로 : 9 mm의 하트 형 보석의 세발 난 집을 그려 봅니다.

(2) Grid Interval을 1 mm ⇔ Show Grid 클릭하여 초기 화면 상태를 정하고 ⇔ Numeric 클릭 ⇔ Gem 클릭 ⇔ Select Gem 창에서 Heart Shape Brilliant 클릭 ⇔ Size 창에서 Diameter의 X : 9, Y : 10을 입력 ⇔ OK를 클릭 ⇔ ① 과 같이 입력한 수치에 해당하는 Heart Shape Brilliant 보석이 화면에 보입니다.

②

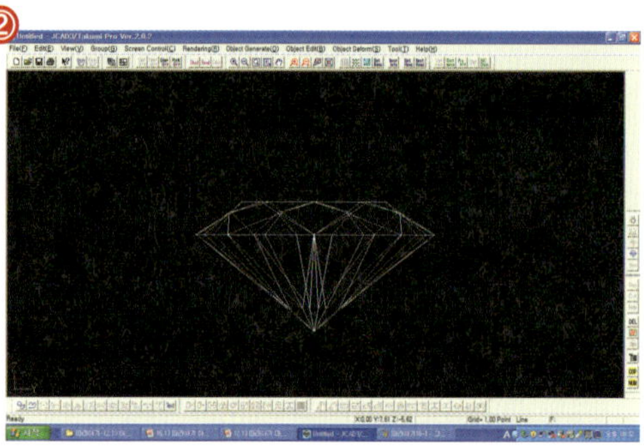

(3) Screen Range 클릭 ⇔ YZ-Plane 화면 클릭 ⇔ Zoom In 클릭 ⇔ ②와 같이 화면을 키웁니다.

③

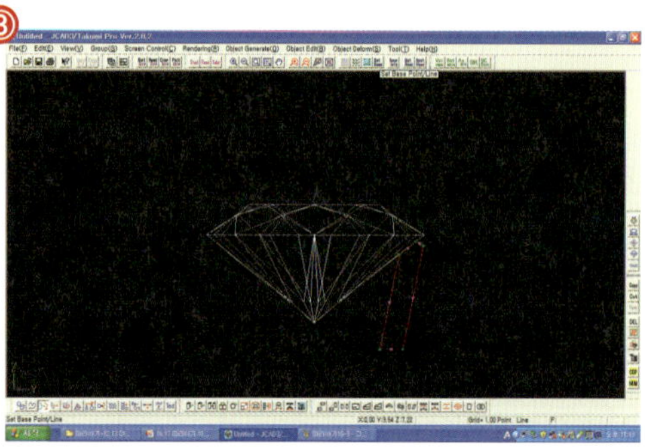

(4) Wire 클릭 ⇔ Select Close/Open 창에서 ⊙ Close 클릭 ⇔ 마우스를 잡지 않은 다른 손으로 키보드의 Shift를 클릭한 상태에서 ⇔ 왼쪽 마우스 클릭 ⇔ 각진 녹색 점이 찍히는 것을 적절히 이용하여 ③과 같이 화면 오른편에 각진 하트 난 집의 단면을 그리고 오른쪽 마우스를 클릭합니다.

④

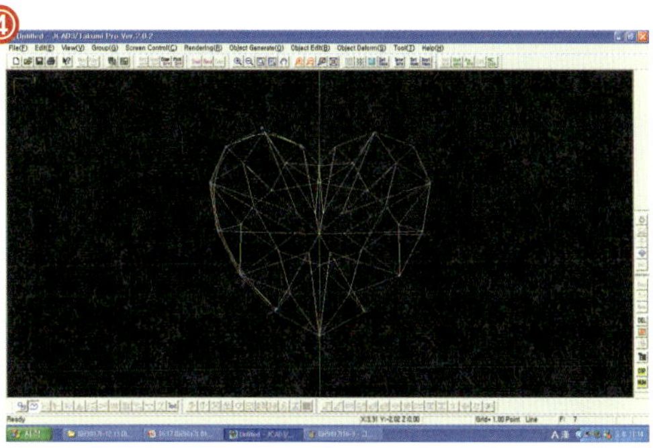

(5) Screen Range 클릭 ⇔ XY-Plane 클릭 ⇔ 키보드의 F7을 누르고 ⇔ Wire 클릭 ⇔ Select Close/Open 창에서 ⊙ Close 클릭 ⇔ 화면을 왼쪽 마우스로 클릭하면 ⇔ 화면을 2등분하는 녹색 선이 나타나는데 ⇔ ④와 같이 왼쪽 마우스로 클릭하여 ⇔ 왼쪽 편에 1/2 부분만 하트 형태의 바깥 선을 따라 선을 그리는데 정점이 이등분하는 녹색 선에 닿지 않게 주의하여야 합니다.

⑤

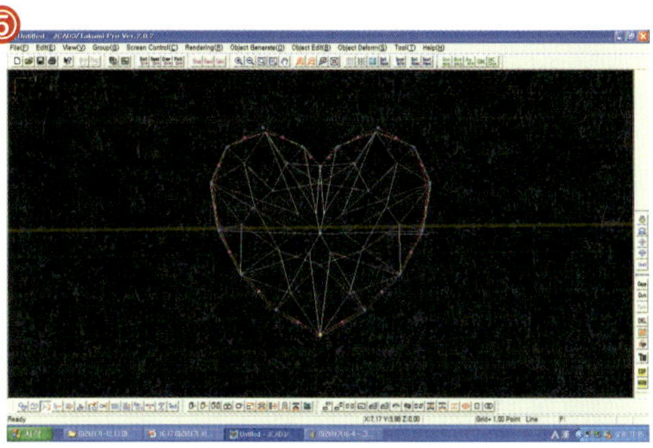

(6) 오른쪽 마우스를 클릭하면 ⇔ 두 부분이 똑같이 복사되어 하트 형태로 이어지는 하나의 선으로 그려지는데 ⇔ 다시 오른쪽 마우스를 클릭하고 ⇔ Wire Deform을 클릭하면 파란 점들과 분홍 점들이 나타나는데 ⇔ 하트 형태의 중앙 위 분홍 점을 Shift를 누른 상태에서 왼쪽 마우스루 클릭하여 각지게 정점을 만들고 ⇔ 다시 왼쪽 마우스로 클릭 드래그하여 하트 중앙 위의 삭신 부분까지 정점을 이동한 후 ⇔ 중앙 아래 분홍 점도 위와 같은 방법으로 실행하여 ⑤와 같이 각지게 그린 후 오른쪽 마우스를 클릭하여 명령을 종료합니다.

⑥

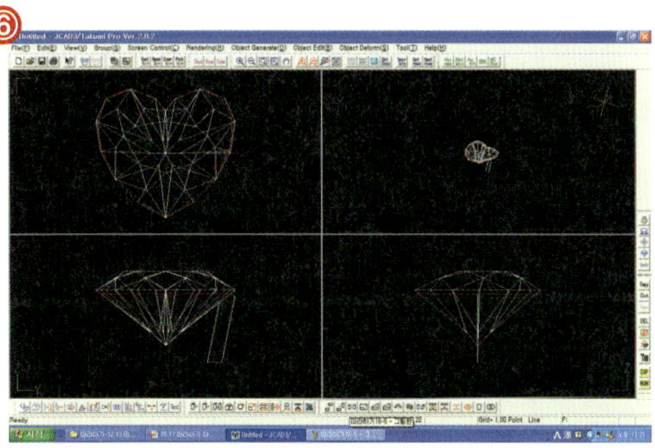

(7) Screen Range 클릭 ⇔ ⊙ All-Plane 클릭 ⇔ Auto Zoom 클릭하여 물체를 보기 좋게 맞추고 ⇔ Move 클릭 ⇔ 마우스를 잡지 않은 다른 손으로 키보드의 Ctrl을 누른 상태에서 ⇔ ⑥과 같이 YZ-Plane 화면에서 위에서 하트 형태로 그린 선을 하트 난 집 단면의 가장 위쪽 높이와 같게 이동하여 맞추고 오른쪽 마우스를 클릭합니다.

⑦
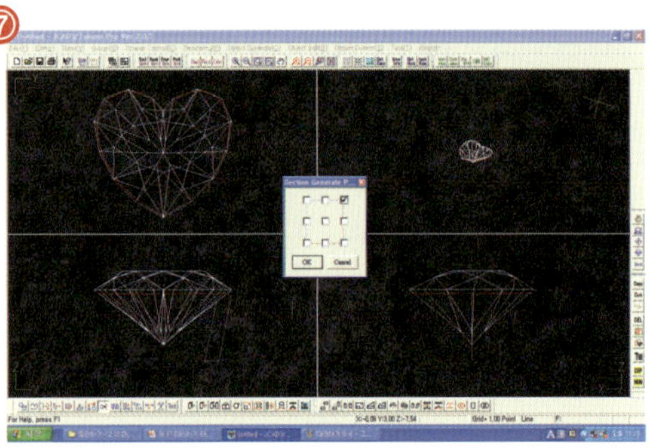

(8) 하트 난 집 단면을 활성화하고 ⇔ Wire Combine을 실행하면 ⇔ 단면이 회색으로 변하고 ⇔ 다시 ⑦과 같이 하트 형태의 선을 선택하고 ⇔ Wire Combine을 실행하면 ⇔ Section Generate 창에서 오른편의 상단을 선택하고 OK를 클릭합니다.

⑧
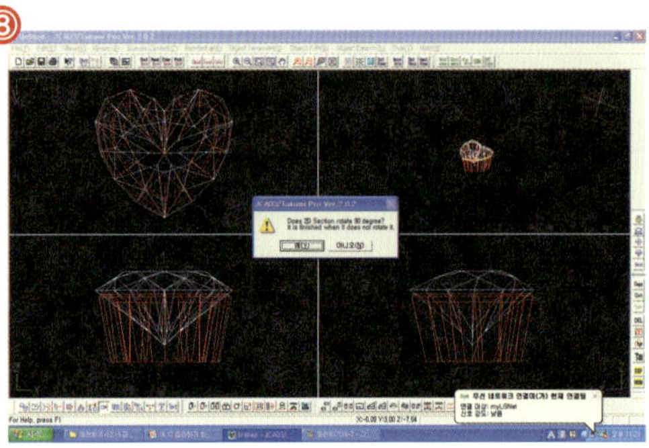

(9) 물체화 되면서 단면의 90° 회전 여부를 묻는 질문 상자가 나오면 '아니오'를 클릭하여 ⑧과 같이 하트 난 집을 완성합니다.

⑨
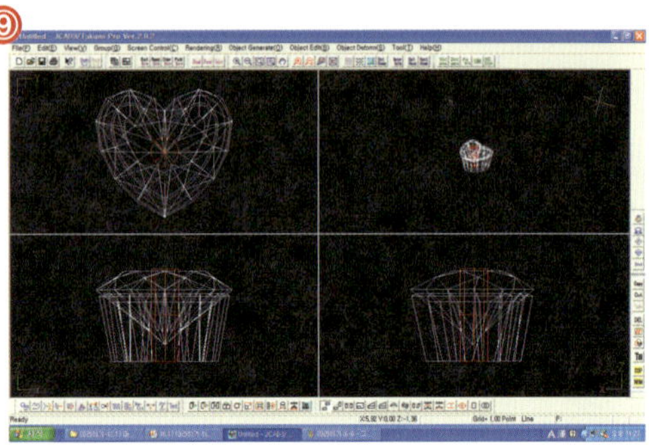

(10) 하트 난 집에 필요한 발을 만들기 위하여 Numeric을 클릭하고 ⇔ Primitive 클릭 ⇔ Select Primitive 창에서 ⊙ Cylinder를 클릭하면 ⇔ Size 창에 X : 2, Y : 2, Z : 6.5를 입력하고 OK를 클릭하여 원하는 원기둥을 그리고 ⇔ 원기둥의 하단을 난 집의 하단에 맞추기 위하여 ⑨와 같이 Move를 클릭 ⇔ 마우스를 잡지 않은 다른 손으로 키보드의 Ctrl을 누른 상태에서 ⇔ 이동하여 알맞게 맞추고 화면에 오른쪽 마우스를 클릭하여 Move 명령을 종료합니다.

⑩
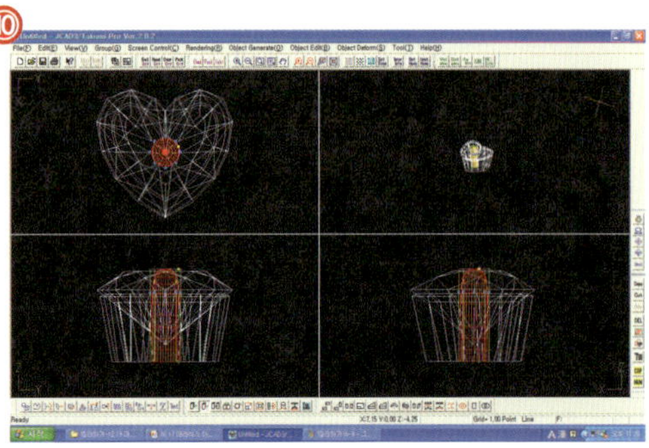

(11) 활성화된 원기둥의 끝을 둥글게 만들기 위하여 ⇔ ⑩과 같이 키보드의 F5를 먼저 누른 후 ⇔ Line Move를 클릭 ⇔ 발에 나타난 정점들 중 가장 위쪽에 있는 녹색 정점을 키보드의 Shift를 누르고 ⇔ 왼쪽 마우스로 클릭하면 ⇔ 원기둥의 상단 끝부분이 둥그렇게 바뀌는 것을 확인합니다.

TOOL

⑪
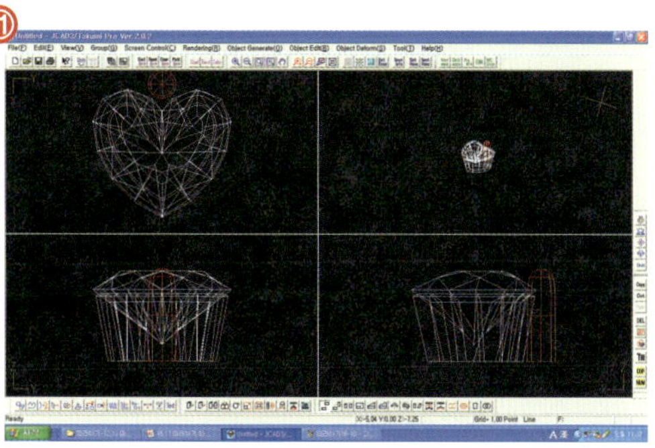

(12) Move를 클릭하여 ⇔ ⑪과 같이 ZX-Plane 화면에서 원기둥을 난 집의 키보드의 Ctrl을 누른 상태에서 오른편으로 보석 거들의 3분의 1 정도 물려지게 이동시킵니다.

⑫
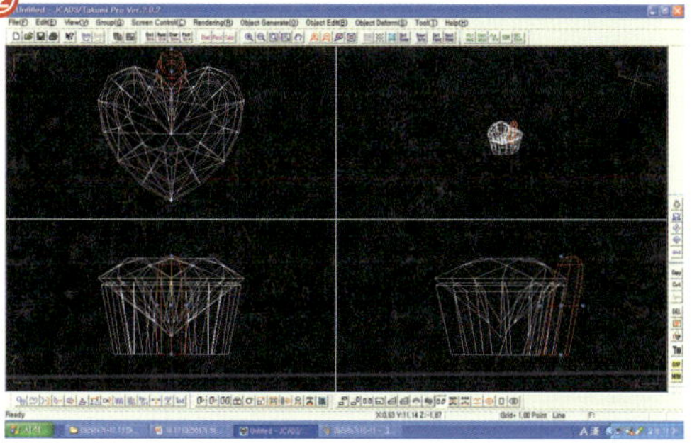

(13) Shear를 클릭하면 ⇔ 십자 형태의 5개의 파란색 정점이 나타나는데 ⇔ ZX-Plane 화면에서 하단의 정점을 왼쪽 마우스로 클릭하고 드래그하여 난 집 기울기와 같게 ⑫와 같이 기울이고 ⇔ 오른쪽 마우스를 클릭하여 완성합니다.

⑬
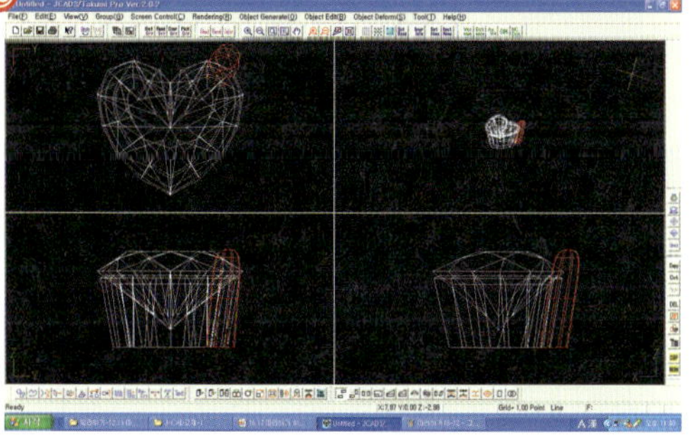

(14) Rotate를 클릭하여 XY-Plane 화면에서 발을 돌리고 Move를 클릭하여 ⇔ ⑬과 같이 하트 보석의 발 자리로(하트 형태의 발 자리는 하트 형태의 봉긋한 양쪽 부분과 하단의 각진 부분이 발 자리입니다) 이동합니다.

⑭
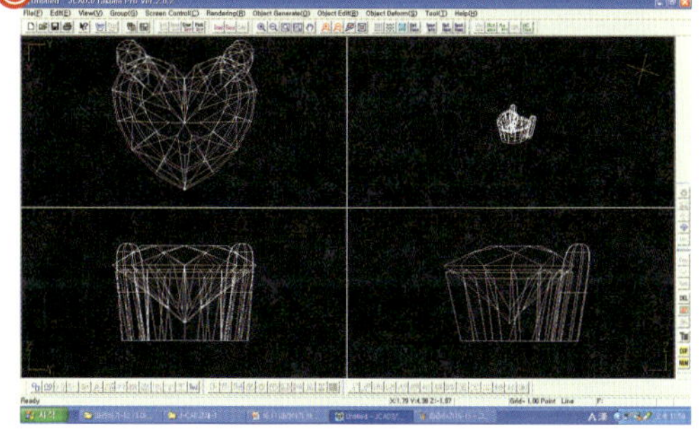

(15) XY-Plane 화면에서 ⇔ Copy Mode를 클릭하고 ⇔ Mirror를 클릭 후 ⇔ 마우스를 잡지 않은 다른 손으로 키보드의 Ctrl을 누른 상태에서 ⇔ 기준점을 보석의 중심에 클릭한 상태에서 상 또는 하로 드래그하면 ⑭와 같이 원기둥이 복사가 됩니다. 오른쪽 마우스를 클릭하여 명령을 종료 후에 왼쪽 마우스를 클릭하여 모두를 비활성화합니다.

TOOL

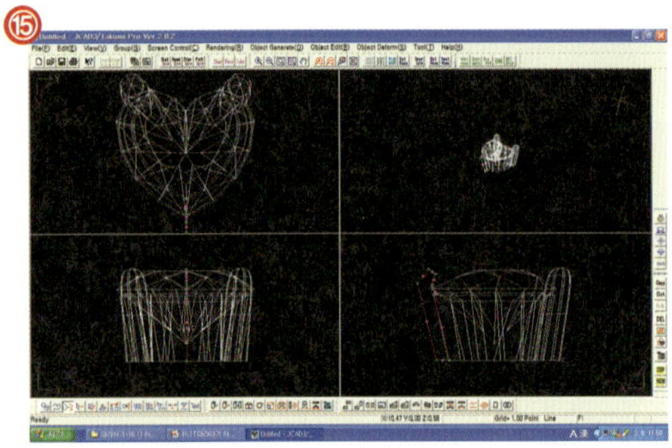

(16) 하트 난 집에 다른 쪽의 각진 발을 만들기 위해 ⇔ Wire 클릭 ⇔ Select Close/Open 창에서 ⊙ Close 클릭하고 ⇔ 마우스를 잡지 않은 다른 손으로 키보드의 Shift를 클릭한 상태에서 ⇔ 왼쪽 마우스 클릭 ⇔ 각진 녹색 점이 찍히는 것을 적절히 이용하여 ⇔ ⑮와 같이 ZX-Plane 화면에 각진 하트 발의 단면을 그립니다.

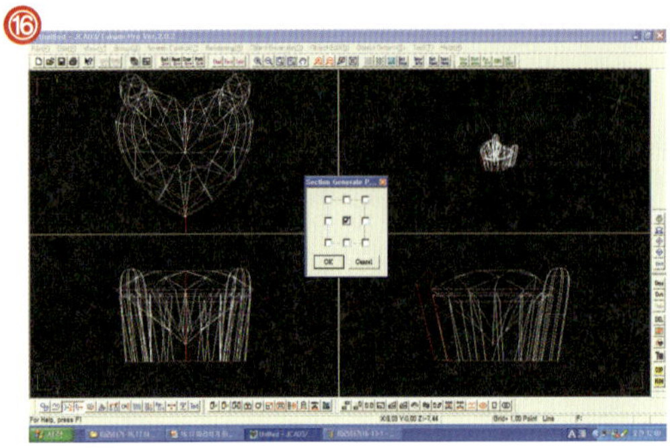

(17) 활성화된 하트 발의 단면을 확인한 후 ⇔ ⑯과 같이 Sweep을 클릭 ⇔ Section Generate 창에 중앙을 선택하고 OK를 누릅니다.

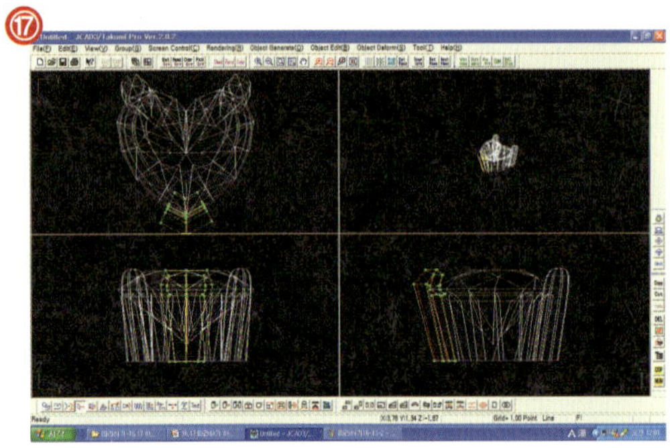

(18) XY-Plane 화면에서 하트의 알맞은 발 자리에 왼쪽부터 왼쪽 마우스로 클릭한 후 드래그 ⇔ 가운데 정점은 마우스를 잡지 않은 다른 손으로 키보드의 Shift를 누른 상태에서 클릭한 후 드래그 ⇔ 마지막으로 좌우가 잘 맞게 오른쪽 편에 왼쪽 마우스 클릭한 후 ⇔ ⑰과 같이 오른쪽 마우스를 클릭하여 명령을 종료시킵니다.

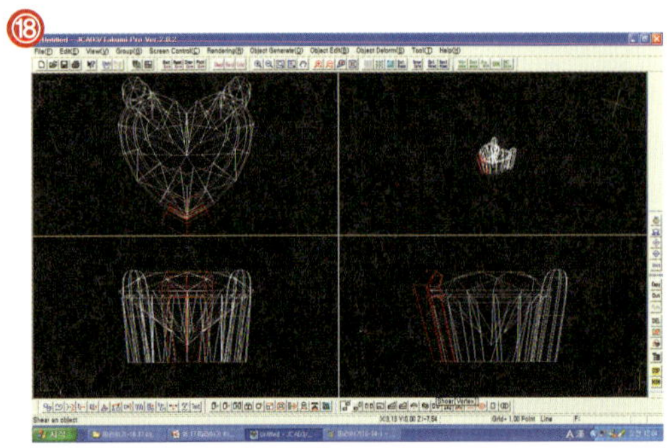

(19) Move를 클릭하여 ⇔ ⑱과 같이 ZX-Plane 화면에서 완성한 하트 발을 하트 난 집과 높이를 같게 알맞은 위치로⇔ 마우스를 잡지 않은 다른 손으로 키보드의 Ctrl을 누른 상태에서 ⇔ 이동하여 맞추고 오른쪽 마우스를 눌러 Move 명령을 종료합니다.

⑲

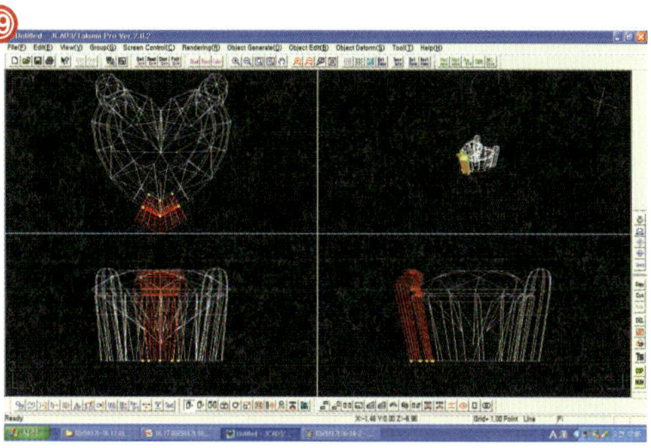

(20) 하트의 발을 ⑲와 같이 타원으로 표시된 부분을 잘 살피고 어긋나 보이면 point Move를 이용하여 정확히 맞추고 오른쪽 마우스를 클릭하여 명령을 종료하고 왼쪽 마우스를 클릭하여 물체를 비활성화합니다.

⑳

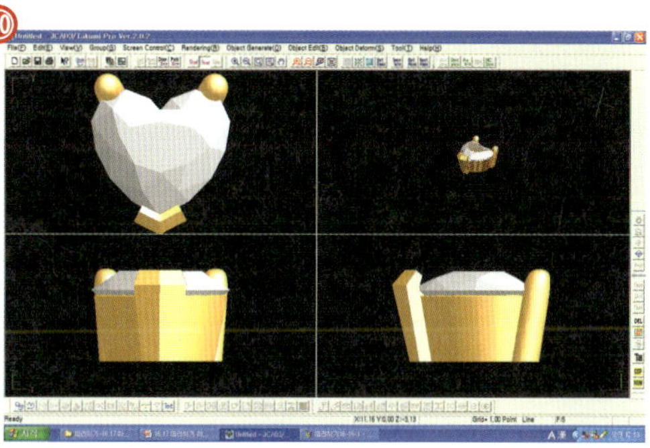

(21) 키보드의 F5를 먼저 클릭하고 Rendering을 클릭하면 ⇔ ⑳과 같이 세 화면은 Shading이 되고 Perspective 화면은 Rendering 상태로 보입니다.

17 Heart Brilliant · Basel Setting

TOOL

①

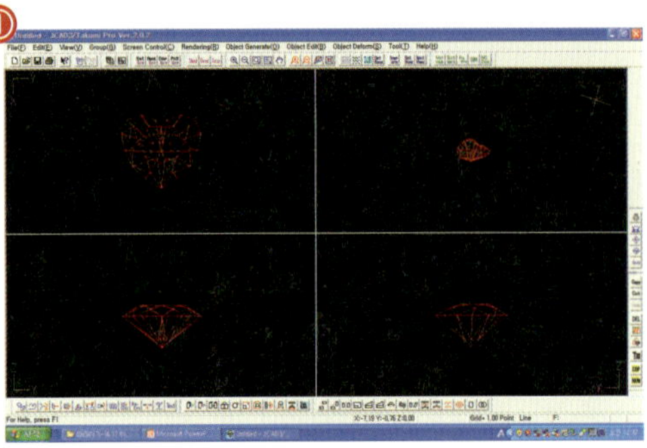

(1) 가로 : 10 mm, 세로 : 9 mm의 하트 형 보석의 이중 난 집을 그려 봅니다.

Grid Interval을 1 mm ⇔ Show Grid 클릭하여 초기 화면 상태를 정하고 ⇔ Numeric을 클릭 ⇔ Gem 클릭 ⇔ Select Gem 창에서 ⇔ Heart Shape Brilliant 클릭 ⇔ Size 창에서 Diameter의 X : 9, Y : 10을 입력 ⇔ OK 클릭 ⇔ ①과 같이 입력한 수치에 해당하는 Heart Shape Brilliant 그립니다.

②

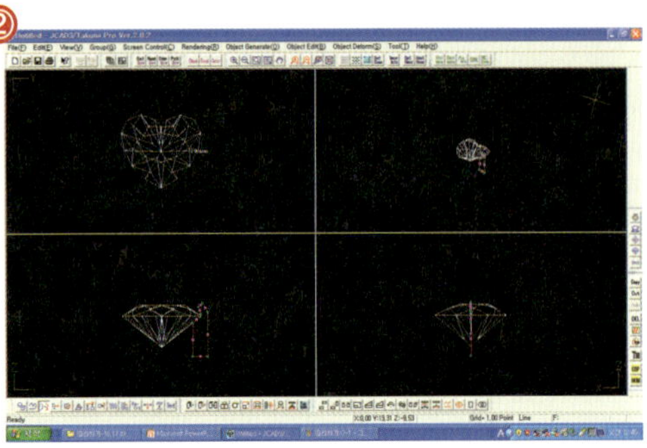

(2) Wire 클릭 ⇔ Select Close/Open 창에서 ⊙ Close 클릭하고 ⇔ 마우스를 잡지 않은 다른 손으로 ⇔ 키보드의 Shift를 클릭한 상태에서 왼쪽 마우스 클릭 ⇔ 각진 녹색 점이 찍히는 것을 적절히 이용하여 ②와 같이 각진 하트 난 집의 단면을 그립니다.

③

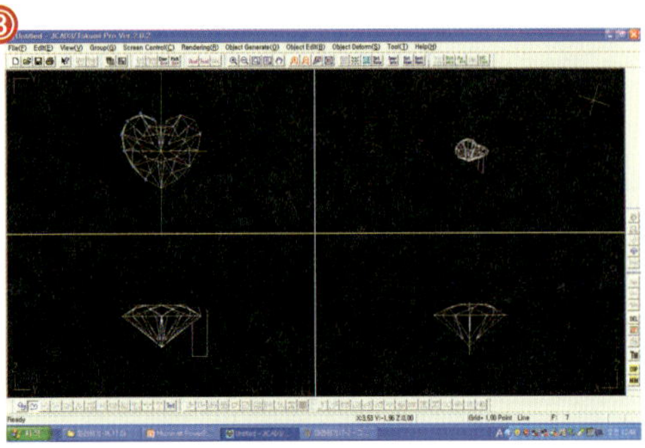

(3) 키보드의 F7을 누르고 ⇔ Wire 클릭 ⇔ Select Close/Open 창에서 ⊙ Close 클릭 ⇔ XY-Plane 화면을 왼쪽 마우스로 클릭하면 ⇔ 화면을 2등분 하는 녹색 선이 나타나는데 ⇔ ③과 같이 화면 왼쪽 편에 1/2 부분만 하트 형태의 바깥 선을 따라 선을 그립니다.

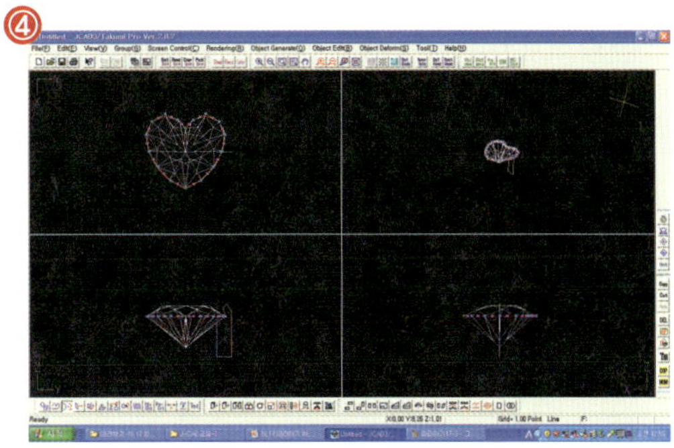

(4) 오른쪽 마우스를 클릭하면 ⇔ 2부분이 똑같이 복사되어 하트 형태로 이어지는 하나의 선으로 표현되는데 ⇔ ④와 같이 Wire Deform 클릭하면 나타나는 상과 하단 중앙에 있는 분홍 점을 먼저 배운 방식으로 각지게 수정하여 하트 각진 형태에 맞게 정확히 이동하여 맞춥니다.

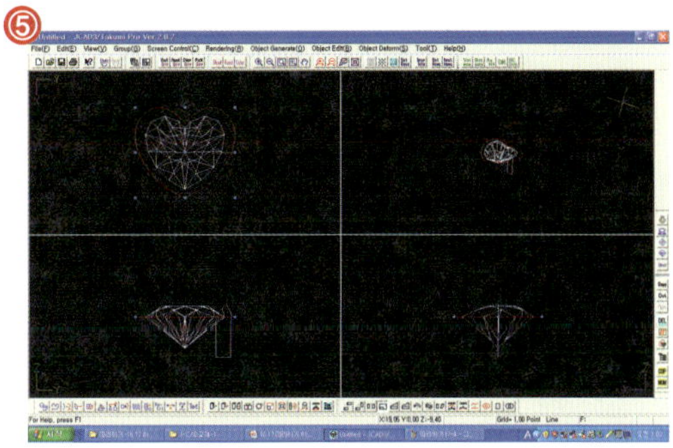

(5) 오른쪽 마우스를 클릭하여 ⇔ 명령을 종료시키고 ⇔ Scale을 클릭하고 ⇔ ⑤와 같이 하트 형태의 선을 키우고자 하는 기준점인 중앙의 가운데 파란 정점을 클릭 ⇔ 녹색 점들이 나타나는데 하트 형태 선을 하트 이중 난 집 단면의 바깥 부분까지 녹색 점을 클릭 드래그하여 ⇔ XY-Plane에서 하트 보석의 외곽선과 간격이 일정하게 주의를 기울여 늘리고 오른쪽 마우스를 클릭하여 명령을 종료합니다.

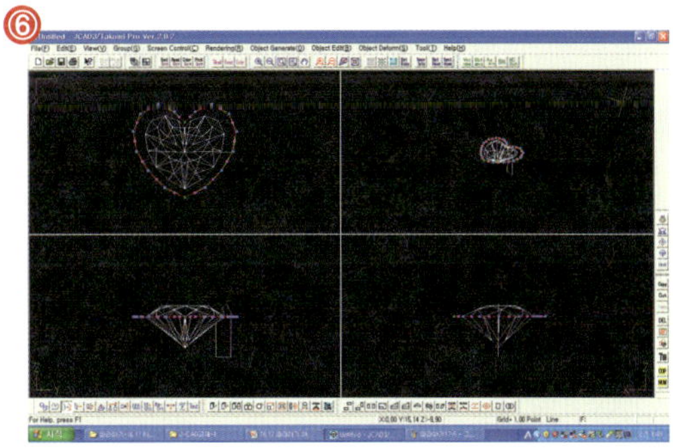

(6) 특히, 하트 형태 선의 가운데 오목한 부분을 보석의 외곽과 간격이 일정하게 하기 위해 하트 형태의 라인을 활성화하고 ⑥과 같이 Wire Deform을 클릭합니다.

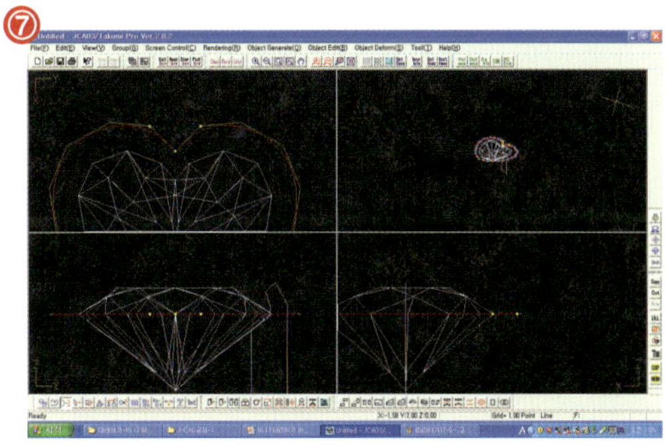

(7) ⑦과 같이 위쪽의 쏙 들어간 부분을 Zoom Box 클릭 ⇔ 확대한 후 3개의 정점을 클릭 드래그하여 위로 이동시켜 간격을 일정하게 조절합니다.

⑧

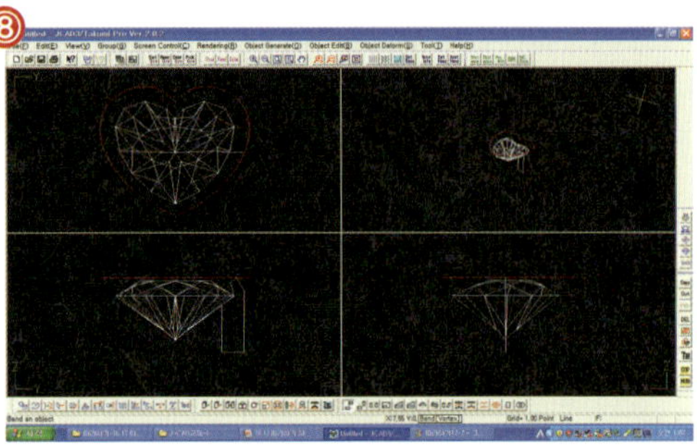

(8) 오른쪽 마우스를 클릭하여 ⇔ 명령을 종료시키고 ⇔ Auto Zoom 클릭 ⇔ ⑧과 같이 Move 클릭 ⇔ ZX-Plane 화면에서와 같이 그린 선을 하트 난 집 단면의 가장 위쪽 정점의 높이와 같게 ⇔ 마우스를 잡지 않은 다른 손으로 키보드의 Ctrl을 누른 상태에서 ⇔ 이동하여 맞추고 오른쪽 마우스를 클릭합니다.

⑨

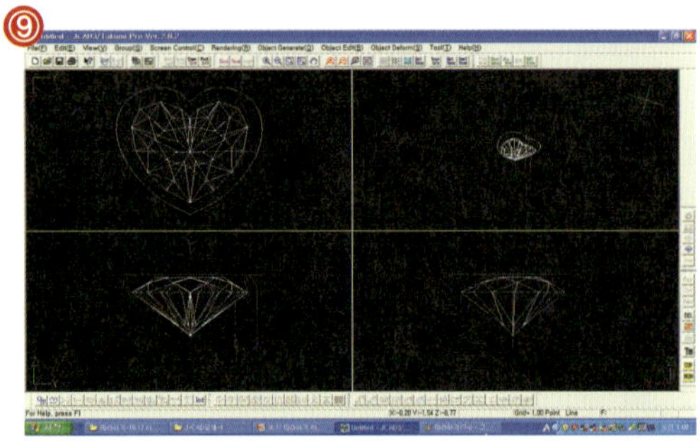

(9) 하트 이중 난 집 단면을 활성화하고 ⇔ Wire Combine을 실행하면 ⇔ ⑨와 같이 단면이 회색으로 변합니다.

⑩

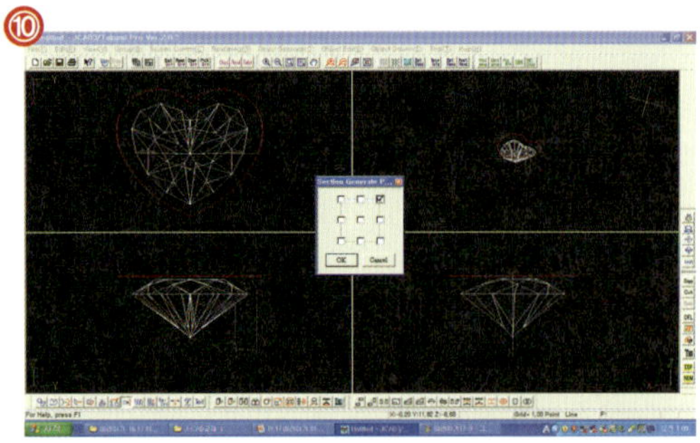

(10) 다시 ⑩과 같이 하트 형태의 선을 선택하고 ⇔ Wire Combine을 실행하면 ⇔ Section Generate 창에서 오른편의 상단을 선택하고 OK를 클릭합니다.

⑪

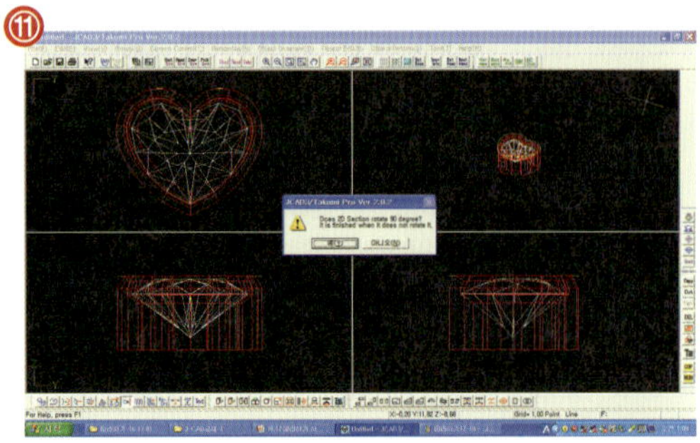

(11) 물체화 되면서 단면의 90 ° 회전 여부를 묻는 질문 상자가 나오면 '아니오'를 클릭하여 ⑪과 같이 마르키스 이중 난 집을 완성합니다.

⑫

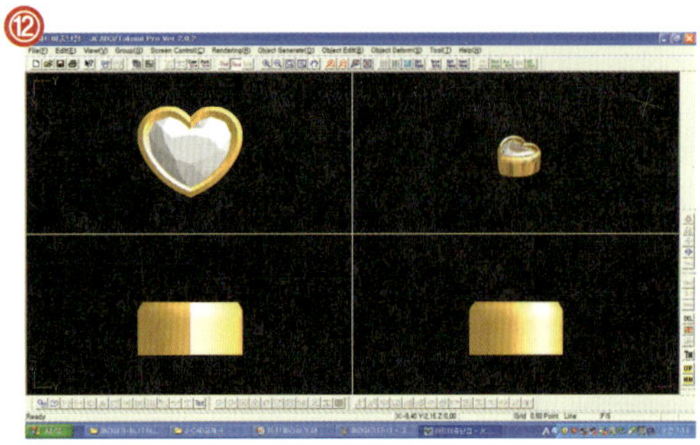

(12) 키보드의 F5를 먼저 클릭하고 Rendering을 클릭하면 ⇔ ⑫와 같이 세 화면은 Shading이 되고 Perspective 화면은 Rendering 상태로 보입니다.

18 6 Prong 1 CT Diamond Ring

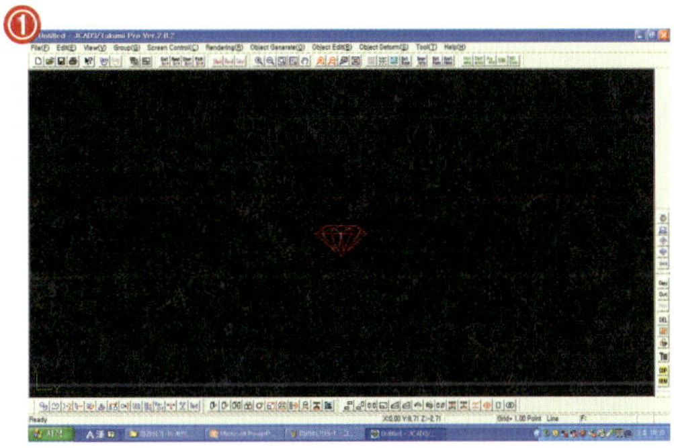

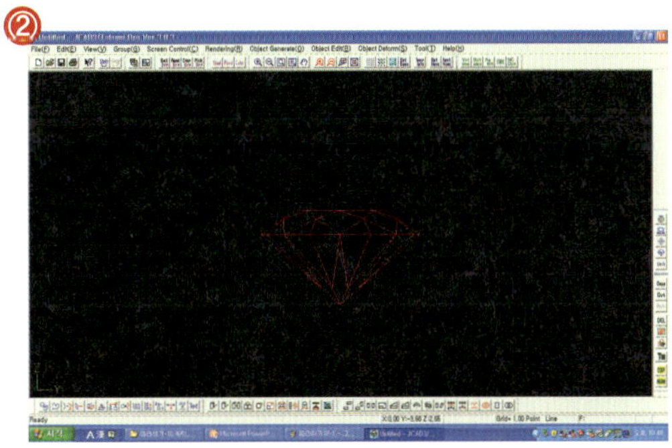

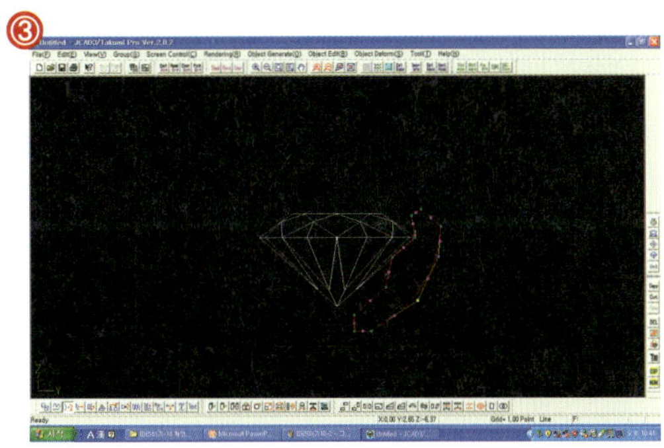

(1) Grid Interval을 1 mm ⇔ Show Grid 클릭 하여 초기 화면 상태를 정하고 ⇔ Set Base Point/Line 클릭 ⇔ 중심 값을 정하고 Save Home Position 클릭 ⇔ 초기 화면을 저장합니다.

(2) Screen Range 클릭 ⇔ ⊙ YZ-Plane 클릭 ⇔ Numeric을 클릭 ⇔ Gem을 클릭 ⇔ ① 과 같이 Select Gem 창에서 ⊙ Round Brilliant 클릭 ⇔ Size 창에서 Diameter에 Diamond 1 CARAT의 크기 6.5 mm를 입력하고 OK를 클릭합니다.

(3) ②와 같이 Zoom In 클릭하여 적절한 크기로 화면을 조절합니다.

(4) YZ- Plane에서 Wire 클릭 ⇔ Close Wire 선택 ⇔ ③과 같이 각지고 부드럽게 단면을 그립니다(화면을 왼쪽 마우스로 클릭할 때마다 정점이 찍히는데 마우스를 잡지 않은 다른 손으로 키보드의 Shift를 누른 상태에서 클릭 ⇔ 각진 녹색 점, Ctrl과 함께 클릭 ⇔ 직선과 45 ° 로 꺾이는 기능을 적절히 사용하여 각지고 부드럽게 그립니다).

TOOL

④
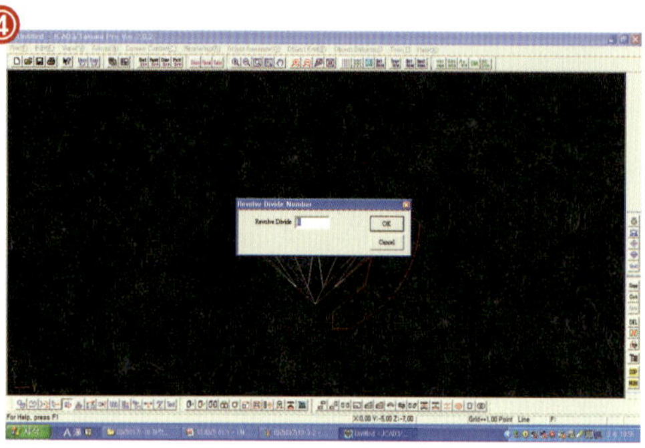

(5) Revolve 클릭 ⇔ ④와 같이 단면 수를 설정하는 Revolve Divide Number 창에서 Revolve Divide 칸에 8을 입력하고 OK를 클릭합니다.

⑤
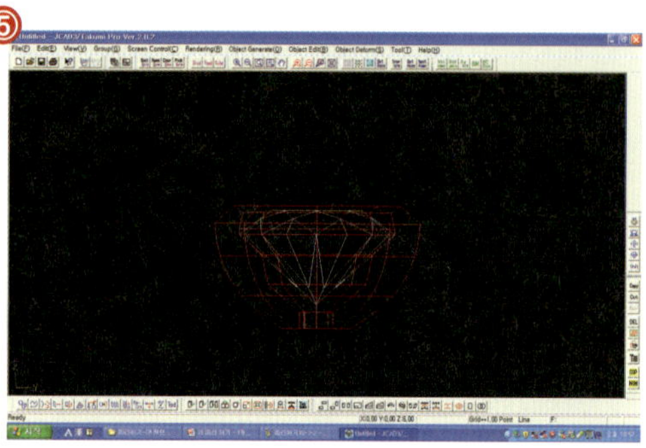

(6) 중심의 Point를 잘 잡기 위해 Bind Grid 클릭 ⇔ ⑤와 같이 보석의 중심에 왼쪽 마우스를 클릭 ⇔ 위 또는 아래로 왼쪽 마우스를 클릭 드래그하여 테 난 집 형태로 완성한 후 다시 Bind Grid를 클릭하여 정점을 자유롭게 찍을 수 있게 합니다.

⑥
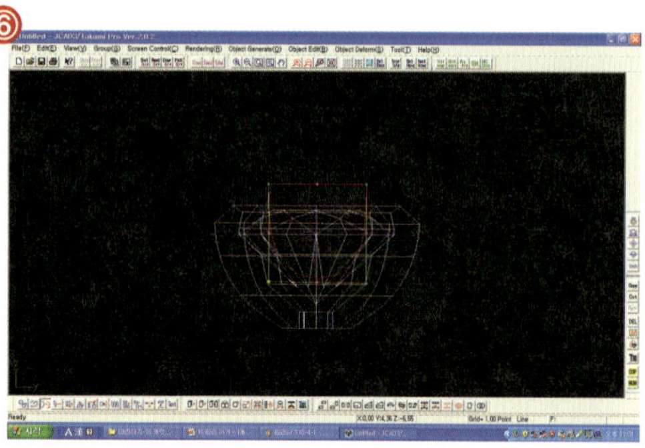

(7) Wire 클릭 ⇔ Close Wire를 선택하고 ⑥과 같은 단면을 그립니다(마우스를 잡지 않은 다른 손으로 키보드의 Shift와 클릭 ⇔ 각진 녹색 점, Ctrl과 클릭 ⇔ 직선과 45 °로 이동되는 기능을 적절히 사용하여 각지고 부드럽고 각지게 그립니다).

⑦
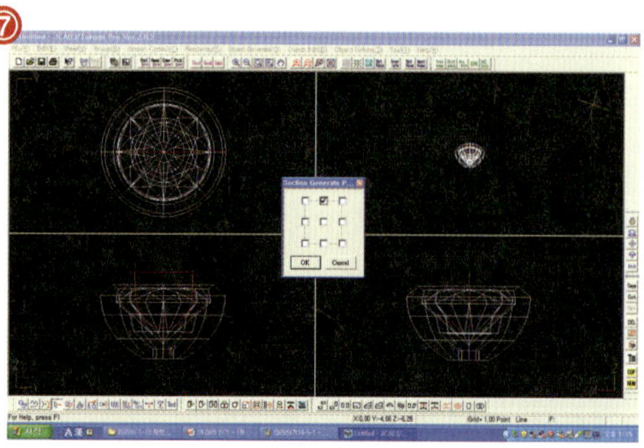

(8) Screen Range 클릭 ⇔ ⊙ All-Plane 클릭 ⇔ Auto Zoom 클릭 ⇔ Sweep 클릭 ⇔ ⑦과 같이 단면의 위치를 지정하는 Section Generate 창이 나오면 상단 중앙을 선택하고 OK 클릭합니다.

⑧

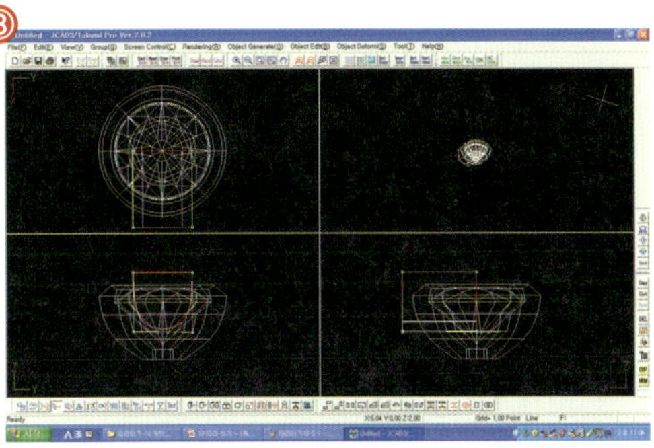

(9) ZX-Plane에서 ⑧과 같이 단면의 가장 위의 점을 왼쪽 마우스로 클릭하고 난 후 왼쪽으로(마우스를 잡지 않은 다른 손으로 키보드의 Ctrl을 누르고 이동) 직선으로 이동하고 왼쪽 마우스를 클릭하고 오른쪽 마우스를 클릭하여 종료합니다.

⑨

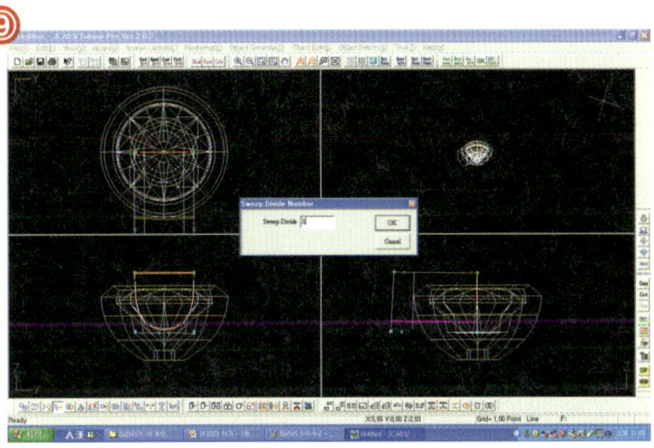

(10) 이때 ⑨와 같이 원하는 이동 지점에 왼쪽 마우스를 클릭한 후 ⇔ 오른쪽 마우스를 클릭하면 정점 수치 입력 상자가 나오면 0을 입력하고 OK 합니다.

⑩

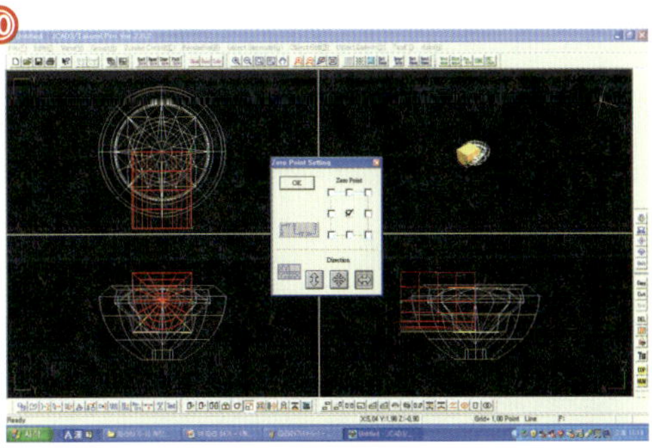

(11) 이번에는 XY-Plane에서 Extend/Reduce를 실행하면 활성화되어 있는 물체에 녹색 점들이 나타나는데 하단에 있는 녹색 정점을 왼쪽 마우스로 클릭하면 ⑩과 같이 기준점과 변형 방향을 선택하는 Zero Point Setting 창에서 창에서 기준점을 가운데 칸의 중앙을 선택하고 Direction에서 방향은 좌우 폭을 선택하고 OK를 클릭합니다.

⑪

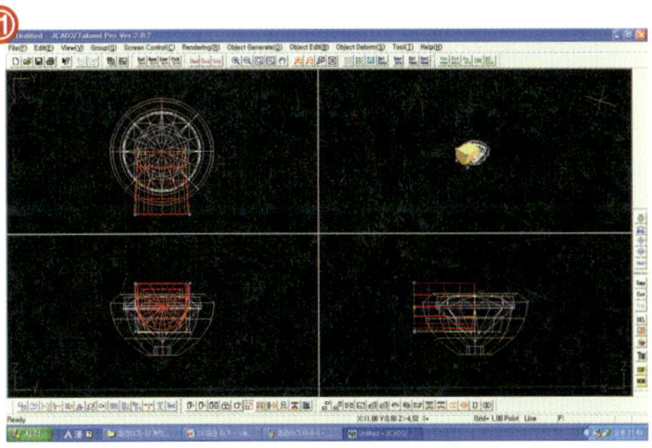

(12) 그러면 클릭한 녹색 점이 파란색 점들로 변하여 나타나는데 ⑪과 같이 파란색 점을 왼쪽 마우스로 클릭한 상태에서 바깥쪽으로 드래그하여 물체 하단의 좌우 폭을 약간 키웁니다.

TOOL

⑫

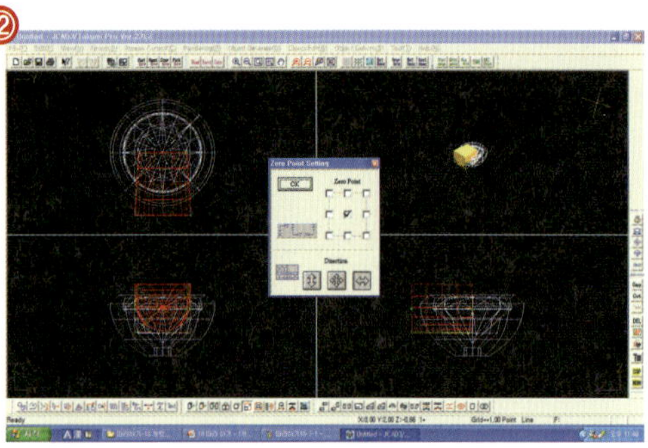

(13) 왼쪽 마우스로 화면을 클릭 ⇔ 다시 녹색 점 상태로 돌아가는데 가장 위쪽에 있는 녹색 점을 클릭하면 다시 Zero Point Setting 창이 나옵니다.

(14) ⑫와 같이 Zero Point Setting 창 상단의 가운데와 Direction에서 좌우 폭을 선택하고 OK를 클릭합니다.

⑬

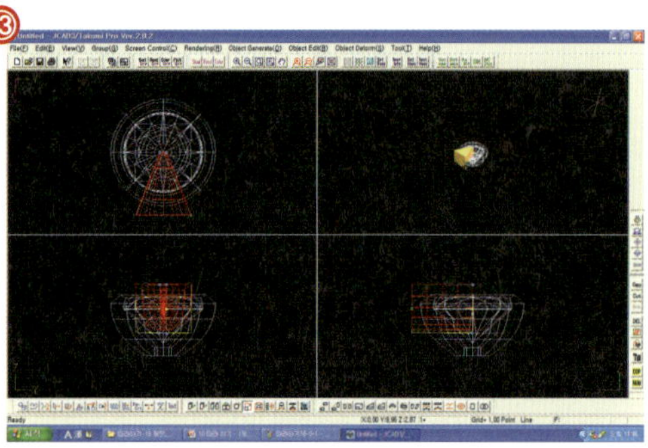

(15) ⑬과 같이 파란색 정점을 왼쪽 마우스로 클릭한 상태에서 안쪽으로 드래그하여 물체 상단의 좌우 폭을 축소하고 오른쪽 마우스를 클릭하여 명령을 종료합니다.

(16) 키보드 F5 클릭 ⇔ Line Move 클릭하고 ZX-Plane을 보면 물체에 두 개의 파란 점과 두 개의 녹색 점이 나타나는데

⑭

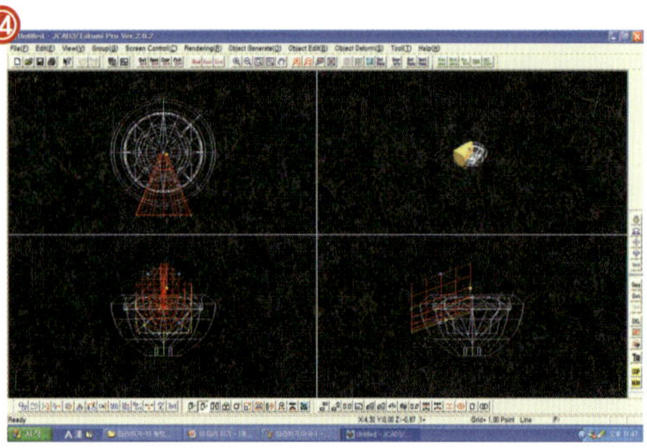

(17) 오른쪽 녹색 정점을 클릭하면 노란 점이 되는데 ⑭와 같이 노란 점을 왼쪽 마우스로 다시 클릭 드래그하여 위쪽으로 이동합니다.

(18) 원하는 위치에 이동한 후 오른쪽 마우스를 클릭하여 명령을 종료합니다.

⑮

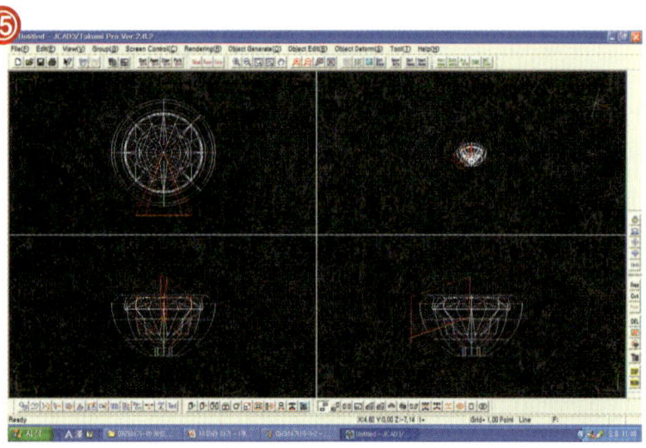

(19) Move를 클릭 ⇔ ⑮와 같이 물체 전체를 보석의 거들과 큐릿 중간 정도까지 아래로 내립니다.

(20) 이번에는(활성화된 물체를 6개 복사하고 복사한 물체들을 하나의 집합체로 만들기 위해서) 키보드의 F5를 클릭 ⇔ Set Group을 클릭하여 그룹 1번으로 미리 그

⑯

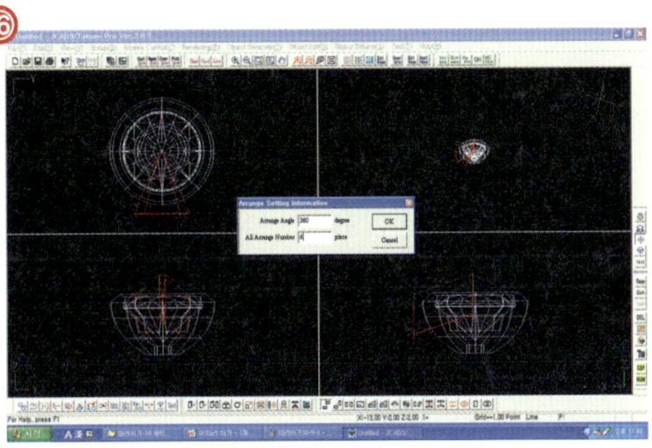

⑰

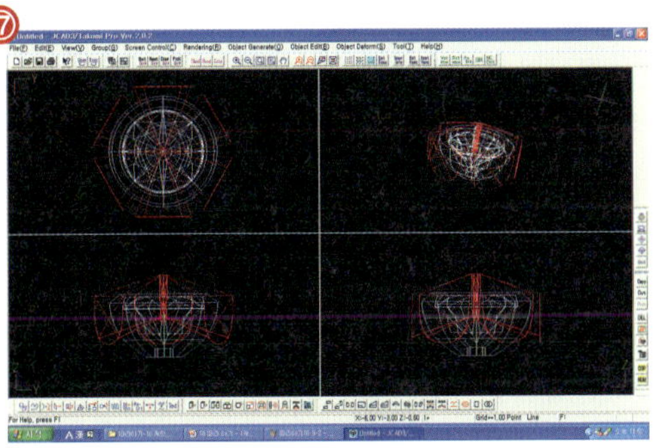

⑱

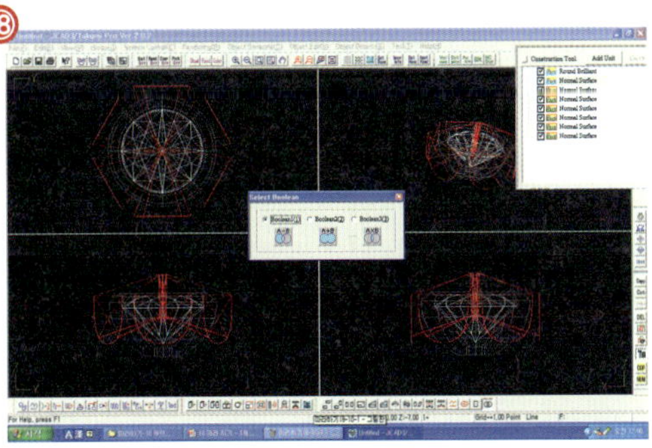

⑲

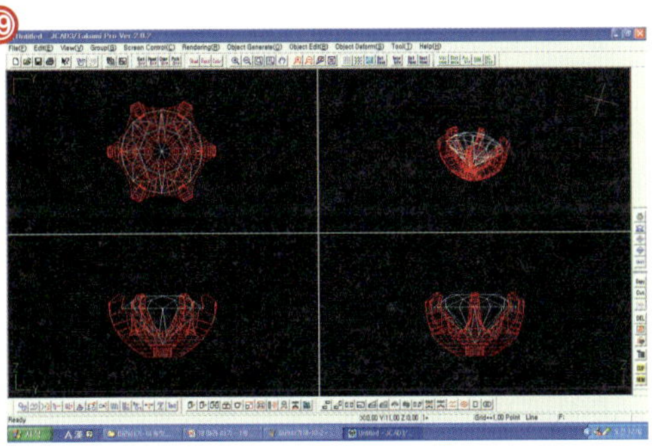

룹화 해서 화면 하단에 1* 표시가 나타납니다.

(21) Bind Grid 클릭 ⇔ ⑯과 같이 Arrange Setting 클릭 ⇔ Arrange Setting Information 창에 복사할 개수를 입력하는 All Arrange Number에 6을 입력하고 OK를 클릭합니다.

(22) XY-Plane에서 ⑰과 같이 보석의 중심을 클릭 ⇔ 보석의 중심을 기준으로 활성화된 물체가 6개 복사되는데, Group F5로 지정된 물체를 복사했기 때문에 6개 모두 같은 Group F5로 집합되어 있습니다.

(23) Bind Grid 클릭하여 자유롭게 정점을 찍을 수 있게 하고 ⇔ 화면을 오른쪽 마우스로 클릭하고 ⇔ 왼쪽 마우스를 클릭하여 모든 활성화된 물체를 비활성화시킨 후 ⇔ Construction Tool 클릭하여 창에서 두 번째에 있는 먼저 그린 테 난 집을 왼쪽 마우스로 클릭하여 활성화하고 Construction Tool 창을 닫고 ⇔ Boolean을 클릭하면 테 난 집이 회색으로 바뀝니다.

(24) F5를 누르고 Pick Group을 실행하면 6개로 복사된 집합 물체가 전부 활성화되는데 다시 Boolean을 클릭하면 연산 선택하는 상자가 나옵니다.

(25) ⑱과 같이 Select Boolean창에 Boolean(1)을 선택하여 클릭합니다.

(26) ⑲와 같이 테 난 집에서 테 난 집과 Group F5로 지정된 물체들이 서로 겹쳐 있던 부

⑳

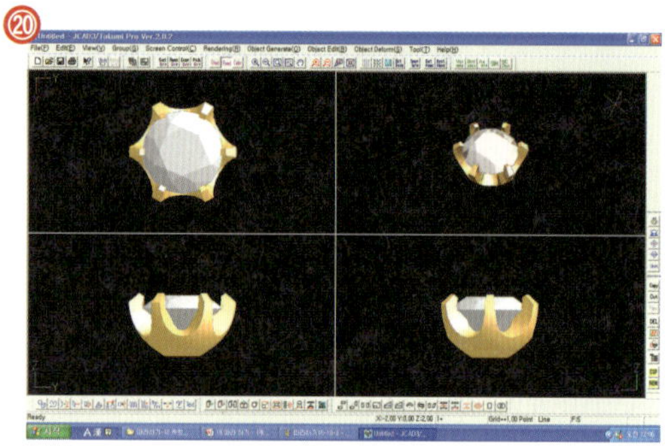

㉑

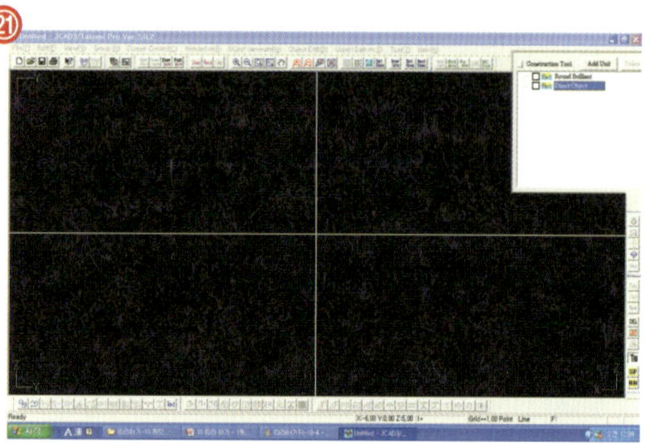

㉒

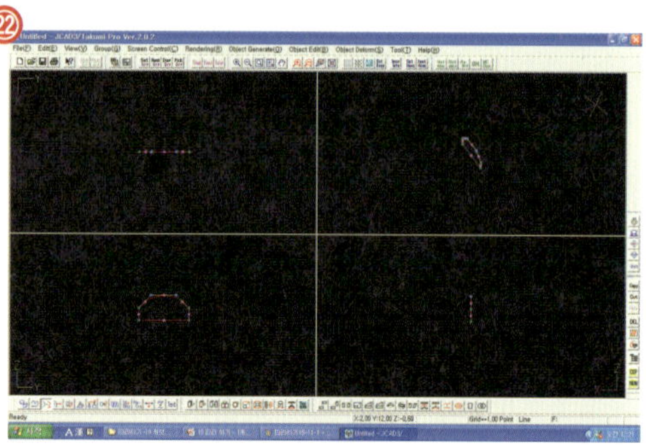

㉓

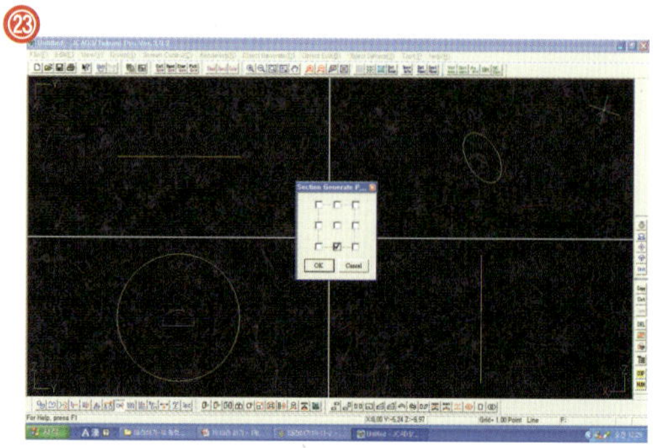

분과 Group F5로 지정된 물체들이 함께 사라진 것을 확인할 수 있습니다.

(27) F5를 누르고 Rendering을 실행하여 ⑳과 같이 1CT 여섯 발 형태의 난 집을 확인하고 오른쪽 마우스를 클릭하여 명령을 종료합니다.

(28) ㉑과 같이 Construction Tool을 클릭 ⇔ Construction Tool 창에서 하나는 Round Brilliant ⇔ 보석이고, 다른 하나는 Direct Object ⇔ 6발 난 집인데 파일 왼쪽에 v로 체크된 곳을 모두 클릭하여 체크되지 않은 상태로 만들면 보석과 6발 난 집은 숨겨 지게 하고 Construction Tool 창의 상단 왼편의 사각형을 눌러 창을 닫습니다.

(29) 포인트를 따라 정점이 찍힐 수 있는 Bind Grid를 클릭 ⇔ Wire 클릭 ⇔ Close 클릭 ⇔ ㉒와 같이 YZ-Plane에서 각지고 부드럽게 폭 ⇔ 4 mm, 높이 ⇔ 2 mm의 단면을 그리고 Bind Grid 를 클릭 ⇔ 포인트를 따라 정점이 그려지는 기능을 폅니다.

(30) Restore Home Position을 클릭하여 초기 화면 상태 ⇔ Numeric과 Primitive 클릭 ⇔ Select Primitive 창이 나오면 Circle 클릭 ⇔ Size ⇔ X는 0를 Y, Z는 16을 입력하면 지름 16 mm의 원이 만들어집니다.

(31) ㉓과 같이 단면만 활성화하고 Wire Combine을 클릭 ⇔ 단면이 회색으로 변하면 원을 활성화하고 다시 Wire Com-

㉔
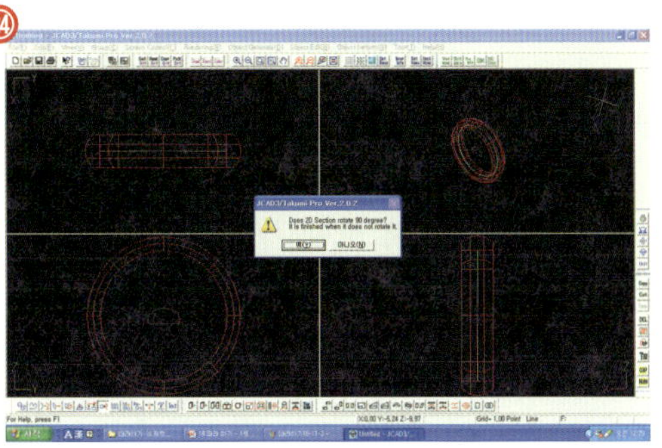

bine을 클릭 ⇔ Section Generate 창에 하단의 중앙을 선택하고 OK를 클릭합니다.

(32) ㉔와 같이 '단면을 90 °로 회전하여 물체의 형태를 변형' 할지를 묻는 질문이 나오면 '아니오'를 클릭하여 완성합니다.

(33) Zoom Out 두 번 클릭 ⇔ Wire 클릭 ⇔ Open 클릭 ⇔ ㉕와 같이 ZX-Plane에서 사선을 그린 후 ⇔ Copy Mode 클릭 ⇔ Mirror 클릭 ⇔ Bind Grid를 클릭 ⇔ ZX-Plane에서 반지의 중앙을 클릭한 상태에서 위로 드래그하여 좌우로 사선을 복사하고 오른쪽 마우스를 클릭하여 명령을 종료합니다.

㉕
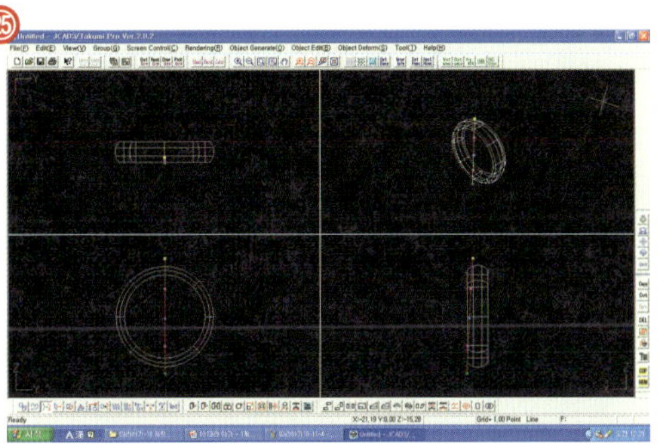

(34) F5 클릭 ⇔ Base Wire Deform 클릭 ⇔ Ring 활성화하고 ⇔ Base Wire Deform 다시 클릭 ⇔ Ring에 정점들이 파란색으로 나타는데 ⇔ ㉖과 같이 ZX-Plane에서 오른편의 파란 정점들을 클릭 드래그 ⇔ 노란색으로 변하면 오른쪽 마우스 클릭 ⇔ line을 따라 Ring의 정점들이 이동합니다.

㉖
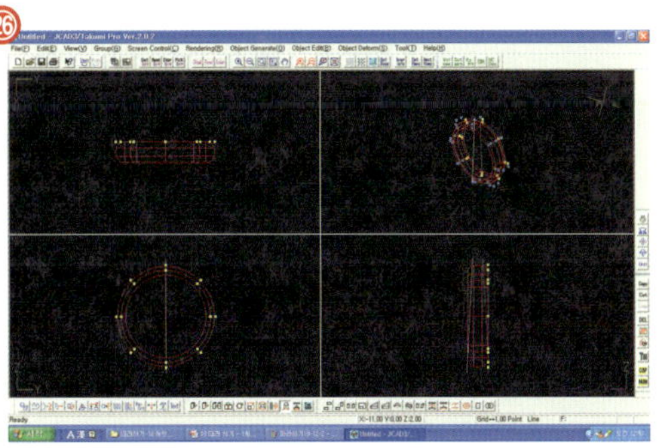

(35) 이번에는 왼쪽 선을 활성화하고 F5 클릭 ⇔ Base Wire Deform 클릭 ⇔ Ring 활성화하고 ⇔ Base Wire Deform 다시 클릭 ⇔ 왼쪽 파란 정점들을 클릭 드래그 ⇔노란색으로 변하면 오른쪽 마우스를 클릭 ⇔ 위는 좁고 아래는 넓은 Ring을 그립니다.

㉗
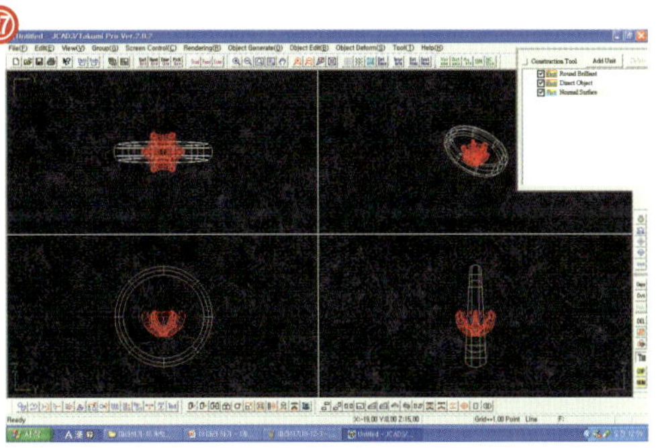

(36) Construction Tool을 클릭 ⇔ Construction Tool 창이 나오면 ㉗과 같이 상자 안의

㉘
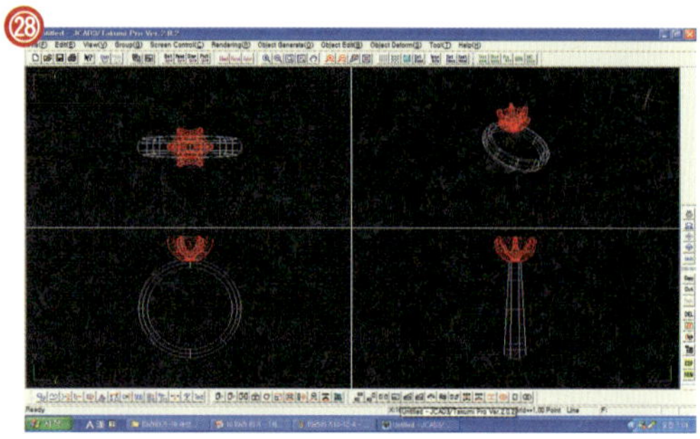

㉙
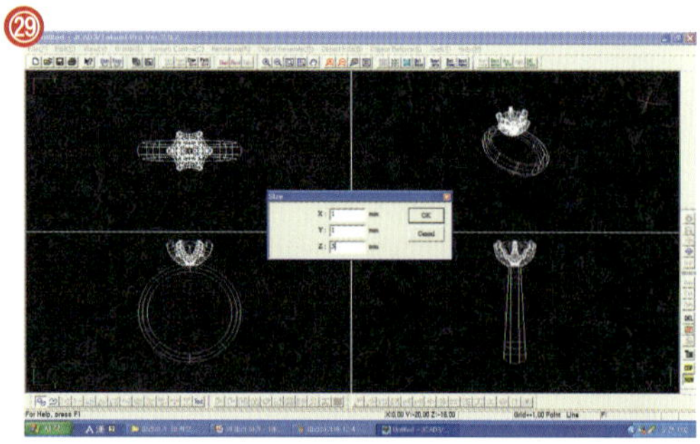

㉚
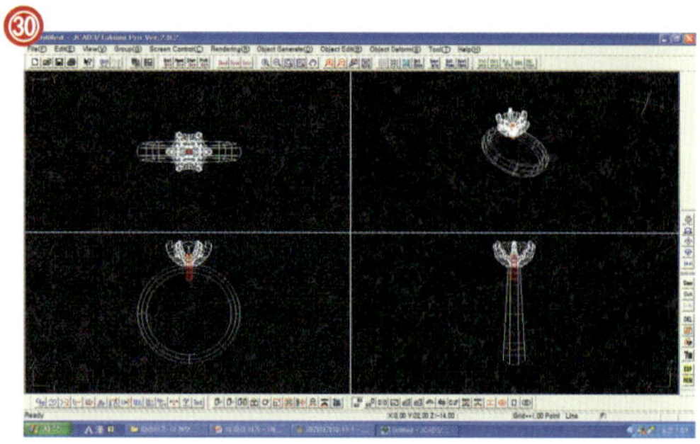

㉛
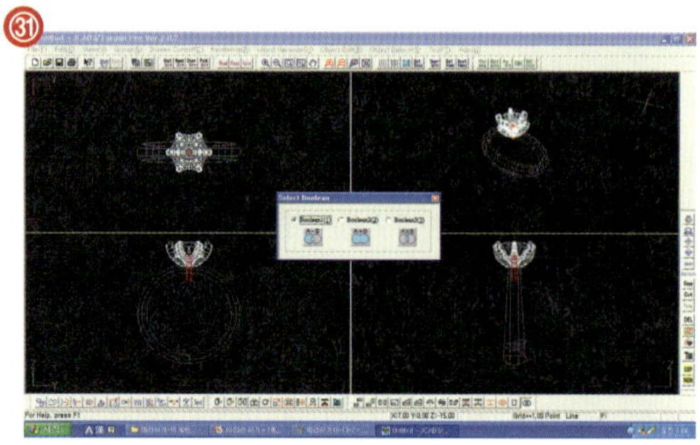

㉜
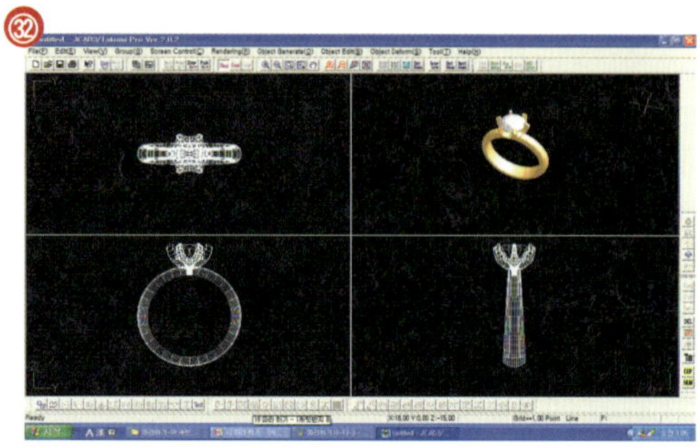

두 개의 파일 왼쪽에 v로 체크하는 곳을 모두 클릭하면 숨겨 졌던 보석과 6발 난 집이 화면에 다시 보이게 하고 ⇔ 보석과 6발 난 집을 클릭 활성화시키고 Construction Tool 창을 닫습니다.

(37) Move를 클릭 ⇔ ㉘과 같이 YZ-Plane에서 마우스를 잡지 않은 다른 손으로 키보드의 Ctrl을 누르면서(직선으로만 이동) 클릭 드래그 ⇔ Ring 위에 올려 놓습니다.

(38) Numeric을 클릭 ⇔ Primitive 클릭 ⇔ Primitive 안의 Cylinder를 클릭 ⇔ Cylinder의 수치(크기) 입력 상자가 나오면 ⇔ ㉙와 같이 X : 1, Y : 1, Z : 5를 입력하고 ⇔ OK를 클릭합니다.

(39) ㉚과 같이 입력한 수치만큼의 Cylinder가 나타나면 Move를 클릭 ⇔ YZ-Plane에서 마우스를 잡지 않은 다른 손으로 키보드의 Ctrl을 누르면서 Cylinder를 클릭 드래그 ⇔ Cylinder가 링 위쪽을 관통하도록 올리고 오른쪽 마우스를 클릭합니다.

(40) ㉛과 같이 링을 활성화한 후 Boolean을 클릭 ⇔ Cylinder를 클릭한 후 ⇔ 다시 Boolean을 클릭 ⇔ Boolean 1 (1)을 선택하여 링에 구멍을 내어 줍니다.

(41) ㉜와 같이 Rendering하여 1CT의 여섯 발 반지 형태를 확인합니다.

19 Emerald Brilliant · Prong Setting

①

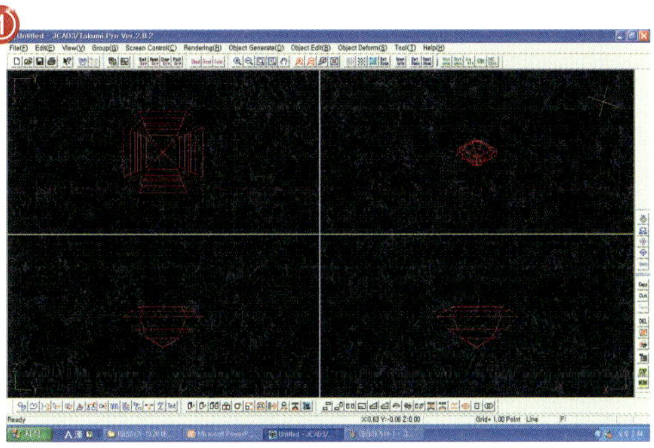

(1) 가로 : 10 mm, 세로 : 10 mm 에메랄드 형태 보석의 네발 난 집을 그려 봅니다.

(2) Grid Interval을 1 mm ⇔ Show Grid 클릭하여 초기 화면 상태를 정하고 ⇔ ①과 같이 Numeric을 클릭 ⇔ Gem 클릭 ⇔ Select Gem 창에서 ⇔ Emerald 클릭 ⇔ Size 창에서 Diameter X : 10, Y : 10, Height : 5을 입력 ⇔ OK를 클릭 ⇔ 입력한 수치의 Emerald 보석이 화면에 보입니다.

②

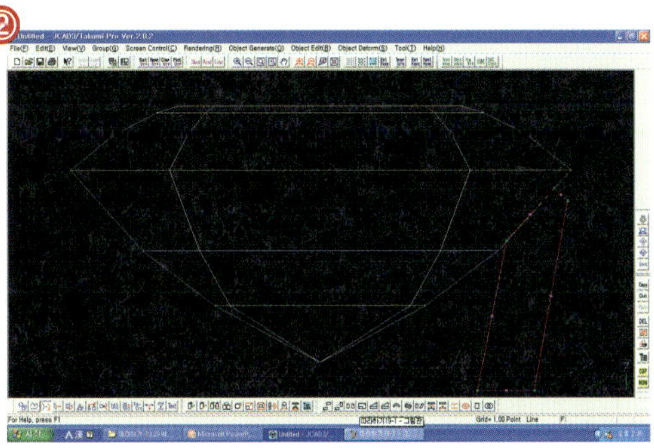

(3) Screen Range 클릭 ⇔ ⊙ ZX-Plane에 클릭 ⇔ Auto Zoom 클릭 ⇔ Wire 클릭 ⇔ Select Close/Open 창에서 ⊙ Close 클릭하고 ⇔ Shift를 적절히 사용하여 각진 녹색 점이 찍히는 것을 적절히 이용하여 ②와 같이 ZX-Plane 화면 왼쪽 편에 각진 에메랄드 난 집의 단면을 그립니다.

③

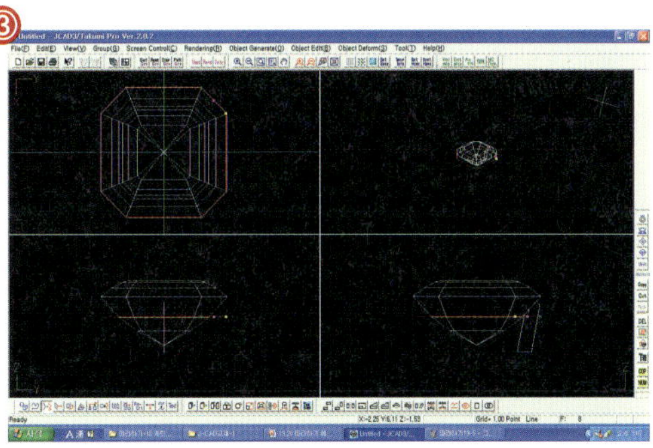

(4) Screen Range 클릭 ⇔ ⊙ XY-Plane에서 ⇔ Auto Zoom 클릭 ⇔ 키보드의 F8을 누르고 ⇔ Wire 클릭 ⇔ Select Close/Open 창에서 ⊙ Close 클릭하고 ⇔ 화면을 왼쪽 마우스로 클릭하면 ⇔ 화면을 4등분하는 녹색 선이 십자 형태로 나타나는데 ⇔ ③과 같이 Shift를 적절히 사용하여 각진 부

TOOL

④
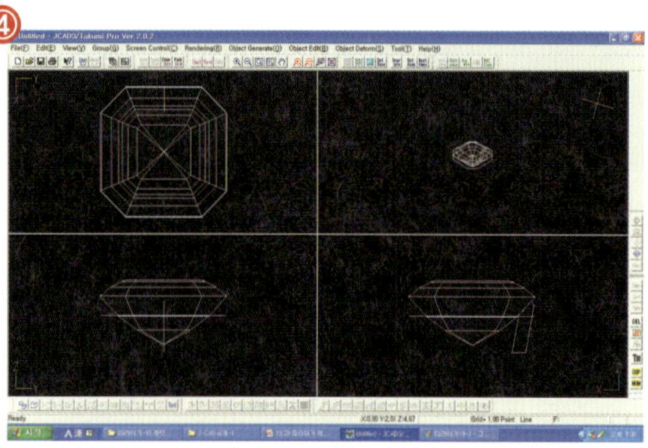

분을 왼쪽 마우스로 클릭하면서 ⇔ 화면 상단 왼쪽 1/4 부분에만 에메랄드의 바깥 선을 따라 복사될 선을 그리는데 녹색 선에 닿지 않게 그립니다.

(5) 오른쪽 마우스를 클릭하면 ⇔ ④와 같이 4 부분이 똑같이 복사되어 에메랄드 형태로 이어지는 하나의 선으로 표현된 후 오른쪽 마우스를 눌러 명령을 종료합니다.

⑤
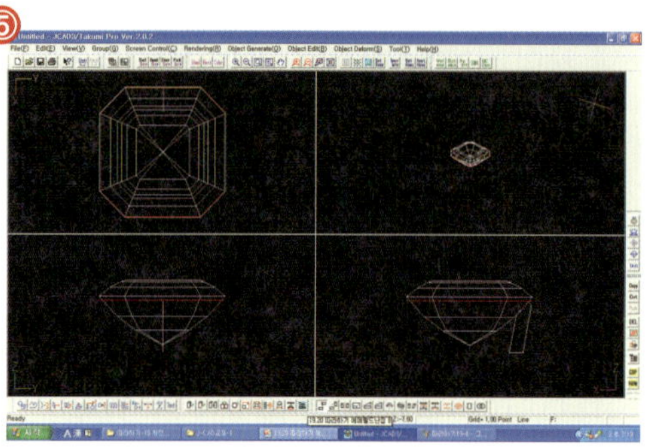

(6) ZX-Plane 화면에서 Move 클릭 ⇔ ⑤와 같이 그린 선을 에메랄드 난 집 단면의 가장 위쪽 정점의 높이와 같게 ⇔ 마우스를 잡지 않은 다른 손으로 키보드의 Ctrl을 누른 상태에서 ⇔ 이동하여 맞추고 오른쪽 마우스를 클릭합니다.

⑥
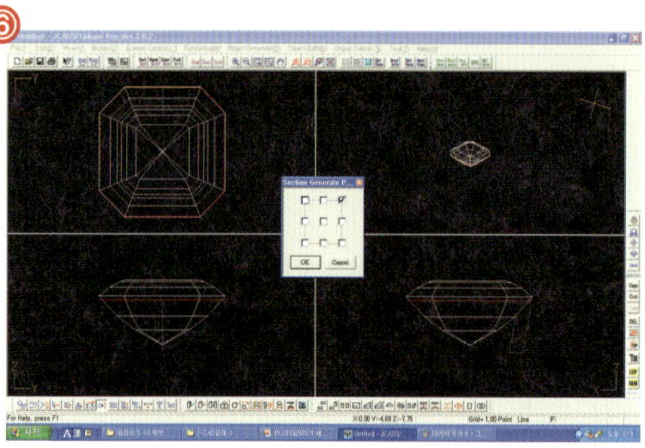

(7) 단면을 왼쪽 마우스로 클릭 활성화하고 ⇔ Wire Combine을 클릭 ⇔ ⑥과 같이 단면이 회색으로 변하고 ⇔ 이번에는 에메랄드 형태의 선을 왼쪽 마우스로 클릭 활성화하고 ⇔ Wire Combine을 다시 클릭하면 ⇔ Section Generate 창에서 오른편 상단을 클릭 ⇔ OK를 클릭합니다.

⑦
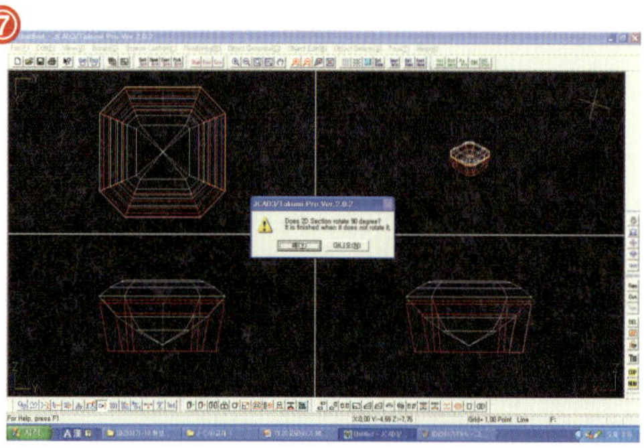

(8) 물체화 되면서 ⇔ ⑦과 같이 단면의 90° 회전 여부를 묻는 질문 상자가 나오는데 ⇔ '아니오' 를 클릭하여 에메랄드 난 집을 완성합니다.

⑧

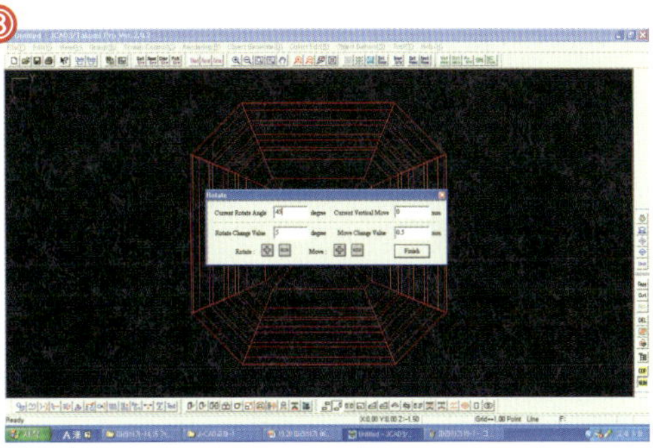

(9) Screen Range 클릭 ⇔ ⊙ XY-Plane 클릭 ⇔ Auto Zoom 클릭 ⇔ 보석과 난 집 전체를 클릭 드래그하여 활성화하고 ⇔ Bind Grid 클릭 ⇔ Numeric을 클릭 ⇔ Rotate를 클릭 ⇔ 에메랄드 보석의 중심에 기준점을 클릭하면 ⇔ ⑧과 같이 Rotate 창에 Current Rotate Angle : 45를 입력하고 Finish를 클릭합니다.

⑨

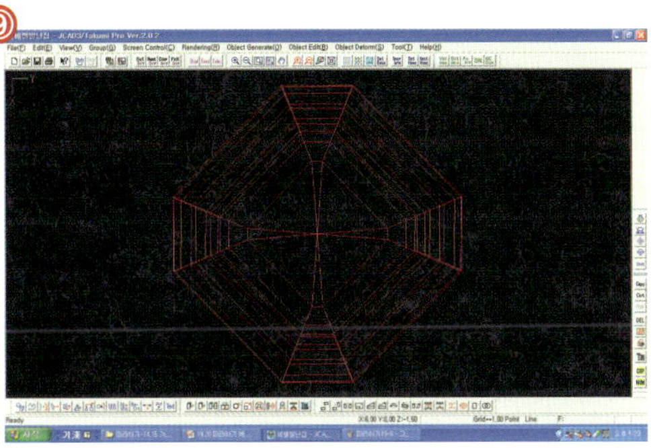

(10) 전체 모양이 에메랄드 보석 중심을 기준으로 ⑨와 같이 45˚ 회전한 것을 확인하고 Bind Grid 클릭하여 자유롭게 정점을 찍을 수 있게 합니다.

(11) 에메랄드 난 집에 필요한 발을 만들기 위해 ⇔ Screen Range 클릭 ⇔ ⊙ YZ-Plane 클릭 ⇔ Wire 클릭 ⇔ Select Close/Open 창에서 ⊙ Close 클릭하고 ⇔ 마우스를 잡지 않은 다른 손으로 ⇔ 키보드의 Shift를 누른 상태에서 왼쪽 마우스 클릭 ⇔ 각진 녹색 점이 찍히는 것을 적절히 이용하여 ⇔ ⑩과 같이 각진 에메랄드 발의 단면을 그립니다.

⑩

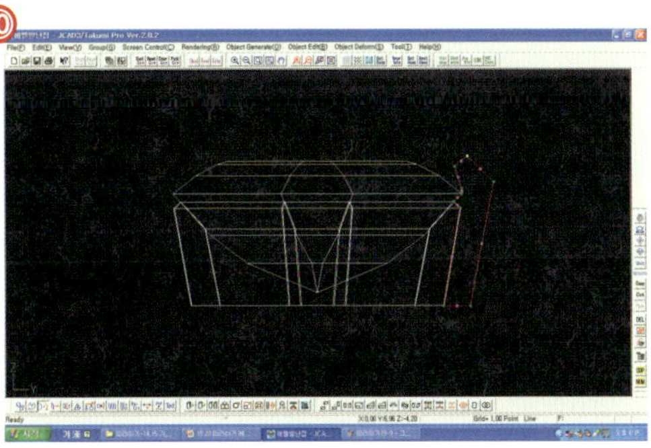

⑪

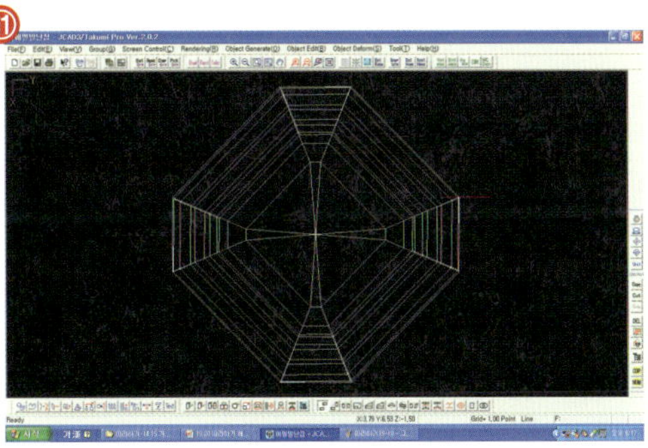

(12) Screen Range 클릭 ⇔ ⊙ XY-Plane 클릭 ⇔ 활성화된 에메랄드 발의 단면을 확인하고 ⇔ Move를 클릭하고 ⇔ ⑪과 같이 Ctrl을 누른 상태(직선으로만 이동합니다)에서 발자리인 각진 부분까지 이동합니다.

TOOL

⑫
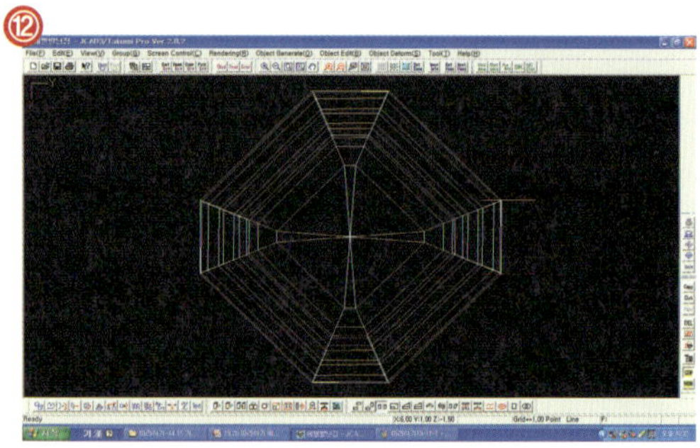

(13) Bind Grid 클릭 ⇔ Copy Mode를 클릭하고 ⇔ Mirror을 실행하여 보석의 중앙을 기준점으로 클릭한 상태에서 좌 또는 우로 드래그하여 ⇔ ⑫와 같이 에메랄드 발의 단면을 상하 대칭 복사하고 오른쪽 마우스를 클릭하여 명령을 종료합니다.

⑬
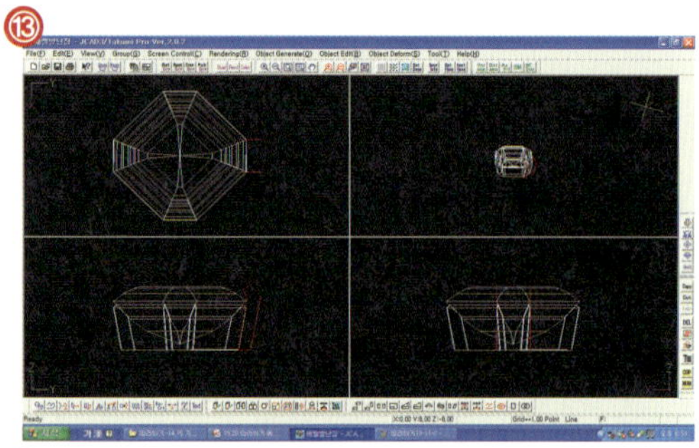

(14) Screen Range 클릭 ⇔ ⊙ All-Plane 클릭 ⇔ Auto Zoom 클릭 ⇔ ⑬과 같이 에메랄드 발의 단면을 상하 대칭 복사한 두 개의 단면을 모두 활성화합니다.

⑭
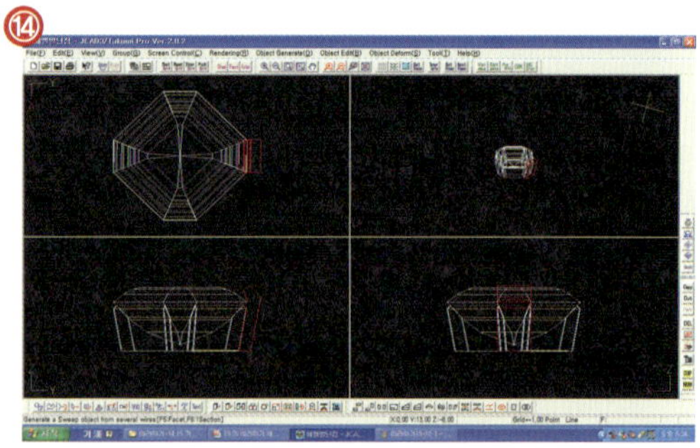

(15) Wires Sweep를 클릭 ⇔ 단면과 단면이 연결되어 하나의 물체가 되어 ⑭와 같이 에메랄드의 발 형태가 되는 것을 확인할 수 있습니다.

⑮
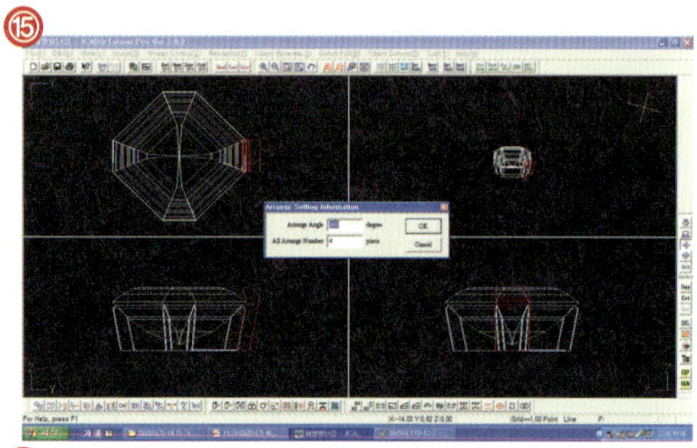

(16) 활성화된 발을 확인하고 ⇔ XY-Plane에서 ⑮와 같이 Arrange Setting을 클릭하면 ⇔ Arrange Setting Information 창에 Arrange Angle: 360, All Arrange Number : 4를 입력하고 OK를 클릭합니다.

⑯
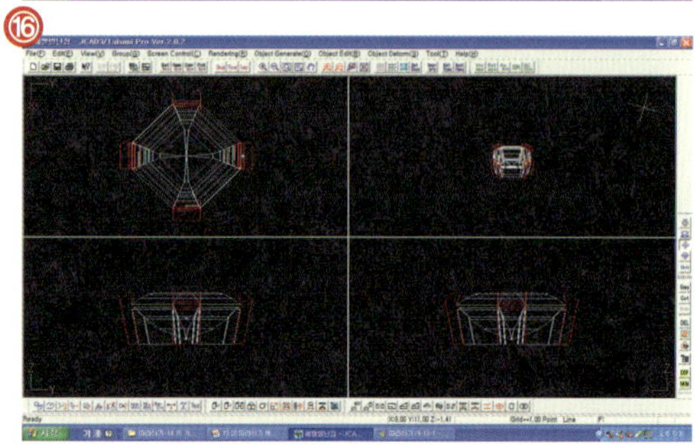

(17) XY-Plane에서 복사하려는 기준점으로 보석의 중심을 클릭하면 ⇔ ⑯과 같이 에메랄드의 발 형태가 4개가 복사되는 것을 확인합니다.

⑰

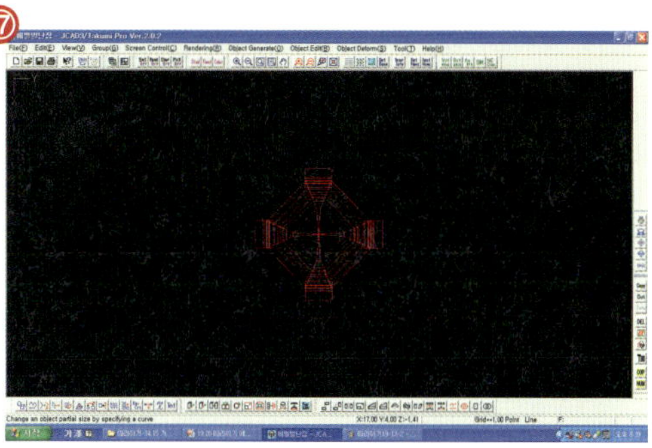

(18) Screen Range 클릭 ⇔ ⊙ XY-Plane 클릭 ⇔ ⑰과 화면 전체의 물체를 모두 Pick All을 클릭하여 활성화합니다.

⑱

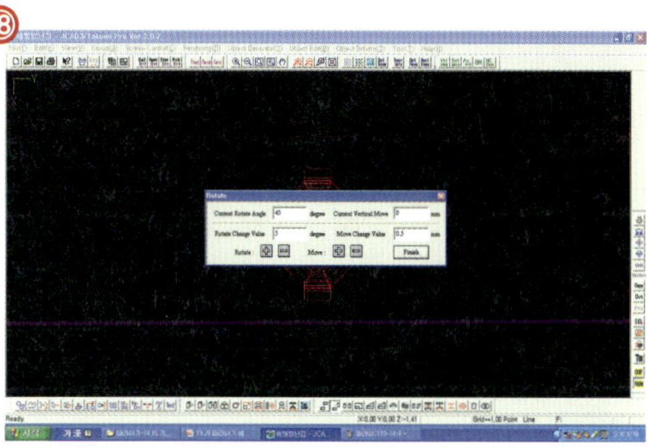

(19) Numeric을 클릭하고 Rotate를 클릭 ⇔ 에메랄드 보석 중심을 기준점으로 클릭하고 ⇔ Rotate 창에 Current Rotate Angle : 45를 입력하고 ⑱과 같이 Finish를 클릭하고 오른쪽 마우스를 클릭하여 명령을 종료하고 왼쪽 마우스를 클릭하여 모든 물체를 비활성화합니다.

⑲

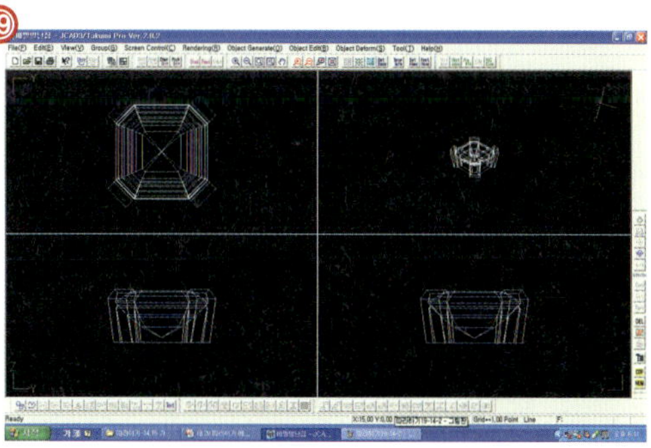

(20) Screen Range 클릭 ⇔ ⊙ All -Plane 클릭 ⇔ 에메랄드 보석 중심을 기준점으로 ⑲와 같이 에메랄드 난 집 전체가 45 °가 돌려 졌습니다.

⑳

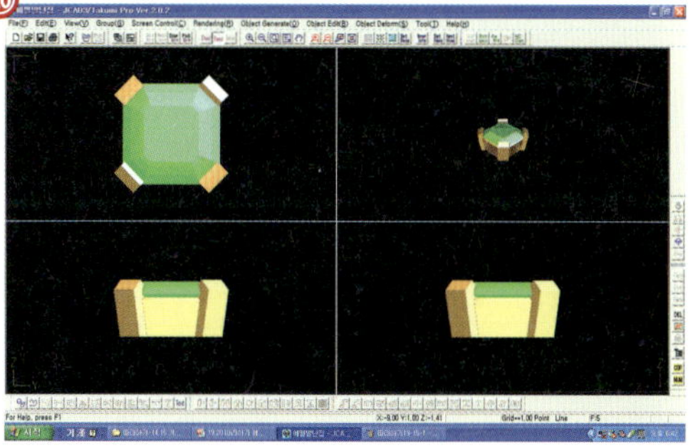

(21) ⑳과 같이 Rendering을 실행하여 에메랄드 네 발 난 집을 확인합니다.

TOOL

20 Emerald Brilliant · Basel Setting

TOOL

①
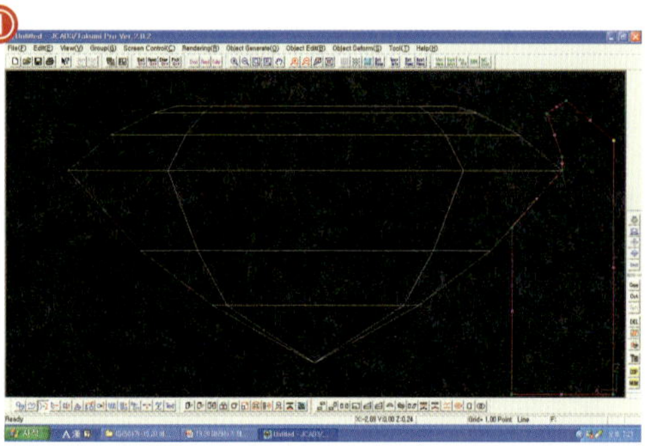

(1) 가로 : 10 mm, 세로 : 10 mm 에메랄드 형태 보석의 이중 난 집을 그려 봅니다.

(2) Grid Interval을 1 mm ⇔ Show Grid 클릭하여 초기 화면 상태를 정하고 ⇔ Numeric을 클릭 ⇔ Gem 클릭 ⇔ Emerald 클릭 ⇔ Size 창에서 Diameter X : 10, Y : 10, Height : 5를 입력 ⇔ OK를 클릭 ⇔ Emerald 형태가 화면에 보이면 ⇔ Screen Range 클릭 ⇔ ⊙ ZX-Plane 클릭 ⇔ Auto Zoom 클릭 ⇔ Wire 클릭(Emerald Prong Setting 과정과 동일) ① 과 같이 Shift와 함께 각진 에메랄드 이중 난 집의 단면을 그립니다.

②
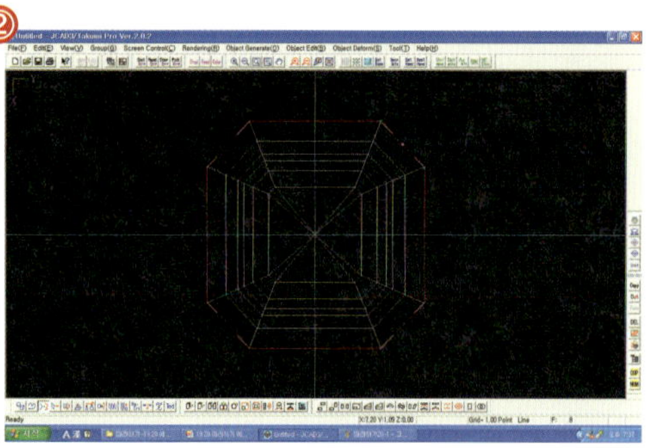

(3) Screen Range 클릭 ⇔ ⊙ XY-Plane 클릭 ⇔ Zoom Out 클릭 ⇔ 키보드의 F8을 누르고 ⇔ Wire 클릭 ⇔ Select Close/Open 창에서 ⊙ Close 클릭 ⇔ 화면을 왼쪽 마우스로 클릭하면 ⇔ 화면을 4등분하는 녹색 선이 십자 형태로 나타나는데 ⇔ ② 와 같이 오른 편의 상단에 1/4 부분에만 에메랄드의 바깥 선을 따라 Shift와 함께 각진 선을 그리고 오른쪽 마우스를 클릭하면 ⇔ 4 부분이 똑같이 복사되어 에메랄드 형태로 이어지는 하나의 선으로 표현됩니다.

③

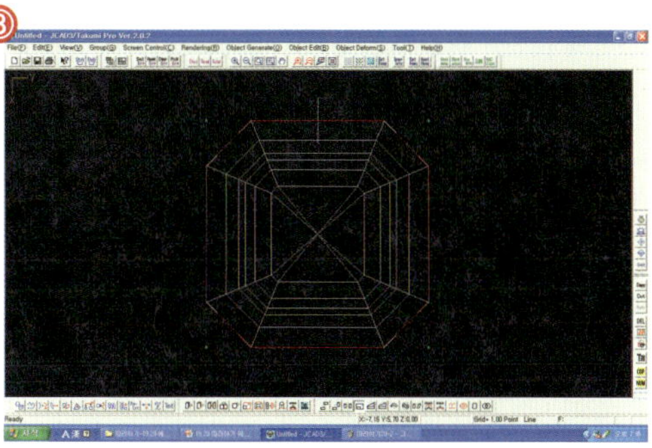

(4) 그려진 에메랄드 형태의 선을 단면의 외곽까지 키우기 위하여 ⇔ Scale을 클릭 ⇔ ③과 같이 키우고자 하는 기준점인 중앙의 가운데 파란 정점을 클릭합니다.

④

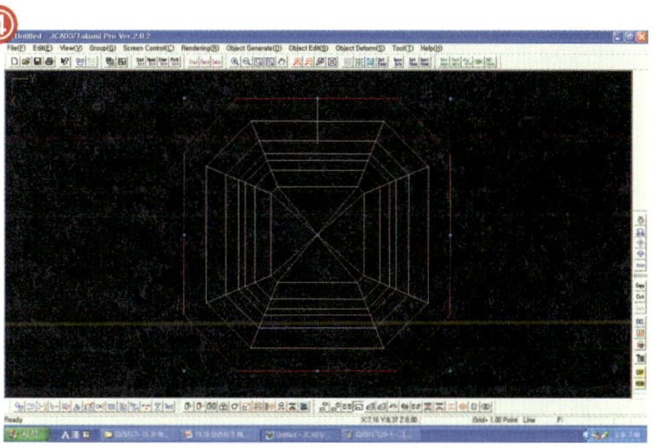

(5) 나타난 녹색 점을 Shift와 함께 클릭 드래그 ⇔ ④와 같이 에메랄드 이중 난 집의 단면의 바깥 점까지 일정하게 늘리고 오른쪽 마우스를 클릭하여 명령을 종료합니다.

⑤

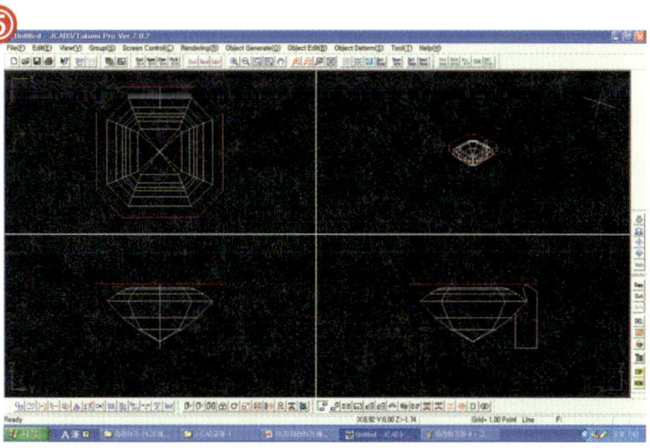

(6) Screen Range 클릭 ⇔ ⊙ All-Plane 클릭 ⇔ Auto Zoom 클릭 ⇔ Move 클릭 ⇔ ZX-Plane 화면에서 ⑤와 같이 에메랄드 형태의 선을 에메랄드 이중 난 집 단면의 가장 위쪽 정점의 높이와 같게 ⇔ 마우스를 잡지 않은 다른 손으로 키보드의 Ctrl을 누른 상태에서 ⇔ 위로 이동하여 맞추고 오른쪽 마우스를 클릭합니다.

⑥

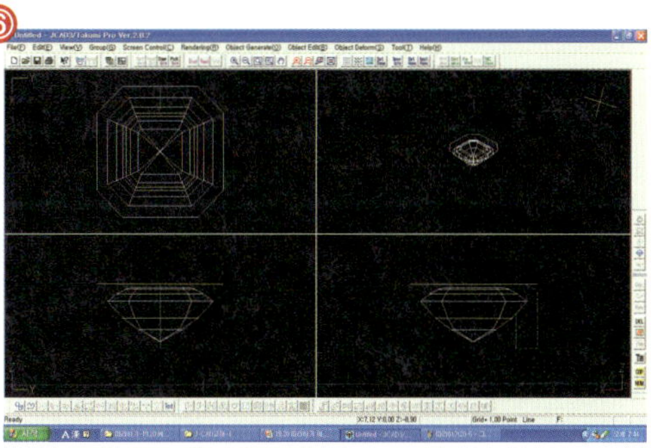

(7) 에메랄드 이중 난 집 단면을 활성화하고, ⇔ Wire Combine을 실행하면 ⇔ ⑥과 같이 단면이 회색으로 변합니다.

⑦
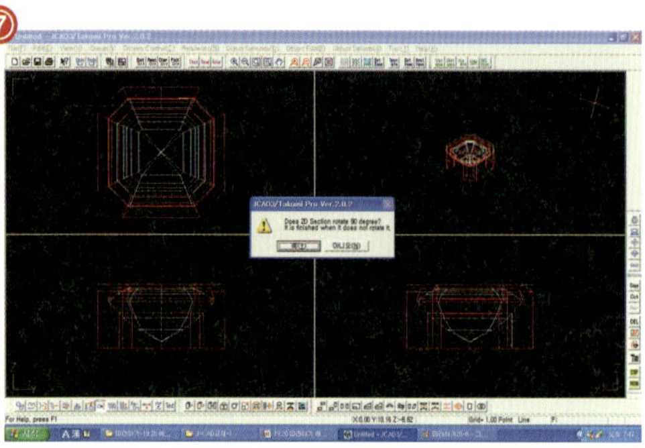

⑧
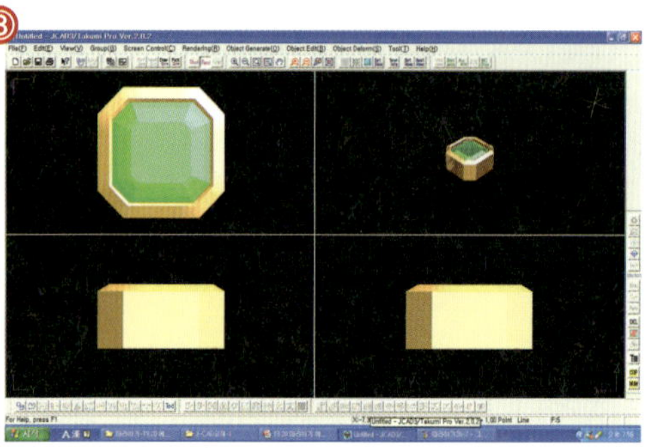

⑨
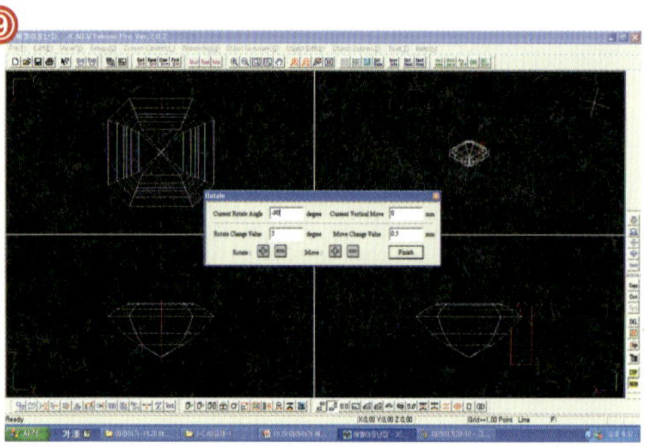

⑩
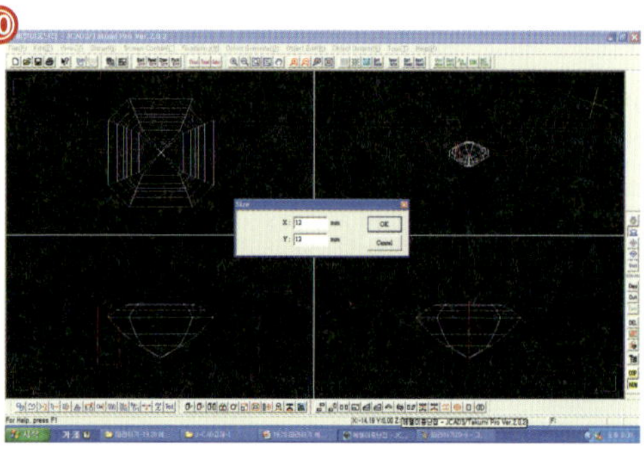

(8) 에메랄드 형태의 선을 선택하고 ⇔ Wire Combine을 실행하면 ⇔ Section Generate 창에서 오른편의 상단을 선택하고 OK를 클릭 ⇔ ⑦과 같이 물체화 되면서 단면의 90° 회전 여부를 묻는 질문 상자가 나오면 '아니오'를 클릭하고 오른쪽 마우스를 클릭하여 명령을 종료하고 왼쪽 마우스를 클릭하여 물체들을 비활성화하여 에메랄드 이중 난 집을 완성합니다.

(9) F5를 누르고 ⑧과 같이 Rendering을 클릭하여 에메랄드 이중 난 집을 확인합니다.

(10) 다른 방법으로 그리기 위해 에메랄드 보석 난 집의 단면이 화면에 다시 나타날 때까지 Undo 클릭 ⇔ 단면이 화면에 나타나면 Set Base Point/Line 클릭 ⇔ Select Point/Line 창에서 Point 클릭 ⇔ 단면을 왼쪽 마우스로 클릭하여 활성화하고 Bind Grid 클릭 ⇔ Numeric 클릭 ⇔ Rotate 클릭 ⇔ ⑨와 같이 XY-Plane에서 에메랄드 보석의 중앙 점을 클릭 ⇔ Rotate 창에서 Current Rotate Angle 칸에 마이너스 90을 입력하고 ⇔ Finish 클릭 ⇔ Bind Grid 클릭합니다.

(11) Numeric 클릭 ⇔ Generate Setting 클릭 ⇔ ⑩과 같이 Select Gem Type 창에서 Square을 선택하면 ⇔ Size 창이 나타나는데 보석의 크기와 보석 크기의 바깥 난 집 단면 두께의 2배를 더한 크기인 X 칸에 12, Y 칸에 12를 입력하고 OK 클릭합니다.

⑪

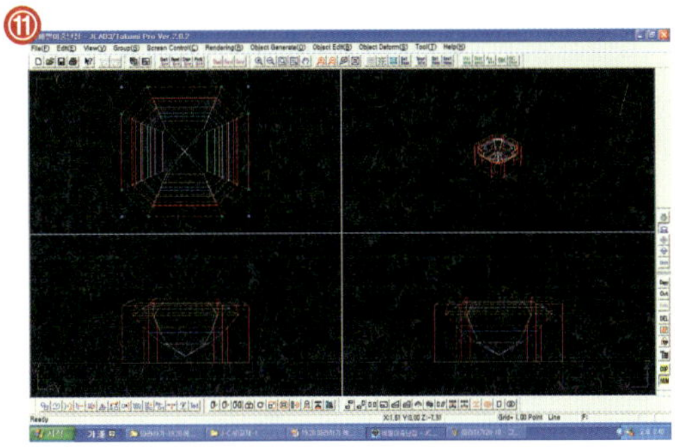

(12) 네 모서리에 파란 점들이 나타나면서 모서리 양 옆에 녹색 점들이 나타나는데 이 녹색 한 점을 왼쪽 마우스로 클릭한 상태에서 드래그하여 팔각 모서리에 맞게 이동한 후 ⑪과 같이 오른쪽 마우스를 클릭하면 ⇔ 먼저 그린 에메랄드 보석의 이중 난 집과 똑같은 모양이 완성되면 오른쪽 마우스를 클릭하여 명령을 종료하고 왼쪽 마우스를 클릭하여 물체를 비활성화합니다.

⑫

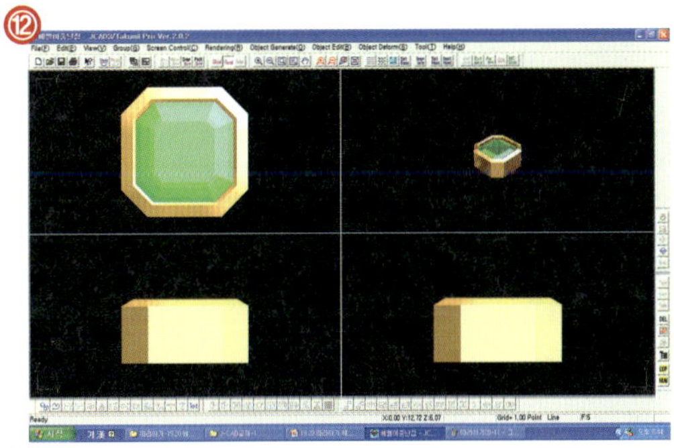

(13) 키보드의 F5를 클릭하고 Rendering을 클릭하면 All-Plane 화면에 ⑫와 같이 Rendering 되어 있는 에메랄드 보석의 이중 난 집을 확인할 수 있습니다.

21 클로버 형태 Melee 돌림

①

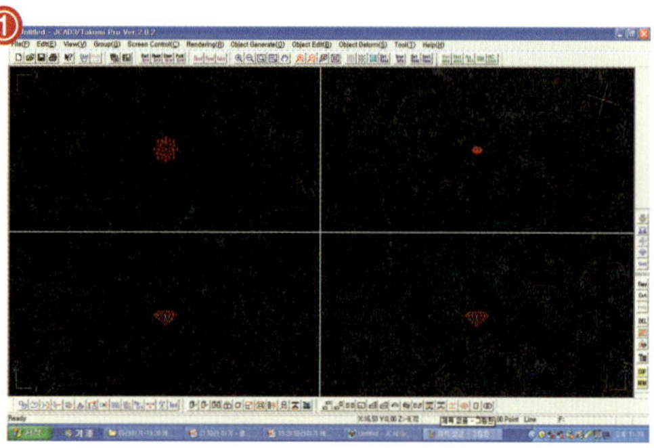

②

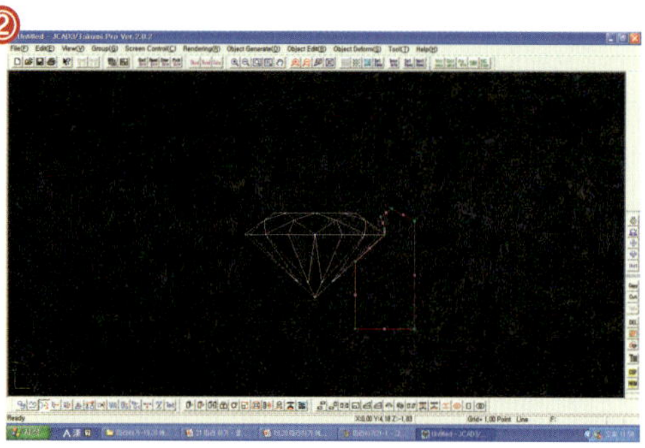

③

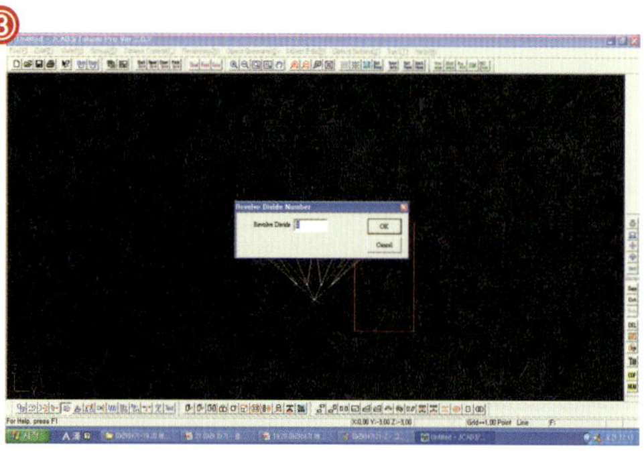

(1) Grid Interval 클릭 ⇔ Grid 간격 1 mm ⇔ Set Base Point/Line 클릭 ⇔ Point를 클릭하여 중심 값을 정하고 Show Grid 클릭 ⇔ Save Home Position 클릭 ⇔ 기본 화면을 저장합니다.

(2) Numeric을 클릭 ⇔ Gem을 클릭 ⇔ ① 과 같이 Select Gem 창에서 ⊙ Round Brilliant 클릭 ⇔ Size창에서 Diameter에 Diamond 0.1 CARAT의 크기 3 mm를 입력하고 OK를 클릭합니다.

(3) Screen Range 클릭 ⇔ ⊙ YZ-Plane 클릭 ⇔ Zoom In을 8번 클릭하여 적절한 크기로 화면을 조절하고 Wire 클릭 ⇔ Close Wire 선택 ⇔ ② 와 같이 같이 각진 두께 : 1.4 mm, 높이 : 2.5 mm인 이중 난 집의 단면을 그립니다.

(4) Bind Grid 클릭하여 정점이 점에 찍히게 하고 ⇔ Revolve 클릭 ⇔ ③과 같이 단면 수를 설정하는 Revolve Divide Number 창에서 Revolve Divide에 8을 입력한 후 OK를 누릅니다.

④

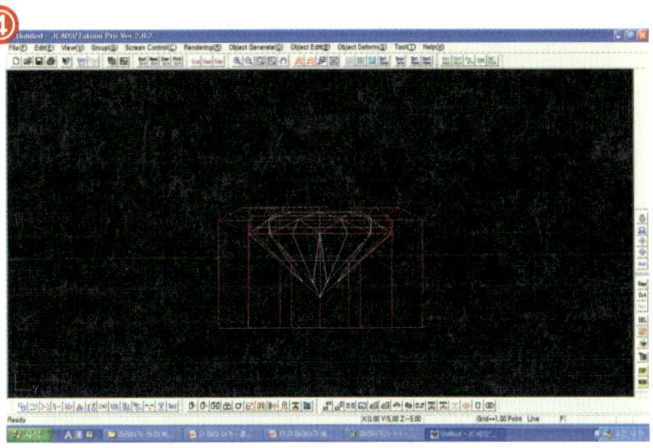

(5) 마우스를 잡지 않은 다른 손으로 키보드의 Ctrl을 누른 상태에서 보석의 중심에 왼쪽 마우스를 클릭한 상태에서 위 또는 아래로 드래그하면 ④와 같이 이중 난 집 형태가 완성됩니다.

⑤

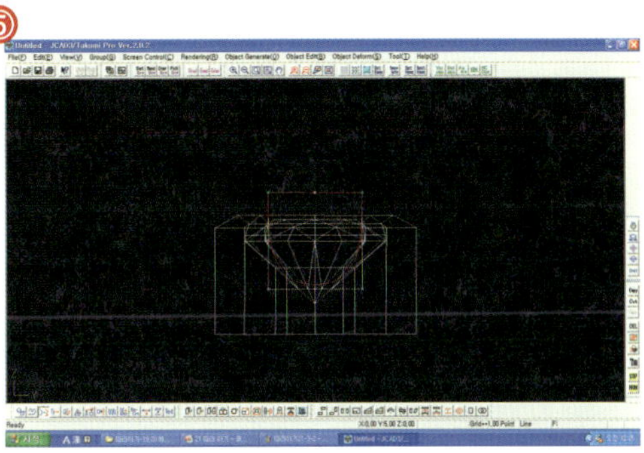

(6) Wire 클릭 ⇔ Close Wire를 선택하고 shift를 적절히 사용하여 ⑤와 같은 이중 난 집을 네 발 형태로 변형하기 위하여 파냄용 단면을 그립니다.

⑥

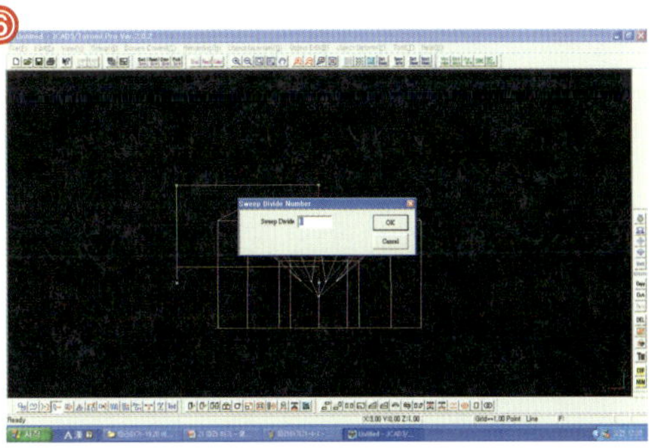

(7) Screen Range 클릭 ⇔ ZX-Plane 클릭 ⇔ ZX-Plane 화면에서 Sweep 클릭 ⇔ Section Generate 창이 뜨면 상단 중앙을 선택하고 ⇔ 단면이 맨 위를 인쪽 마우스로 클릭한 상태에서 마우스를 잡지 않은 다른 손으로 키보드의 Ctrl을 누른 채로 왼쪽으로 ⑥과 같은 지점까지 드래그하여 이동시키고 ⇔ 왼쪽 마우스를 찍고 ⇔ 오른쪽 마우스를 클릭하면 ⇔ Sweep Divide Number 창이 나오면 0을 입력하고 ⇔ OK를 클릭하여 물체를 완성합니다.

⑦

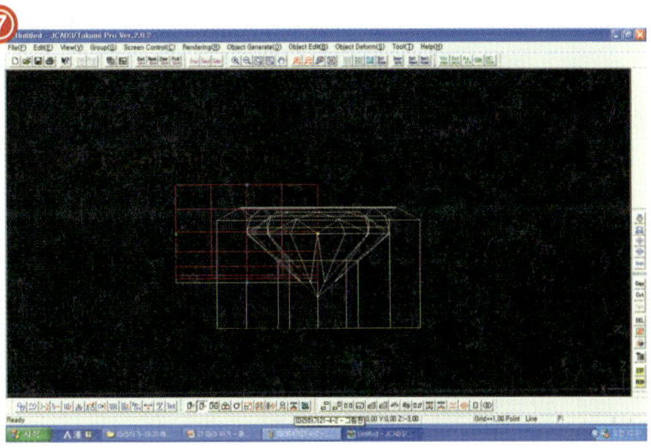

(8) Line Move를 클릭하면 ⑦과 같이 상/하 파란 두 점과 좌/우 두 개의 녹색 정점이 나타나는데 그 중 오른쪽 녹색 정점을 클릭하여 선택합니다.

TOOL

⑧

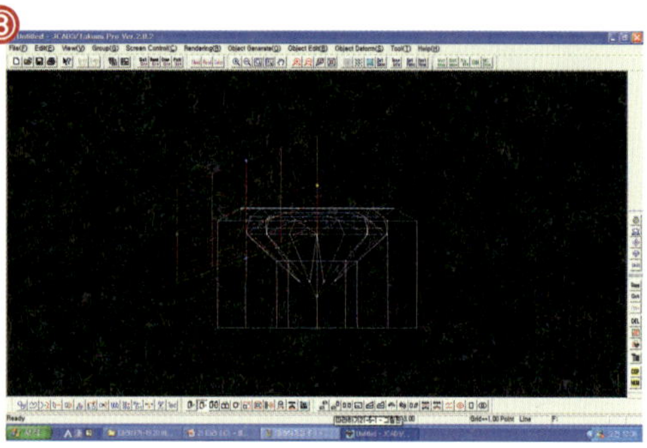

(9) 선택된 정점이 변한 노란색 정점을 마우스를 잡지 않은 다른 손으로 키보드의 Ctrl을 클릭한 상태에서 다시 클릭하고 ⑧과 같이 위로 드래그하여 1 mm를 올립니다.

⑨

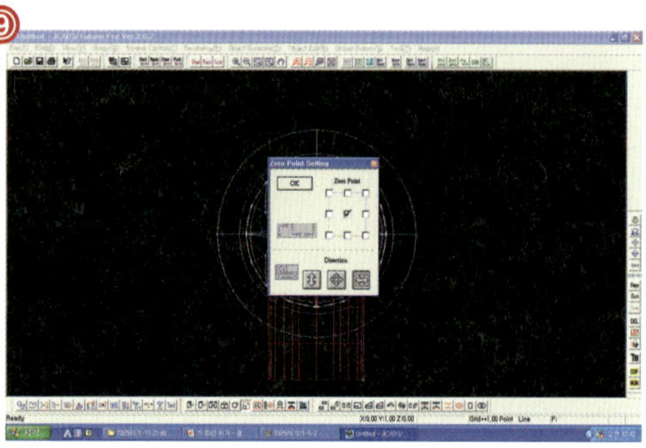

(10) Screen Range 클릭 ⇔ XY-Plane 클릭 ⇔ XY-Plane에서 Extend/Reduce를 클릭 ⇔ 녹색 정점들이 나타나는데 위쪽의 녹색 정점을 클릭 ⇔ ⑨와 같이 Zero Point Setting 창에서 기준점은 중앙으로 선택하고 Direction에서 방향은 좌우 화살표를 클릭 ⇔ OK 클릭합니다.

⑩

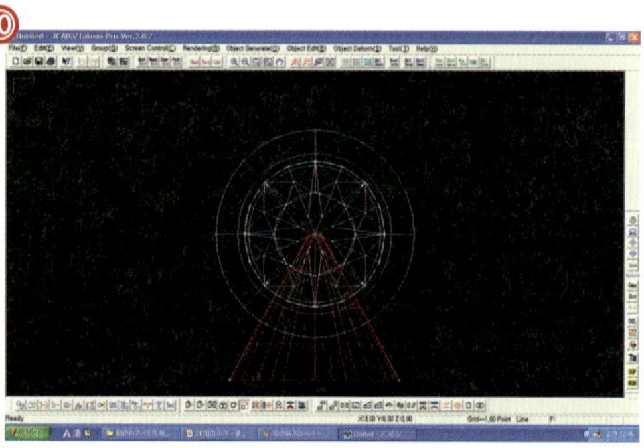

(11) 파란 조절 점이 나타나면 파란 조절 점을 클릭 드래그하여 폭을 축소하고 왼쪽 마우스를 클릭하고 다시 아래쪽 녹색 점도 클릭하여 상단과 같은 방법으로 폭을 확대시켜 ⑩과 같이 위쪽은 좌우 폭을 축소시키고, 아래쪽은 좌우 폭을 확대합니다.

⑪

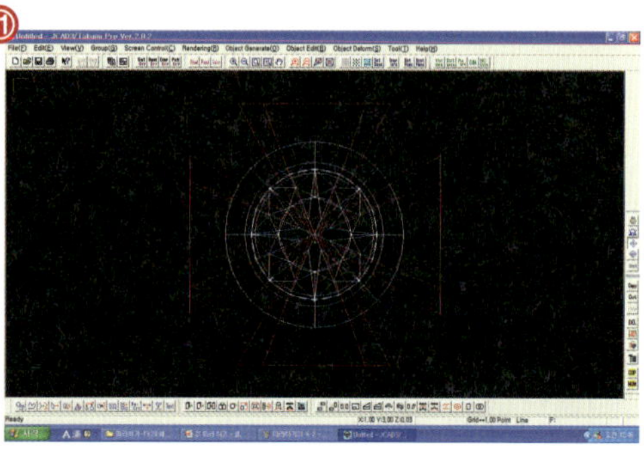

(12) Arrange Setting을 클릭하면 Arrange Angle : 360, All Arrange Number : 6을 입력하고 OK를 클릭하고 나서 보석의 중앙을 기준점으로 클릭하면 ⑪과 같이 보석의 중심을 기준으로 4개의 파냄용 물체가 복사되는 것을 확인 후 오른쪽 마우스를 클릭하여 완료합니다.

⑫

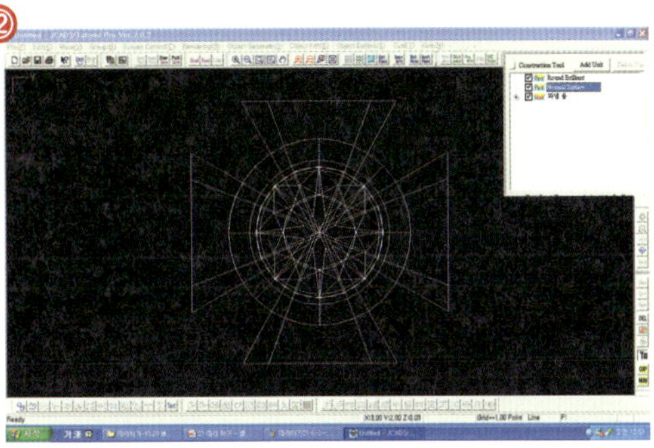

(13) Construction Tool을 실행하여 창을 열고 Add Unit를 클릭하여 ⑫와 같이 새 폴더를 만들고 폴더 이름을 파냄용으로 바꾸고 4개의 파냄용 물체를 하나씩 파냄용 폴더에 클릭 드래그하여 넣습니다.

⑬

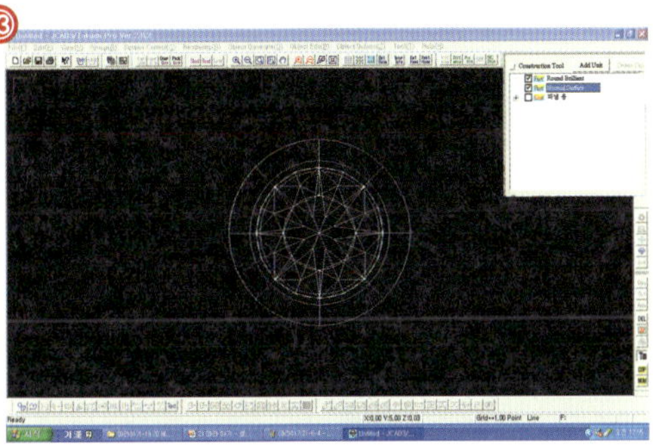

(14) Construction Tool 안의 파냄용 폴더의 체크 상자를 클릭하면 ⑬과 같이 파냄용 물체들이 화면에서 사라지게 합니다(작업을 완료하고 저장한 후 다시 저장한 파일을 불러냈을 때 Boolean을 실행한 물체를 다시 풀 수 있는 기능이 없기 때문에 저장할 때 Boolean을 실행하지 않은 상태로 저장하는 것이 바람직합니다).

⑭

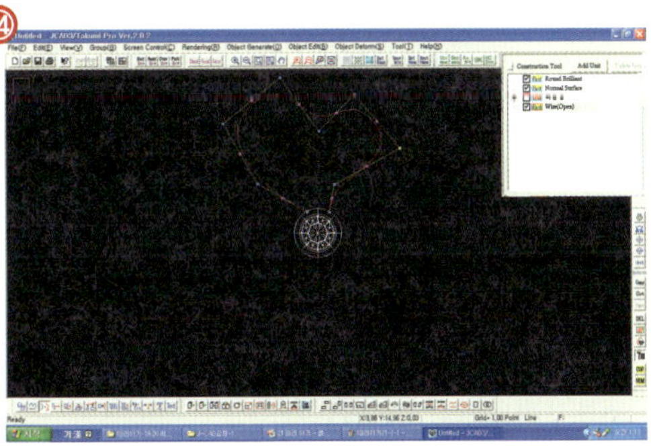

(15) Bind Grid 클릭하여 정점이 자유롭게 찍히게 하고 ⇔ Zoom Out을 여섯 번 클릭하여 화면을 줄이고 ⇔ Wire 클릭 ⇔ Open Wire를 클릭 ⇔ ⑭와 같이 하트 모양의 선을 그리고 오른쪽 마우스를 클릭합니다.

(16) Construction Tool 클릭 ⇔ 안에 있는 체크 상자에 체크되어 있는 것을 모두 하나씩 클릭하여 체크가 안 된 상태로 되게 하여 화면에 있는 모든 물체를 안 보이게 합니다(새로 꺼내어 그릴 보석과 겹쳐서 화면이 복잡하기 때문입니다).

⑮

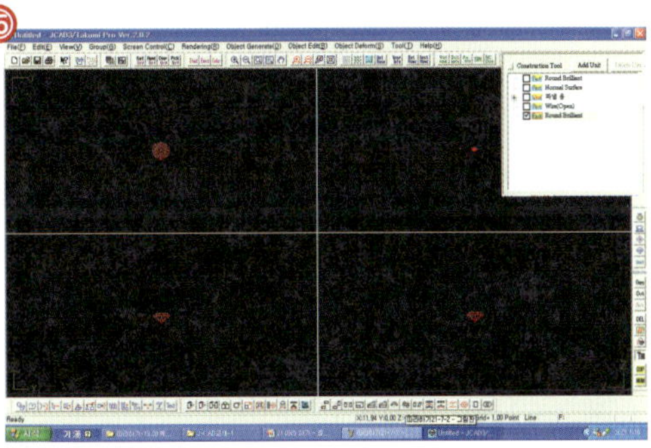

(17) Screen Range 클릭 ⇔ All-Plane 클릭 ⇔ Numeric을 클릭 ⇔ Gem 클릭 ⇔ Select Gem 창에서 ⊙ Round Brilliant 클릭 ⇔ Size 창에서 Diameter에 1.5를 기입하여 ⑮와 같이 1.5 mm Round Brilliant를 그립니다.

⑯

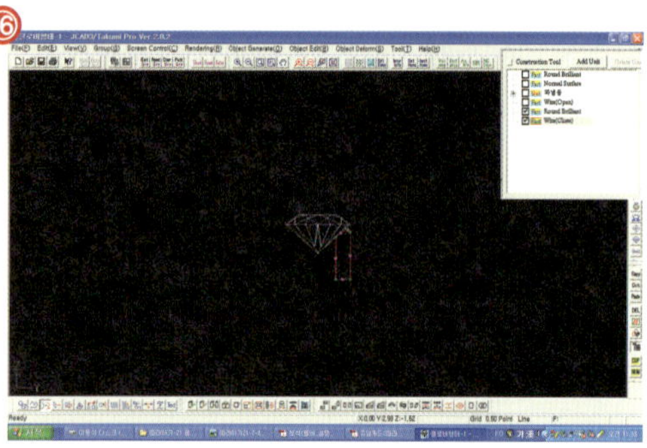

(18) Screen Range 클릭 ⇔ YZ-Plane 클릭 ⇔ Zoom In을 여섯 번 클릭하여 화면을 적당한 크기로 늘이고 ⑯과 같이 shift를 적절히 사용하고 화면 하단의 마우스의 수치 값을 잘 보고 두께(Y) : 0.4 mm, 높이(Z) : 1.2 mm의 각진 단면을 그립니다.

⑰

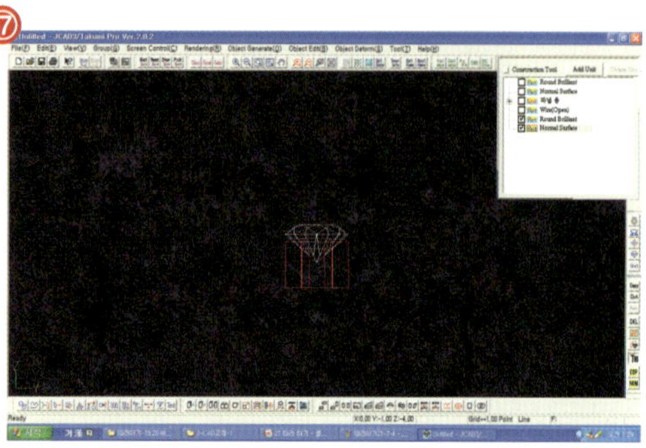

(19) 중심점을 잘 잡기 위하여 Bind Grid 클릭 ⇔ Revolve 클릭 ⇔ Revolve Divide 창에 6을 입력하고 OK를 클릭 ⇔ ⑰과 같이 키보드의 Ctrl을 누른 상태에서 보석의 중심을 클릭 ⇔ 위나 아래로 수직으로 드래그하여 난 집을 완성하고 다시 Bind Grid 클릭하여 정점이 자유롭게 찍히게 합니다.

⑱

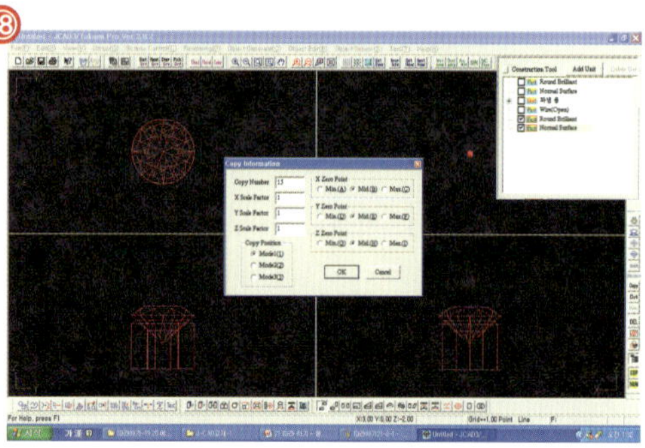

(20) Screen Range 클릭 ⇔ All-Plane 클릭 ⇔ 보석과 난 집을 함께 활성화하고 Copy Mode와 Numeric을 클릭 ⇔ Move를 클릭하면 ⑱과 같이 Copy Information 창이 나오는데 Copy Number 칸에 15를 입력하고 OK를 클릭합니다.

⑲

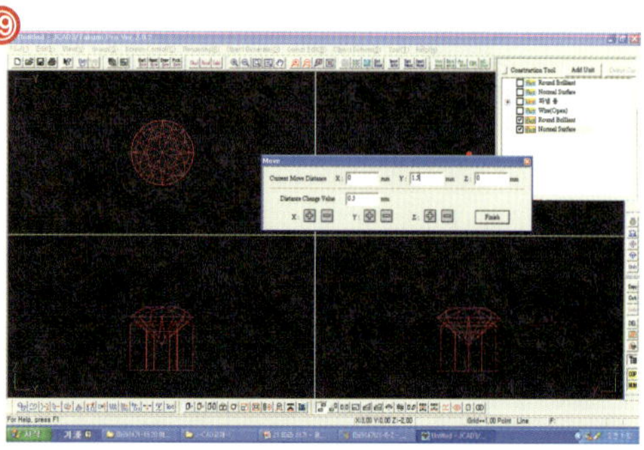

(21) 이어서 ⑲와 같이 Move의 입력 상자가 나오면 Y축에 1.5를 입력하고 Finish를 클릭합니다.

⑳
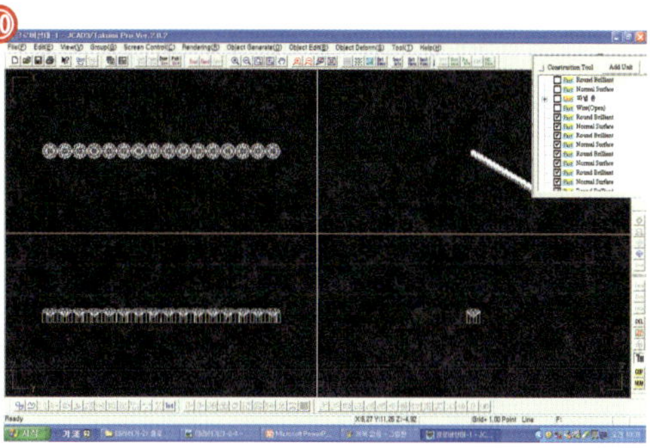

(22) Auto Zoom 클릭 ⇔ ⑳과 같이 Y축으로 보석의 중심과 보석의 중심이 1.5 mm씩의 간격으로 처음에 있던 하얀색의 1개를 제외한 빨간색으로 15개가 복사되는 것을 확인할 수 있는데 오른쪽 마우스를 클릭하여 명령 종료하고 왼쪽 마우스를 클릭하여 모든 물체들을 비활성화합니다.

㉑
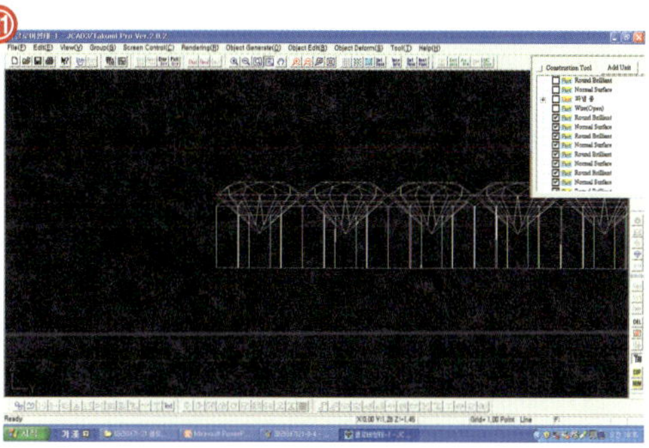

(23) 보석의 발을 만들기 위해서 Screen Range 클릭 ⇔ YZ-Plane 클릭 ⇔ ㉑과 같이 왼쪽 두 개만 Zoom box 클릭 ⇔ 원하는 부분을 클릭 드래그하여 확대합니다.

(24) Numeric을 클릭 ⇔ Primitive 클릭 ⇔ Select Primitive 창이 나오면 Cylinder 클릭 ⇔ Size 창이 나오면 X : 0.6, Y : 0.6, Z : 1.5 입력 후 OK를 클릭 ⇔ Move 클릭 ⇔ 그려진 Cylinder를 ㉒와 같이 보석과 보석의 사이로 이동한 후 난 집의 하단에 Cylinder의 하단을 높이가 같게 맞추고 오른쪽 마우스를 눌러 명령을 종료합니다.

㉒
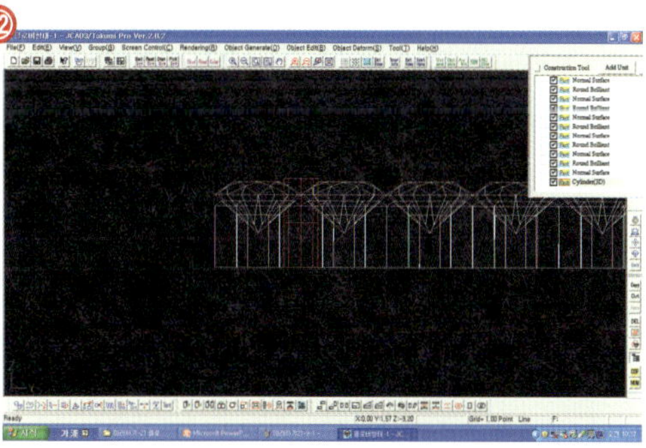

(25) Cylinder를 키보드의 F5를 누르고 Line Move를 클릭 ⇔ 키보드의 Shift를 누른 상태에서 맨 위의 녹색 정점을 왼쪽 마우스로 클릭 ⇔ Cylinder의 상단 부분이 둥글게 하고 오른쪽 마우스를 클릭합니다.

㉓
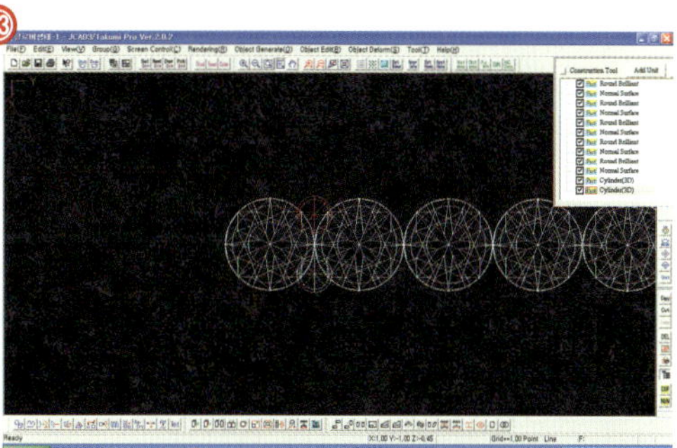

(26) Screen Range 클릭 ⇔ XY-Plane 클릭 ⇔ Move 클릭 ⇔ Cylinder를 보석과 보석의 사이의 아래 부분에 맞추고 Bind Grid 클릭 ⇔ Copy Mode를 클릭 ⇔ Mirror를 클릭 ⇔ 보석의 중심을 클릭 ⇔ 키보드의 Ctrl을 누른 상태에서 좌 또는 우로 드래그하여 ㉓과 같이 Cylinder를 상하로 대

㉔
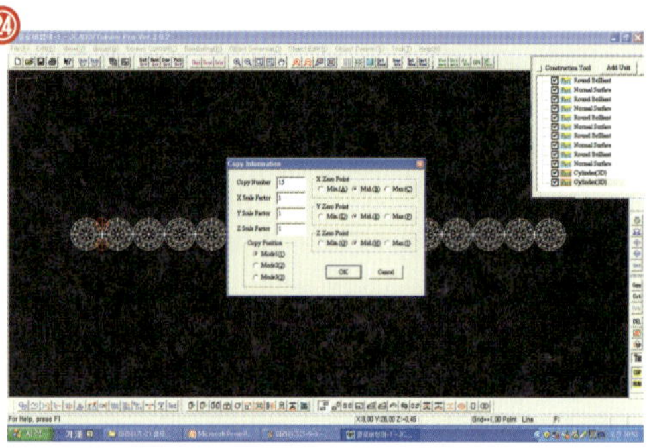

칭 복사하고 오른쪽 마우스를 클릭하여 명령을 종료합니다.

(27) Auto Zoom 클릭 ⇔ Cylinder 두 개를 활성화하고 Copy Mode와 Numeric을 클릭 ⇔ Move를 클릭 ⇔ ㉔와 같이 Copy Information 창에 Copy Number에 15를 입력하고 OK를 클릭합니다.

㉕
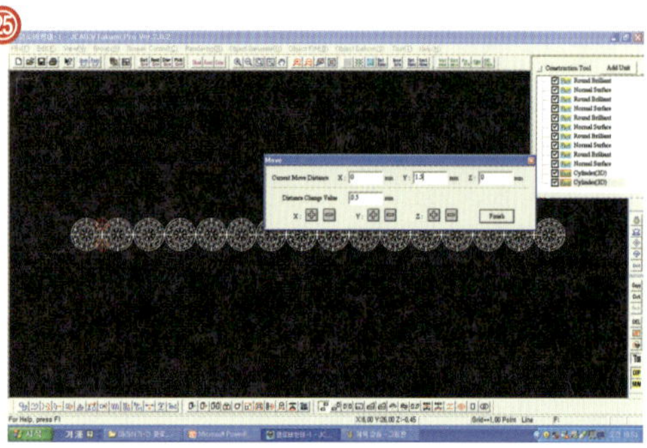

(28) ㉕와 같이 Move 창이 나오고 Y축에 1.5를 입력하고 Finish를 클릭합니다.

㉖
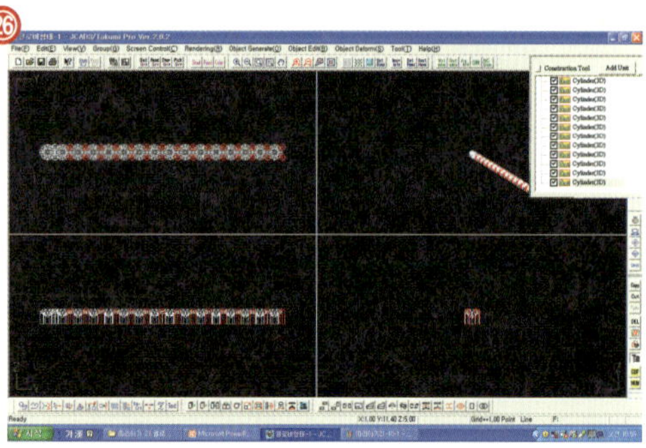

(29) Screen Range 클릭 ⇔ All-Plane 클릭 ⇔ Auto Zoom 클릭 ⇔ ㉖과 같이 보석과 보석 사이에 Cylinder들이 복사되는 것을 확인할 수 있습니다.

㉗
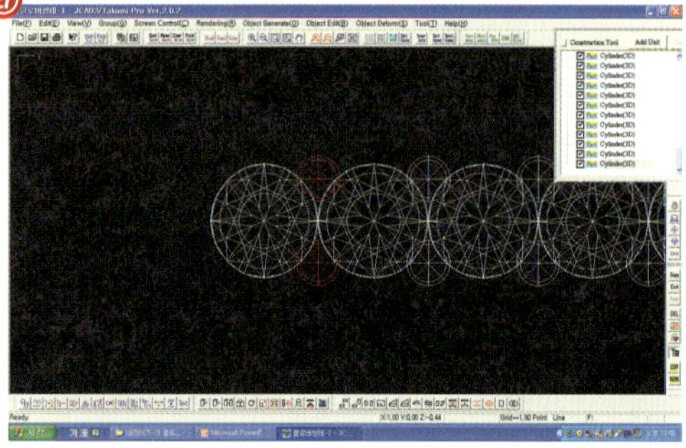

(30) Screen Range 클릭 ⇔ XY-Plane 클릭 ⇔ XY -Plane에서 Zoom box 클릭 ⇔ ㉗과 같이 왼쪽 세 개의 보석만 클릭 드래그하여 확대하고 화면에 오른쪽 마우스를 클릭 ⇔ 가장 왼쪽에 있는 보석의 왼쪽에 발을 복사해 넣기 위해 오른쪽의 발 2개를 클릭 드래그하여 활성화합니다.

㉘

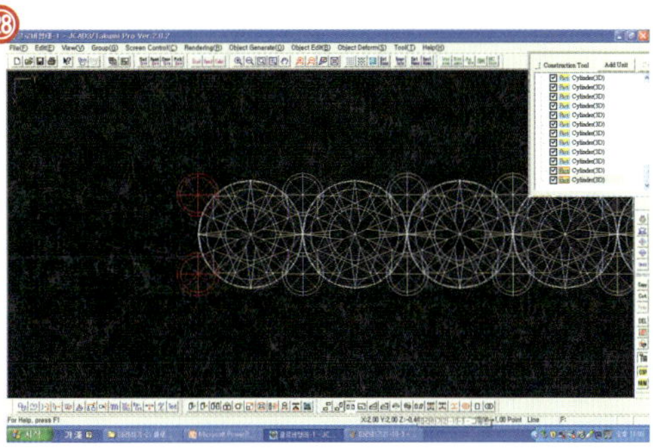

(31) 화면 하단에 Bind Grid 표시인 * 표시가 되어 있는지 확인 후 Copy Mode를 클릭 ⇔ Mirror를 클릭 ⇔ 왼쪽 끝에 있는 보석의 중심을 기준점으로 클릭한 상태로 상 또는 하로 드래그하면 ㉘과 같이 보석의 두 개의 발이 대칭 복사 후에 다시 Bind Grid를 클릭하여 자유롭게 정점을 찍을 수 있게 합니다.

㉙

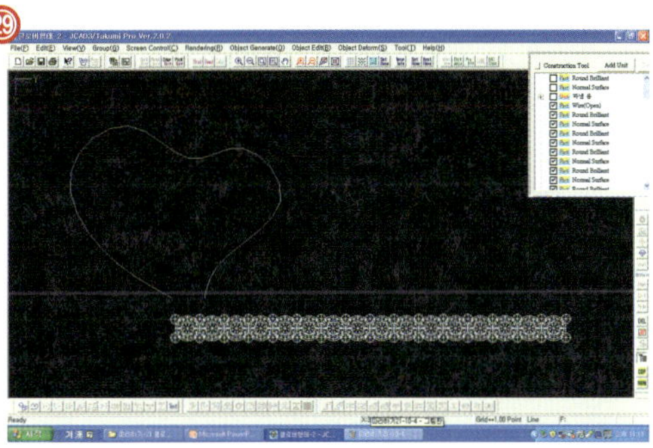

(32) 화면에 오른쪽 마우스를 클릭 ⇔ 화면에 왼쪽 마우스를 클릭하여 모두 비활성화 ⇔ Construction Tool 창에서 오른편 박스를 클릭하고 제일 위로 드래그하여 ㉙와 같이 네 번째 Part Wire(Open)의 체크 상자를 클릭하여 숨겼던 Wire(Heart 모양)를 화면에 보이게 하고 Auto Zoom 클릭 ⇔ 선을 왼쪽 마우스로 클릭하여 활성화하고 Numeric 클릭 ⇔ Scale 클릭 ⇔ Change Size 창에 X: 7.2, Y: 9.4를 입력하고 Finish 클릭하여 선의 크기를 맞춥니다.

㉚

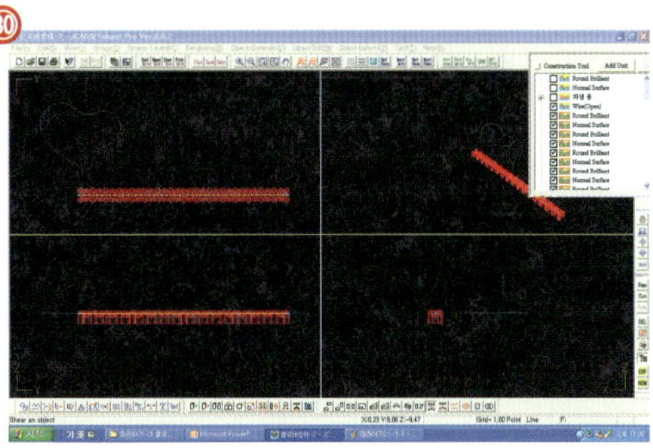

(33) Screen Range 클릭 ⇔ All-Plane 클릭 ⇔ Auto Zoom 클릭 ⇔ Base Wire Edit를 클릭 ⇔ 복사된 보석과 난 집과 발들을 모두 활성화하고 다시 Base Wire Edit를 클릭 ⇔ 복사된 보석들의 중앙 끝에서 끝까지 Ctrl과 함께 클릭 드래그하면 ㉚과 같이 양쪽에 파란 점이 나타나고 파란 점을 잇는 노란 선이 나타나는데 이 노란 선의 파란 점을 Ctrl과 함께 클릭 드래그하여 보석의 거들에 맞춥니다.

㉛
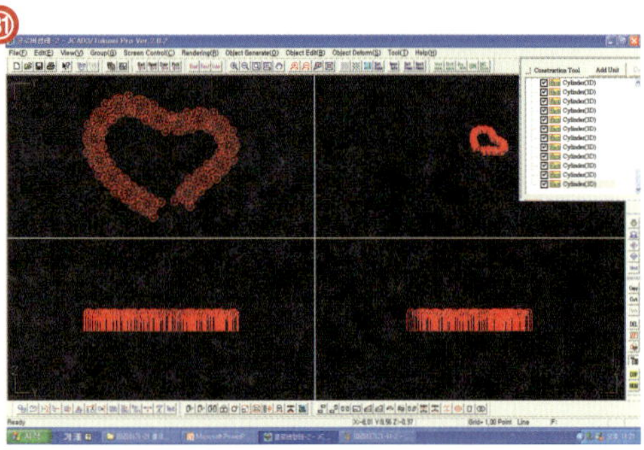

(34) 오른쪽 마우스를 클릭하고 하트 선을 따라 복사된 보석들과 난 집들이 배열되는데 ⇔ Auto Zoom 클릭 ⇔ ㉛와 같이 배열된 물체들이 하트 형태에 맞게 변형 배열되는 것을 확인할 수 있습니다.

㉜
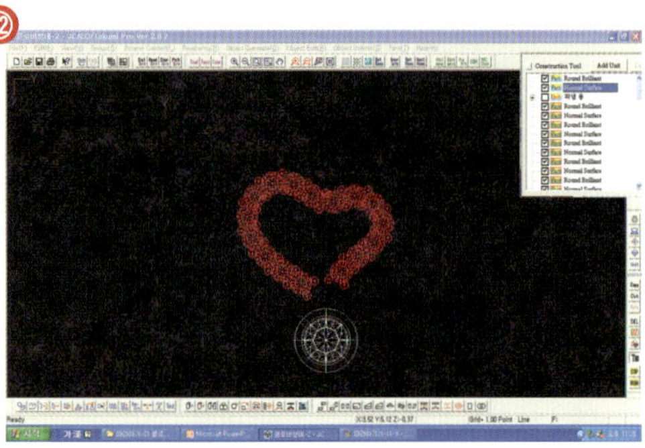

(35) Screen Range 클릭 ⇔ XY-Plane 클릭 ⇔ Construction Tool 창에서 제일 위에 ㉜와 같이 대화 창에서 숨겼던 중앙 보석과 난 집 앞에 있는 체크 상자들을 다시 클릭하여 화면에 모두 보이게 합니다.

㉝
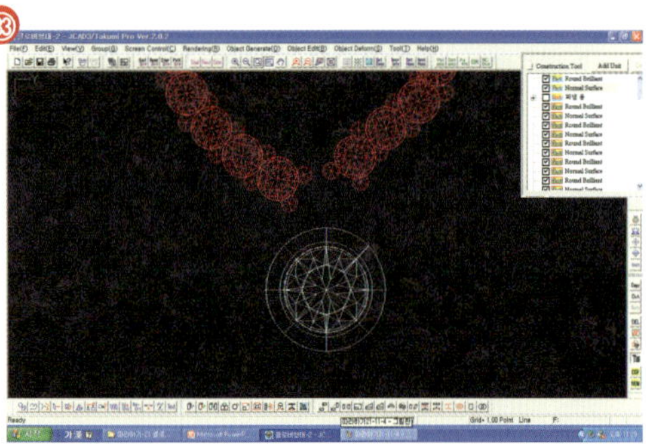

(36) Zoom Box 클릭 ⇔ ㉝과 같이 부분 확대하여 보면 하트 모양으로 배열된 난 집의 양쪽 끝 부분이 중앙 난 집과 잘 맞지 않는 것을 확인하고 오른쪽 마우스 클릭하여 명령 해제합니다.

㉞
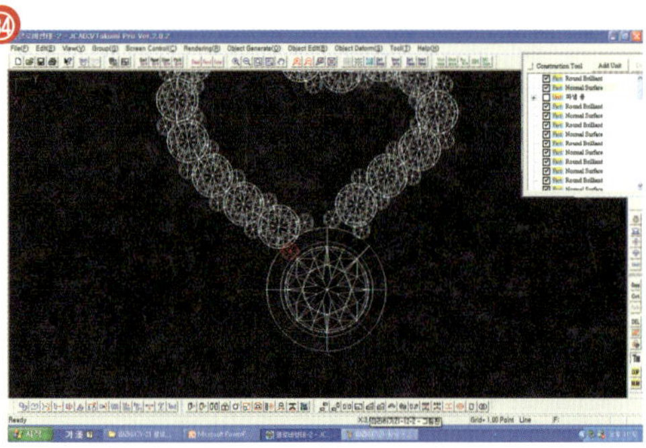

(37) 하트 모양으로 배열된 난 집들의 양쪽 끝 부분이 중앙 난 집과 잘 붙이기 위해 Move 클릭 ⇔ 중앙 난 집 가까이 붙이고 왼쪽 마우스를 클릭하여 물체들을 비활성화하고 ⇔ ㉞와 같은 중앙 난 집에 많이 겹쳐 있는 한 쪽 난 집의 발 한 개를 왼쪽 마우스로 클릭 ⇔ 활성화하여 Dell을 클릭하여 화면에서 사라지게 합니다.

(38) Screen Range 클릭 ⇔ ZX-Plane 클릭 ⇔ Auto Zoom 클릭 ⇔ Heart 모양 배열된 물체들을 모두 활성화하고 ⇔ Move 클릭 ⇔ 큰 메인 난 집 단면의 밑부분과 일직선이 되게 키보드의 Ctrl을 누른 상태에서

㉟
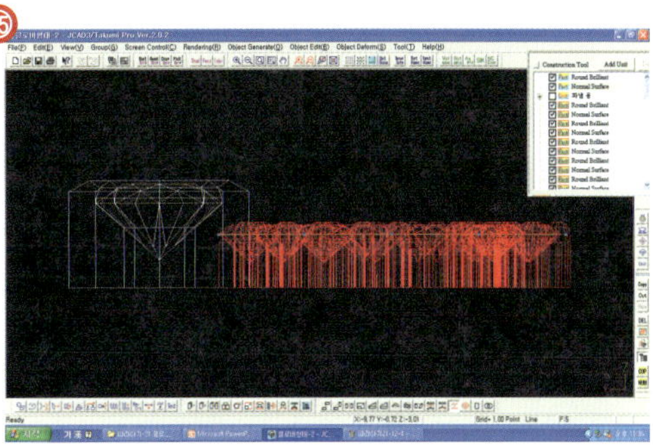

이동시키고 오른쪽 마우스를 클릭하여 명령을 종료합니다.

(39) F5(보석들의 간격을 일정하게 유지하기 위해서)를 누르고 Base Line Edit를 클릭 ⇔ ㉟와 같이 활성화된 멜레보석들의 거들 높이를 왼쪽 끝에서부터 오른쪽 끝까지 클릭 드래그(키보드의 Ctrl을 상태에서 클릭 드래그하면 직선으로 그려집니다.) 하면 5개의 파란색 점이 나타납니다.

㊱
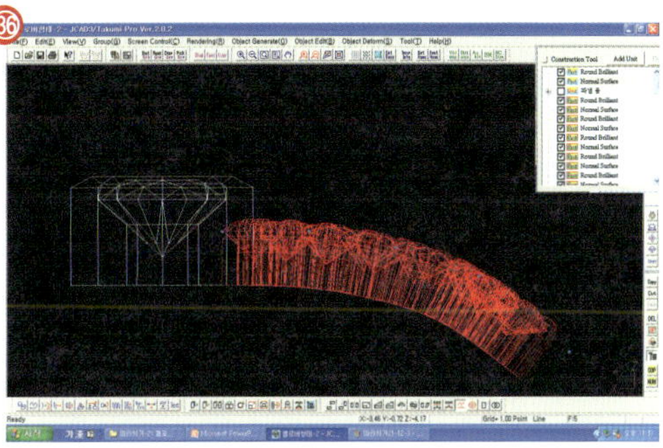

(40) 이 5개의 파란 점 중에 오른쪽 점들을 하나씩 클릭 드래그하여 ㊱과 같이 원하는 곡선의 형태로 물체를 변형시키고 오른쪽 마우스를 클릭하여 완료합니다.

㊲
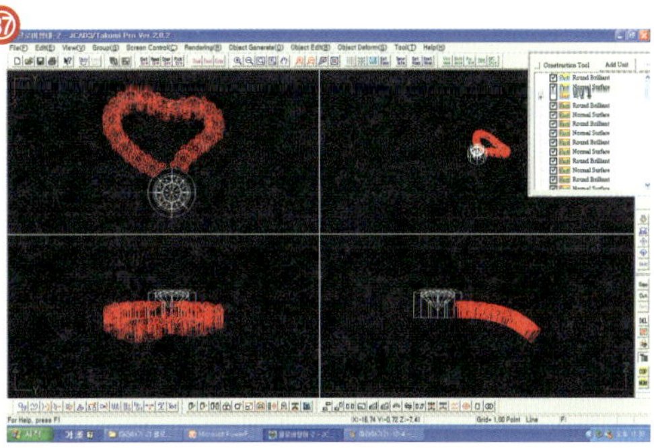

(41) Screen Range 클릭 ⇔ All -Plane 클릭 ⇔ Auto Zoom 클릭 ⇔ ㊲과 같이 배열된 보석들과 중앙보석이 의도한 대로 조화가 잘 됐는지 살펴봅니다.

㊳
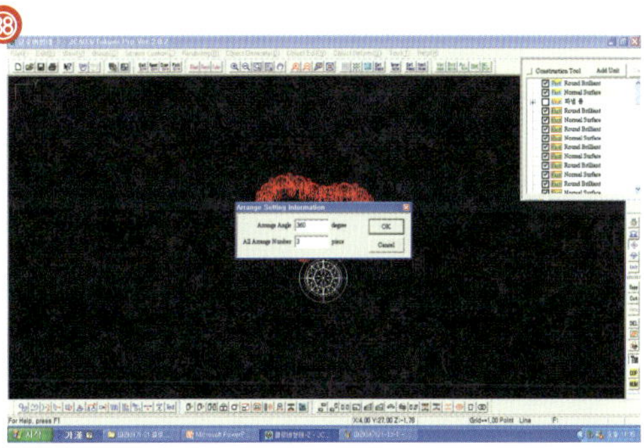

(42) Screen Range 클릭 ⇔ XY-Plane 클릭 ⇔ Bind Grid 클릭 ⇔ 하트 모양으로 배열된 보석들(Melee=1개당 0.25캐럿 이하로 절단한 소형 다이아몬드를 말합니다, Side Stone), 난 집, 발들을 복사하기 위해 Arrange Setting을 클릭 ⇔ ㊳과 같이 Arrange Angle : 360, All Arrange Number : 3을 입력하고 OK를 클릭하고 ⇔ Auto Zoom을 클릭합니다.

㊴

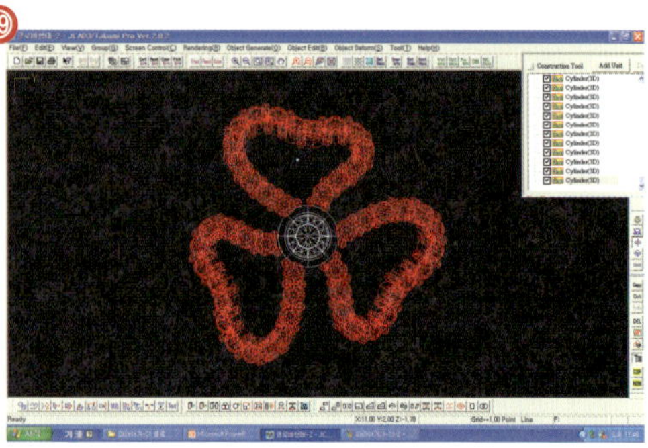

(43) 중앙보석의 중심을 기준점으로 클릭하고 ㊴와 같이 중앙보석을 중심으로 하트 모양으로 배열된 보석, 난 집, 발들이 3개로 복사되는 것을 확인할 수 있습니다.

㊵

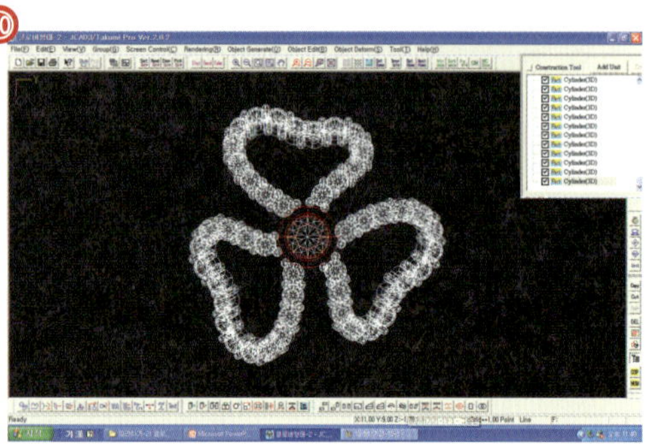

(44) 화면을 오른쪽 마우스로 클릭하여 명령을 종료하고 다시 왼쪽 마우스를 클릭하여 모두 비활성화시킨 후에 ㊵과 같이 중앙 난 집만 활성화하고 Boolean을 클릭합니다.

㊶

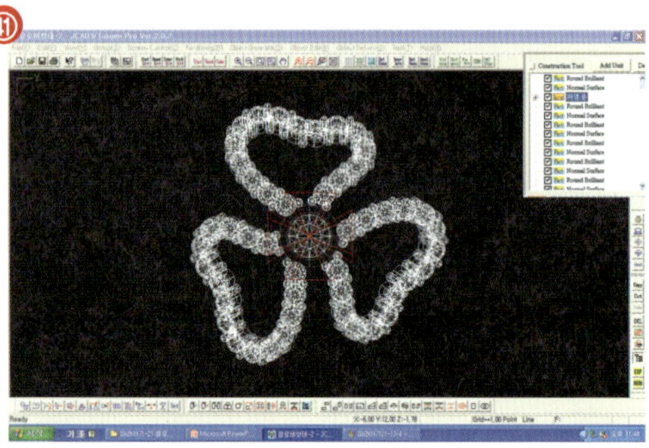

(45) Construction Tool 상자 안의 위쪽의 Unit 파냄용의 체크 상자를 다시 클릭하여 화면에 처음에 숨겼던 파냄용 물체들을 화면에 나타나게 하고 Unit 파냄용을 클릭하여 ㊶과 같이 파냄용 물체들을 활성화합니다.

㊷

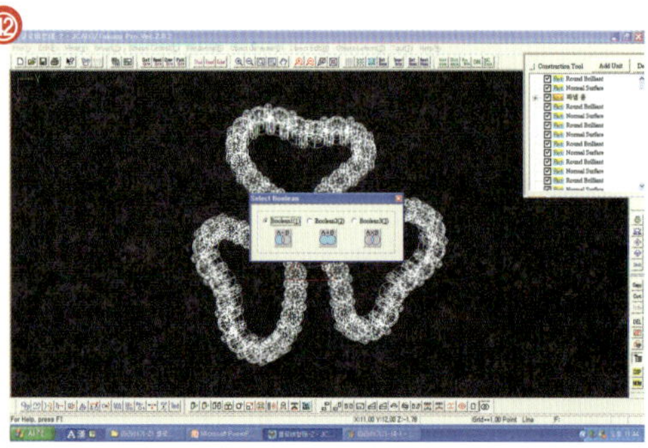

(46) 다시 Boolean을 클릭 ⇔ ㊷와 같이 Select Boolean 창에서 Boolean1을 선택하고 OK를 클릭합니다.

㊸

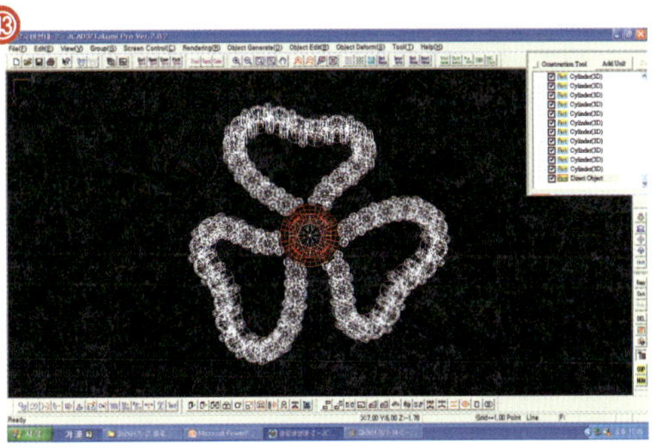

(47) 중앙 난 집에서 파냄용 물체들이 빠지는 것을 ㊸과 같이 확인하고 오른쪽 마우스로 명령을 종료하고 왼쪽 마우스로 모든 물체들을 비활성화합니다.

㊹

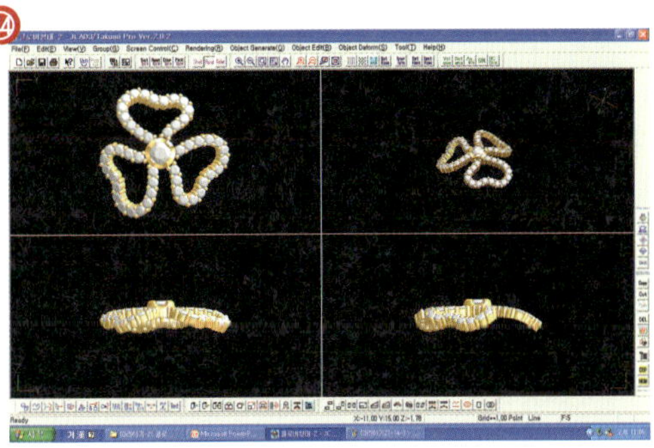

(48) Construction Tool 상자의 왼쪽 편 제일 위의 사각박스를 클릭하여 화면에서 Construction Tool 상자를 사라지게 하고 ⇔ Screen Range 클릭 ⇔ All-Plane 클릭 ⇔ Auto Zoom 클릭하고 ⇔ F5를 누르고 ⇔ Rendering을 클릭하면 ㊹와 같이 All Plane에서 0.1CT 중심의 멜래 클로버 형태 돌림을 보실 수 있습니다.

22 Main Oval Brilliant 이중 Melee 돌림

①
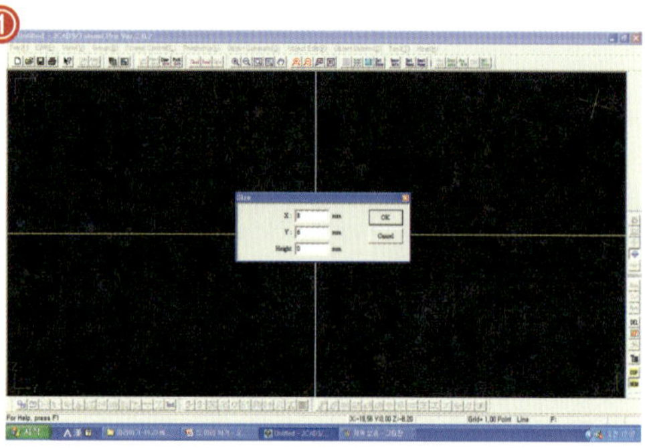

②
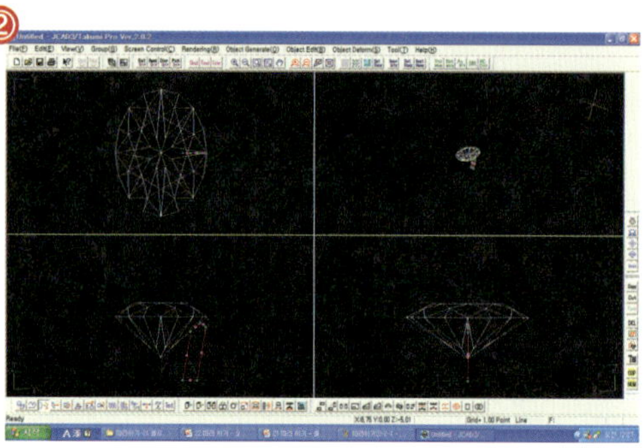

③
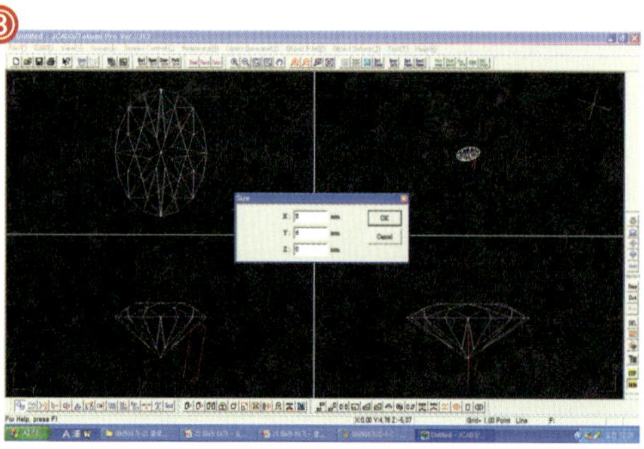

(1) Grid Interval 클릭 ⇔ Grid 간격 1로 정하고 ⇔ Show Grid 클릭 ⇔ Set Base Point/Line 클릭 ⇔ 중심 값을 정하고 Save Home Position 클릭 ⇔ 기본 화면을 저장합니다.

(2) Numeric을 클릭 ⇔ Gem을 클릭 ⇔ ①과 같이 Select Gem 창에서 ⊙ Oval Brilliant 클릭 ⇔ Size 창에서 X : 8, Y : 6을 입력하고 OK를 클릭하여 오벌 형태의 보석을 그립니다.

(3) Zoom In을 3번 클릭하여 적절한 크기로 화면을 조절하고 Wire 클릭 ⇔ Close Wire 선택 ⇔ YZ-Plane 오른편에 ②와 같이 Shift와 함께 각진 두께 : 1 mm, 높이 : 3.5 mm의 오벌 난 집의 단면을 약간 경사지게 그립니다.

(4) Numeric을 클릭 ⇔ Primitive 클릭 ⇔ Select Primitive 창에서 ⊙ Circle를 클릭하면 ⇔ Size 창에 보석 크기와 같은 X : 8, Y : 6을 입력하고 OK를 클릭하면 ⇔ ③과 같이 화면에 입력한 수치만큼의 타원이 나타납니다.

④

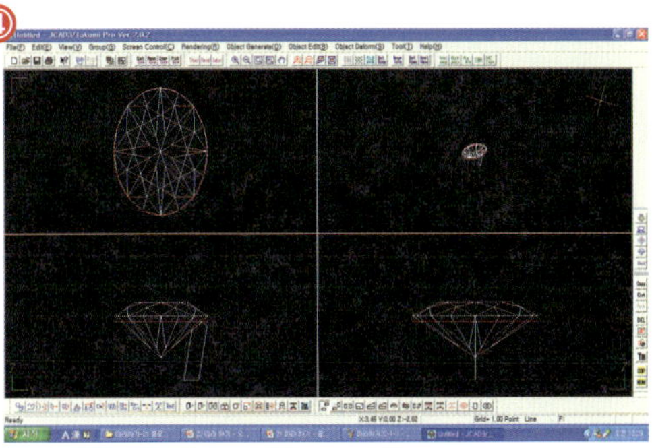

(5) Move를 클릭 ⇔ 마우스를 잡지 않은 다른 손으로 키보드의 Ctrl을 누른 상태에서 ⇔ ④와 같이 오벌 난 집 단면의 가장 위쪽 정점까지 타원을 아래로 왼쪽 마우스로 클릭 드래그하여 높이를 맞추고 화면에 오른쪽 마우스를 클릭하여 Move 명령을 종료합니다.

⑤

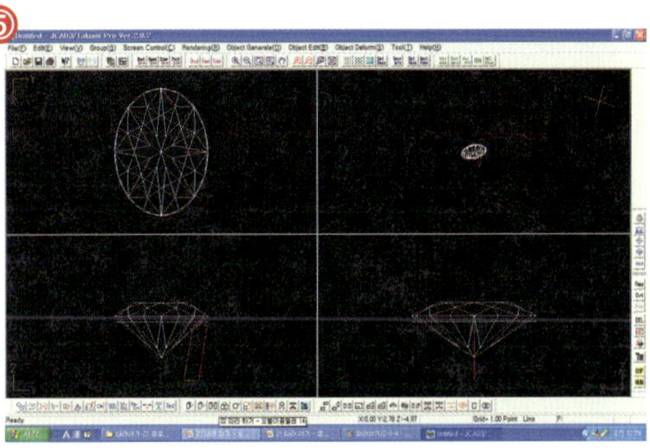

(6) 오벌 난 집 단면을 왼쪽 마우스로 클릭하여 ⑤와 같이 활성화시킵니다.

⑥

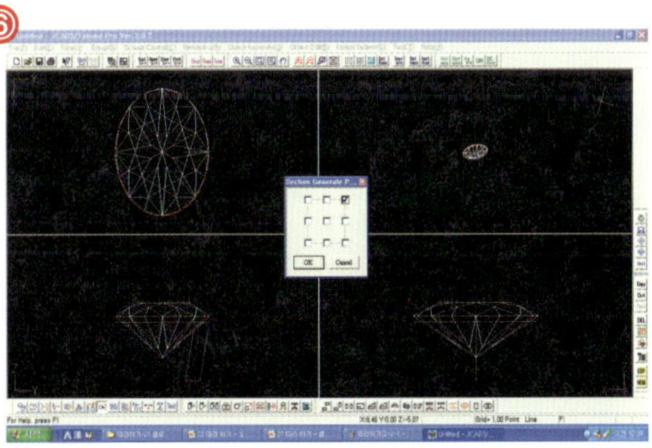

(7) Wire Combine을 클릭하면 ⇔ 오벌 난 집 단면이 회색으로 변하고 이번에는 ⑥과 같이 오벌 형태의 타원을 왼쪽 마우스로 클릭하고(클릭이 잘 안 되면 전체를 클릭 드래그하여 활성화하고 키보드의 Shift를 누른 상태에서 원하지 않는 부분들을 클릭하여 비활성화시키고 타원을 활성화합니다). ⇔ Wire Combine을 다시 클릭하면 ⇔ Section Generate 창에서 오른편 상단 클릭하고 ⇔ OK를 클릭합니다.

⑦

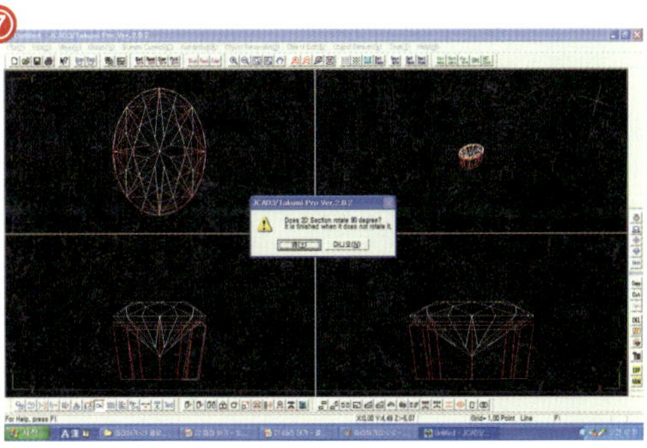

(8) 단면이 물체화 되면서 ⇔ ⑦과 같이 단면의 90° 회전 여부를 묻는 질문 상자가 나오는데 ⇔ '아니오' 를 클릭합니다.

⑧
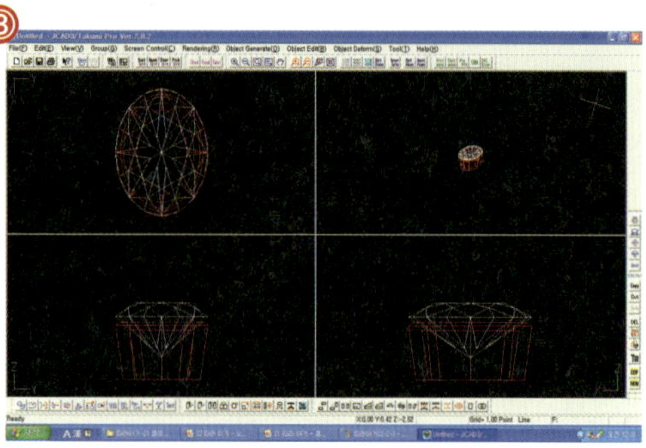

(9) 오벌 난 집을 ⑧과 같이 완성합니다.

⑨
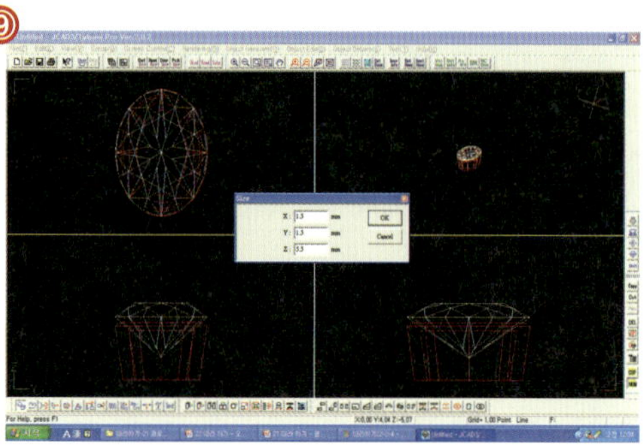

(10) 발을 만들기 위해 ⑨와 같이 Numeric을 클릭 ⇔ Primitive 클릭 ⇔ Select Primitive 창이 나오면 Cylinder 클릭 ⇔ Size 창이 나오면 X : 1.5, Y : 1.5, Z : 5.5 입력 후 OK를 클릭합니다.

⑩
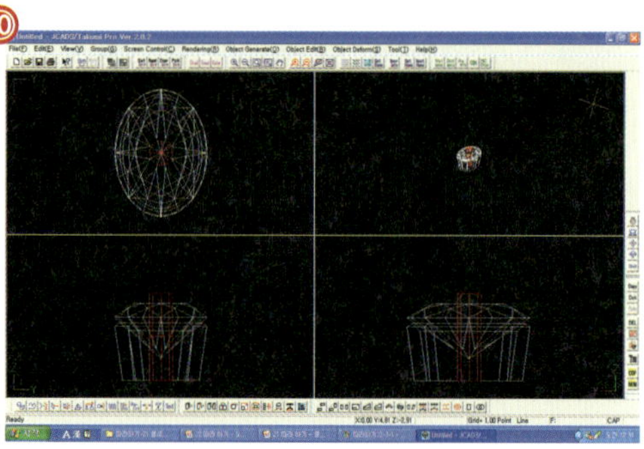

(11) Move 클릭 ⇔ 그려진 Cylinder를 ⑩과 같이 난 집의 하단에 Cylinder의 하단을 높이가 같게 키보드의 Ctrl을 누른 상태에서 이동하여 맞추고 오른쪽 마우스를 눌러 Move 명령을 종료합니다.

⑪
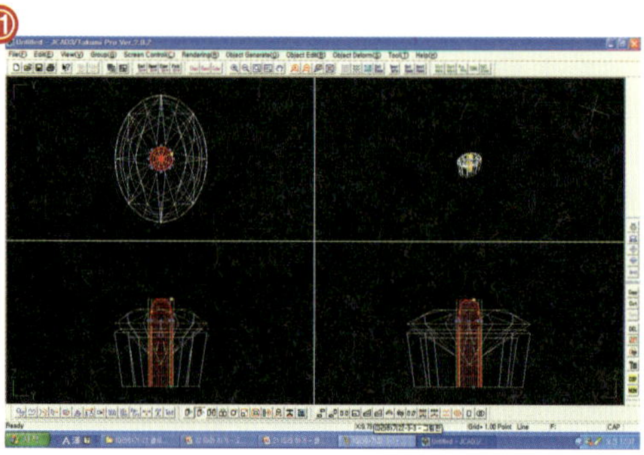

(12) 키보드의 F5를 누르고 Line Move를 클릭 ⇔ 키보드의 Shift를 누른 상태에서 ⑪과 같이 맨 위의 녹색 정점을 왼쪽 마우스로 클릭합니다.

⑫
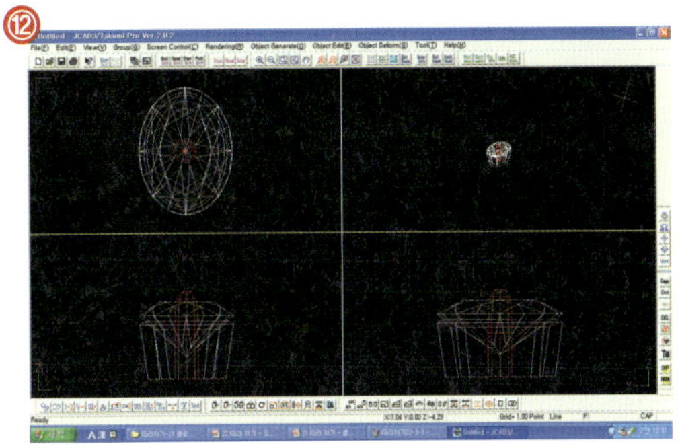

(13) Cylinder의 상단 부분이 ⑫와 같이 둥글게 변형되어 난 집에 필요한 발 형태가 된 것을 확인 후 화면에 오른쪽 마우스를 클릭하여 명령을 종료합니다.

⑬
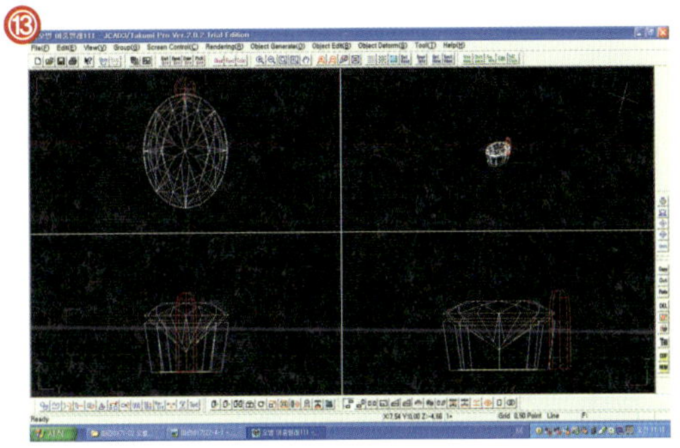

(14) ZX-Plane에서 볼때 발을 ⑬과 같이 보석에 약간(3분의 1 정도) 물려진 형태가 되도록 Move를 클릭 ⇔ 발을 클릭 드래그하여 난 집의 오른쪽으로 이동하고 오른쪽 마우스를 클릭하여 명령을 종료합니다.

⑭
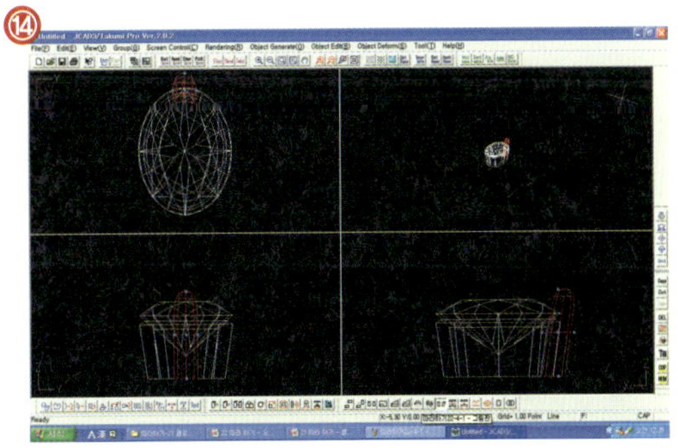

(15) ZX-Plane에서 볼때 ⑭와 같이 Shear를 클릭하면 발 형태에 파란 점이 5개 나오는데 제일 밑에 있는 파란 점을 클릭 드래그하여 난 집의 기울기만큼 기울이고 오른쪽 마우스를 클릭하여 명령을 종료합니다.

⑮
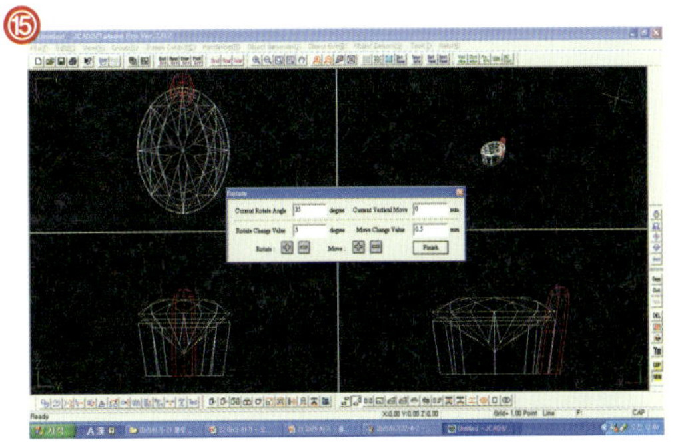

(16) Numeric을 먼저 클릭 ⇔ Rotate를 클릭하고 XY-Plane에서 보석의 중심에 클릭하면 ⑮와 같이 Rotate 창이 보이며 Current Rotate Angle : 35를 입력하고 Finish를 클릭하여 발을 이동 회전시킨 후 오른쪽 마우스를 클릭하여 명령을 종료합니다.

⑯

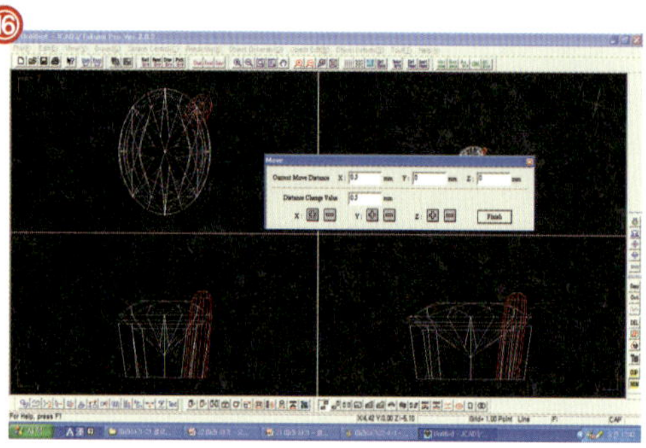

(17) Numeric을 다시 클릭 ⇔ Move를 클릭하면 Move 창이 보이는데 Current Move Distance의 X칸에 0.5를 입력하고 Finish를 클릭하여 ⑯과 같이 발을 이동하고 오른쪽 마우스를 클릭하여 명령을 종료합니다.

⑰

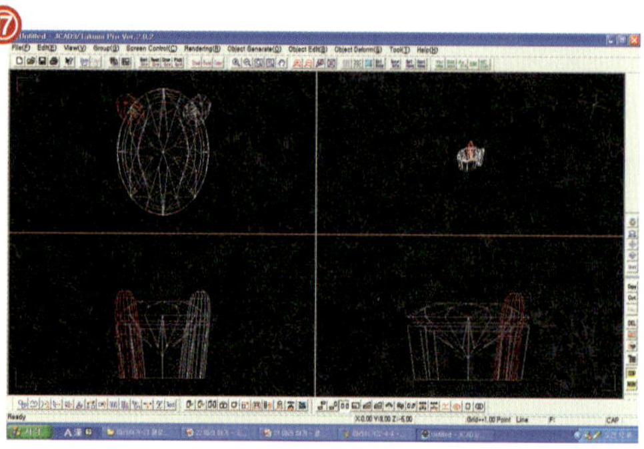

(18) Bind Grid 클릭하여 화면의 Point에 정점을 찍히게 만들고 ⇔ Copy Mode를 클릭 ⇔ Mirror를 클릭하고 XY-Plane에서 보석의 중앙을 클릭한 상태에서 상 또는 하로 드래그하여 ⑰과 같이 좌우 대칭으로 보석의 발을 복사하고 오른쪽 마우스를 클릭하여 명령을 종료합니다.

⑱

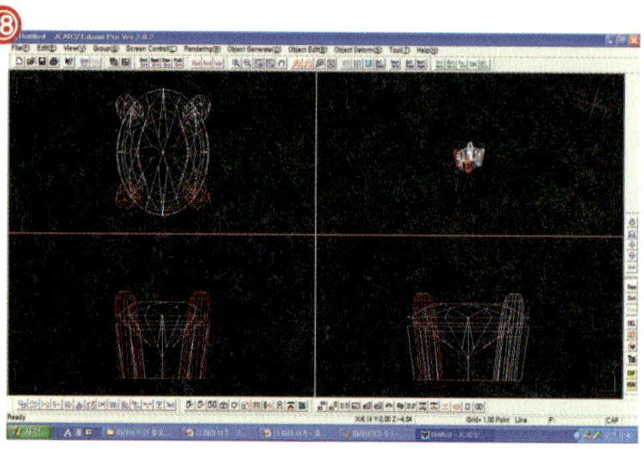

(19) 두 발을 왼쪽 마우스로 클릭 드래그하여 활성화시킨 후 ⇔ 다시 Copy Mode를 클릭 ⇔ Mirror를 클릭하고 XY-Plane에서 보석의 중앙을 클릭한 상태에서 좌 또는 우로 드래그하여 상하 대칭으로 ⑱과 같이 보석의 발들을 복사하여 네 발을 완성하고 오른쪽 마우스를 클릭하여 명령을 종료하며 마지막으로 Bind Grid 클릭하여 자유롭게 아무 곳이나 정점을 찍을 수 있는 상태로 풉니다.

⑲

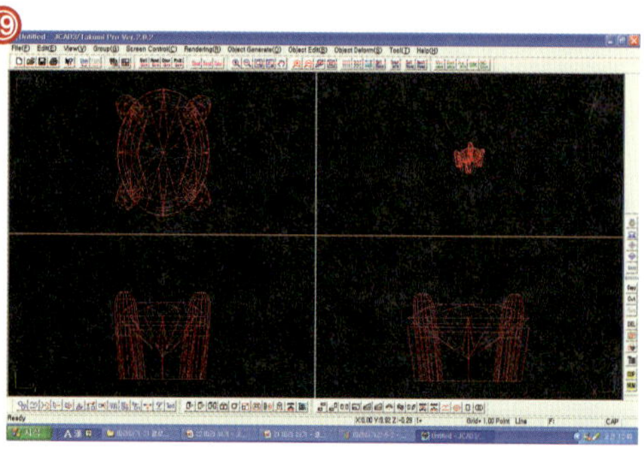

(20) ⑲와 같이 Main 보석과 난 집과 발들을 모두 활성화하고 F5를 누르고 Set Group을 실행하여 Group1로 지정합니다. 다시 F5를 누르고 Show Group을 클릭하여 화면에서 사라지게 합니다.

⑳

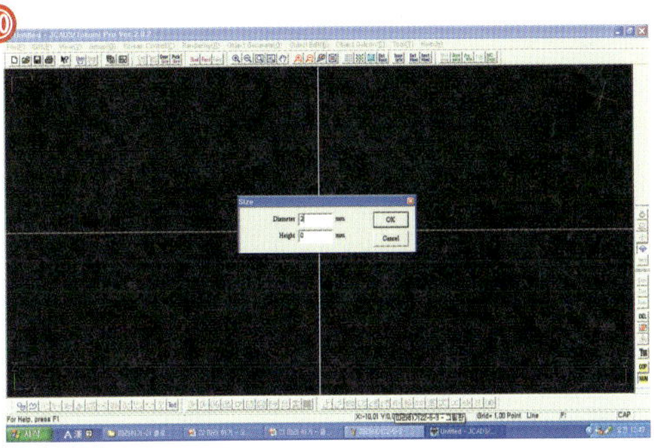

(21) Numeric을 클릭 ⇔ Gem을 클릭 ⇔ ⑳과 같이 Select Gem 창에서 ⊙ Round Brilliant 클릭 ⇔ Size 창에서 Diameter의 2를 입력하고 OK를 클릭하여 2 mm 크기의 Round Brilliant를 만듭니다.

㉑

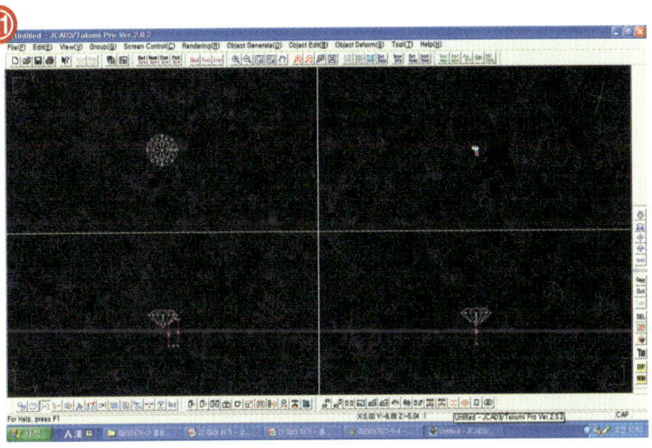

(22) Wire 클릭 ⇔ Close Wire 선택 ⇔ YZ-Plane에 ㉑과 같이 각진 두께 : 0.6 mm, 높이 : 2 mm의 라운드 난 집의 단면을 경사지지 않게 그립니다.

㉒

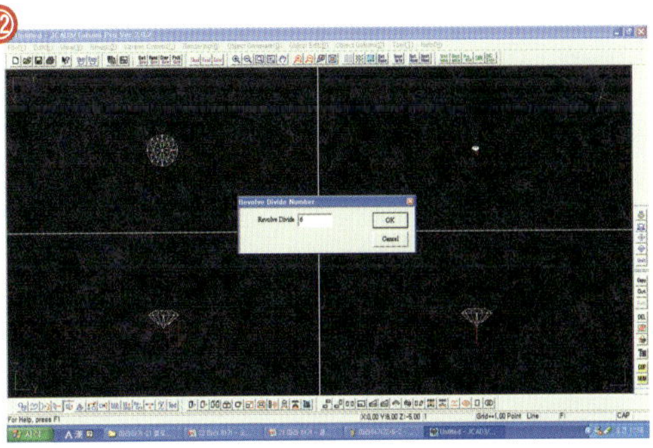

(23) Bind Grid 클릭하여 화면의 Point에 정점을 찍히게 만들고 ⇔ Revolve를 클릭 ⇔ Revolve Divide Number 창의 Revolve Divide에 6을 입력하고 OK 클릭하고 ⇔ YZ-Plane에서 보석의 중심을 클릭한 상태에서 키보드의 Ctrl과 함께 상 또는 하로 드래그 ㉒와 같이 난 집의 형태를 만들고 Bind Grid 클릭하여 정점을 자유롭게 찍을 수 있게 합니다.

㉓

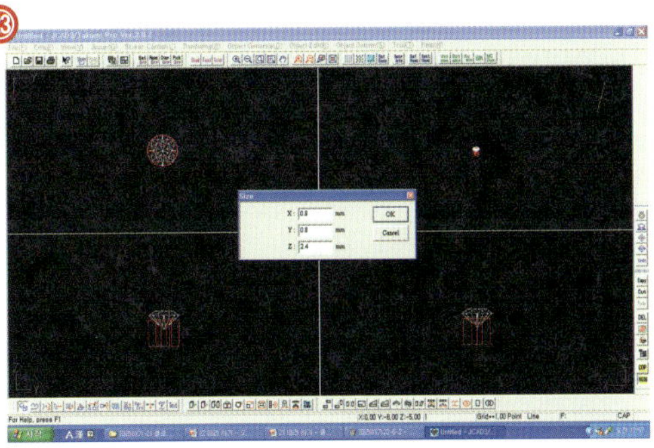

(24) 발을 만들기 위해 Numeric을 클릭 ⇔ Primitive 클릭 ⇔ Select Primitive 창이 나오면 Cylinder 클릭 ⇔ ㉓과 같이 Size 창이 나오면 X : 0.8, Y : 0.8, Z : 2.4를 입력 후 OK를 클릭하여 Cylinder를 만듭니다.

TOOL

㉔

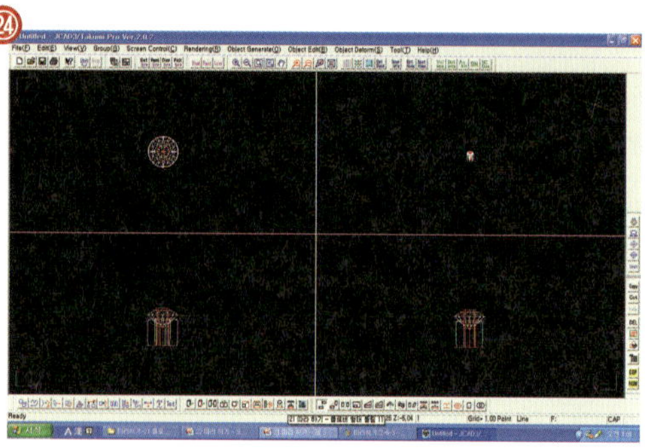

(25) Move 클릭 ⇔ 그려진 Cylinder를 ㉔와 같이 YZ-Plane에서 난 집의 하단과 Cylinder의 하단의 높이가 같게 하기 위하여 키보드의 Ctrl과 함께 누른 상태에서 아래로 이동하여 맞추고 오른쪽 마우스를 눌러 Move 명령을 종료합니다.

㉕

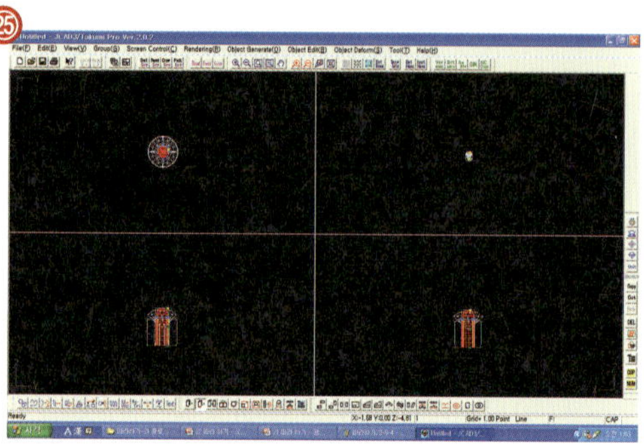

(26) 키보드의 F5를 누르고 Line Move를 클릭 ⇔ ㉕와 같이 YZ-Plane에서 Cylinder에서 가장 위의 녹색 정점을 키보드의 Shift를 누른 상태에서 왼쪽 마우스로 클릭합니다.

㉖

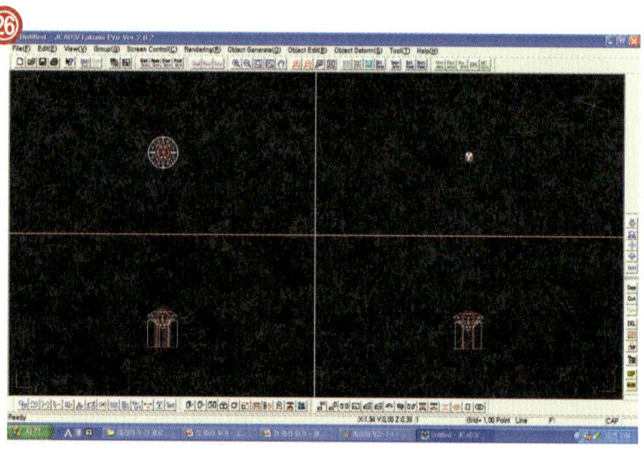

(27) Cylinder의 상단 부분이 ㉖과 같이 둥글게 변하여 보석의 발 형태가 됩니다.

㉗

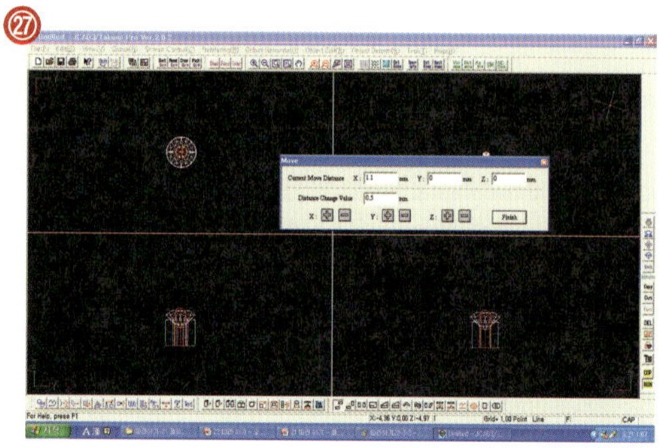

(28) Numeric을 클릭 ⇔ Move를 클릭하면 ㉗과 같이 Move 창이 뜨고 Current Move Distance 의 X칸에 1.1을 입력하고 Finish를 클릭합니다.

㉘

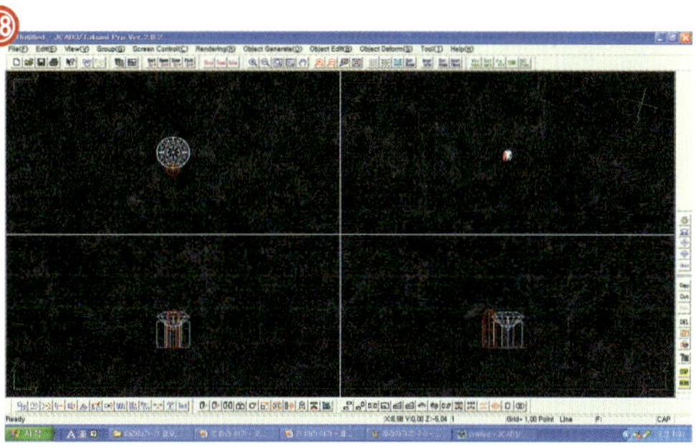

㉙

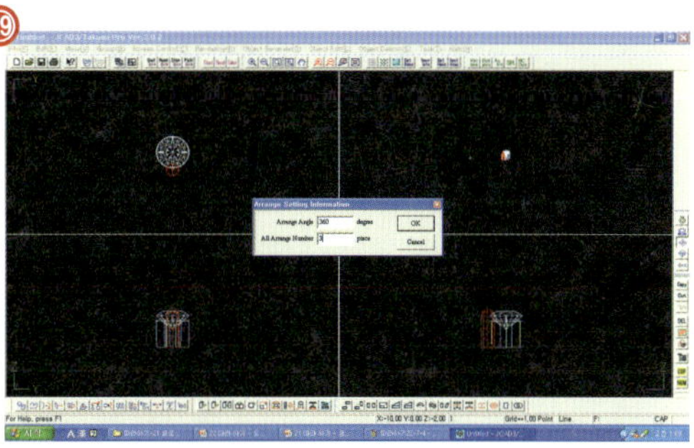

㉚

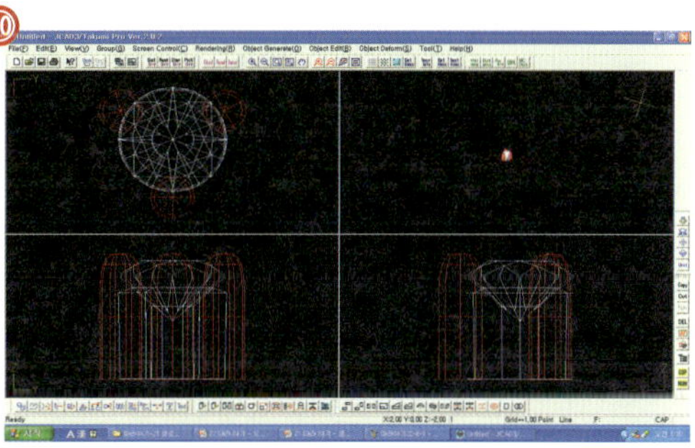

㉛

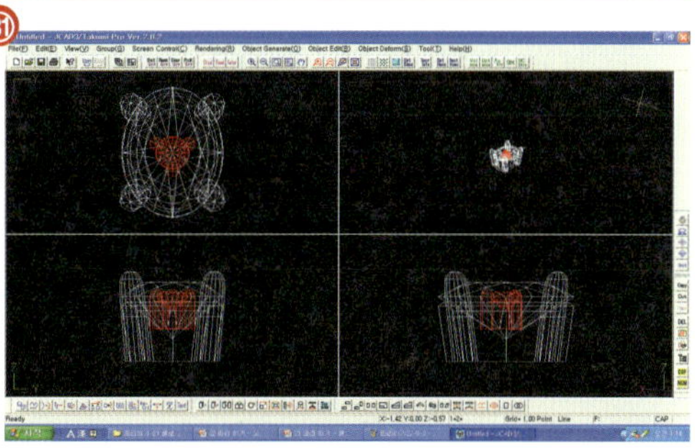

㉜

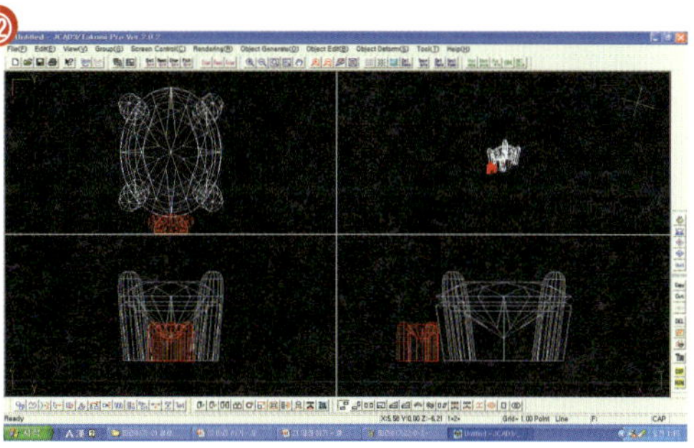

(29) XY-Plane에서 볼 때 ㉘과 같이 발이 X축으로 정확하게 1.1 mm 이동됩니다.

(30) Bind Grid를 클릭 ⇔ Arrange Setting을 클릭하고 ㉙와 같이 Arrange Setting Information 창이 나오면 All Arrange Number에 3을 입력하고 OK를 클릭합니다.

(31) XY Plane에서 보석의 중심을 클릭하여 복사하고 오른쪽 마우스를 클릭하여 명령을 종료하면 ㉚과 같이 보석의 중심을 기준으로 발이 3개 복사되어 집니다.

(32) Bind Grid 클릭하여 정점을 자유롭게 찍을 수 있게 풀어주고 ⇔ 보석과 난 집과 발을 모두 활성화하고 F6을 클릭 ⇔ Set Group을 클릭하여 Group2로 지정되면 화면 최 하단 오른편에 2* 모양으로 나타납니다.

(33) 키보드의 F5를 클릭 ⇔ Show Group을 클릭하고 Auto Zoom을 클릭하면 숨겨두었던 Main 보석과 난 집과 발들이 ㉛과 같이 화면에 보이게 되며 키보드의 F6를 클릭 ⇔ Pick Group을 클릭하여 Side Stone과 난 집과 발을 활성화합니다.

(34) Move를 클릭 ⇔ XZ-Plane에서 ㉜와 같이 Side Stone과 난 집과 발의 하단과 Main 난 집 하단의 높이를 같게 맞추고 Side Stone의 거들 부분을 Main 난 집의 옆으로 맞출 수 있도록 Ctrl을 누른 상태에서 이동하고 오른쪽 마우스를 클릭하여 명령을 종료하고 화면에 왼쪽 마우스를

㉝

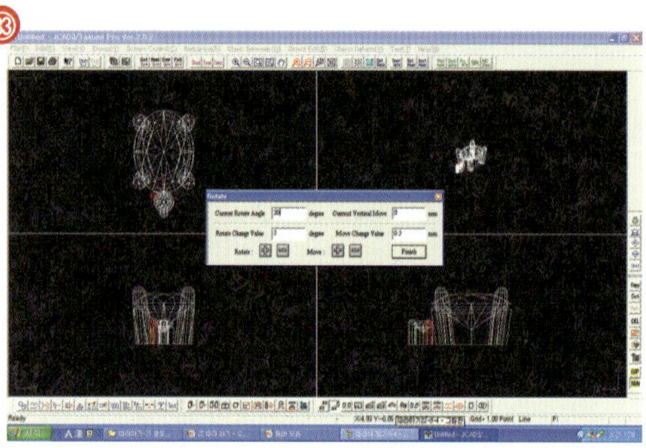

㉞

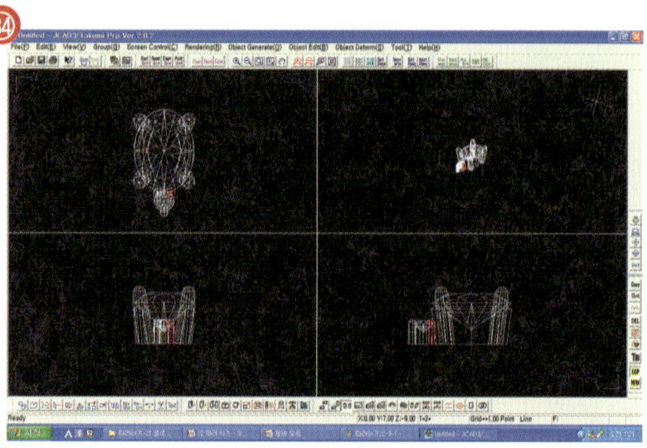

㉟

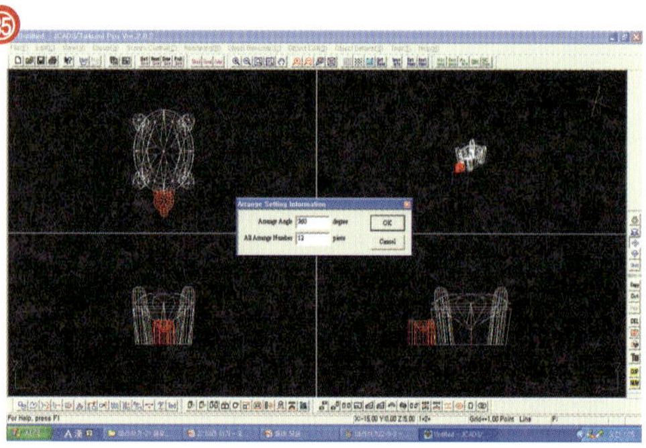

㊱

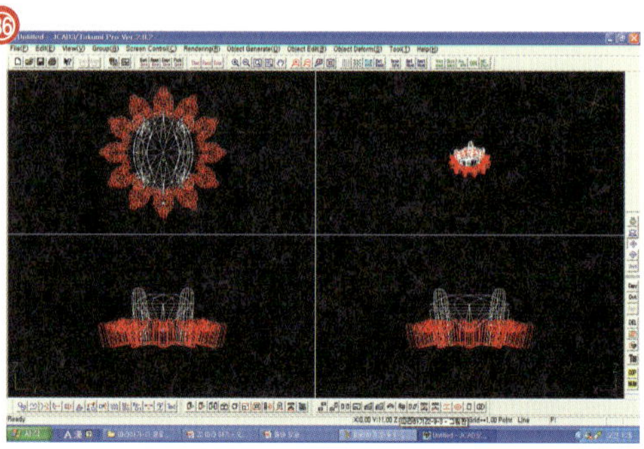

클릭하여 물체를 모두 비활성화하고 Zoom Out를 두 번 클릭하여 화면을 알맞게 맞춥니다.

(35) XY-Plane에서 Side Stone의 난 집에 붙어 있는 오른쪽 발 하나를 왼쪽 마우스로 클릭하여 활성화하고 Del을 클릭하여 지우고 ⇔ 왼쪽 발을 활성화하고 Numeric을 클릭 ⇔ Rotate를 클릭 ⇔ Side Stone의 중앙을 클릭하면 ㉝과 같이 Rotate 창이 뜨는데 Current Rotate Angle에 20을 입력하고 Finish를 클릭하여 메인 난 집에 Side Stone의 발이 닿도록 합니다.

(36) Bind Grid를 클릭 ⇔ Copy Mode를 클릭 ⇔ Mirror를 클릭한 후 XY-Plane에서 Side Stone의 중앙을 클릭하여 위 또는 아래로 드래그하면 ㉞와 같이 좌우 대칭 복사한 후 오른쪽 마우스를 클릭합니다.

(37) Side Stone과 난 집, 발들을 모두 활성화하고 Arrange Setting을 클릭 ⇔ ㉟와 같이 Arrange Setting Information 창이 뜨는데 All Arrange Number에 12를 입력하고 OK를 클릭합니다.

(38) Y-Plane에서 중앙보석의 중심을 클릭하면 ㊱과 같이 난 집과 발들이 12개 복사되면서 점들이 나타나는데 YZ-Plane에서 중앙보석의 난 집 경사보다 조금 더 경사지게 파란 점을 약간 위로 올리며 맞추고 Bind Grid를 클릭하여 정점을 자유롭게 찍을 수 있게 합니다.

㊲

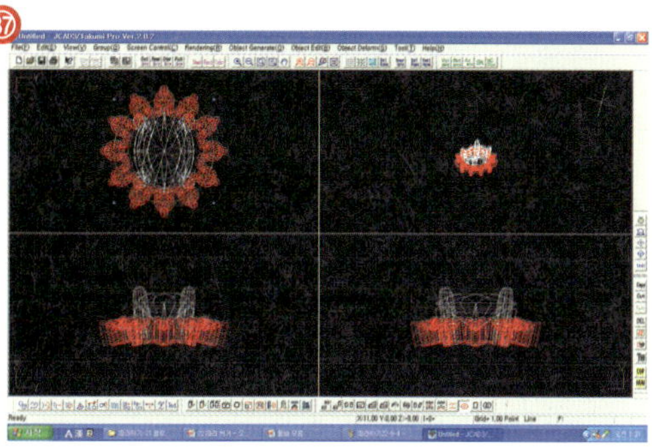

(39) Base Circle Edit을 클릭 ⇔ XY-Plane에서 화면 중앙의 위쪽에 있는 Side Stone의 중심을 클릭한 상태에서 화면 중앙의 아래쪽에 있는 Side Stone 중심까지 드래그하여 놓으면 ㊲과 같이 파란 4개의 점이 나타납니다.

㊳

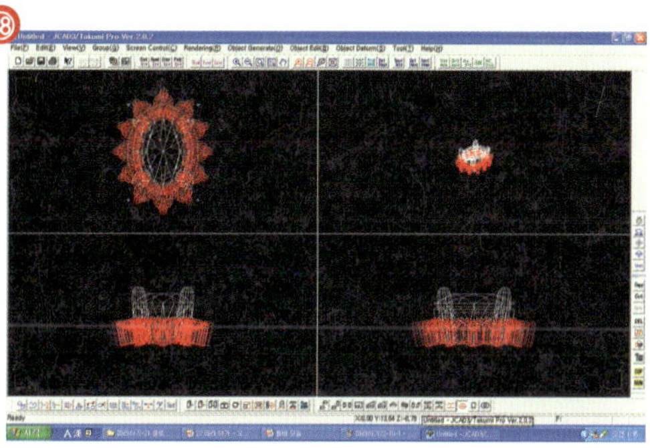

(40) 4개의 점 중에 한 점을 클릭 드래그하여 ⇔ Main 보석의 형태에 맞추어 ㊳과 같이 12개의 Main 보석과 Side Stone들이 떨어지지 않게 주의하여 Side Stone들을 타원의 형태로 변형하고 오른쪽 마우스를 클릭하여 명령을 종료합니다.

㊴

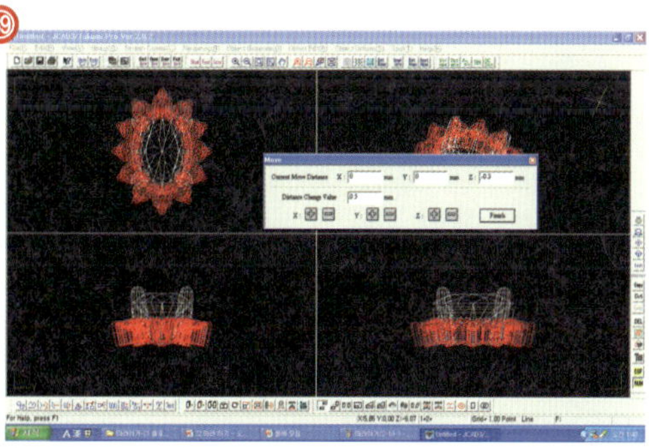

(41) Take Up 두 번 클릭하고 ⇔ Shading을 실행하여 ⇔ Perspective 화면을 보석의 뒷면으로 돌려 보면 Main 보석의 난 집과 Side Stone의 난 집들 뒷면 상태가 약간의 단 차가 있는 것을 없애기 위하여 Numeric을 클릭 ⇔ Move를 클릭하면 ㊴와 같이 Move 창이 뜨는데 Z축에 −0.3(마이너스)를 입력하고 Finish를 클릭하고 Shading을 클릭합니다.

㊵

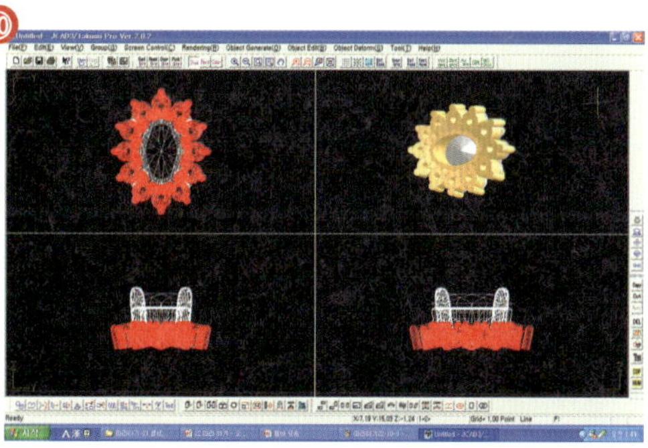

(42) Shading 되어 있는 Perspective 화면에서 중앙보석의 난 집과 Side Stone의 난 집들 뒷면 상태의 단 차가 ㊵과 같이 없어진 것을 확인하고 오른쪽 마우스를 클릭하여 명령을 종료하고 왼쪽 마우스를 클릭하여 모두를 비활성화합니다.

TOOL

㊶

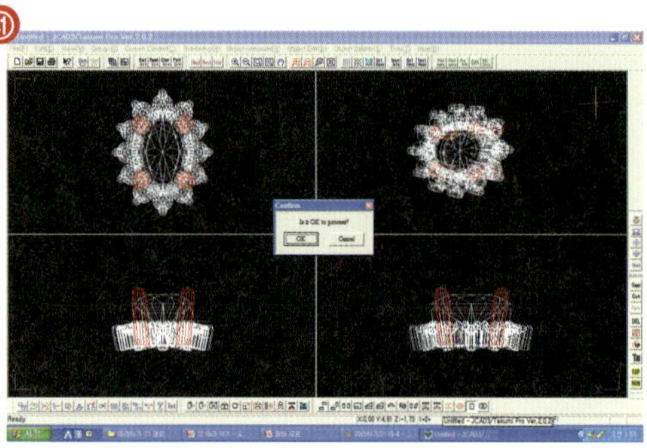

(43) 중앙보석의 네 발과 Side Stone이 겹치는 부분을 잘라내기 위하여 중앙의 네 발만을 활성화하고 Plane Cut를 클릭 ⇔ YZ-Plane에서 좌측의 Side Stone의 발 높이에 왼쪽 마우스 클릭하여 ⇔ 키보드의 Ctrl을 누른 상태에서 우측으로 드래그 수평 이동하여 우측의 Side Stone의 발 높이에서 놓으면 ⇔ ㊶과 같이 Confirm 창이 뜨는데 OK 클릭하여 자릅니다.

㊷

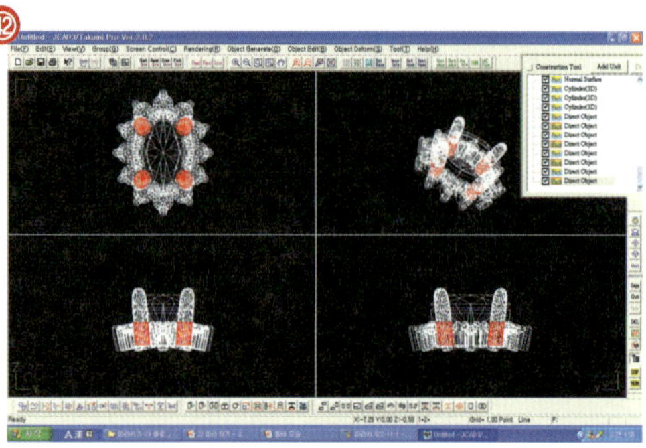

(44) Construction을 클릭 ⇔ ㊷와 같이 Construction 창에 아랫부분에서 잘려진 없애버릴 중앙의 발 아랫부분만 활성화시켜서 Dell을 클릭하여 지우고 Construction 창의 왼쪽 상단의 사각 박스를 클릭하여 닫습니다.

㊸

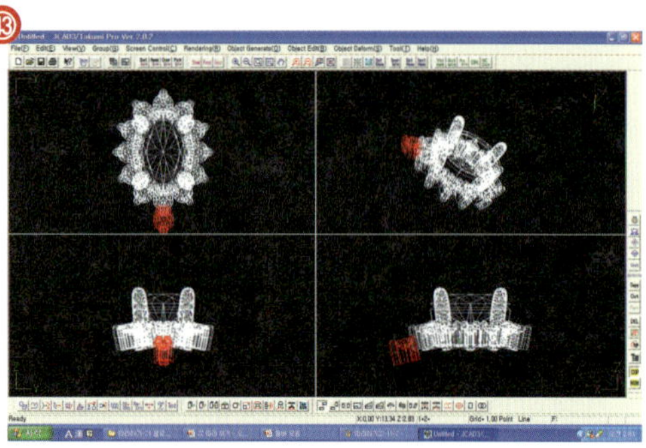

(45) XY-Plane에서 볼때 제일 밑에 있는 한 개의 Side Stone과 난 집과 세 개의 발들을 활성화한 후 Copy Mode 클릭 ⇔ Move를 클릭 ⇔ Copy Information 창의 Copy Number 1을 확인 후 OK 클릭 ⇔ ZX-Plane에서 아래로 클릭 드래그하여 왼쪽 편으로 약간 내려 이동 복사하고 ㊸과 같은 모양으로 형태를 만듭니다.

㊹

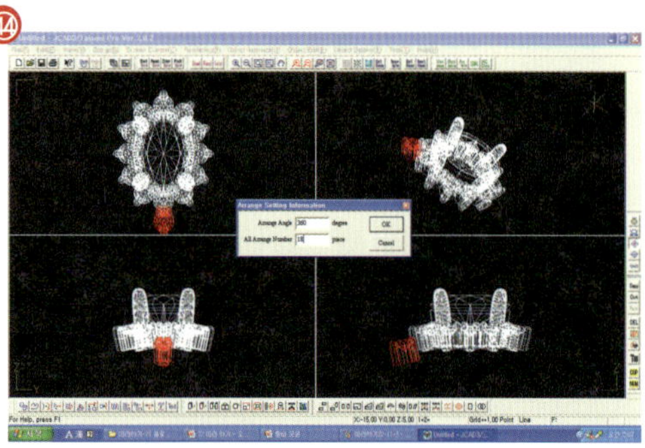

(46) Bind Grid를 클릭 ⇔ Arrange Setting을 클릭하면 Arrange Setting Information 창이 뜨는데 All Arrange Number에 18을 입력하고 OK를 클릭한 후 중앙보석의 중심을 클릭하면 ㊹와 같이 2중 Melee

㊺
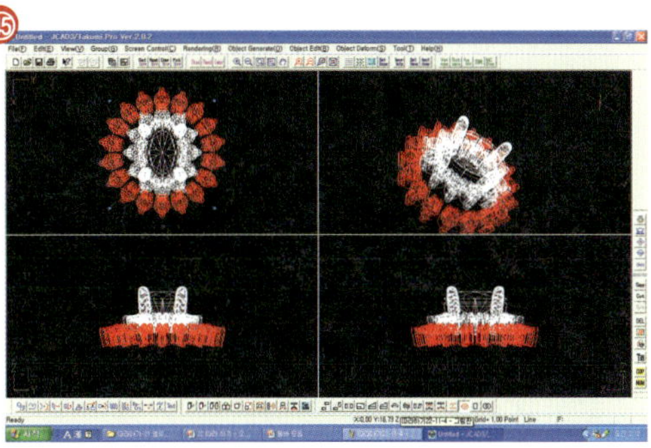

㊻
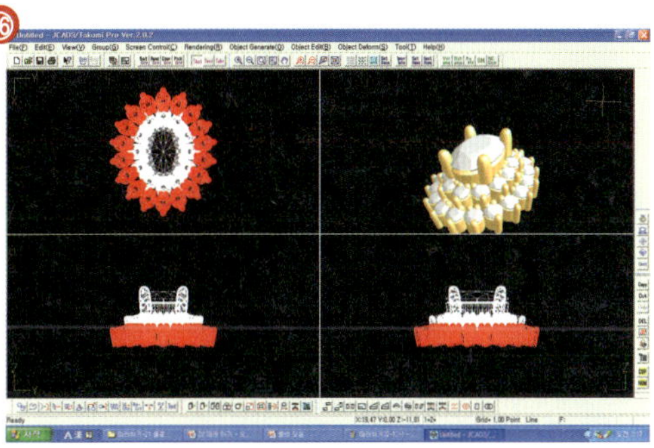

㊼
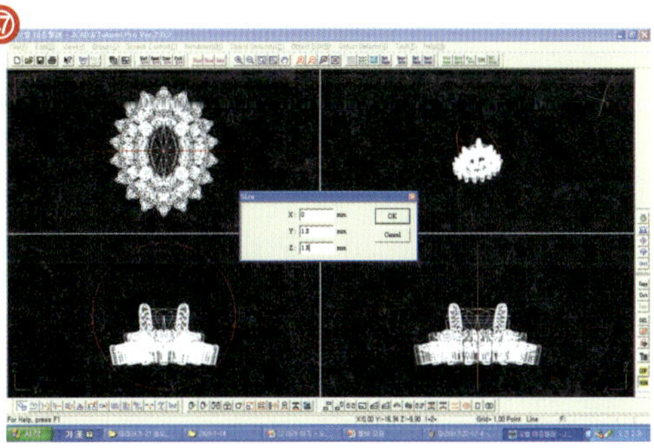

㊽
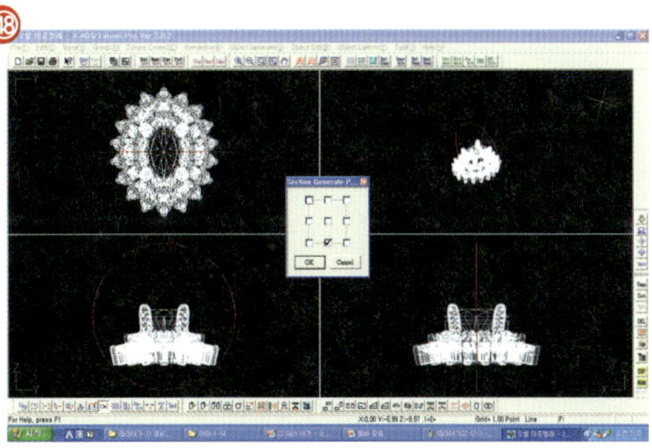

형태가 되면 Bind Grid를 클릭하여 정점을 자유롭게 찍을 수 있게 합니다.

(47) Base Circle Edit를 클릭한 후 XY-Plane에서 18개 복사된 Side Stone의 가장 위쪽 중앙에 있는 Side Stone 중심을 클릭하고 가장 아래쪽 중앙에 있는 Side Stone 중심까지 드래그하여 놓으면 ㊺와 같이 파란 4개의 섬이 나타납니다.

(48) 4개의 점 중에 한 점을 클릭 드래그하여 Main보석과 일단의 멜래 돌림 모양을 보고 맞추어 타원의 형태로 서로 떨어지지 않게 주의하여 변형시키고 Shading을 클릭하여 확인하고 ㊻과 같이 이단 멜래 형태를 완성하고 오른쪽 마우스를 클릭하여 명령을 종료하고 ⇔ 왼쪽 마우스를 클릭하여 모두 비활성화하고 ⇔ Restore Home Position 클릭하여 중심이 어긋나 있는 것을 처음 화면의 중심으로 되돌립니다.

(49) Numeric을 클릭 ⇔ Primitive 클릭 ⇔ Select Primitive 창이 나오면 Circle 클릭 ⇔ Size 창이 나오면 X : 0, Y : 18, Z : 18 입력 후 OK를 클릭하여 18 mm 큰 원과 다시 한번 위의 과정으로 X : 0, Y : 1.8, Z : 1.8 입력 후 OK를 클릭하여 1.8 mm 작은 원을 ㊼과 같이 만듭니다.

(50) 작은 원이 활성화된 상태로 Wire Combine를 클릭 ⇔ 다시 큰 원을 활성화하고 Wire Combine을 클릭 ⇔ ㊽과 같이 Section 창에 중앙 하단을 클릭한 후 OK를 클릭

㊾

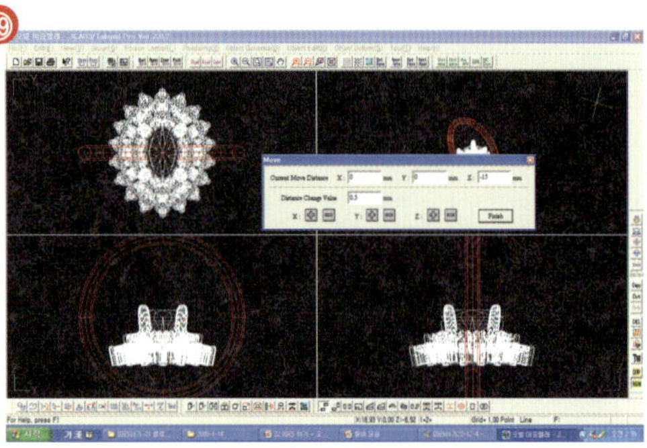

㊿

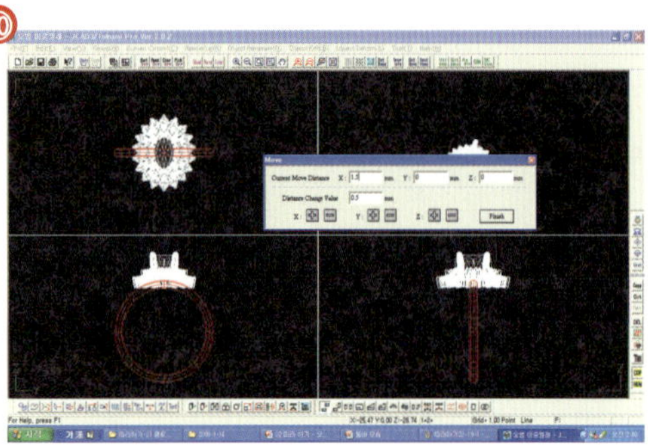

51

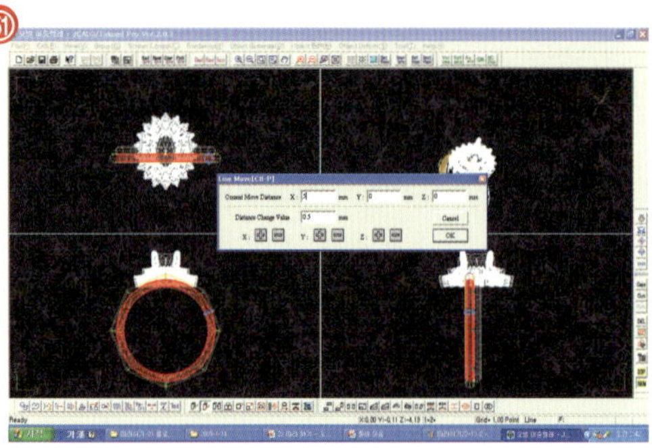

52

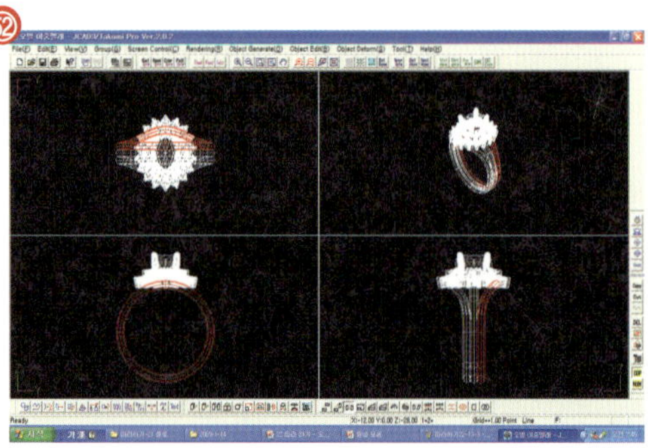

하고 단면의 90 ° 회전 선택 상자에는 아니오를 클릭하여 Ring을 완성합니다.

(51) Numeric을 클릭 ⇔ Move를 클릭하면 ㊾와 같이 Move 창에서 Current Move Distance에 Z 칸에 −15(마이너스)를 입력하고 Finish를 클릭하여 Ring을 이동시키게 한 후 Auto Zoom을 클릭해서 물체들을 화면에 모두 보이게 합니다.

(52) 다시 Numeric 클릭 ⇔ Copy Mode를 클릭 ⇔ Move를 클릭 ⇔ Copy Information 창에서 Copy Number에 1을 입력 후 OK를 클릭 ⇔ ㊿과 같이 Move 창이 나오는데 Current Move Distance에 X 칸에 1.5를 입력하고 Finish를 클릭하여 Ring을 옆으로 복사합니다.

(53) 키보드의 F5를 누르고 Numeric을 클릭 ⇔ Line Move를 클릭하면 녹색 정점들이 나타나는데 가장 위의 녹색 정점을 왼쪽 마우스로 클릭 ⇔ 노란색으로 변한 정점을 왼쪽 마우스로 다시 클릭하면 51과 같이 Line Move 창이 나오면 Current Move Distance에 X 칸에 5를 입력하고 OK를 클릭하고 오른쪽 마우스를 누르고 명령을 종료합니다.

(54) Bind Grid를 클릭 ⇔ Copy Mode를 클릭 ⇔ Mirror를 클릭 ⇔ ZX-Plane에서 중앙에 있는 Ring의 가운데를 왼쪽 마우스로 클릭한 상태에서 상 또는 하로 드래그하여 52와 같이 Ring을 대칭 복사합니다.

53

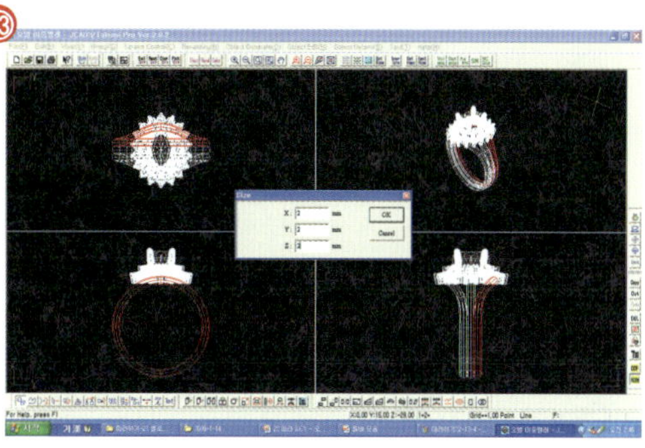

(55) 반지의 어깨를 만들기 위해 Numeric을 클릭 ⇔ Primitive 클릭 ⇔ Sphere를 클릭하면 ㉝과 같이 Size 창이 나오면 X : 2, Y : 2, Z : 2를 입력하고 OK를 클릭하여 2 mm Sphere를 만듭니다.

54

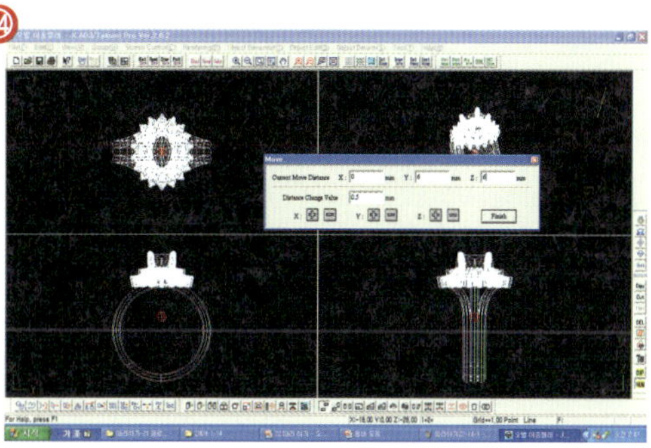

(56) 다시 Numeric을 클릭 ⇔ Move를 클릭 ⇔ ㉞와 같이 Move 창이 나오면 Current Move Distance에 Y : 6, Z : 6을 입력하고 Finish를 클릭하여 반지의 어깨에 해당하는 위치에 Sphere를 옮겨 놓아 집니다.

55

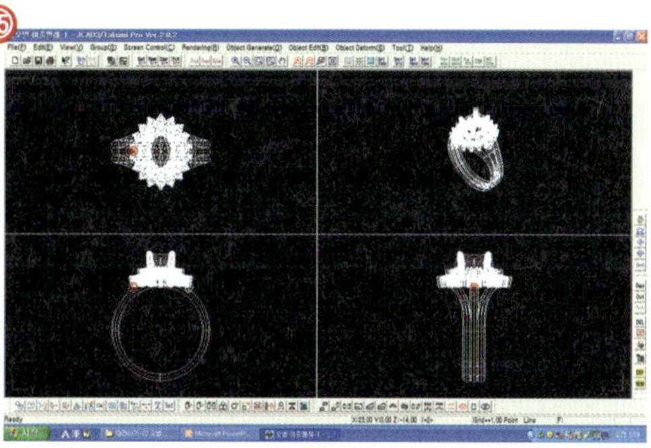

(57) Copy Mode를 클릭 ⇔ Mirror를 클릭 ⇔ XY-Plane에서 Main 보석의 중심을 기준으로 상 또는 하로 드래그하여 ㉟와 같이 Sphere를 대칭 복사합니다.

56

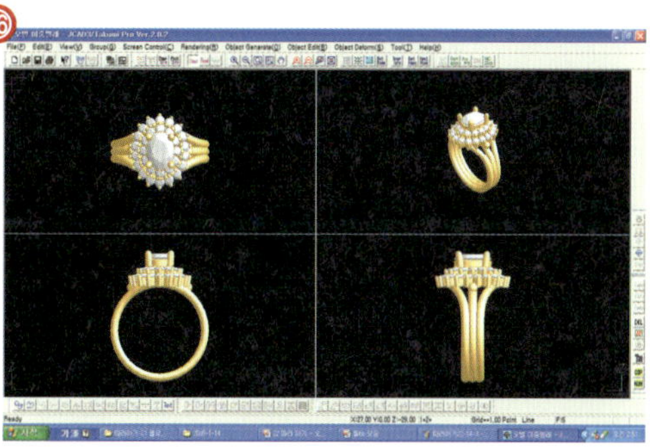

(58) 모든 명령을 종료하기 위해 오른쪽 마우스를 클릭하고 모든 물체의 비활성화를 위해 화면을 왼쪽 마우스로 클릭하고 모든 화면의 반지가 Shading 상태로 보이기 위해 F5를 누르고 Shading 클릭하여 ㊱과 같이 Main Oval Brilliant 이중 Melee(1개당 0.25캐럿 이하로 절단한 소형 다이아몬드를 말합니다) 돌림의 완성된 반지를 4개 화면으로 봅니다.

TOOL

JCAD Pro

툴 바(Tool bar) 기능 살펴보기

1. 화면 상단 툴 바(Tool bar)
2. 화면 우측 툴 바(Tool bar)
3. 화면 하단 툴 바(Tool bar)
4. Manual에만 있는 기능

툴 바(Tool bar) 기능 살펴보기

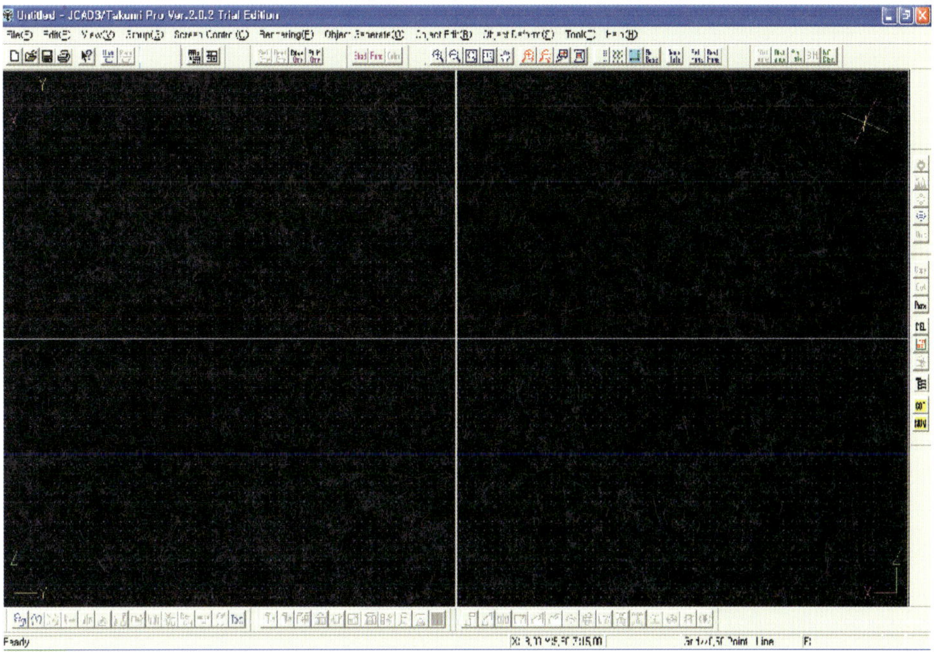

화면에 표시된 툴 바는 총 91개이며, 상단 37개와 하단 40개, 그리고 우측 14개로 구성되어 있으며 Manual에만 있는 기능 16가지로 이루어져 있습니다.

JCAD를 실행하게 되면 화면 우측 상단에 있는 '최대화' 버튼을 클릭하여 '아이콘에서 화면 복원' 상태로 버튼을 변하게 하여 화면 하단에 현재의 명령 상태와 원하는 툴을 클릭하였을 때 해당되는 툴의 기본 기능 설명, 마우스의 위치의 수치, Set Group 번호, Show Group 번호, Grid의 간격, Show Grid상태, Bind Grid 여부 등을 보여주는 새로운 줄이 보이게 하여야 합니다.

다음으로 모든 명령을 실행하고 종료하는 방법은 다음과 같습니다.

① 모든 명령의 실행은 정점과 선이나 물체가 활성화되어 있어야 활성화된 것에 명령을 실행할 수 있으며 비활성화되어 있으면 모든 명령을 수행할 수가 없습니다.

② 정점과 선이나 물체의 활성화하는 방법은 왼쪽 마우스로 원하는 정점과 선이나 물체를 클릭하여 빨간색으로 변하며 활성화합니다. 아울러 키보드의 Ctrl을 누른 상태에서 왼쪽 마우스를 클릭하면 추가로 활성화시킬 수 있습니다.

③ 정점과 선이나 물체의 비활성화하는 방법은 왼쪽 마우스로 활성화되어 있는 원하는 정점과 선이나 물체를 클릭하여 하얀색으로 변하게 되어 비활성화합니다. 아울러 키보드의 Shift를 누른 상태에서 활성화된 것을 왼쪽 마우스로 클릭하면 추가로 비활성화시킬 수 있습니다. 화면을 왼쪽 마우스로 클릭하여 모든 활성화를 한번에 비활성화시킬 수 있습니다.

④ 모든 명령의 종료하는 방법은 오른쪽 마우스로 클릭하여 명령을 종료할 수 있습니다.

107가지의 기능들을 상단, 우측, 하단과 Manual에만 있는 기능으로 구분하여 알아보기 쉽게 살펴 봅니다.

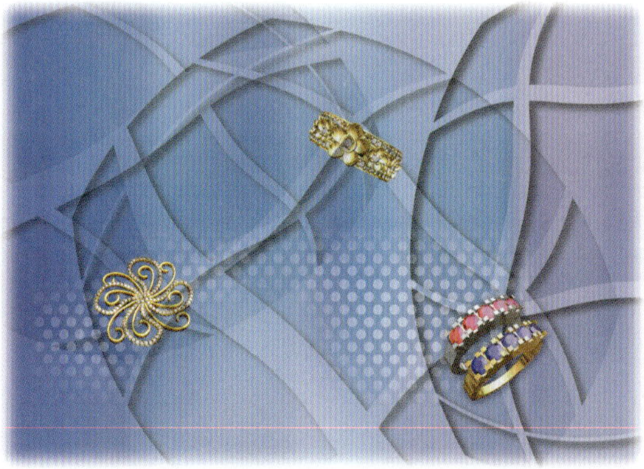

1 화면 상단 툴 바(Tool bar)

화면 상단에 표시된 툴 바는 총 37개로 Standard, View, Group, Rendering, Screen Control, Measure 툴 바 모음들로 구성되어 있습니다.

1 Standard 툴 바 모음

1)  New : 새로운 작업 〈단축키-Ctrl + N〉

2)  Open : 열기 〈Ctrl + O〉

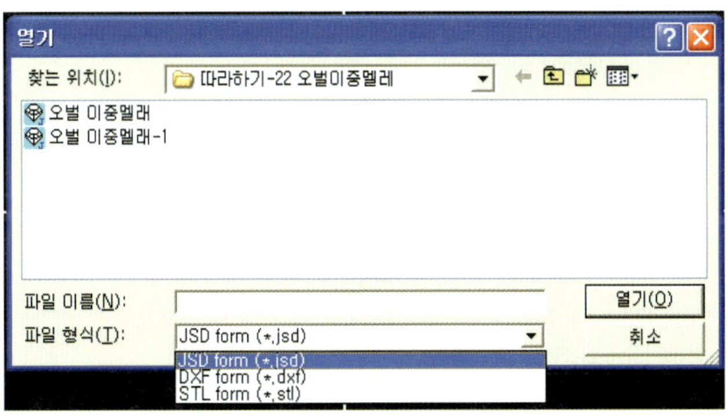

기존의 그리던 물체들 위에 복합하여 열 수 있으며, 새로운 작업에서 원하는 JSD 파일뿐만 아니라 DXF 파일과 STL 파일을 불러들일 수 있습니다.

3) Save : 저장하기 〈Ctrl + S〉

기존의 그리던 물체들이나 그린 물체들을 JSD 파일뿐만 아니라 DXF 파일과 STL 파일로 저장을 할 수 있습니다.

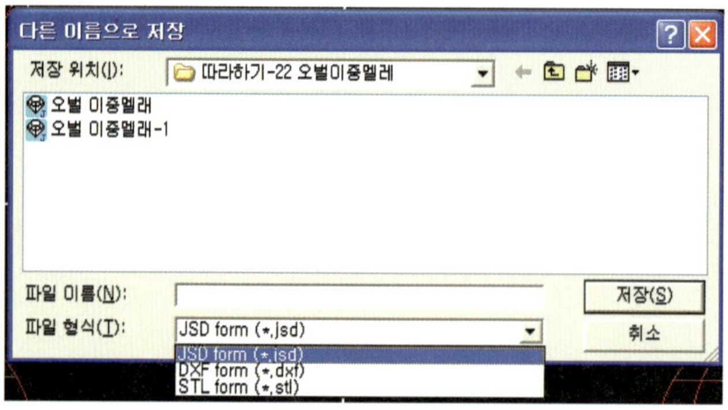

4) Print : 인쇄하기 〈Ctrl + P〉

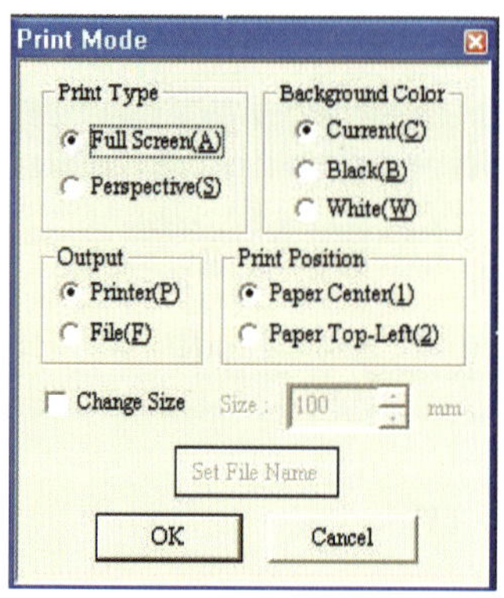

(1) Print Type – 프린트 타입

⊙ Full Screen(A) – 4개 화면으로 프린트

⊙ Perspective(S) – 3D 화면만 프린트

(2) Background Color – 화면 바탕색

⊙ Current(C) – 현재 상태의 색으로 출력

⊙ Black(B) – 검은색으로 출력

- White(W) – 하얀색으로 출력

(3) Output – 출력 방식

- Printer – 프린터
- File – 파일

(4) Print Position – 프린터 위치

- Paper Center – 종이 중앙
- Paper Top-Left – 종이 위–왼쪽

(5) Change Size – 크기 변경

(6) Set File Name – 다른 이름으로 BMP 파일 저장

5) Context Help : 도움말

6) Undo : 실행하였던 명령 취소 〈Ctrl + Z〉

한 번 클릭할 때마다 바로 전 작업으로 돌아갑니다.

7) Redo : Undo 취소 〈Ctrl + Y〉

한 번 클릭할 때마다 바로 전 작업으로 돌아갔던 것을 다시 되돌아갑니다.

2 View 툴 바 모음

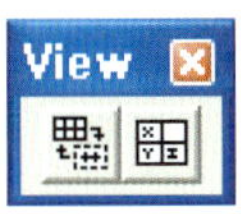

1) Display Mode : 입체 표시 모드 〈Ctrl + M〉

Change Display Mode – 입체 표시 모드 변경하기

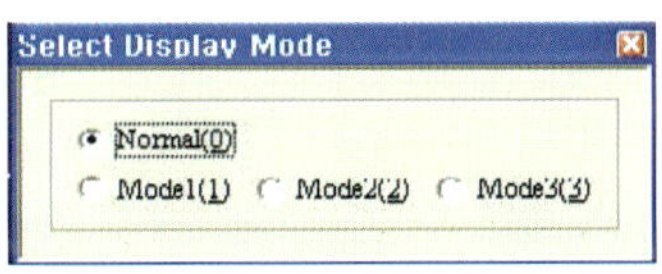

- Normal – 항상 그물 형태로 표현
- Mode1 – 항상 단순한 형태로 표현
- Mode2 – 활성화할 땐 그물 형태로 표현, 비활성화할 땐 단순한 형태로 표현

⊙ Mode3 – Mode2의 반대로 표현

2) Screen Range : 화면 표시 정렬

Change Screen Range – 화면 표시 정렬 변경하기

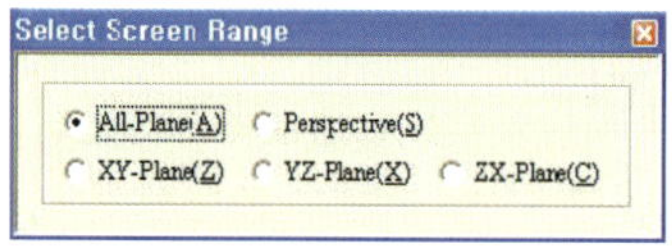

⊙ All-Plane – 4개 화면 〈Shift + Ctrl + A〉

⊙ Perspective – 투시도 화면 〈Shift + Ctrl + S〉

⊙ XY-Plane – 평면도 화면 〈Shift + Ctrl + Z〉

⊙ YZ-Plane – 정면도 화면 〈Shift + Ctrl + X〉

⊙ ZX-Plane – 우측면도 화면 〈Shift + Ctrl + C〉

3 Group 툴 바 모음

1) Set Group : 그룹 만들기

Set the picked object Groups [F5: Group 1～F12: Group 8] – 선택된 물체나 선택된 물체들을 그룹으로 만들기

① 하나의 물체를 Group으로 설정할 경우는 물체를 클릭하여 활성화하고, 여러 물체들을 Group으로 설정할 경우는 물체들을 클릭 드래그하여 활성화합니다.

② 지정할 번호를 (키보드의 F5~F12 중 하나를) 선택하여 클릭하고, Set Group을 클릭합니다.

③ Group별로 화면 하단의 오른편에 Group의 번호와 *를 그림과 같이 확인할 수 있습니다.

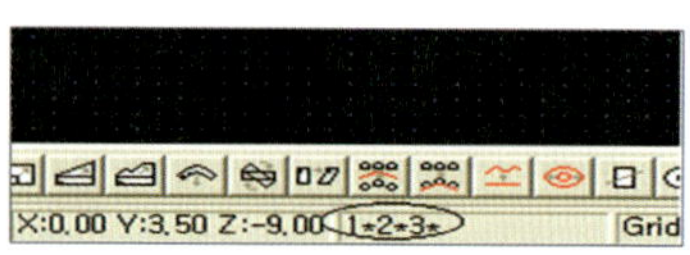

④ 그룹으로 지정된 물체는 추후 작업 과정에서 복사를 하면 복사된 물체까지 같은 그룹으

로 인식됩니다.

2) 

Reset Group : 그룹 풀기

Reset the picked object Groups [F5: Group 1~F12: Group 8] – 그룹 풀기

① 해제할 Group의 번호를 (키보드의 F5 ~ F12 중 하나를) 클릭합니다.
② Pick Group을 클릭합니다.
③ 해제할 Group이 활성화됩니다.
④ 해제할 Group의 번호를 (키보드의 F5 ~ F12 중 하나) 다시 클릭합니다.
⑤ Reset Group을 클릭하면 Group이 풀어 집니다.
⑥ 화면 하단의 오른편에 표시되었던 Group의 번호와 *가 사라진 것을 확인할 수 있습니다.

3) 

Show Group : 그룹을 숨기거나 보이기

Show or hide Group [F5: Group 1~F12: Group 8] – 그룹 보이거나 숨기기

① 숨기려는 Group의 번호를(키보드의 F5~F12 중 하나) 클릭합니다.
② Show Group을 클릭하면 해당 Group이 화면에서 사라집니다.
③ 화면 하단의 오른편에 표시되었던 Group의 번호와 *에서 * 표시만 사라지고 해당 번호는 그대로 표시가 되어서 해당 번호가 숨겨져 있다는 것을 표시하고 있습니다.
④ 숨겨진 Group 중에 다시 화면에 보이게 하려면 화면에 보이게 할 Group의 번호(키보드의 F5~F12 중 하나)를 선택하고, Show Group을 다시 클릭하면 사라졌던 Group이 다시 화면에 보이고 * 표시가 다시 보이는 것을 확인할 수 있습니다.

4) 

Pick Group : 그룹 선택하기

Pick out object Group [F5: Group 1~F12: Group 8] – 그룹 선택하기

① 화면상에 활성화할 Group(키보드의 F5: Group 1~F12: Group 8 중 하나)의 번호를 클릭합니다.
② Pick Group을 클릭하면 해당 Group이 활성화됩니다.
③ 비활성화하려는 번호를 클릭하고 Pick Group을 다시 클릭하면 비활성화합니다.

4 Rendering 툴 바 모음

1) Shading : 물체의 명암 묘사 〈Ctrl + H〉

Do Shading [F5: 3 – Planes Shading] – Perspective에서 명암 주기

- 키보드의 F5를 클릭하고 Shading을 실행하면 네 개의 화면에서 명암 상태를 볼 수 있습니다.
  (F5를 누르지 않고 Shading을 실행하면 Perspective 화면에서만 명암 상태로 보입니다.)

2) Rendering : 물체의 사실적 묘사 〈Ctrl + R〉

Do Rendering [F5: 3 – Planes Rendering] – Perspective에서 사실화하기

- 키보드의 F5를 클릭하고 Rendering을 실행하면 Perspective 화면에서만 사실적 묘사 상태를 볼 수 있고 나머지 화면은 명암 상태로 볼 수 있습니다.
  (F5를 누르지 않고 Rendering을 실행하면 Perspective 화면에서만 사실적 묘사 상태로 보입니다.)

3) Set Color : 색 설정

Select an object color – 물체 색상 선택하기

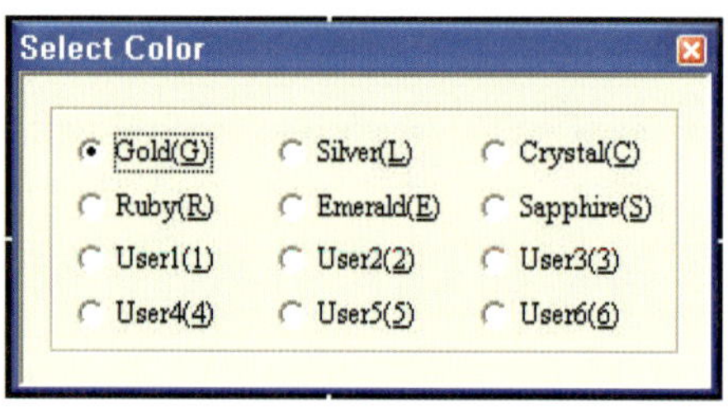

- 금속의 색을 바꾸고 싶은 물체를 왼쪽 마우스로 클릭하고 활성화해서 Set Color를 클릭하면 Select Color 창이 뜨는데 원하는 색상에 클릭하여 변화를 줍니다.
- Shading이나 Rendering을 할 때 원하는 물체의 색상을 원하는 색상으로 바꿉니다.

5 Screen Control 툴 바 모음

1) Zoom In : 화면 확대 〈Ctrl + I〉

- 투시도 화면을 뺀 나머지 3개 화면에 물체가 한 번 클릭할 때 마다 점점 크게 보입니다.

2) Zoom Out : 화면 축소 〈Ctrl + T〉

- 투시도 화면을 뺀 나머지 3개 화면에 물체가 한 번 클릭할 때 마다 점점 작게 보입니다.

3) Auto Zoom : 자동 배율 〈Ctrl + A〉

Automatically adjust zoom so that an object can be completely displayed on – 물체를 전부 보여줄 수 있도록 자동으로 초점을 확대하기

- Set Base Point/ Line으로 정하여 놓은 기본 화면의 중심이 Auto Zoom을 클릭함으로써 화면에 그려 놓은 화면 전체 물체들의 중심으로 바뀌어 지면서 물체들을 투시도면을 뺀 나머지 3개 화면에 꽉 자게 보여줍니다.
  여기서 주의하여야 하는 것이 있는데 Auto Zoom으로 기본 화면의 중심에서 화면 전체 물체의 중심으로 바뀌어 진 것은 보기 좋은 화면 상태인 것이고 물체를 그리고 있는 중심은 Set Base Point/ Line으로 처음 정하여 놓은 중심이 변한 것은 아닙니다.

4) Zoom Box : 화면 지정 배율 〈Ctrl + E〉

Specify zoom on the screen – 지정된 화면으로 초점을 맞추기

① 투시도면을 뺀 나머지 3개 화면에서 물체의 한 부분이나 화면의 한 부분을 확대하여 볼 수 있습니다.

② Zoom Box를 클릭하고 원하는 부분의 한쪽 모서리부터 클릭한 상태에서 대각으로 드래그하고 놓으면 원하는 부분만 확대할 수 있습니다.

5) Scroll : 화면 이동 〈Ctrl + Q〉

Scroll the screen in specified directions – 지정된 방향으로 화면 이동하기

- Scroll을 클릭한 후에 투시도면을 뺀 나머지 3개 화면에 물체가 움직이는데 화면을 클릭 드래그하면 화면에 있는 모든 물체가 원하는 방향으로 이동하여 보여 집니다.

6) Track Up : 투시도 화면 확대 〈Ctrl + U〉

Perspective drawing – 투시도 화면만 확대하기

- 투시도 화면에 보이는 물체의 상태만 한 번 클릭할 때 마다 점점 크게 보입니다.

7) Track Up : 투시도 화면 축소 〈Ctrl + D〉

Perspective drawing – 투시도 화면만 축소하기

- 투시도 화면에 보이는 물체의 상태만 한 번 클릭할 때 마다 점점 작게 보입니다.

8) Reset View : 투시도 화면 초기화 〈Ctrl + C〉

Reset view point of the perspective drawing to the center of the screen – 투시도면의 화면 중앙에 맞춰진 초점 재설정

① 그림을 그리다 보면 투시도 화면과 나머지 3개 화면과 중심이 어긋나 맞지 않으면 물체가 투시도 화면에서 보이지 않습니다.

② 이때 Reset View 클릭하면 3개 화면과 같은 중심값으로 투시도 화면의 중심이 바뀌어 물체가 투시도 화면에서 잘 보입니다.

9) Change Perspective : 시각(투시화) 변경 〈Ctrl + V〉

Adjust the display of perspective drawing to the 3-planes – 투시도 화면에서 나머지 평면도, 정면도, 우측면도 상태인 3개의 화면 상태(front)와 3개 화면의 배면 상태(back)를 Change Perspective 창에서 원하는 화면을 선택하여 원하는 각도의 그림 상태를 빠르게 볼 수 있습니다.

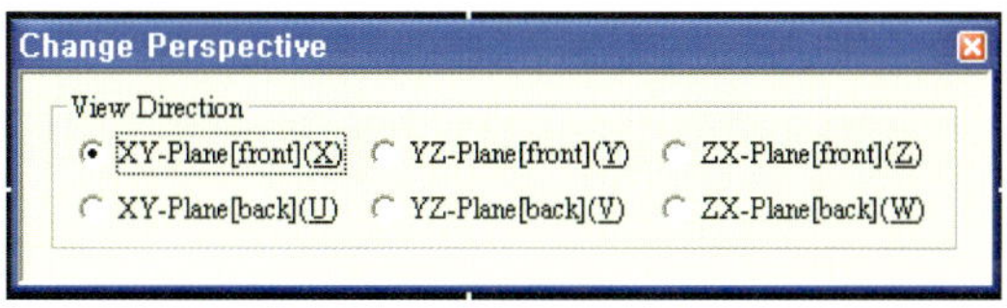

10) Show Grid : 화면의 눈금 점 표시(바둑판의 교차점) 〈Ctrl + G〉

Show or hide Grid / Base Point / Base Line – 화면의 눈금 점 / 기본 중심점 / 기본 중심선을 보이게 하거나 숨기기

- Show Grid를 클릭할 때마다 화면의 눈금 점이 표시되고 숨겨 집니다.
- Show Grid를 클릭해도 화면에 눈금이 안 보일 때면 화면을 클릭하면 보입니다.

11) Bind Grid : 화면의 눈금 점에 구속시키고 풀어 주기 〈Ctrl + B〉

Bind or free Grid / Base Point / Base Line – 눈금 점의 간격 / 기본 중심점 / 기본 중심선에 구속시키거나 자유롭게 하기

① 전반적인 Tool을 실행할 때 Bind Grid를 클릭하면 가장 가까운 화면의 눈금 점 위에 정점이 찍히며 화면의 하단 오른편에 Grid * * 두 번째 자리에 별 모양이 나타납니다.
② Bind Grid를 한 번 더 클릭하면 * 별 모양이 없어지며 자유롭게 찍을 수 있습니다.
③ 구속시키거나 자유롭게 정점을 찍는 Bind Grid를 적절히 클릭하여 원하는 형태를 보다 빠르며 쉽고 정확하게 그릴 수 있습니다.

12) Grid Interval : Grid 간격 지정

Assign Grid Interval – Grid 간격 지정하기

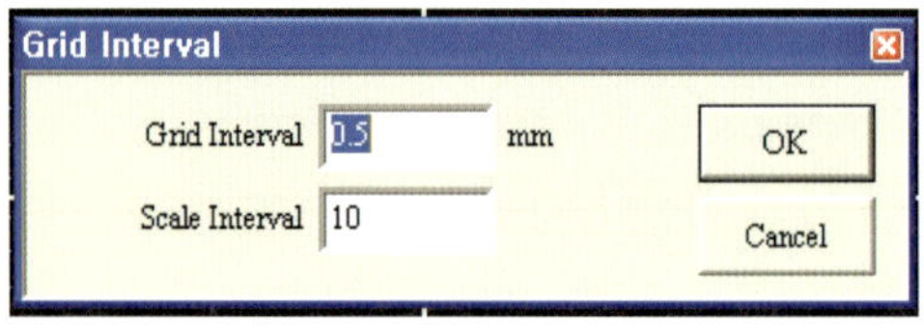

① Grid Interval은 초기 설정으로 0.5 mm 간격으로 되어 파란 눈금 점으로 표현됩니다.

② Grid Interval의 수치를 때에 따라 적절히 가감을 주어 편리하게 사용할 수 있습니다.

③ Scale Interval은 초기 설정으로 10개로 되어 있습니다.

④ Scale Interval은 파란 점이 10개 마다 한 개의 노란 점으로 표현됩니다.

⑤ Scale Interval 수치를 때에 따라 적절히 가감을 주어 편리하게 사용할 수 있습니다.

13) Set Base Point / Line : 기본 중심점 / 중심선 설정하기

Set Base Point / Line – 기본 중심점 / 중심선 설정하기

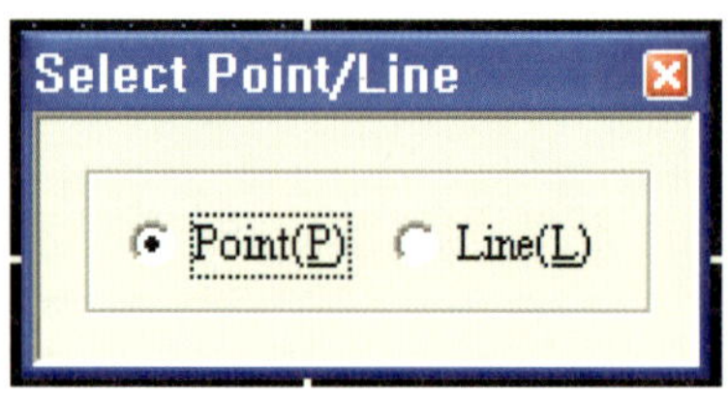

⊙ Point – 화면의 중심점을 표현하는 큰 노란 점으로 원하는 곳으로 노란 점을 클릭하여 이동하여 중심 값을 자유롭게 정할 수 있습니다.

⊙ Line – 굵은 노란 선과 양쪽에 노란 점이 나타나는데 이 노란 점들을 원하는 장소로 이동하여 그림의 중심 값을 자유롭게 정할 수 있습니다.

14) Show Template : GLB 불러오기

Show a Template(DXF Data[2D]) – GLB 불러오기

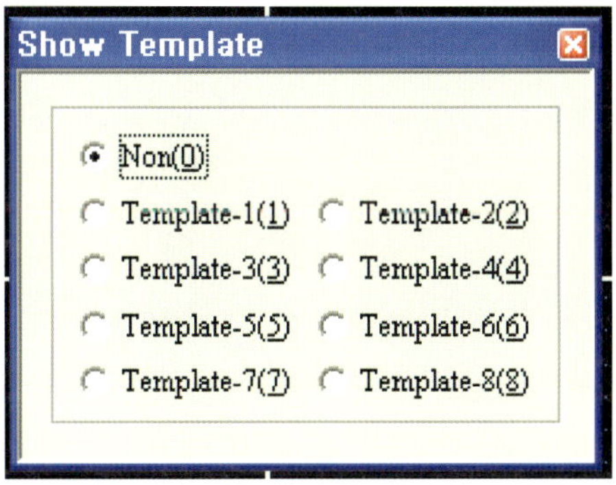

그림을 쉽게 그리기 위하여 미리 정하여 놓은 중심 값과 가장 많이 쓰이는 수치 등을 여러 가지로 그려 놓은 GLB들을 메뉴의 Screen Control 안에 Set Template를 클릭하면 입력하는 창이 열리는데 그곳에 Template와 Show Plane에 원하는 번호에 원하는 GLB를 입력하고 Show Template를 클릭하여 원하는 번호를 클릭하면 원하는 GLB를 불러들일 수 있습니다.

(JCAD에서는 미리 그려 놓은 편리한 GLB를 제공합니다.)

15) Save Home Position : 기본 화면 저장 〈Ctrl + W〉

Save Home Position – 기본 화면 저장하기

① Grid Interval을 클릭하여 파란 눈금 점들의 간격과 노란 눈금 점들의 간격을 정하고

② Set Base Point/Line을 클릭하여 그림의 중심 값을 정하고

③ Show Grid를 클릭하여 화면에 눈금의 점을 화면에 보이게 하고

④ 가장 최적의 화면을 만들어 놓은 상태를 Save Home Position을 클릭하여 기본 중심 값을 정하여 놓은 기본 화면으로 저장합니다.

⑤ 기본 중심 값은 물체를 다 그릴 때까지 물체의 중심이 되어 물체의 복사나 회전, 이동, 크기, 변형 등을 하는 데 꼭 필요한 중심이 됩니다.

16) Restore Home Position : 기본 화면 복구〈Ctrl + X〉

Restore Home Position – 기본 화면 복구하기
(Save Home Position에서 저장한 화면으로 복구됩니다.)

① 복잡한 그림을 그리다 보면 중심 값이 수시로 변하게 되는데 그 이유로는 화면에 있는 모든 물체를 화면에 가득 차게 보여주는 Auto Zoom을 자주 사용하기 때문입니다.
② 기본 중심 값에서 작업을 할 때가 있고 물체의 중심 값에서 그려야 할 때도 있는데 Save Home Position에서 저장하였던 기본 중심에서 물체의 복사나 회전, 이동, 크기, 변형 등을 하면서 그려야 할 때 사용합니다.
③ 이를 적절히 사용하여 중심의 변화를 주어 복잡한 형태의 그림을 보다 쉽게 그릴 수 있습니다.

6 Measure 툴 바 모음

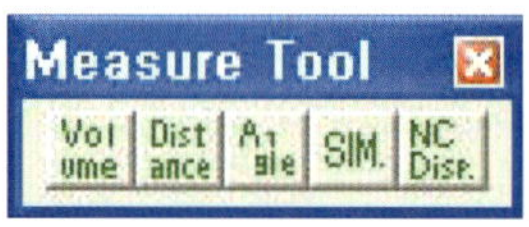

1) Measure Volume : 부피 측정

Measure an object volume – 물체의 체적 측정

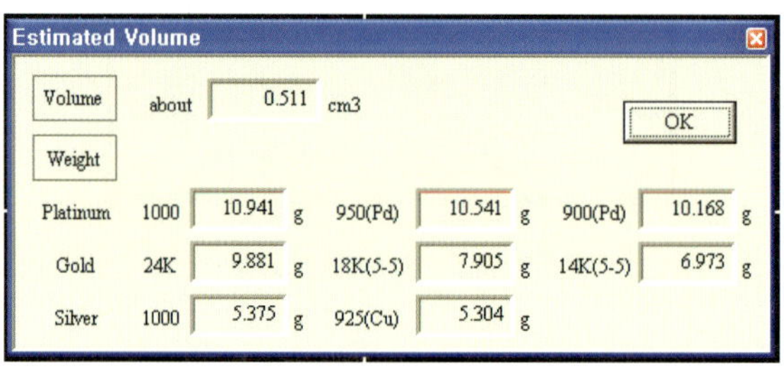

왼쪽 마우스로 클릭하여 활성화된 물체의 부피를 물체의 금속 종류별 백금과 금, 은으로 나뉘어 해당되는 중량을 보여 주어 예측할 수 있습니다.

2) Measure Distance : 거리측정

Measure distance of two points – 두 개의 점으로 거리 측정하기

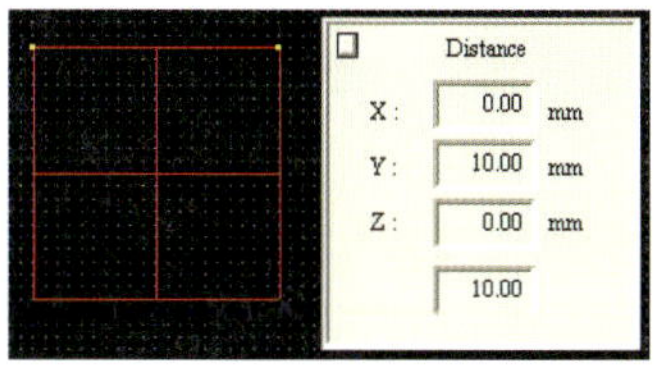

원하는 부분의 거리를 확인할 때 처음 시작 점에서 끝나는 점까지 왼쪽 마우스를 클릭하여 드래그하면 노란색 두 점 사이의 거리를 확인할 수 있습니다. 이때 나타난 노란 점을 클릭 드래그하여 수정 이동이 가능하며 수정된 두 노란 점의 사이의 거리를 계속 표시하여 줍니다.

3) Measure Angle : 각도 측정

Measure Angle of two points – 두 개의 점으로 각도 측정하기

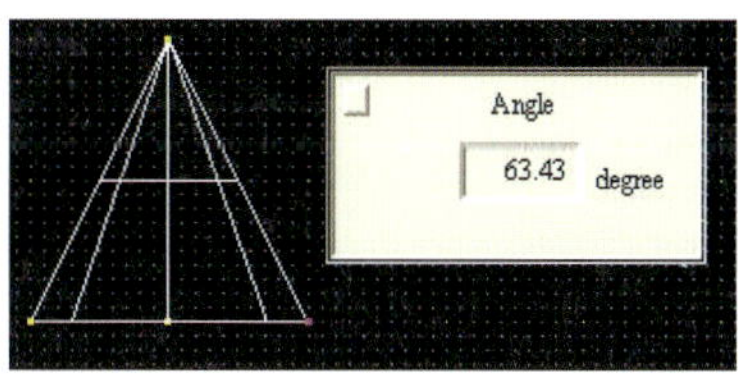

원하는 지점의 각도를 알아보기 위하여 분홍색 점을 원하는 지점의 중심으로 이동하여 양쪽의 노란색 두 점을 클릭 드래그하여 원하는 지점의 각도인 분홍색 점의 각도를 그림에서와 같이 알아볼 수 있습니다. 이때 나타난 중심이 되는 분홍 점과 노란 두 점을 클릭 드래그하여 수정 이동이 가능하며 수정된 분홍 점과 두 노란 점의 사이의 각도를 계속 표시하여 줍니다.

4) Simulation : 선택한 입체에 대해 Simulation이 설정됨

Do Modeling Simulation – 가상의 모형 제작하기

① 물체를 선택하고 Simulation을 클릭하면 그림과 같은 상자가 나옵니다.

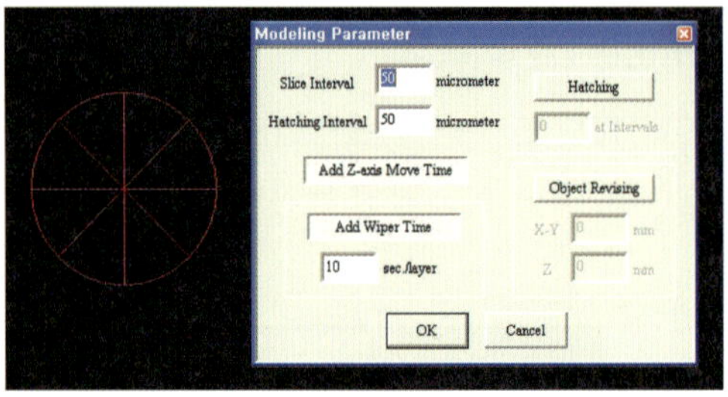

② 설정 값을 입력하고 OK를 클릭합니다.

③ Simulation이 완료되면 그림과 같이 모형 제작에 소요되는 시간을 확인할 수 있습니다.

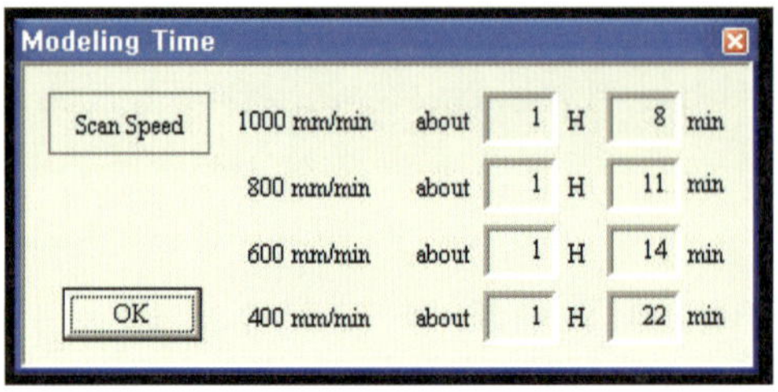

5) Display NC Data : NC Data File 보이기

Display the type of exist NC data – NC data 유형 보이기

2 화면 우측 툴 바(Tool bar)

화면 우측에 표시된 툴 바는 총 14개이며, Jewelry와 Edit 툴 바 모음들로 구성되어 있습니다.

1 Jewelry 툴 바 모음

1) Ring size : 반지 크기(호수) 설정

> Assign Ring Size [F5: No, F6:, F8: Angle] –
> 링 크기(호수) 설정하기 [F5: 호수, F6: 지름, F8: 각도]

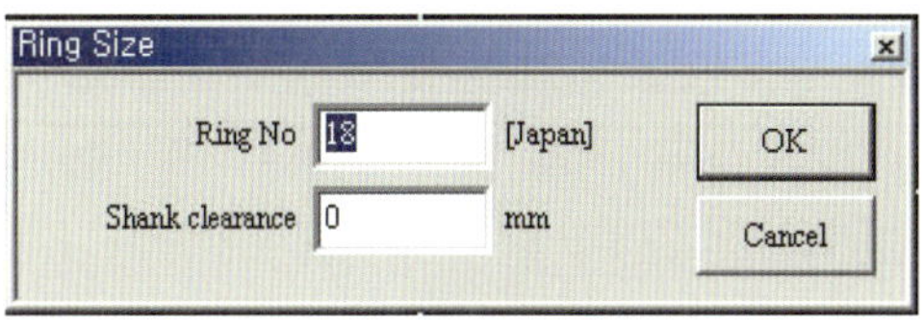

- Ring No(Diameter)에는 반지 호수(지름)를 입력합니다.
- Shank Clearance에는 반지의 이점을 열려는 길이를 입력합니다.
- 반복적으로 여러 번 열어지는 길이와 호수를 수정할 수 있습니다.
- F5, F6, F8중에 하나를 입력하고 Ring size를 클릭하여 원하는 수치 입력 명령을 내린 후 다시 Ring size를 클릭하면 먼저의 수치 입력 방법을 지속적으로 유지하고 있으므로 다른 번호를 입력하여 수치 입력 방법을 변경하면 해당 수치 입력 방법이 유지됩니다.

① F5를 누르고 Ring size를 실행하면 Ring size 설정 창에 Ring No(Diameter)에 반지 호수 입력 칸이 보이고 Shank Clearance에는 mm 단위가 보이는 보기

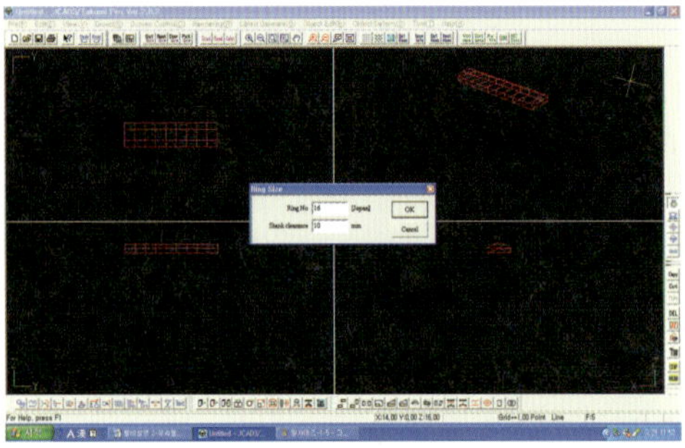
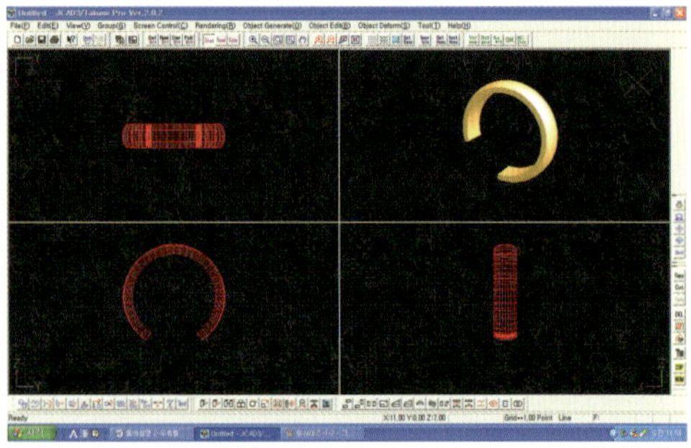

② F6을 누르고 Ring size를 실행하면 Ring size 설정 창에 Ring No(Diameter)에 반지 내경 지름 입력 칸이 보이고 Shank Clearance에는 mm 단위가 보이는 보기

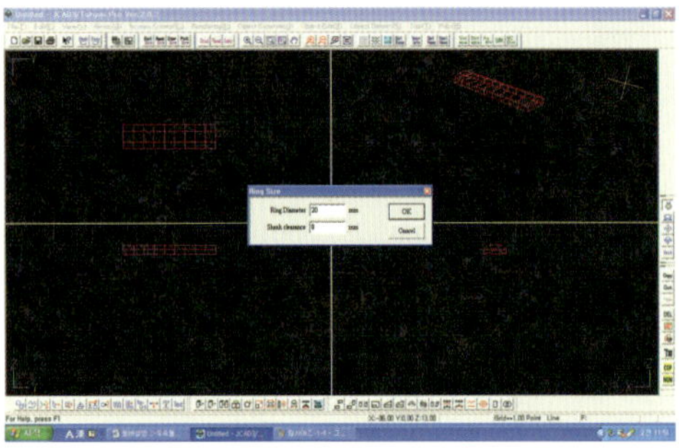
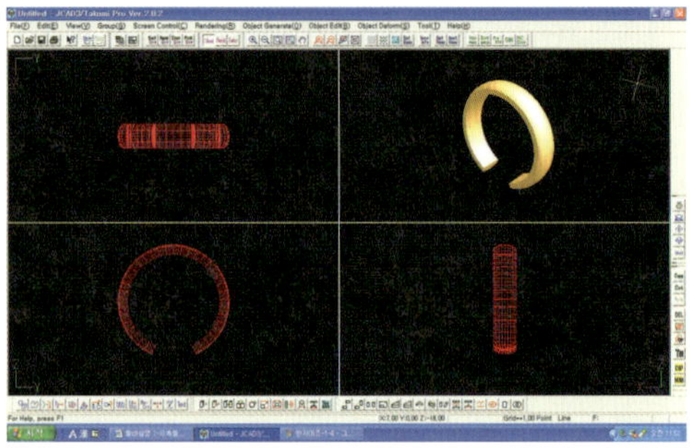

③ F8을 누르고 Ring size를 실행하면 Ring size 설정 창에 Ring No(Diameter)에 먼저 입력하였던 반지 호수 입력 칸이나 내경 지름 입력 칸이 보이고 Shank Clearance에는 열어지는 각도 단위가 보이는 보기

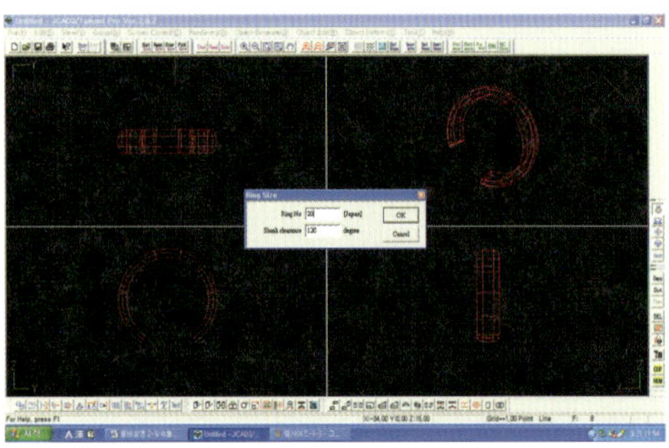
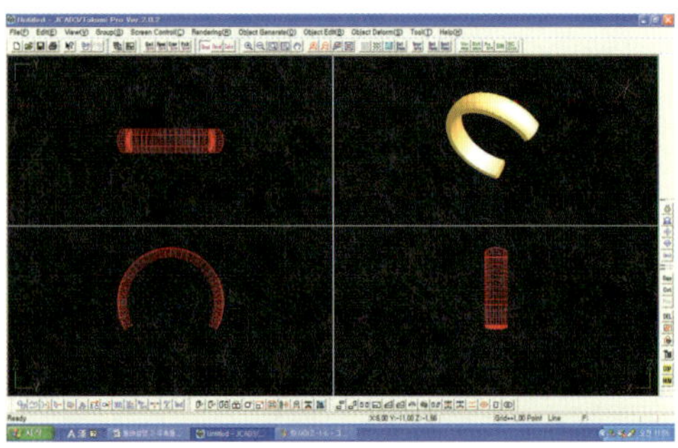

2) Generate Setting : 난 집 설정

Generate a Setting – 난 집 설정하기

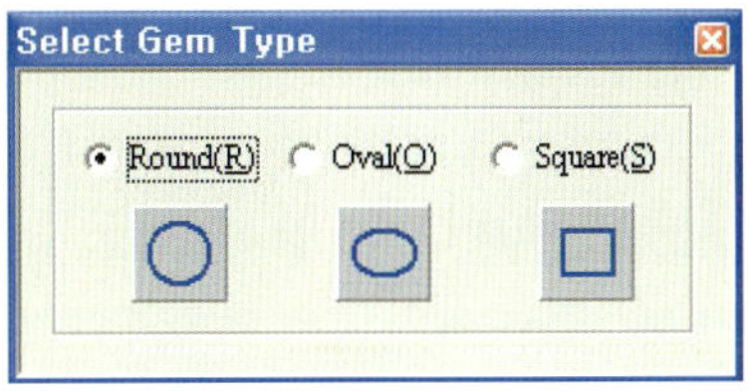

- ⊙ Round(R) ⊙ Oval(O) ⊙ Square(S) 중 원하는 보석의 난 집 단면을 화면 왼쪽 편에 그린 후 Generate Setting 명령을 실행하면 select Gem Type 설정 상자가 나옵니다.
- Round, Oval, Square 의 3가지 형태 중 Round를 선택하면, Prong Setting 화면이 나옵니다.

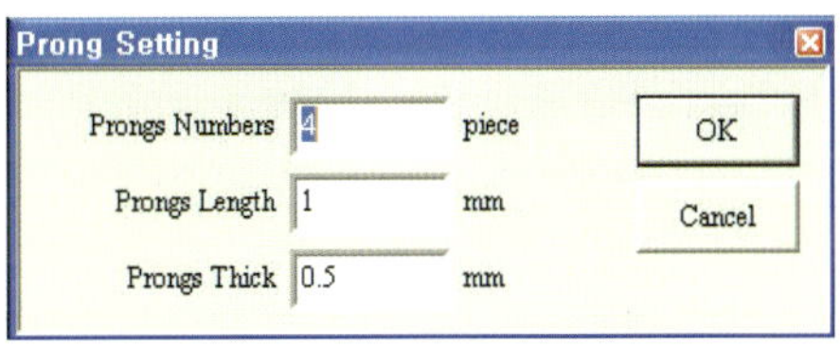

⊙ Prongs Numbers – 난 발의 수

⊙ Prong Length – 난 발의 길이

⊙ Prongs Thick – 난 발의 두께를 입력 후 OK하면

- Revolve Divide Number 화면이 나오고 난 집의 단면 수를 입력할 수 있습니다.

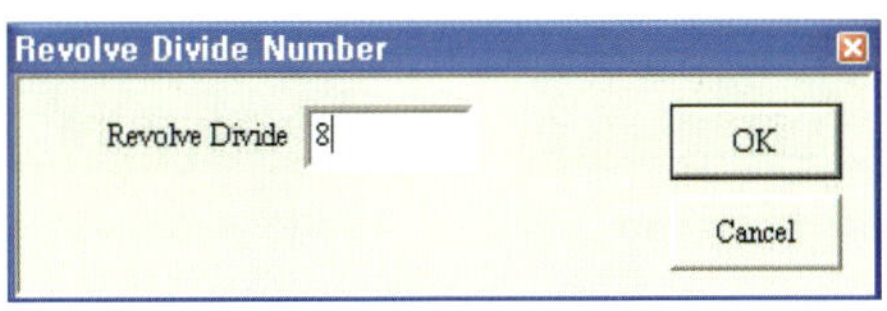

- 그러나, Oval을 선택하면 Prong Setting은 설정할 수 없고, Revolve Divide Number만 설정할 수 있습니다.
- Square를 선택하면 Prong Setting과 Revolve Divide Number는 설정할 수 없으며, 기본적인 설정된 사각 형태로 만들 수 있으며 이때 나타나는 녹색 점을 이동하여 에메랄드 형태로도 수정할 수 있습니다.
- 그리고, Numeric Mode와 함께 사용하면 Round, Oval, Square 모두 난 집의 크기를 알맞은 크기로 설정할 수 있습니다.

① Numeric Mode와 함께 Generate Setting의 Round를 해보기

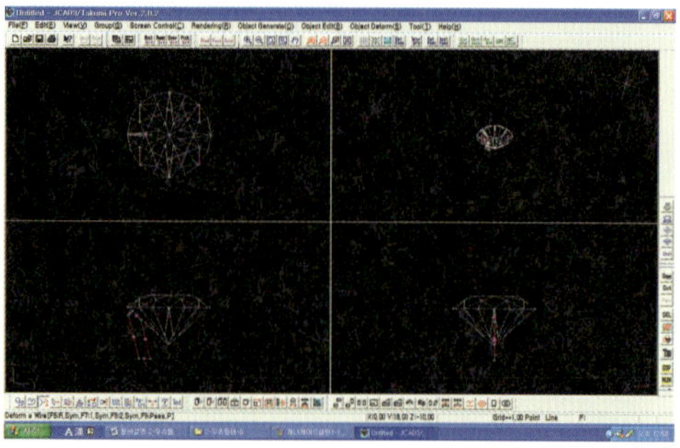

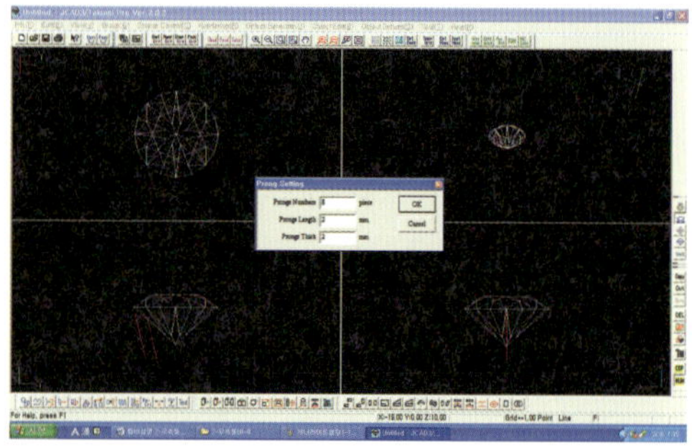

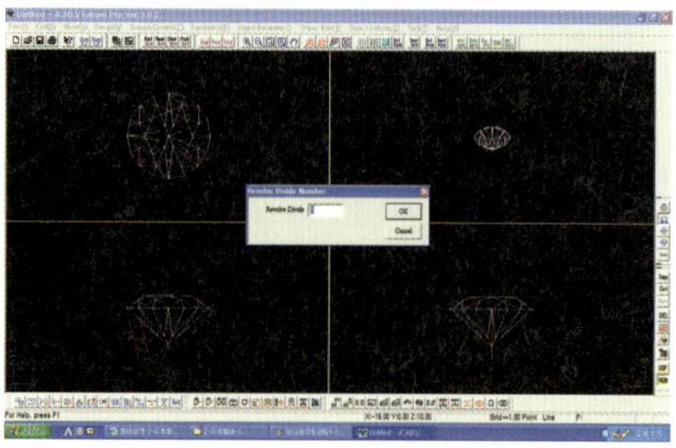

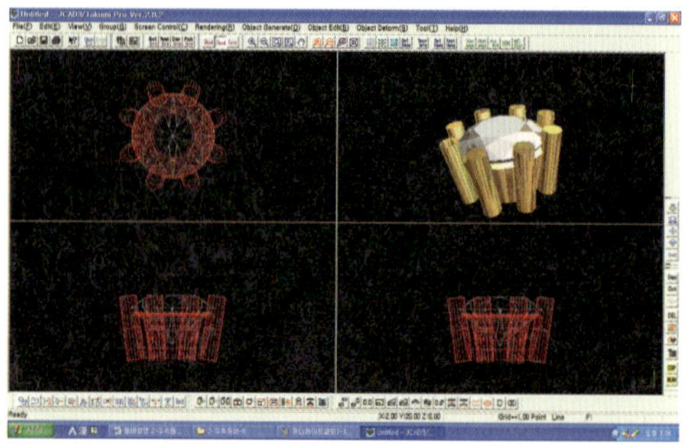

② Numeric Mode와 함께 Generate Setting의 Oval를 해보기

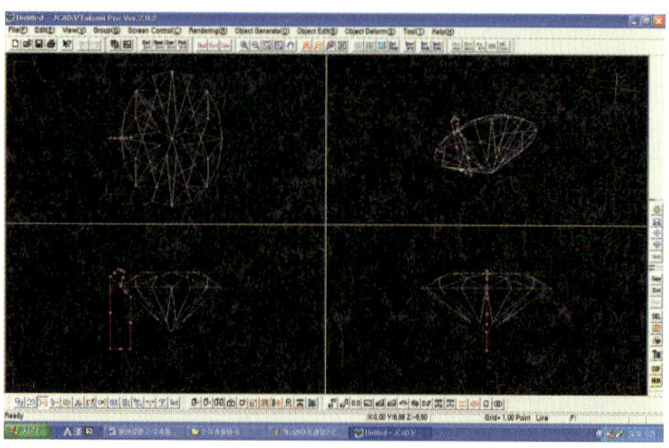

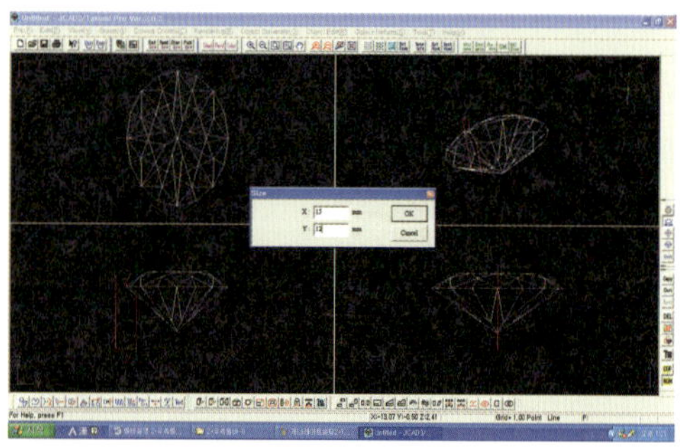

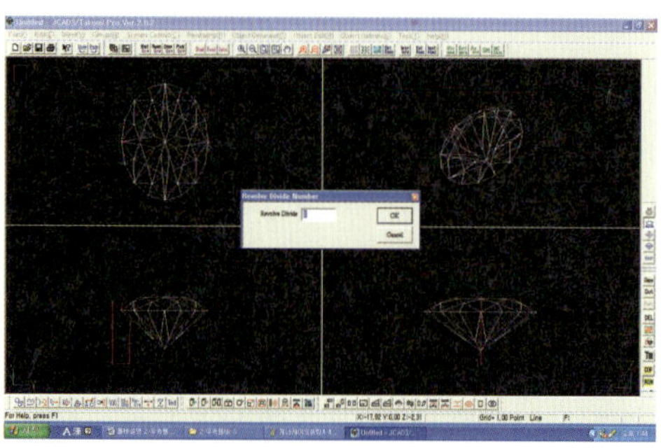

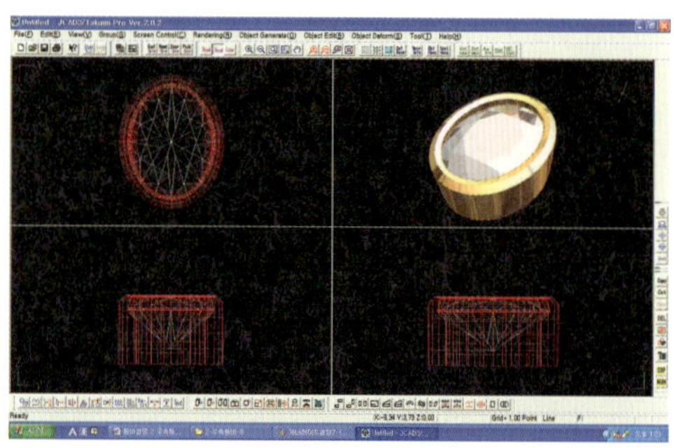

③ Numeric Mode와 함께 Generate Setting의 Square를 해보기

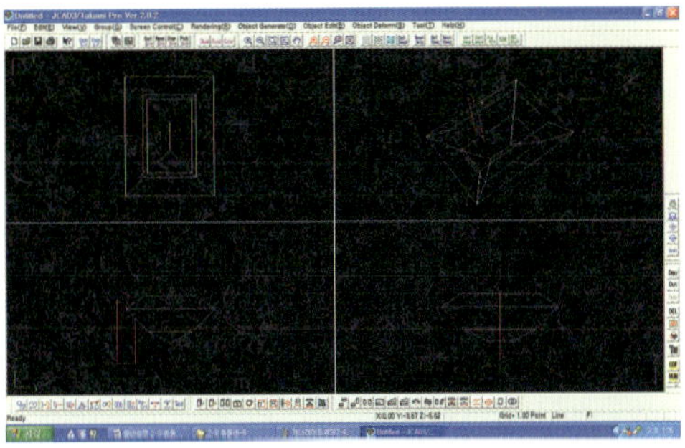

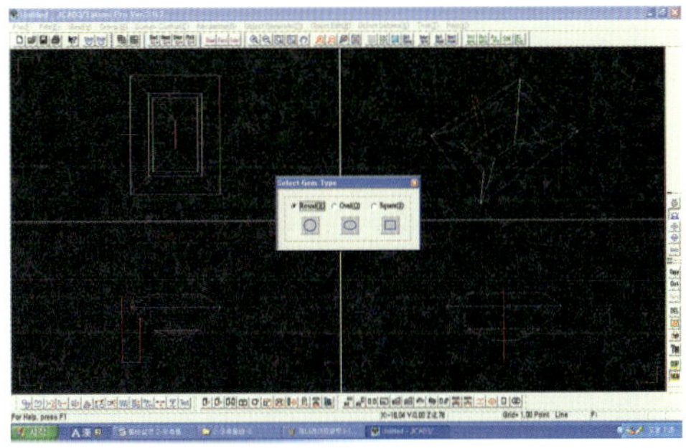

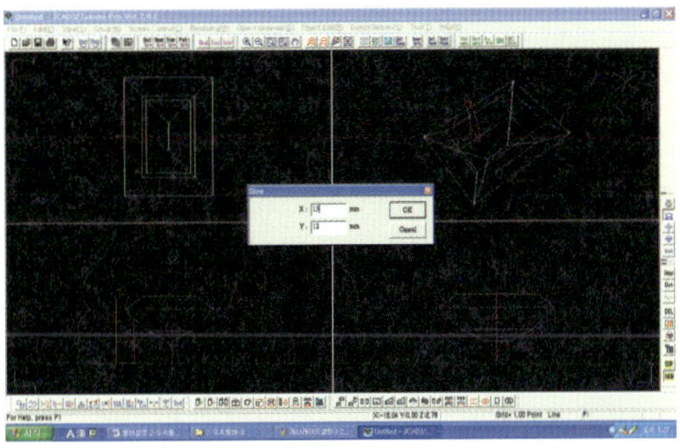

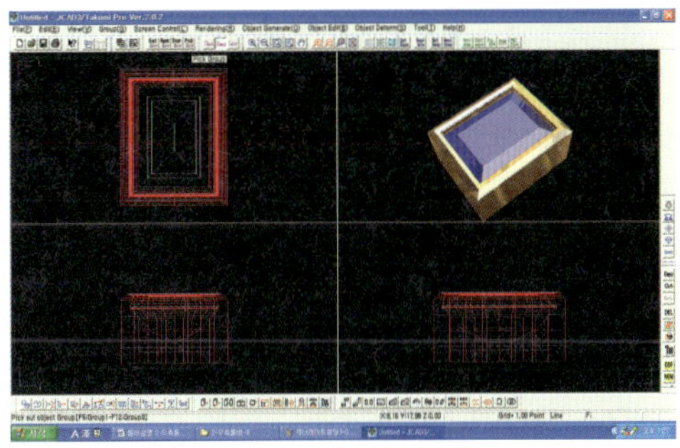

④ Numeric Mode와 함께 Generate Setting의 Square에서 Emerald로 변경하기

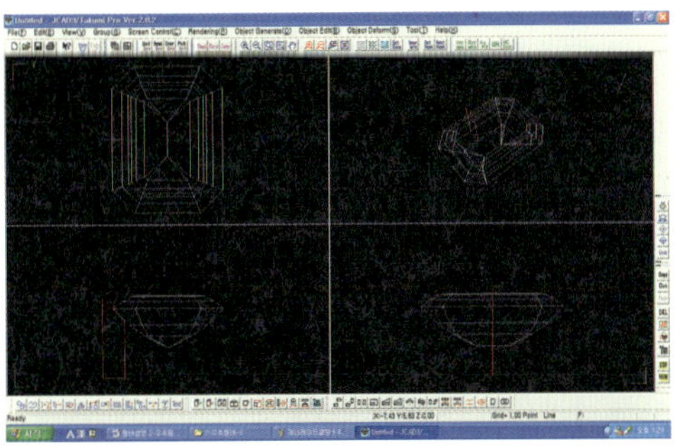

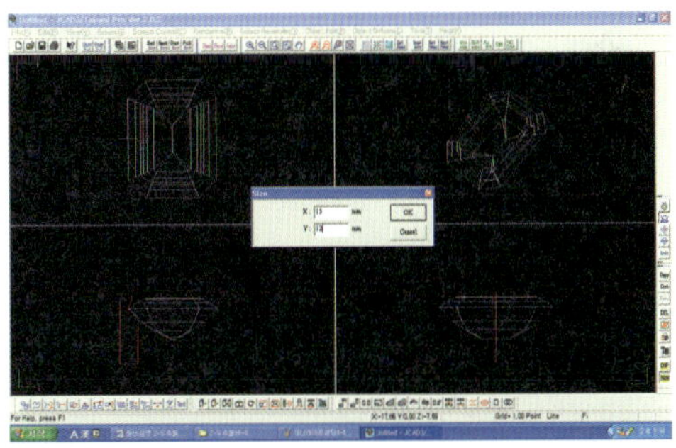

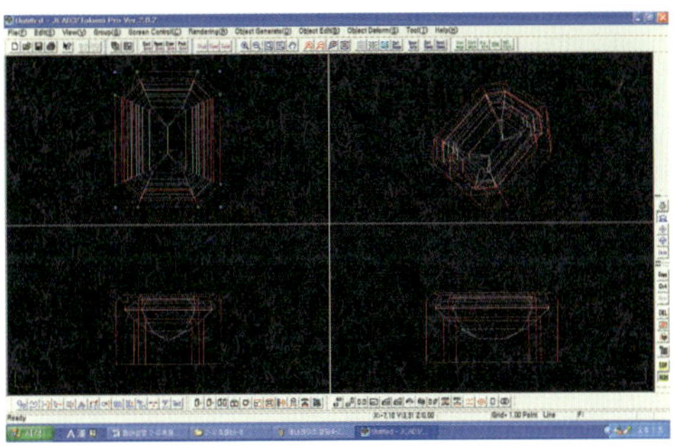

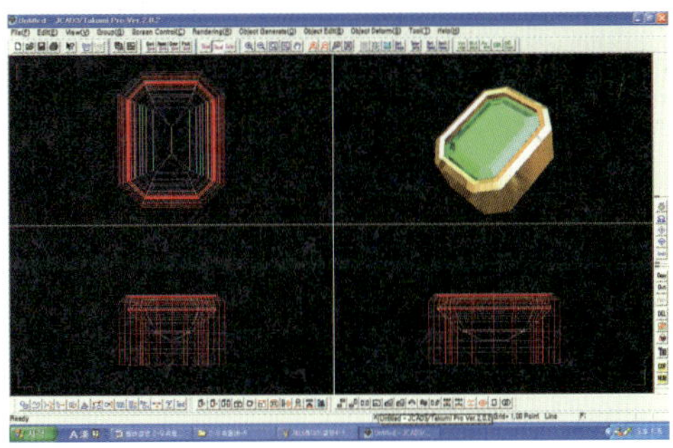

3) Arrange Setting : 원 형태의 배열 설정

Arrange a Setting – 원 형태로 배열하여 복사하기

복사할 물체를 선택한 후 Arrange Setting 명령을 실행하면 그림과 같이 설정 값을 입력할 수 있습니다.

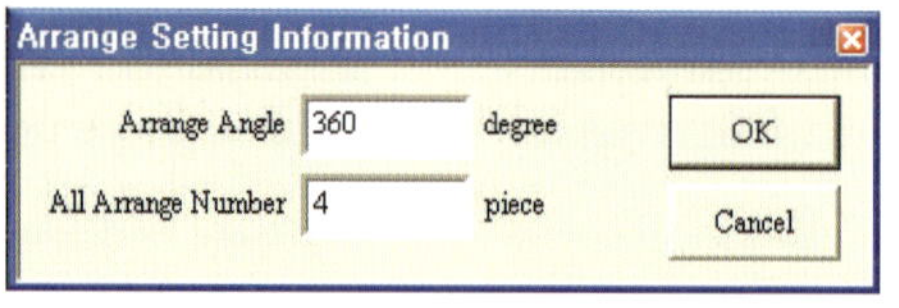

- ⊙ Arrange Angle – 원하는 회전 복사 각도
- ⊙ All Arrange Number – 원하는 물체의 수를 입력할 수 있습니다.

※ 명령을 수행하면 다음과 같은 점들이 나옵니다.

- ⊙ 파란 점 – XY-Plane에서 중심점 표시
- ⊙ 녹색 점 – XY-Plane에서 녹색 점을 클릭 회전 드래그하면 물체들을 각각의 개체로 동시에 회전할 수 있습니다.
- ⊙ 하늘색 점 – XY-Plane에서는 물체들의 간격을 확대 축소
  YZ-Plane에서는 물체들의 기울기를 주기 위해 하늘색 점을 클릭 드래그 하여 원하는 기울기를 줄 수 있습니다.

① 보석을 Arrange Setting하여 YZ-Plane에서 기울기 주기

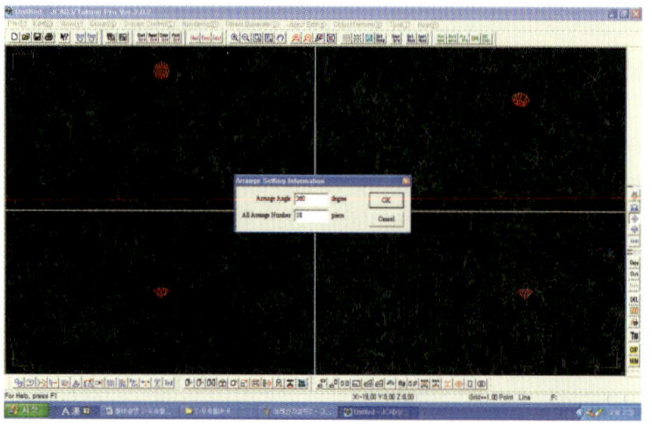

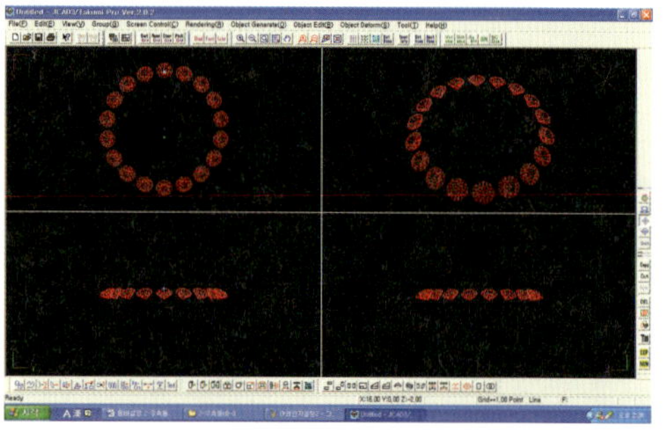

② Arrange Setting한 다음 Base Circle Edit로 간격과 모양내기

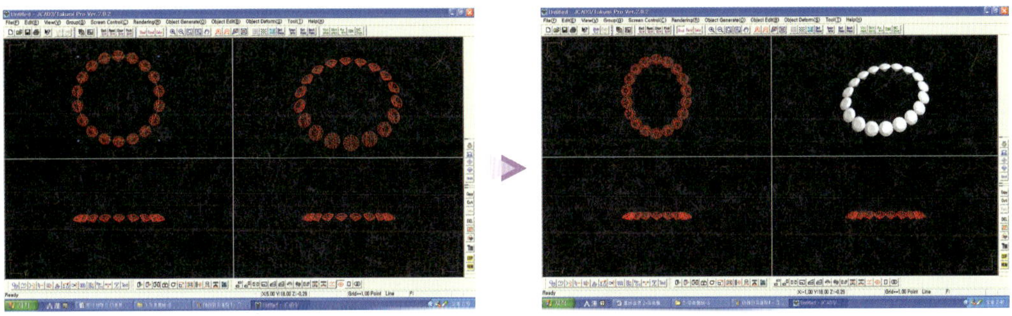

4) Gem : 보석 형태 종류

Generate a Gem – 보석 형성하기

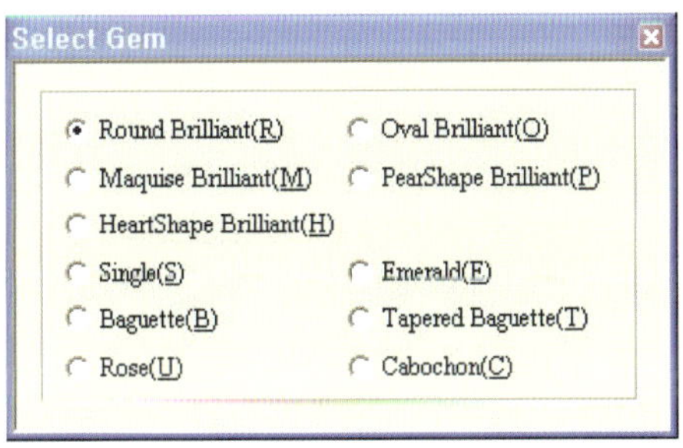

- Round Brilliant – 원형 커트
- Oval Brilliant– 타원형 커트
- Marquise Brilliant – 마키즈 커트
- Pear Shape Brilliant – 페어 커트
- Heart Shape Brilliant – 하트 커트
- Single – 구 원형 커트
- Emerald – 팔각 커트
- Baguette – 사각 커트
- Tapered Baguette – 좁아지는 사각 커트
- Rose – 로즈 커트
- Cabochon – 볼록 커트

5) Unit Object : 보석과 물체의 합

> Register objects as the Unit [F5: Cancel] – 한 단위로써 (보석과) 물체를 기록(저장)하기

원하는 보석들이나 물체들을 선택하고 Unit를 실행하면 한 단위로 되는데 처음 물체나 가장 큰 물체를 선택하면 나머지 물체들도 한 단위로 모두 선택되지만 나머지 다른 위치의 물체를 개별적으로 선택하면 개별 선택됩니다.

2 Edit 툴 바 모음

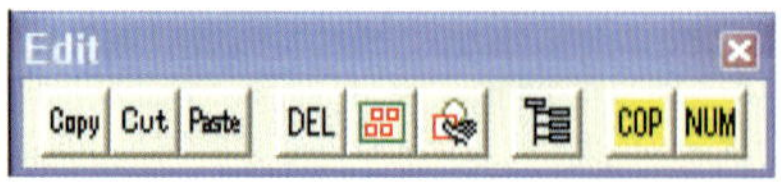

1) Copy : 복사

> Copy the Object – 물체 복사하기

아래의 Cut 기능과 Paste 기능과 함께 사용되는 복사 기능입니다.

2) Cut : 자르다

> Cut the Object – 물체 자르기

복사하려는 물체를 화면에서 사라지게 하는 기능입니다.

3) Paste : 붙이기

> Paste the Object – 복사한 물체 붙이기

복사하고자 하는 물체가 화면을 클릭할 때마다 화면에 나타나게 합니다.

Copy와 Paste가 함께 사용하는 기능, Copy와 Cut과 Paste가 함께 사용하는 기능은 물체를 복사하기 위해 서로 연계되어 함께 사용되는 기능으로 각 기능은 독립적으로 사용할 수 없으며 한 번 명령을 받으면 다른 Paste 명령을 하기 전까지 명령은 유효합니다.

(1) Copy와 Paste 사용

① 복사를 하려는 물체를 활성화하고 Copy를 클릭합니다.

② Paste를 클릭하면 물체가 회색으로 바뀌면서 그 자리에 남아 있고 화면을 왼쪽 마우스로 클릭하는 곳 마다 복사하려는 물체가 화면에 복사되어 나타납니다.

③ 다른 작업을 하다가 다시 Paste를 클릭하고 화면을 클릭하면 먼저 복사하였던 물체가 다시 복사됩니다.

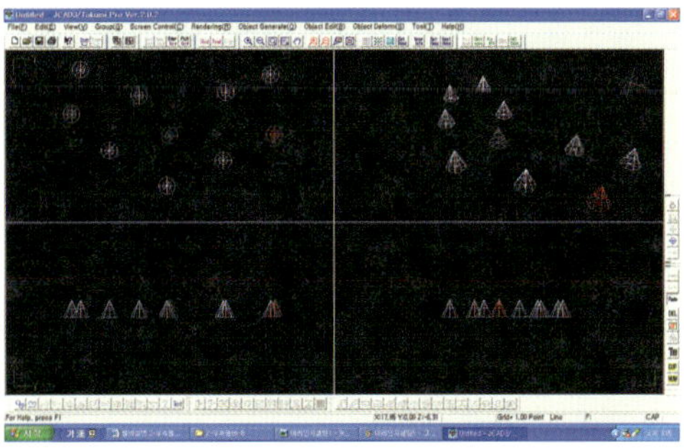

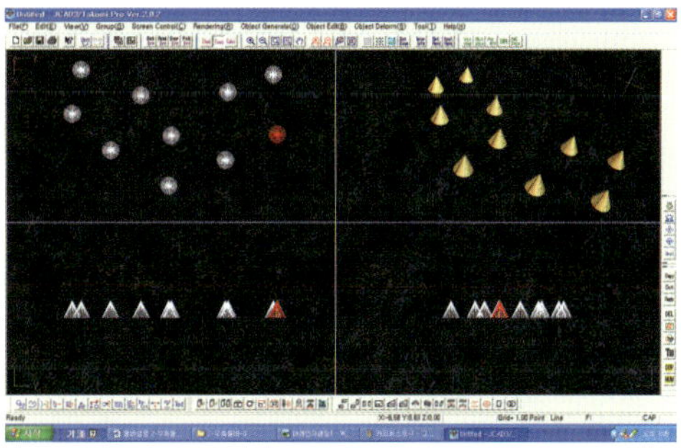

(2) Copy, Cut과 Paste 사용

① 복사를 하려는 물체를 활성화하고 Copy와 Cut을 클릭하면 물체가 사라집니다.

② Paste를 클릭하고 원하는 곳에 왼쪽 마우스를 클릭하면 선택되었던 물체가 화면에 복사되어 나타납니다.

③ 다른 작업을 하다가 다시 Paste를 클릭하고 화면을 클릭하면 먼저 복사하였던 물체가 다시 복사됩니다.

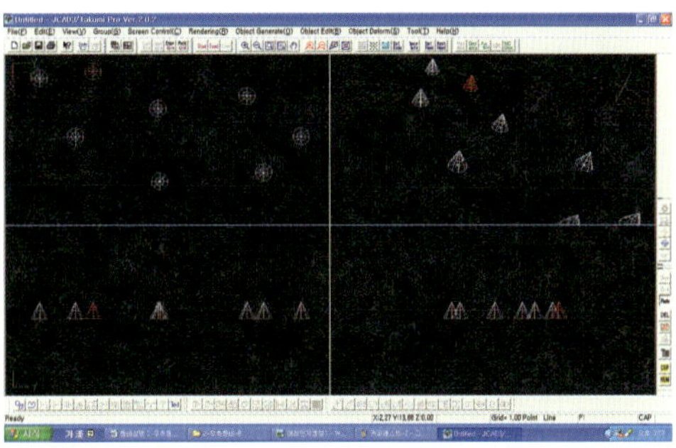

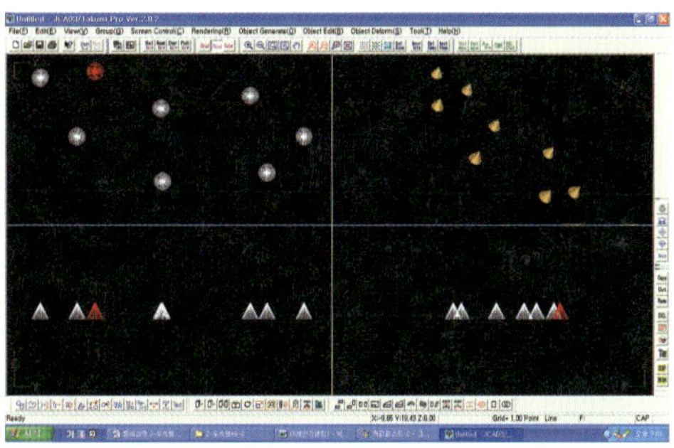

4) DEL Delete : 삭제

Delete the Object – 물체 삭제하기

5) Pick All : 화면에 있는 모든 Object 선택(활성화)

Pick out all Objects Displaying – 화면에 있는 모든 물체들을 활성화하기

6) Construction Tool : 작업 구조 표시

Show or hide Construction Tool – 작업 구조 보이거나 숨김

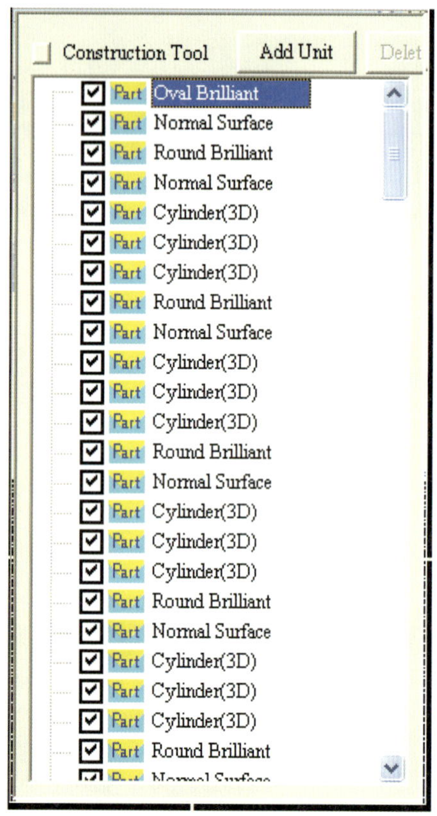

① Add Unit을 클릭하면 Construction Tool 안에 Unit(폴더)을 만들 수 있습니다.

② Delete Unit은 위에서 만든 Unit을 삭제할 수 있는데 Unit만 삭제되고 Unit 안에 있던 물체들은 삭제되지 않고 Unit 밖으로 이동만 합니다.

③ 작업한 모든 물체들을 단순한 표기로 알아볼 수 있고, 물체들 앞에 있는 Part나 Unit를 클릭할 때마다 물체들이 활성화와 비활성화가 되며, Part나 Unit 앞에 체크가 되어 있으면 화면에 나타나게 되고 체크가 안 되게 왼쪽 마우스로 체크 칸을 클릭하면 화면에서 숨길 수 있습니다.

④ 모든 작업을 완료한 후 저장하기 전에 꼭 숨김 물체는 다시 숨기지 않은 상태로 만들고 Boolean하여 놓은 작업도 Boolean하기 전 상태로 해 놓고 저장하여야 합니다.

7) Deselect : 많은 물체를 지정하여 선택 해제

Deselect the Picked Object – 선택된 물체들을 선택하여 해제하기

① 활성화의 여부를 결정할 물체들을 모두 활성화하고 Deselect를 클릭합니다.

② 가장 먼저 생성된 물체부터 순서대로 노랗게 변하여 활성화하려면 왼쪽 마우스를 클릭

하고(빨갛게 활성화된다), 비활성화하려면 오른쪽 마우스를 클릭합니다(하얗게 비활성화된다).

③ 그리고 그 다음으로 생성된 물체가 노랗게 변하여 활성화의 여부를 묻고 위와 같이 결정합니다.

④ 마지막 물체까지 결정한 후 빨갛게 활성화된 물체들은 다음 명령을 수행할 수 있습니다.

8) COP Copy Mode : 복사 모드

Copy the object by Move/Rotate/Mirror – 이동/회전/대칭 이동으로 물체를 복사하기

Copy Mode는 Move와 Rotate, 그리고 Mirror와 함께 사용하며 Copy Mode를 클릭하기 전에 Bind Grid를 꼭 먼저 클릭하여 중심이 흐트러지지 않게 합니다.

① Copy Mode와 Move를 함께 사용 – Bind Grid와 Copy Mode를 먼저 클릭한 후 Move를 클릭하면 Copy Information 창이 나오는데 다음 방법으로 입력합니다.

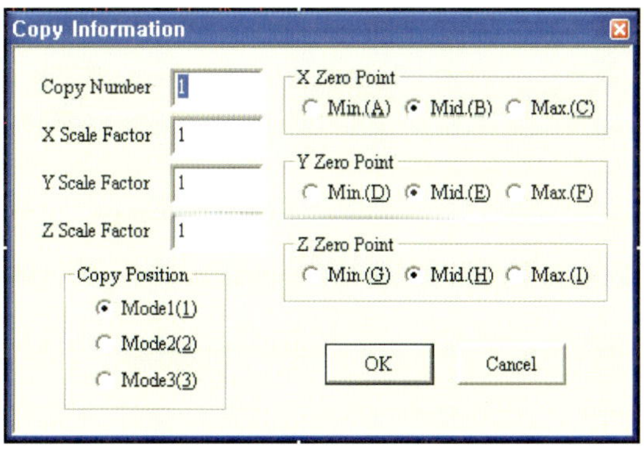

- Copy Number – 원하는 복사할 개수
- X Scale Factor – X축에 원하는 배율
- Y Scale Factor – Y축에 원하는 배율
- Z Scale Factor – Z축에 원하는 배율
- X Zero Point의 ⊙ Min(A)는 복사하려는 물체의 X축에서 최하단의 높이로 일정하게 복사됩니다.
  ⊙ Mid(B)는 복사하려는 물체의 X축에서 중심의 높이로 일정하게 복사됩니다.
  ⊙ Max(c)는 복사하려는 물체의 X축에서 최상단의 높이로 일정하게 복사됩니다.
- Y Zero Point의 ⊙ Min(A)는 복사하려는 물체의 Y축에서 최하단의 높이로 일정하게

복사됩니다.

⊙ Mid(B)는 복사하려는 물체의 Y축에서 중심의 높이로 일정하게 복사됩니다.

⊙ Max(c)는 복사하려는 물체의 Y축에서 최 상단의 높이로 일정하게 복사됩니다.

- Z Zero Point의 ⊙ Min(A)는 복사하려는 물체의 Z축에서 최하단의 높이로 일정하게 복사됩니다.

⊙ Mid(B)는 복사하려는 물체의 Z축에서 중심의 높이로 일정하게 복사됩니다.

⊙ Max(c)는 복사하려는 물체의 Z축에서 최상단의 높이로 일정하게 복사됩니다.

- Copy Position ⊙ Mode(1) – 복사하는 물체의 중심과 복사된 물체의 중심의 간격이 일정하게 복사됩니다.
- Copy Position ⊙ Mode(2) – 복사하는 물체와 복사된 물체의 간격이 일정하게 복사됩니다.
- Copy Position ⊙ Mode(3) – 복사하는 물체와 복사된 물체의 간격이 주어진 배율만큼 줄어들면서 복사됩니다.

(Numeric과 함께 사용하면 복사되는 간격을 수치로 입력할 수 있어서 정확한 간격으로 복사할 수 있습니다.)

② Bind Grid와 Copy Mode와 Rotate를 함께 사용하는 방법은 Copy Mode와 Move를 함께 사용하는 방법과 동일합니다.

③ Bind Grid와 Copy Mode와 Mirror를 함께 사용하는 방법은 복사 대상 물체를 활성화하고 Copy Mode를 클릭하고 Mirror를 클릭해서 화면에서 복사 대상 물체의 대칭되는 원하는 지점과의 중심을 클릭 드래그하여 상하와 좌우로 대칭 복사합니다.

9) NUM Numeric mode : 수치 지정 모드

Input numerical value – 수치 입력하기

Numeric mode는 JCAD에서 가장 많이 사용되는 툴 바입니다.

아래 Tool을 실행할 때 Numeric mode를 함께 사용하면 수치 입력 창에 변형하려는 수치를 입력하여 입력한 수치대로 정확하게 변형됩니다.

함께 사용할 수 있는 Tool

- **Object Generate** : Primitive, Wire, Wire Deform, Sweep, Revolve, Polyhedron
- **Object Deform** : Point Move, Line Move, Line Rotate, Twist, Extend/Reduce, Section Deform, Move Rail, Base Surface Deform
- **Object Edit** : Move, Rotate, Scale, Resize (Curve), Bend, Object Twist, Shear, Base Surface Edit, Base Line Edit, Base Circle Edit
- **Jewelry** : Generate Setting, Arrange Setting, Gem
- **Edit** : Paste, Copy Mode

3 화면 하단 툴 바(Tool bar)

화면 하단에 표시된 40개 툴 바는 Object Generate, Object Deform, Object Edit 툴 바 모음들로 구성되어 있습니다.

1 Object Generate 툴 바 모음

1)  Primitive : 초기 형태 형성

Generate a Primitive – 초기 형태 형성하기

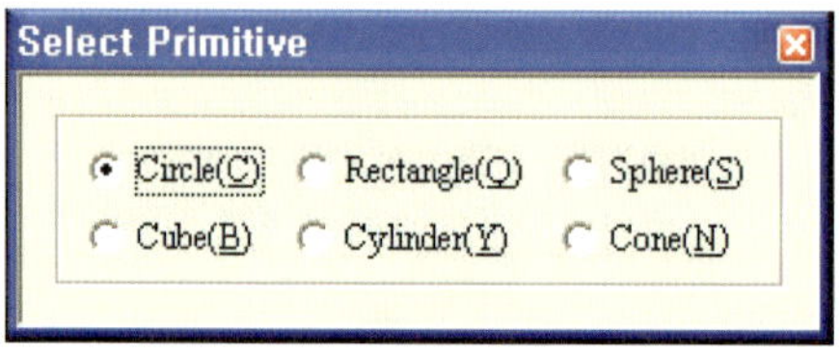

- Circle – 원
- Rectangle – 직사각형
- Sphere – 구
- Cube – 정육면체
- Cylinder – 원기둥
- Cone – 원뿔

Numeric을 먼저 클릭하고 Primitive를 클릭하면 Size 창이 열리는데 원하는 치수를 기입하여 원하는 크기로 원하는 화면에 표현할 수 있습니다.

2) Wire : 선

Generate a Wire [F5: Limit, F6: R.Sym, F7: 1.Sym, F8: 2.Sym, F9: Pass.P, F10: Spiral] – 선 형성하기

⊙ Close – 닫힘 ⊙ Open – 열어 짐

① 위의 원하는 선의 형태를 정하고 선을 그릴 때 마우스의 왼쪽 버튼을 클릭할 때마다 정점이 나타나며 서로 이어져서 선으로 그려집니다.

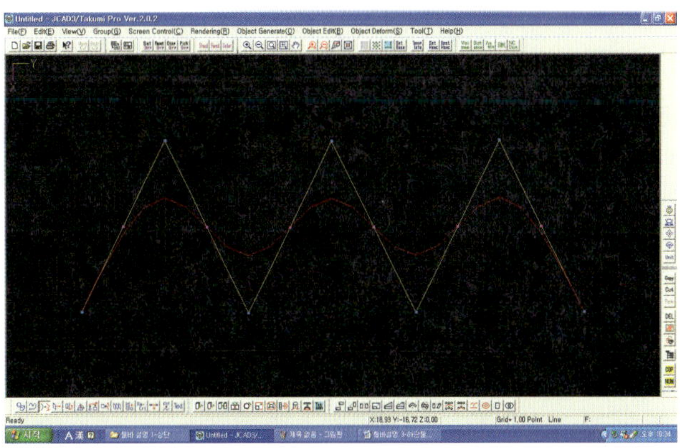

② 마우스를 잡지 않은 다른 손으로 키보드의 Ctrl을 누른 상태에서 왼쪽 마우스로 클릭하면서 직선과 45° 방향으로 이동하며 정점을 찍을 수 있으며, 마우스를 잡지 않은 다른 손으로 키보드의 Shift를 누르고 정점을 찍으면 각진 정점이 찍히며, 마우스를 잡지 않은 다른 손으로 키보드의 Shift와 Ctrl을 함께 누른 상태에서 왼쪽 마우스를 클릭하면 직각과 45° 방향으로 이동하며 각지게 정점을 찍을 수 있습니다.

③ 색깔 별 기능

- **녹색 점** : 각진 기능을 가지고 있는 정점이며 마우스를 잡지 않은 다른 손으로 키보드의 Shift를 누르면서 왼쪽 마우스를 클릭하면 선에 각이 나타나며 녹색 점으로 표현됩니다.
- **파란 점** : 곡선 기능을 가지고 있는 정점이며 왼쪽 마우스를 클릭하면 파란 점으로 표현됩니다.
- **분홍 점** : 파란 정점이 될 예비 정점이고 분홍 정점을 왼쪽 마우스로 클릭하면 파란 정점으로 변경되며 양쪽으로 분홍점들이 나타납니다.

④ 오른쪽 마우스를 클릭하면 선을 그리는 명령이 종료됩니다.

⑤ 형태를 그린 선을 수정하려면 녹색 점이나 파란 점을 왼쪽 마우스로 클릭하면 명령을 수행할 수 있는 활성화 상태인 노란 점으로 바뀌는데 이 노란 점을 다시 클릭하여 드래그하여 이동 수정합니다. 이 노란 점은 키보드의 Del을 클릭하여 없앨 수 있고 정점들을 Del을 연속 클릭하여 순서대로 지울 수도 있습니다.

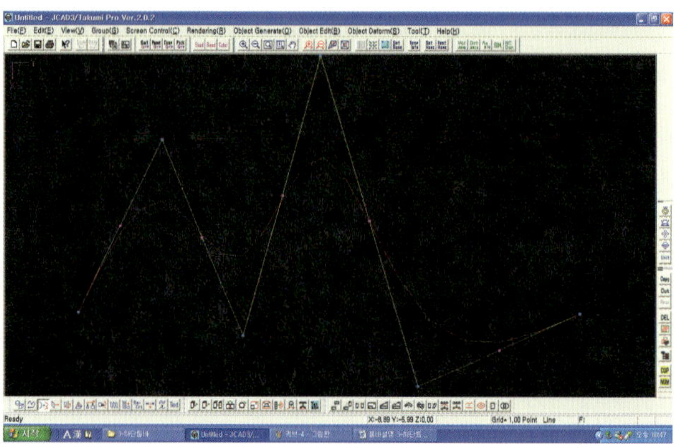

⑥ 노란색 정점으로 원하는 형태로 변경을 한 후에 왼쪽 마우스로 다른 곳을 클릭하여 다시 노란색 정점으로 변형하여 수정할 수 있습니다. 이를 종료하려면 오른쪽 마우스를 클릭합니다.

⑦ 마우스를 잡지 않은 다른 손으로 키보드의 Shift를 누른 상태에서 파란색 정점을 왼쪽 마우스로 클릭하면 각진 녹색 정점으로 바뀌며 노란색으로 변하며, 반대로 녹색 정점을 클릭하면 파란색 정점으로 바꾸어 집니다.

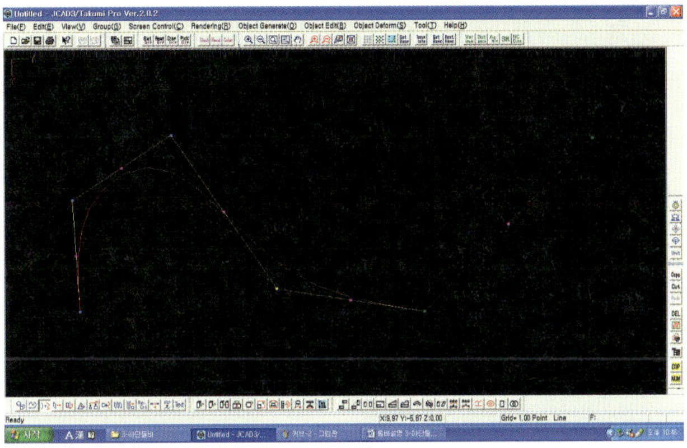

⑧ 명령을 실행했던 활성화된 모든 물체는 오른쪽 마우스를 클릭하여 명령을 종료하며 왼쪽 마우스를 클릭하여 비활성화합니다.

⑨ Numeric과 함께 사용하여 정확한 치수를 기입하여 형태를 완성할 수 있습니다. Numeric을 클릭한 후에 Wire를 클릭하면 Wire 창이 나옵니다.

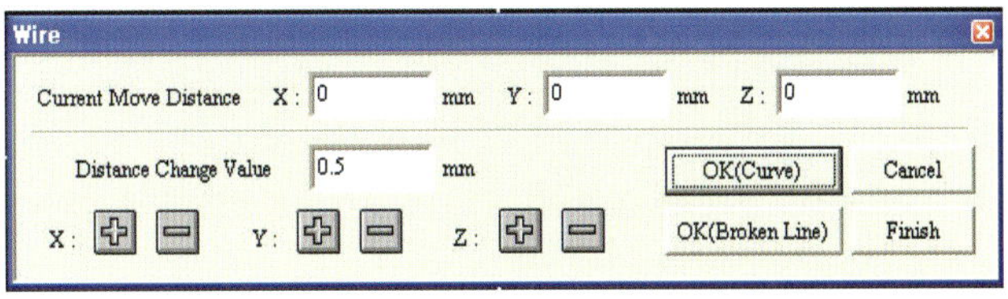

Current Move Distance에 X, Y, Z 칸에 원하는 치수를 칸에 치수를 직접 기입할 수도 있고 Distance Change Value의 칸에 원하는 치수를 기입하여 그 치수만큼씩 가감을 주어 원하는 만큼 정확히 클릭하며 이동이 가능하며 치수를 기입한 후 OK(Curve)를 클릭하면 곡선의 성격을 가진 파란 점으로 나타나며 각진 형태를 원하면 다시 치수를 기입한 후 OK(Broken Line)를 클릭하면 녹색 정점으로 화면에 나타나는데 이를 적절히 반복 사용하여 원하는 형태를 그린 후 Finish를 클릭하여 형태를 완성합니다.

※ Wire를 실행하기 앞서 키보드의 F5~F10을 먼저 클릭하고 Wire를 클릭하면 선을 그릴 때 대칭이나 회전으로 같은 모양의 선을 그릴 때 사용합니다. 아울러 Auto Zoom이나 Reset Home을 용도에 맞게 사용하여서 원하는 중심점에서 그릴 수 있습니다. 그러나 여기서 주의하여야 하는 것이 있는데 화면에 나타나는 녹색 선에서 떨어지게 정점을 꼭 찍어야 하며 정점을 녹색 선에 닿아 그리면 정점이 이중으로 겹쳐져서 변형이나 물체화 하는 데 어렵게 합니다.

(i) F5를 클릭하고 Wire를 클릭하면 아래와 같이 Wire Information 창이 보이는데 정점을 찍으며 선을 그리다가 원하는 각도로 다음 정점을 정확히 찍고 싶으면 Wire Information 창에 원하는 각도와 곡선의 반지름을 입력하여 이동 클릭하여 정확하게 그릴 수 있습니다.

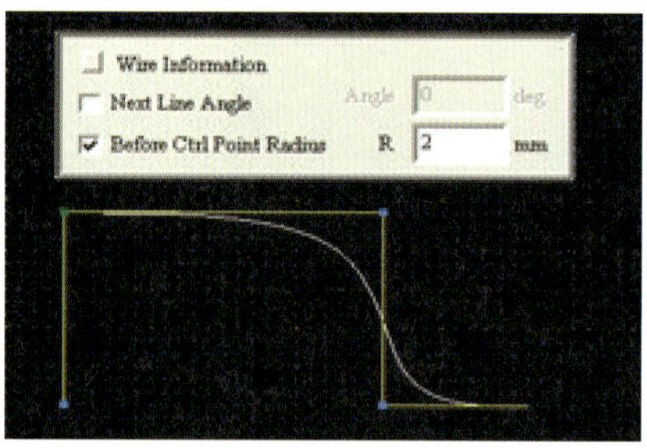

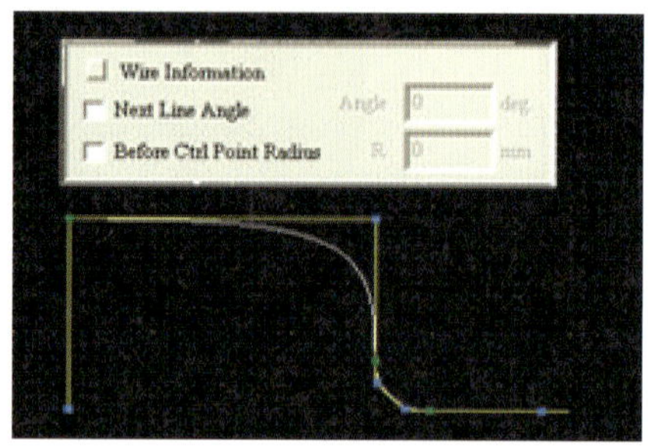

(ii) F6을 먼저 누르고 Wire를 클릭하고 화면의 중심을 클릭하면 화면의 중심을 기준으로 회전하여 대칭 분할되는 Rotation Symmetry Divide Number 창에서 Symmetry Divide에 원하는 수를 입력하면(분할 수는 10까지 가능합니다.) 입력한 숫자만큼 화면이 녹색 선으로 나누어지고 그 한 군데에만 형태를 그리고 오른쪽 마우스를 클릭하면 명령이 종료되면서 화면과 같이 시계 방향으로 복사되며 이 상태에서 수정하고 싶으면 정점을 클릭하여 이동 수정하고 다시 오른쪽 마우스를 클

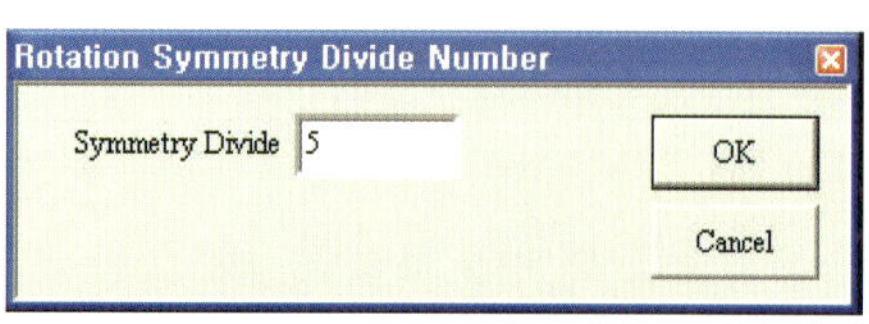

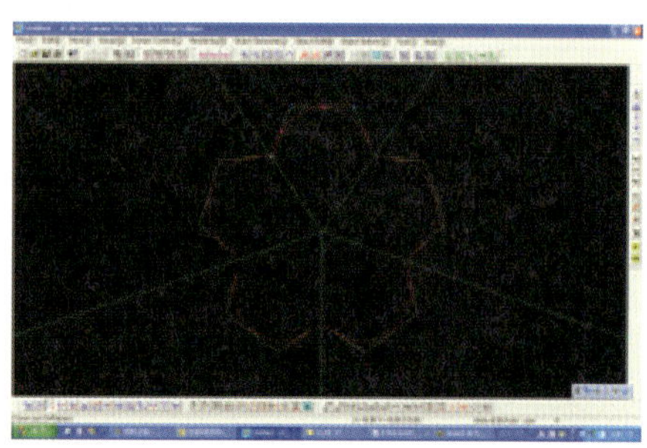

릭하여 명령을 종료합니다.

단, Rotation Symmetry Divide Number 창에서 Symmetry Divide에 2를 기입하고 OK를 클릭하면 화면의 중심을 기준으로 화면이 반씩 상하로 대칭으로 나뉘어지는 녹색 선이 나타나는데 그 한 군데에만 형태를 그린 후, 오른쪽 마우스를 클릭하면 명령이 종료되면서 화면과 같이 시계 방향으로 복사되며, 형태를 수정하고 싶으면 정점을 클릭하여 이동 수정하고 다시 오른쪽 마우스를 클릭하여 명령을 종료합니다.

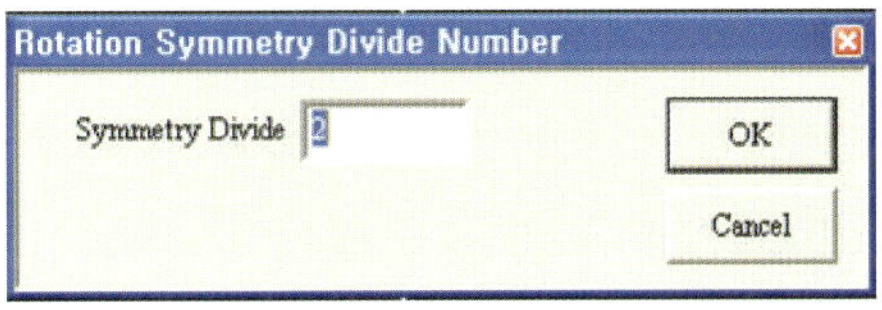

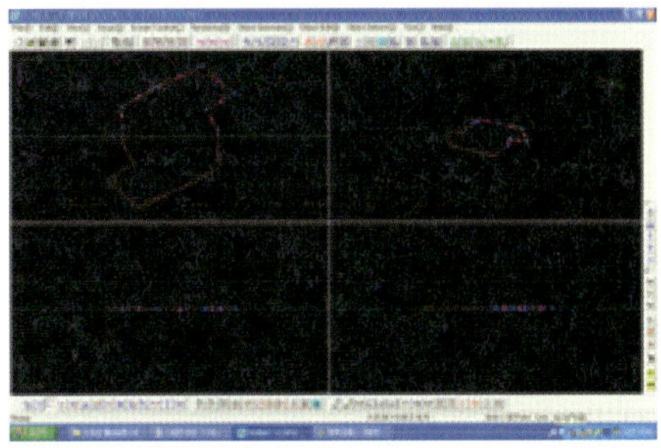

꽃잎, 별 등을 그릴 때 사용할 수 있습니다.

(iii) F7을 먼저 누르고 Wire를 클릭하고 화면의 중심을 클릭하면 화면의 중심을 기준으로 화면이 반으로 좌우 대칭으로 나뉘어지는 녹색 선이 나타나는데 그 한 군데에만 형태를 그릴 때 녹색 선에 정점이 닿지 않게 떨어져서 정점을 찍어야 합니다. 다 그렸으면 오른쪽 마우스를 클릭하면 명령이 종료되면서, 좌우로 복사된 형태로 완성되며, 형태를 수정하고 싶으면 정점을 클릭하여 이동 수정하고 다시 오른쪽 마우스를 클릭하여 명령을 종료하면 하트 형태로 그려지는데 Wire Deform을 클릭하여 하트 형태에 위와 아래의 각진 부분은 Shift와 함께 중앙 위 분홍 점 한 점을 각지게 하여 알맞은 자리로 이동하여 놓고 아래의 분홍 점을 클릭하여 각지게 수정하여 알맞은 위치로 이동하여 하트의 형태를 완성합니다.

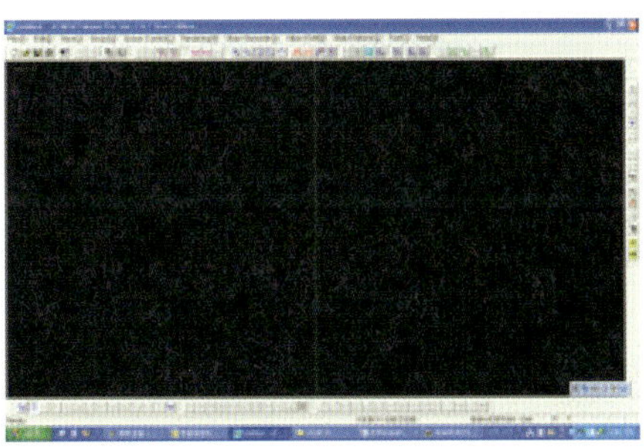

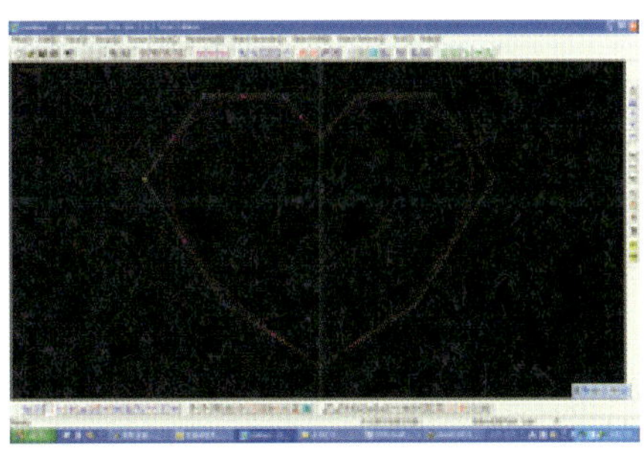

하트와 같이 좌우 대칭되는 그림을 그릴 때 사용할 수 있습니다.

(iv) F8을 먼저 누르고 Wire를 클릭하고 화면의 중심을 클릭하면 화면의 중심을 기준으로 화면이 4등분으로 나뉘어 지는 녹색 선이 나타나는데 녹색 선에 정점이 닿지 않게 떨어져서 정점을 찍어야 합니다.

그 한 군데에만 형태를 그린 후, 오른쪽 마우스를 클릭하면 그린 형태가 네 군데에 모두 복사되어 형태가 완성되고, 형태를 수정하고 싶으면 정점을 클릭하여 수정하고 다시 오른쪽 마우스를 클릭하여 명령을 종료합니다.

Wire Deform을 클릭하여 클로버 형태의 네 군데의 각진 부분은 Shift와 함께 분홍점 한 점씩 각지게 하여 알맞은 자리로 이동하여 놓고 나머지 세 분홍 점도 차례로 각지게 하고 이동하여 클로버 형태를 완성합니다.

네 잎 클로버 모양 등과 같은 그림을 그릴 때 사용할 수 있습니다.

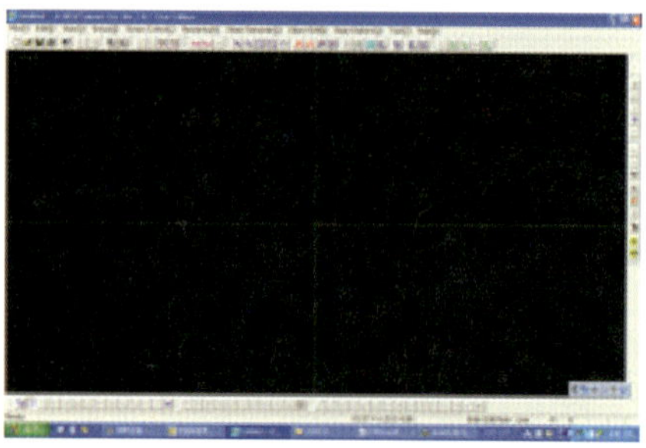

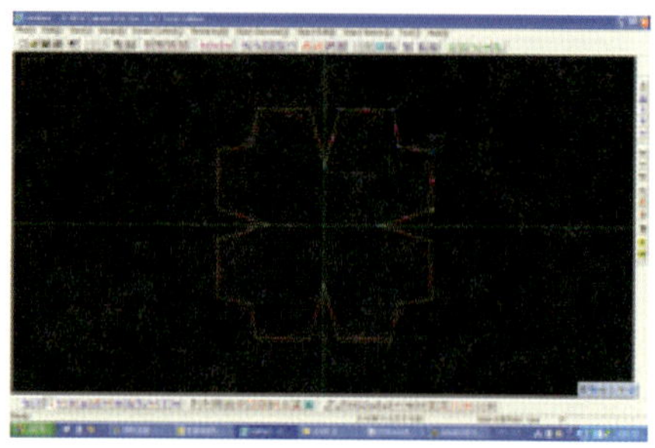

(v) F9를 클릭하고 왼쪽 마우스로 클릭하면서 원하는 선을 그리면 정점이 생기는데 선 형태가 정점 밖으로 표현됩니다.

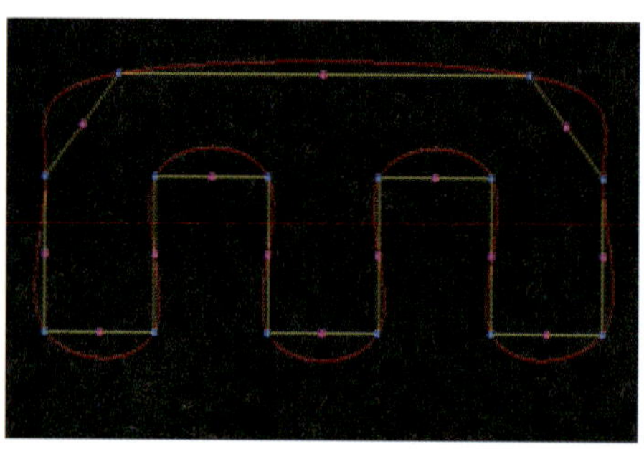

(vi) F10을 클릭하고 Spiral 수치 입력 상자에 기입된 수치 형태로 나선 형태의 선이 만들어 집니다.

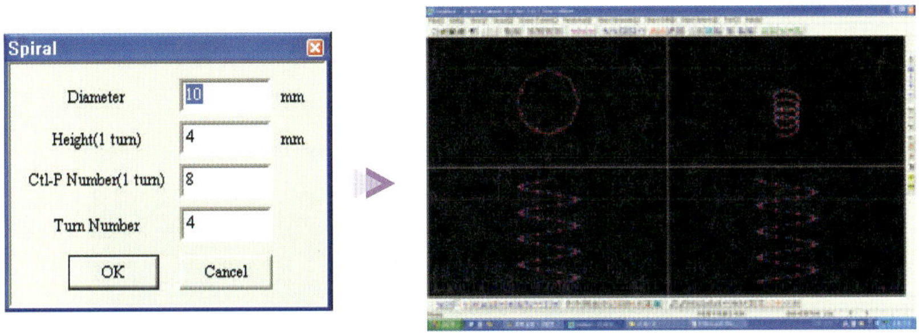

- Diameter : 지름
- Height(1 turn) : 한 바퀴 회전의 높이
- Ctrl-P Number(1 turn) : 한 바퀴 회전의 정점 수
- Turn Number : 회전 횟수

3) Wire Deform : 선 변형

Deform a Wire [F6 : R.Sym, F7 : 1.Sym, F8 : 2.Sym, F9 : Pass.P] – 선 변형하기

① 그려진 선을 수정하고 싶을 때 수정하려는 선을 왼쪽 마우스로 클릭하여 활성화를 하고 Wire Deform을 클릭하고 정점을 왼쪽 마우스로 클릭하여 활성화시키고 다시 정점을 클릭 드래그하여 이동 수정합니다.

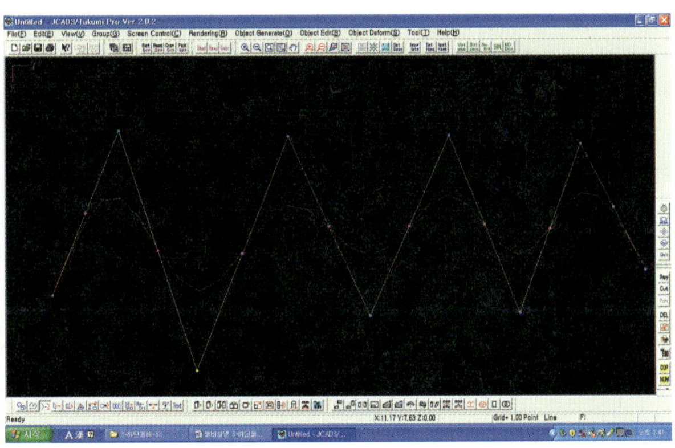

② F6~F9와 함께 그려진 선을 수정할 땐 해당 번호를 누르고(F6~F9) Wire Deform을 클릭하여 대칭이나 회전 복사하여 그린 선을 녹색의 점과 파란 점, 분홍 점들로 표현되어 화면에 보여 지면서 그렸던 방법으로 보여지는 녹색 선이 보여지는데 이를 참고로 수정하려는 점을 찾아 클릭하여 활성화시키고 이동 수정합니다.

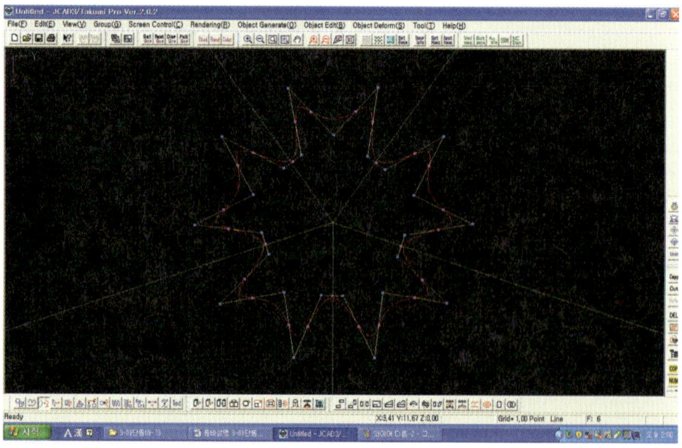

③ 곡선을 표현하는 파란 점이나 정점이 될 수 있는 예비 점인 분홍 점을 키보드의 Shift를 누르면서 왼쪽 마우스로 정점을 클릭하면 선에 각이 나타나며 해당되는 점이 녹색 점으로 표현됩니다.

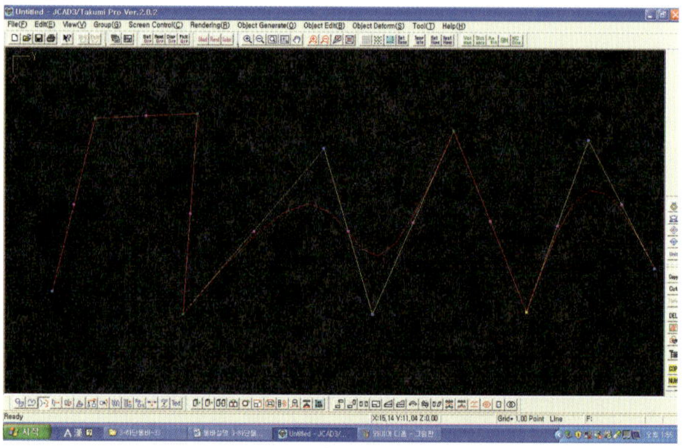

④ 각진 표현을 하는 녹색 점을 키보드의 Shift를 누르면서 왼쪽 마우스로 녹색 점을 클릭하면 선에 각이 없어지며 파란 점이 됩니다.

⑤ 파란 점이나 녹색 점을 클릭하면 노란 점으로 변하는데 이 점을 Delete하면 예비 점인 분홍 점으로 바뀝니다.

- **녹색 점** : 각진 기능을 가지고 있는 정점이며 마우스를 잡지 않은 다른 손으로 키보

드의 Shift를 누르면서 왼쪽 마우스를 클릭하면 선에 각이 나타나며 녹색 점으로 표현 됩니다.

- 파란 점 : 곡선 기능을 가지고 있는 정점이며 왼쪽 마우스를 클릭하면 파란 점으로 표현됩니다.
- 분홍 점 : 녹색 점이나 파란 정점이 될 예비 정점이고 분홍 정점을 왼쪽 마우스로 클릭하면 파란 정점으로 변경되며 양쪽으로 분홍 점들이 나타납니다.

4) Sweep : 쓸어내리는 것과 같이 클릭 드래그하여 완성합니다.

Generate a Sweep object [F5: Facet(속이 텅 빈 형태), F6: 1Section, F7: Swp.S(일정한 폭), F: 9(정점을 지나감), F11: 90, F12: 180] – 선을 긋듯이 단면을 쓸어 물체 형성하기

① Wire로 그려진 단면을 선택합니다.

② Sweep 클릭합니다.

③ Section Generate 창이 나오면 원하는 물체의 기준점을 클릭하고 OK를 클릭합니다.

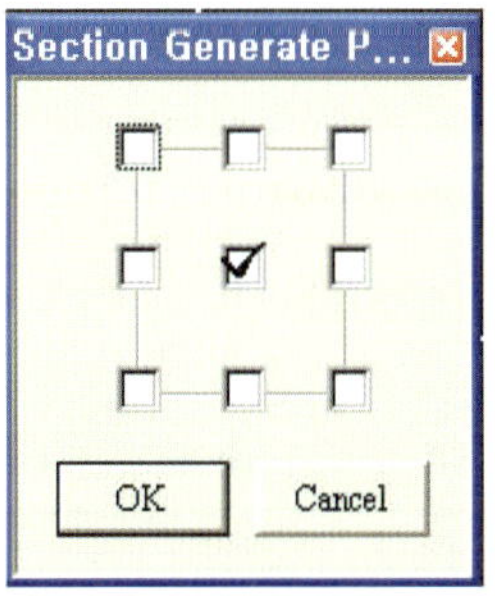

④ 원하는 시작 지점에서 Click한 상태로 원하는 형태로 마우스를 움직여 연속 Click하며 원하는 시작 점에서 클릭 드래그하여 단순하게 클릭하고 왼쪽 마우스를 클릭하여 완료하고 오른쪽 마우스를 클릭하면 Sweep Divide Number 창이 보입니다.

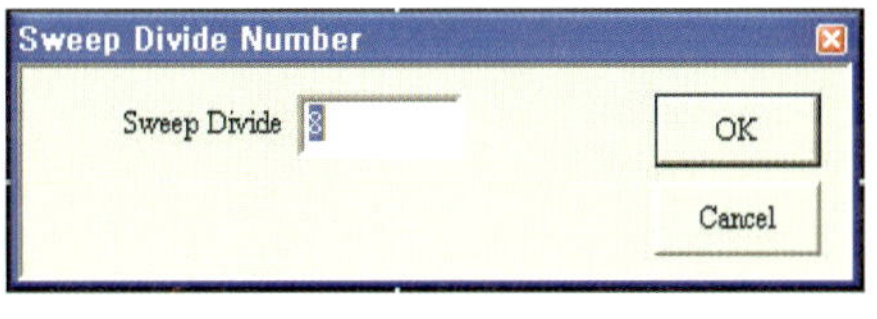

⑤ 단면의 개수를 입력하고 OK를 클릭하여 완성된 물체를 확인할 수 있습니다.

⑥ 단면의 개수를 0으로 기입하는 경우는 완성된 물체의 단면이 양쪽에만 있고 중간에는 단면이 없습니다.
물체를 단순하게 변화를 주려고 할 때 많이 사용합니다.

※ 키보드의 F5, F6, F7, F9, F11, F12를 먼저 클릭하고 Sweep을 클릭 드래그하여 사용하는 방법을 소개합니다.

① 키보드의 F5를 누르고 Sweep을 클릭하고 화면의 시작점을 클릭하고 드래그하여 클릭하고 오른쪽 마우스로 명령을 종료하면 물체의 속이 빈 형태가 됩니다.

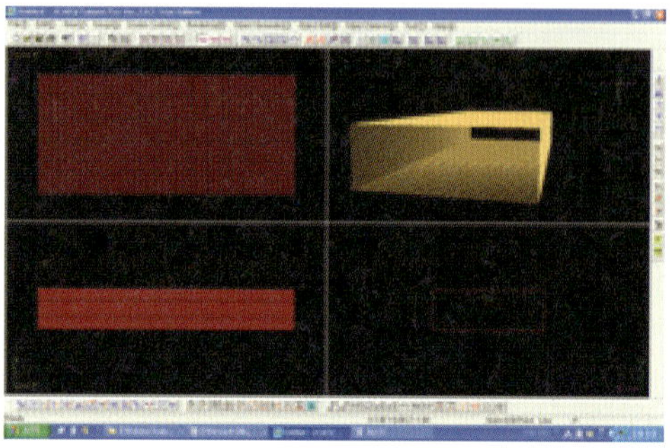

② 키보드의 F6을 누르고 Sweep을 클릭하고 화면의 시작점을 클릭하고 드래그하면 양쪽 끝 단면의 중심에 정점이 없게 나타납니다.

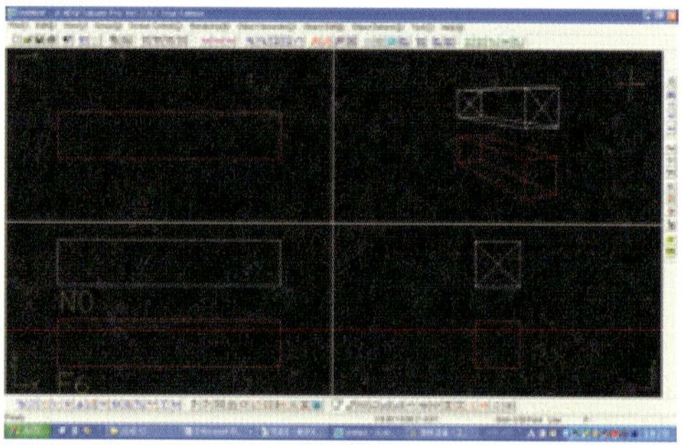

③ 키보드의 F7을 누르고 Sweep을 클릭하고 화면의 시작점을 클릭하고 다음 점과 마지막 점을 곡선 형태로 휘어지게 클릭하면 휘어지는 단면 부분과 처음 단면 부분과 마지막 단면 부분의 폭이 일정한 두께로 표현합니다.

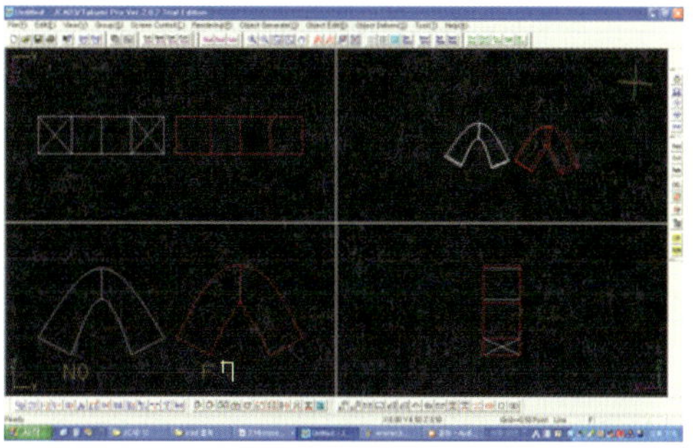

④ 키보드의 F9를 누르고 Sweep을 클릭하고 화면의 시작점을 클릭하고 다음 점과 마지막 점을 곡선 형태로 휘어지게 클릭하면 휘어지게 클릭한 정점 위로 물체의 단면이 지나가게 합니다.

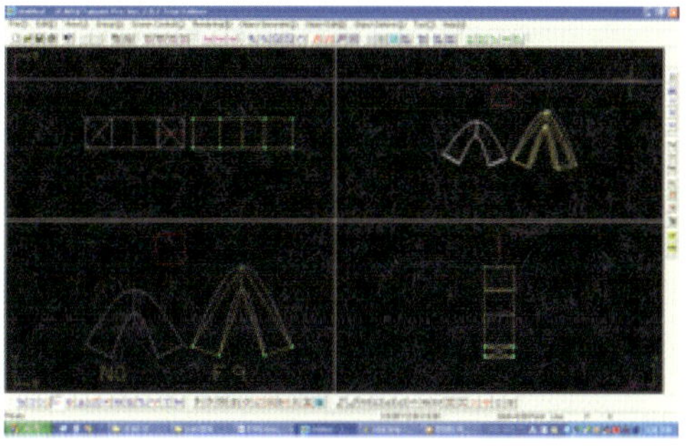

⑤ 키보드의 F11을 누르고 Sweep을 클릭하고 화면의 시작 점을 클릭하고 드래그하여 클릭하고 오른쪽 마우스로 명령을 종료하면 물체의 단면이 90° 돌려져서 그려집니다.

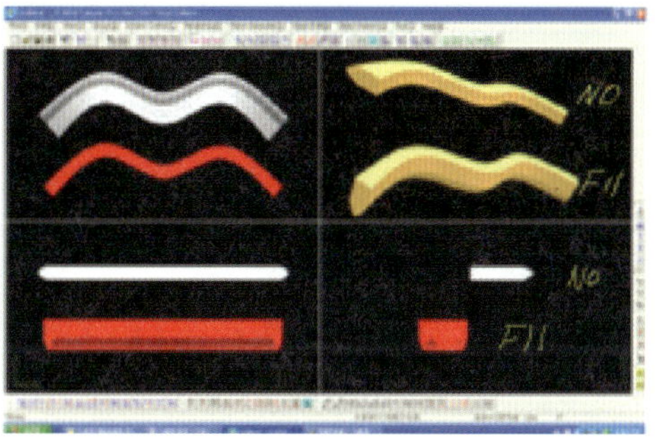

⑥ 키보드의 F12를 누르고 Sweep을 클릭하고 화면의 시작점을 클릭하고 드래그하여 클릭하고 오른쪽 마우스로 명령을 종료하면 물체의 단면이 180 ° 돌려져서 그려집니다.

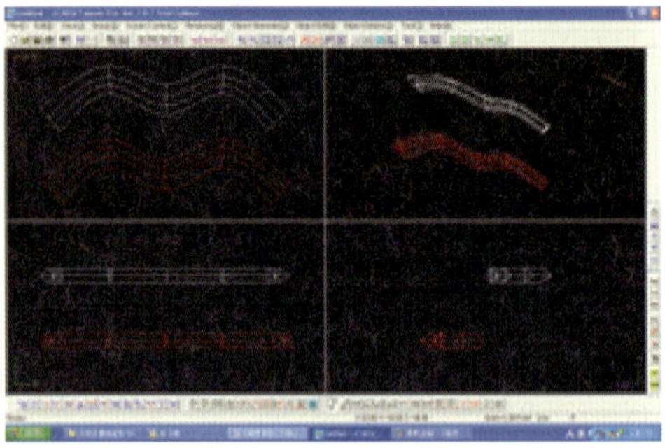

5) Revolve : 회전체

Generate a Revolve object [F5 : Facet(속이 텅 빈 형태), F6 : 1Section, F7 : Swp.S(일정한 폭)] – 회전체

- 선이나 단면을 활성화하고 Revolve를 클릭하면 Revolve Divide Number 창이 나오는데 원하는 회전 단면의 수를 입력하고 OK를 클릭하고 원하는 중심점을 클릭한 상태에서 상하로 드래그하든지 좌우로 드래그하면 그어진 선을 중심으로 선이나 단면을 회전시켜 물체가 만들어집니다.

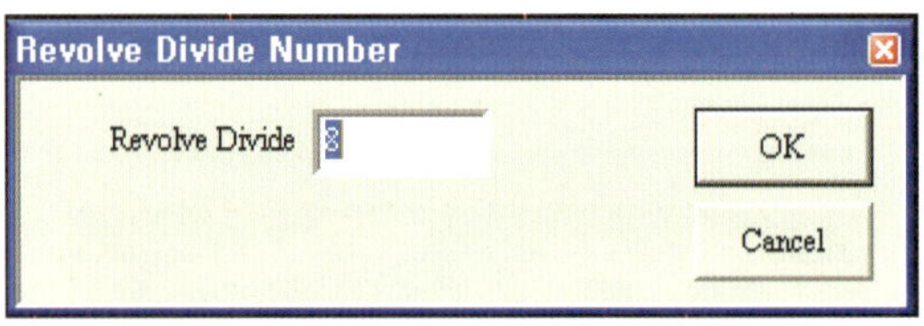

- 단면의 수는 작은 물체인 경우 6을 기입하여도 무방합니다.
- 단면을 회전하기 위하여 중심을 잡을 때 중심점을 잡을 수 있는 Bind Grid를 사용하여 쉽게 중심점을 클릭하여 회전합니다.

① Bind Grid 상태에서 중심점을 중심으로 따라 단면이 360도 회전하여 형태화 되는 보기

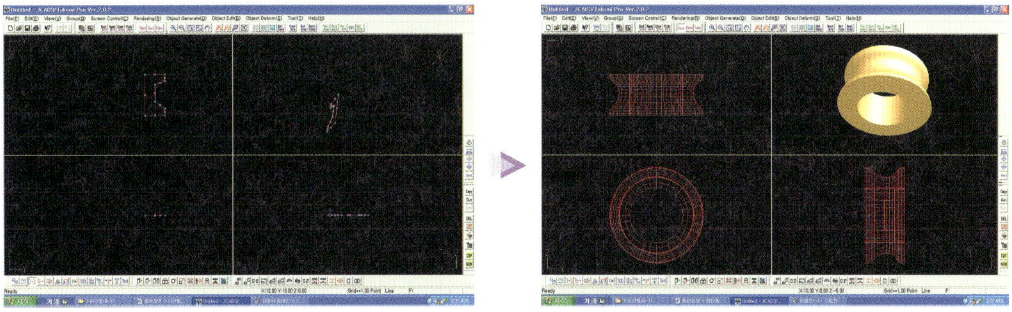

② Bind Grid 상태에서 키보드의 F5를 누른 후 중심점을 중심으로 따라 단면이 360도 회전하여 형태화 되는 보기

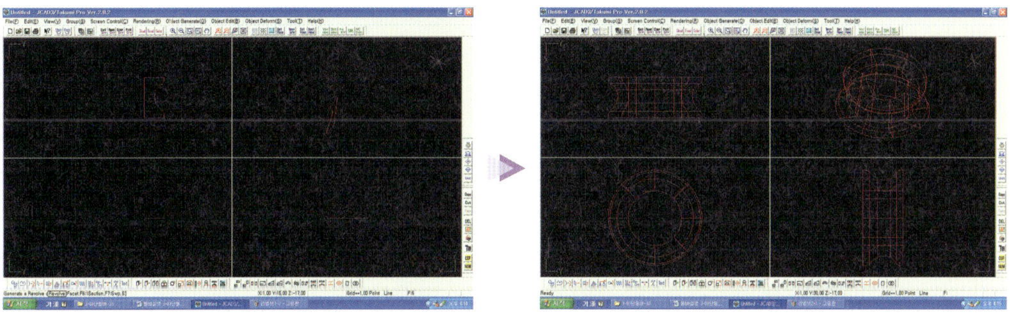

두 형태를 비교하여 보면 큰 차이를 발견할 수 없는 것 같으나 F5나 F6를 이용하여 복잡한 그림에서 파일이 무거워지는 것을 가볍게 그릴 수 있게 합니다.

6) Polyhedron : 다면체

Generate a Polyhedron object [F5: Facet (속이 텅 빈 형태), F6: 1Section]
- 다면체 형성하기

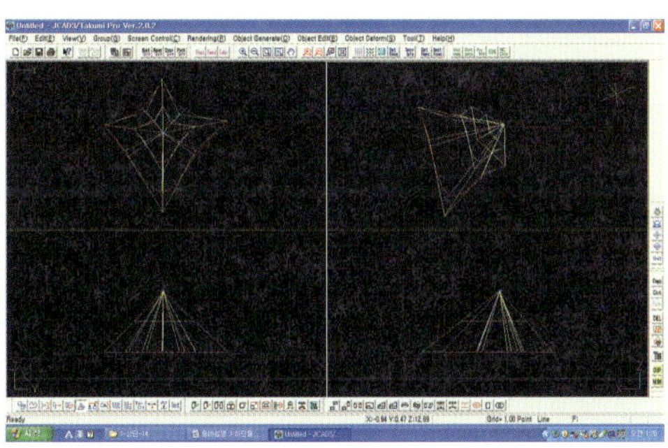

- 선이나 단면을 활성화하고 Polyhedron을 클릭하면 파란 점이 나타나는데 원하는 높이와 중심으로 이동하고 오른쪽 마우스를 클릭하여 명령을 종료합니다.

7) Assign Section : 라인에 단면 지정하기

Generate a Sweep by assigning Section to Sweep Base Line [F5 : Facet, F6 : 1 Section, F8 : Del, Off] – 선의 정점에 지정된 단면으로 형상화하기

- 선을 먼저 활성화하고 원 Assign Section 클릭하고 단면을 활성화하여 원하는 형식으로 선택하여 형상화합니다.
- 여러 단면이 한 선이나 두 선을 따라 형태화 하는데 선에 있는 정점마다 다른 단면으로도 표현이 가능합니다.
- 반듯이 두 개의 선은 서로가 가진 클릭한 정점 수가 일치해야 하고 여러 단면들도 서로가 가지고 있는 정점 수가 똑같아야 합니다.
- 두 개의 닫혀 있거나 열어진 선을 활성화하고 Assign Section을 클릭하고 두 선에 초록색 정점들이 나타나면 단면을 활성화하고 원하는 한 점을 클릭하면 Section Generate Position 창에서 단면의 중심 위치를 지정 클릭하고, 라인의 정점을 따라가는 위치를 클릭하고 난 후

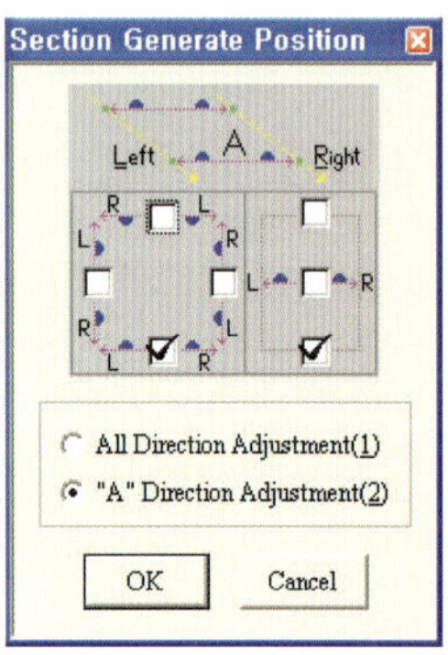

- All Direction Adjustment : 두 선이 가진 정점의 간격에 따라 단면의 폭이 가감하는 표현
- "A" Direction Adjustment : 단면의 폭을 일정하게 유지 선택하여 클릭하면 원하는 물체를 표현합니다.

- 하나의 닫혀진 선을 활성화하고 Assign Section을 클릭하면 Select Revolve Type 창이 보입니다.

- Annulus Shape : 선을 따라 단면이 형태화
- Revolution Shape : 닫혀진 선을 선과 단면으로 인식하여 자신의 선을 따라 자신의 단면이 회전하며 형태화하여 물체화 합니다.

이외에 한 단면과 한 선으로, 선이 단면이 되고 단면이 선이 되는 방법 등 많은 변화를 주는 다양한 방법들이 있습니다.

- 위의 ⊙ Annulus Shape나 ⊙ Revolution Shape 중 하나를 선택하면, Section Generate 창에 단면의 위치를 선택할 수 있습니다.

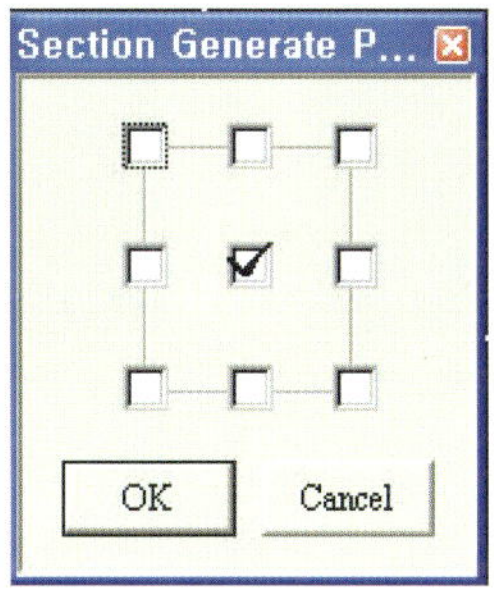

① 한 개 단면이 하나의 곡선을 따라 형태화 되는 보기

선을 활성화하고 ⋯> Assign Section 클릭하면 ⋯> 연두색으로 변한 정점들이 선에 나타나고 ⋯> 단면을 클릭하여 활성화하고 ⋯> 임의 연두색 정점을 클릭하면 ⋯>

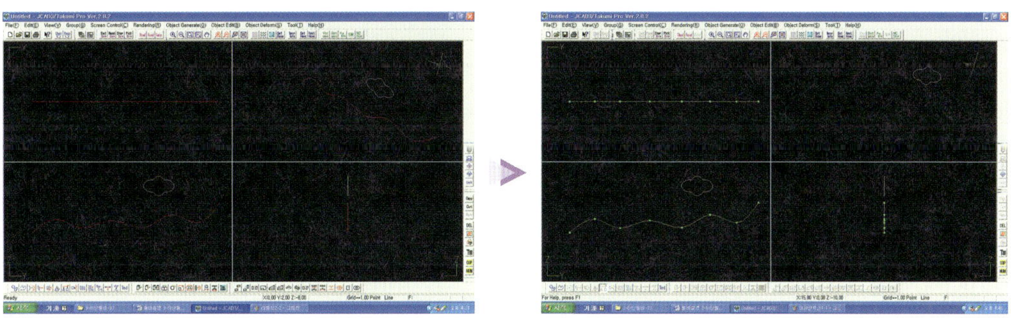

Section Generate 창이 나타나는데 원하는 단면의 위치를 선택하고 OK를 클릭하면 ⋯> 연두색 정점이 분홍색 정점으로 바뀌는데 ⋯> 오른쪽 마우스를 클릭하면 형태화 됩니다.

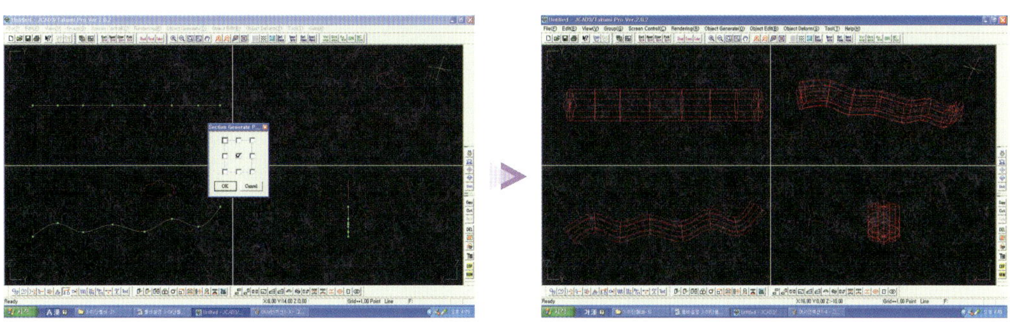

② 한 개 단면이 두 개의 곡선을 따라 형태화하는 과정에서 단면의 형태를 두 곡선의 폭에 맞추어 자연스럽게 가감되는 All Direction Adjustment를 선택하여 형태화 되는 보기

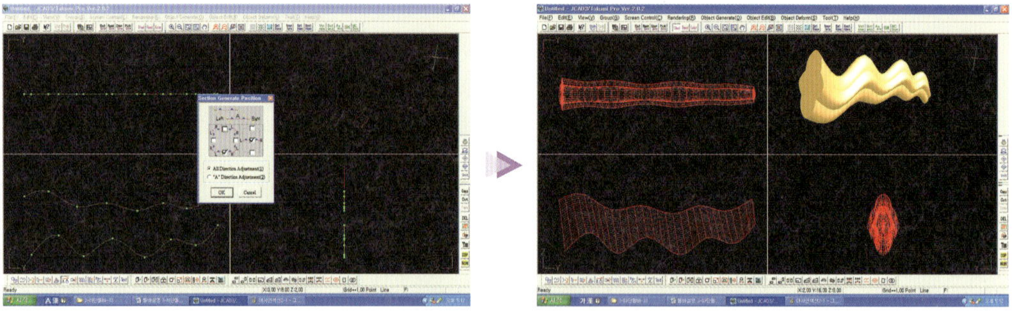

③ 한 개 단면이 두 개의 곡선을 따라 형태화하는 과정에서 단면의 한쪽 폭을 두 곡선의 폭이 없는 다른 폭을 단면의 폭에 일정하게 맞추어 주는 "A" Direction Adjustment를 선택하여 형태화 되는 보기

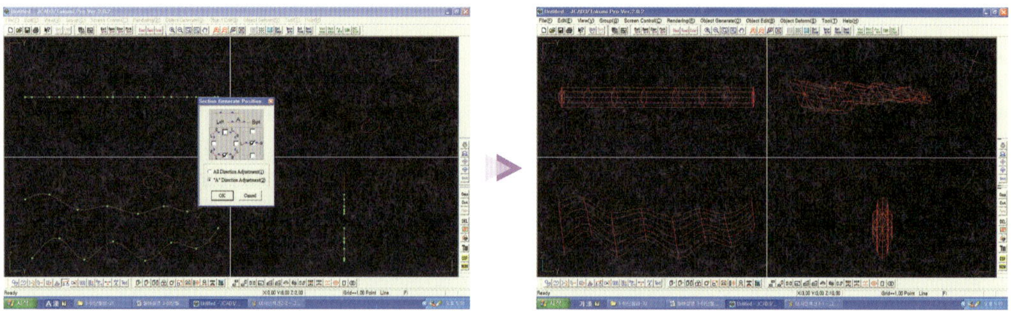

④ 한 개의 선을 일정한 원의 단면으로 형태화 되는 보기

선을 활성화하고 Assign Section 클릭하면 선에 연두색 정점이 나타나는데 오른쪽 마우스를 클릭하면 일정한 원의 단면을 가진 형태를 보실 수 있습니다.

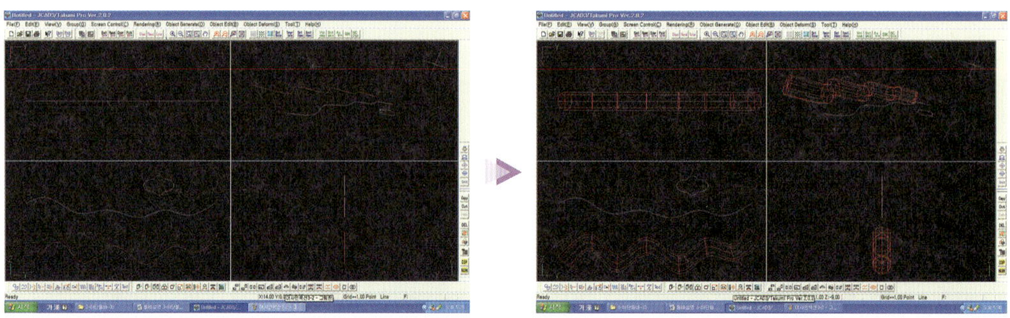

⑤ 두 개 단면이 두 개의 곡선을 따라 형태화하는 과정에서 단면의 형태를 두 곡선의 폭에 맞추어 자연스럽게 가감되는 All Direction Adjustment를 선택하여 형태화 되는 보기

두 선을 활성화하고 → Assign Section 클릭하면 → 두 선에 연두색 정점이 나타나는데 연두색의 첫 번째 정점에 원하는 단면을 클릭하여 활성하고 → 첫 정점을 클릭하면 → Section Generate 창이 나타나는데 → 원하는 단면의 위치를 선택하고 OK를 클릭하면 → 연두색 정점이 분홍색 정점으로 바뀌는데 → 다음에 있는 연두색 정점의 원하는 다른 단면을 클릭하고 → 또 다음 정점들도 같은 방법으로 두 단면을 자유롭게 번갈아 클릭하여 → 마지막으로 오른쪽 마우스를 클릭하여 원하는 단면을 형태화합니다.

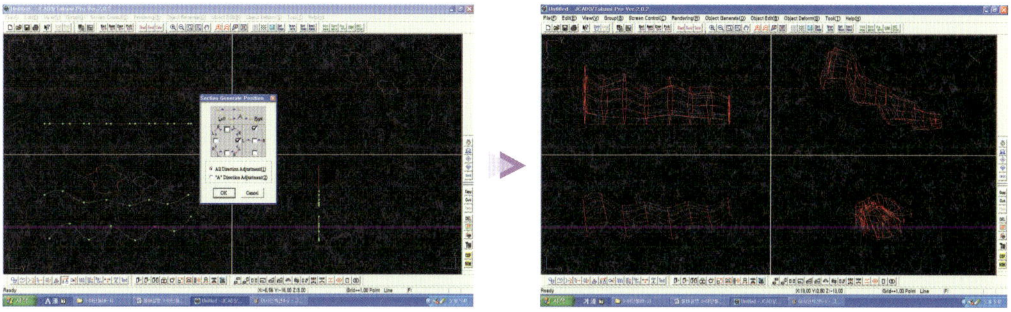

⑥ 닫혀진 선을 선과 단면으로 인식하여 자신의 선을 따라 자신의 단면이 회전하며 형태화 하는 보기 Revolution Shape

원하는 하트 형태의 선과 하트의 반쪽 단면을 그리고 하트 형태의 선을 활성화하고 Assign Section 클릭하면 → Select Revolve Type 창이 보이는데 Revolution Shape를 선택하면 → 하트 형태의 선에 연두색 정점들이 나타나고 → 하트의 반쪽 단면을 클릭하여 활성화하고 → 임의의 연두색 점을 클릭하면 분홍색으로 변하는데 오른쪽 마우스를 클릭하여 형태화합니다.

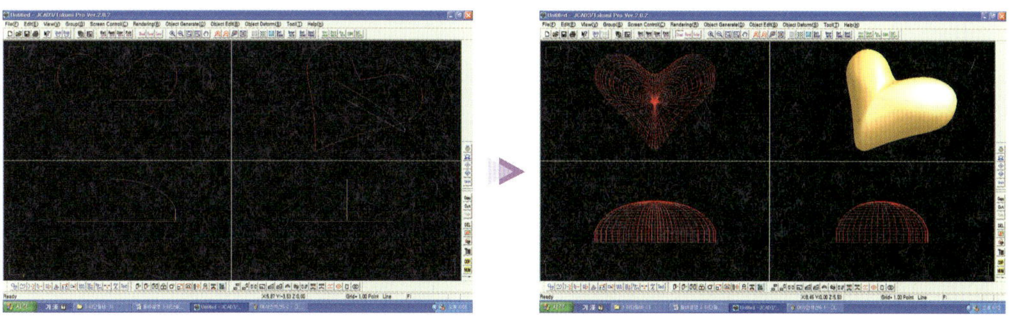

8) Wire Combine : 라인과 단면 결합

Generate a Sweep object combine wires [F5: Facet, F6: 1Section, F7: Swp.S, F8: Del, Off] – 라인과 단면을 결합한 물체 형성하기

- 하나의 선과 하나의 단면이 필요로 하여 선을 따라 단면으로 형태화합니다.
- 단면을 먼저 클릭하여 활성화하고 Wire Combine을 클릭하고 선을 클릭하면 Section Generate 창이 나오는데 단면의 위치를 선택할 수 있습니다.
- 단면의 위치를 정하고 OK를 클릭하면 단면을 90도로 돌릴 것인가를 물어보는데 돌리지 않으면 아니오를 누르고 단면을 90도 돌릴 것이면 예를 누르라고 하는데 원하는 각도로 단면이 나왔으면 아니오를 수정을 하려면 예를 눌러 종료합니다.
- 하나의 단면으로 같은 숫자의 정점이 아닌 여러 선을 따라 단면의 형태로 표현할 수 있습니다.

① 별 모양의 단면이 하나의 곡선을 따라 형태화 되는 보기

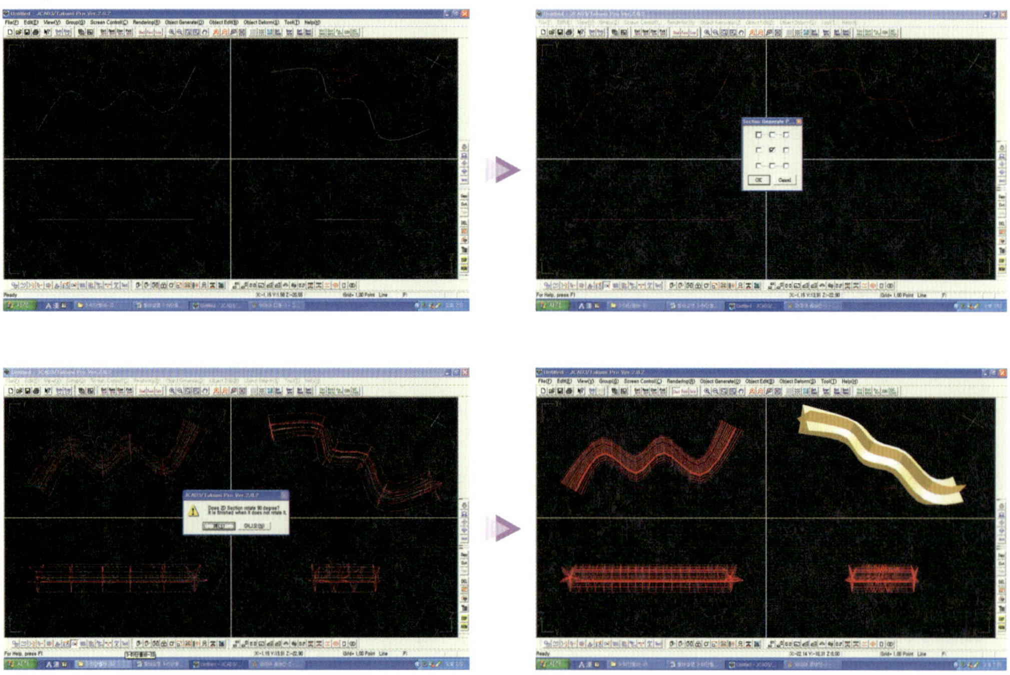

② 키보드의 F5를 누르고 별 모양의 단면이 하나의 곡선을 따라 형태화 되면서 속이 텅 비게 표현된 보기

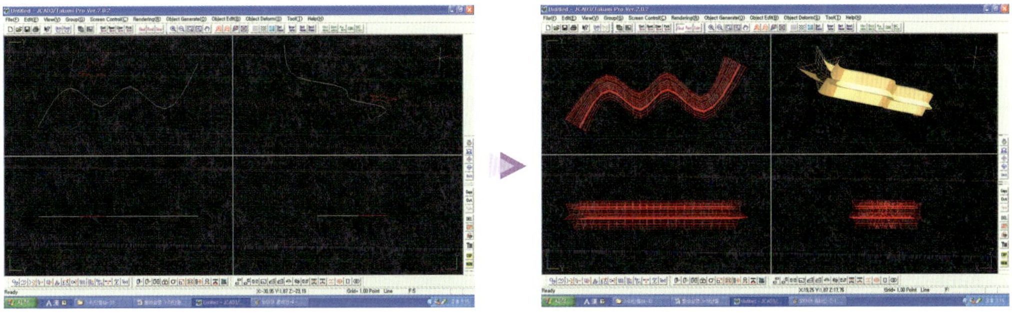

③ 키보드의 F6을 누르고 별 모양의 단면이 하나의 곡선을 따라 형태화 되어 형태의 양쪽 끝 단면의 중심에 정점이 없게 표현된 보기

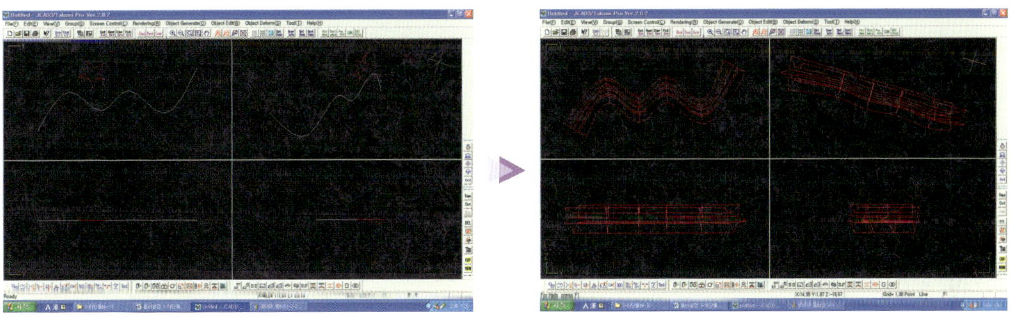

④ 키보드의 F7을 누르고 별 모양의 단면이 하나의 곡선을 따라 형태화 되어 형태의 양쪽 끝 단면의 중심에 정점이 없게 표현되면서 휘어지는 부분도 주어진 단면의 폭을 그대로 유지시키게 되는 보기

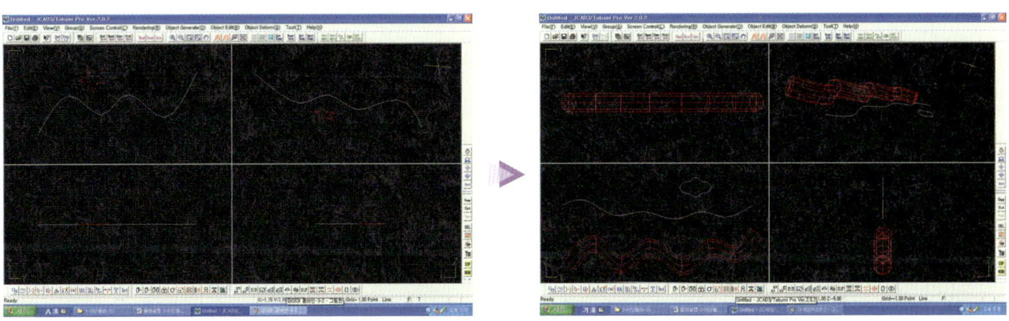

⑤ 키보드의 F8을 누르고 별 모양의 단면이 하나의 곡선을 따라 형태화 되어 형태의 양쪽 끝 단면의 중심에 정점이 있게 표현되면서 물체화 되는데 별 모양의 단면이 그대로 화면에 남아있게 되는 보기

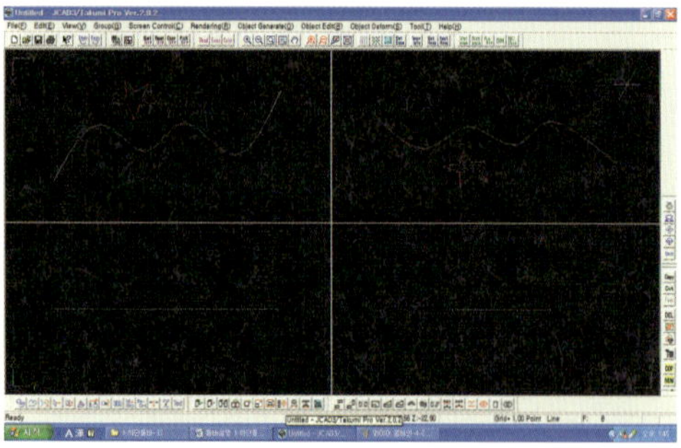
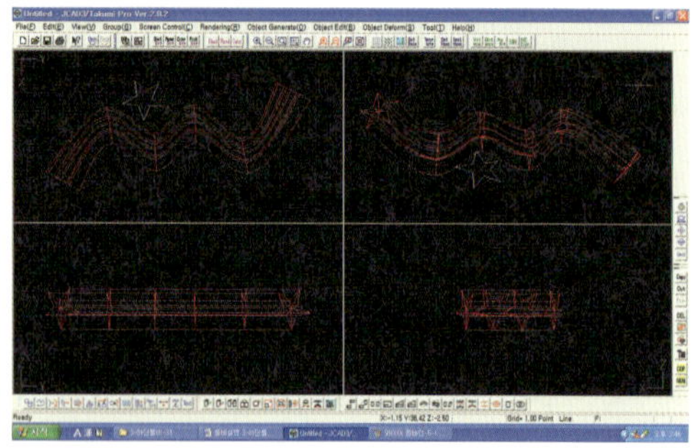

⑥ 별 모양의 단면이 같은 숫자의 정점이 아닌 두 개의 곡선을 따라 형태화 되는 보기

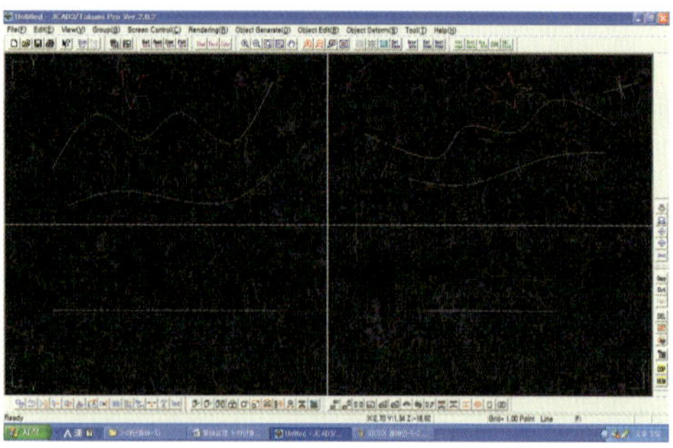
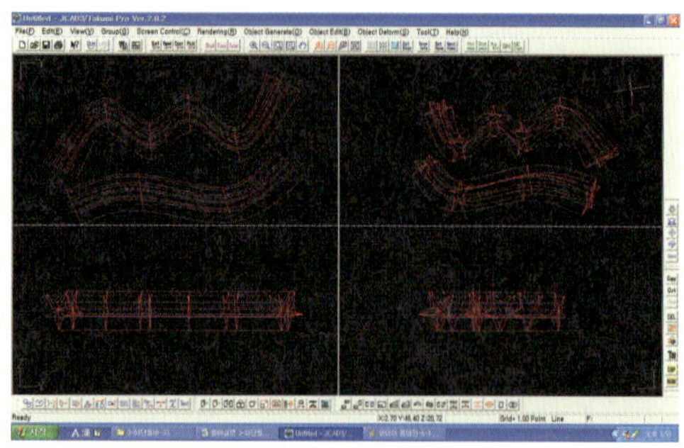

9) Wires Sweep : 두 개 이상의 단면끼리 연결

Generate a Sweep object from several wires [F5: Facet, F6: 1Section]
- 여러 단면끼리 연결하여 물체 형성하기

단면끼리의 정점 수가 같아야 합니다.

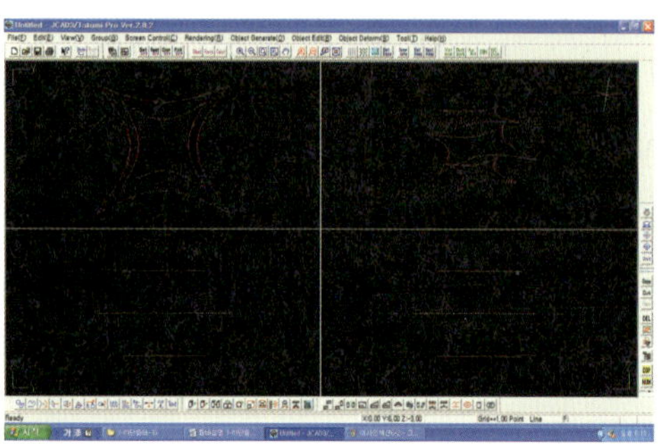
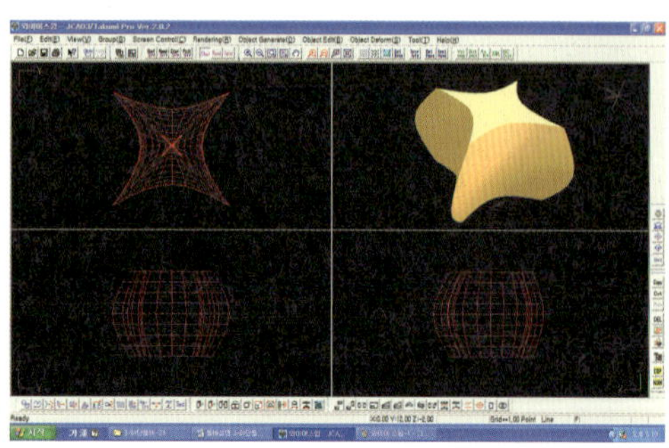

10) Spiral : 나선 모양

Generate a Spiral [F5 : Facet, F6 : 1Section] – 나선 모양 형성하기

단면을 선택하고, Spiral 명령을 실행하면 그림과 같은 수치를 입력할 수 있습니다.

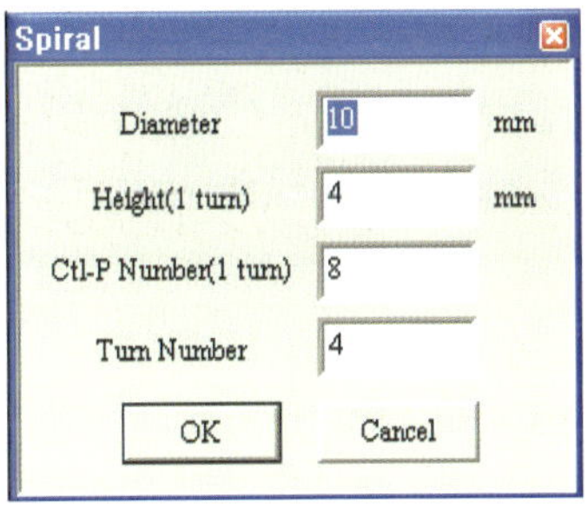

- Diameter – 지름
- Height(1 turn) – 한 바퀴 회전의 높이
- Ctl-P Number(1 turn) – 한 바퀴 회전의 정점 수
- Turn Number – 회전 수

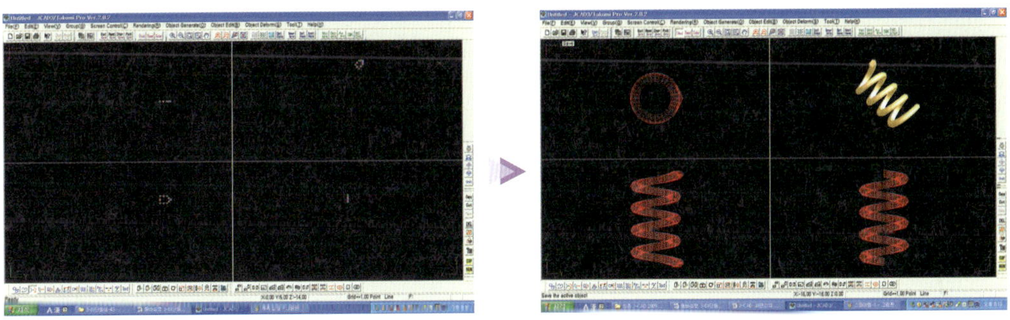

11) Re-Create : 다시 만들기

Re-Create Curves/Surfaces in current Ctrl-P Position – 선이나 단면의 쓰여지고 있는 정점의 방향이나 성격을 재설정하기

두 단면이나 두 선, 두 물체를 Connect으로 연결하려고 할 때 두 성질이 다른 것을 재설정하여 연결할 수 있으며 Base Surface Deform을 하려 할 때 두 물체를 꼭 재설정하여야만 합니다.

12) Connect : 연결하다

Connect Curves/Surfaces [F5 : close] – 열어진 선이나 물체를 연결시키기

다시 되돌려 열 수는 없습니다.

① 두 선을 연결하기

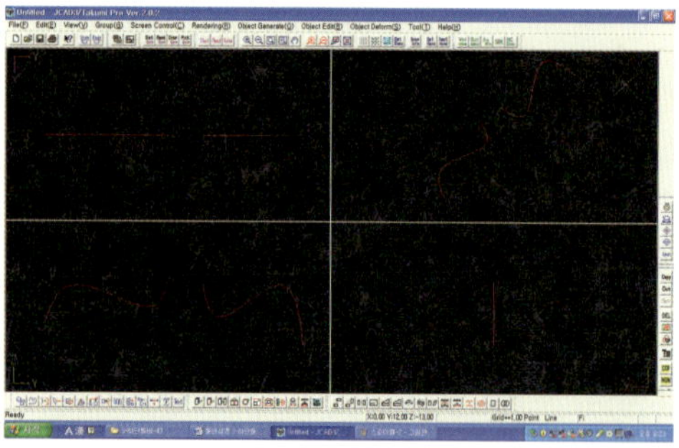

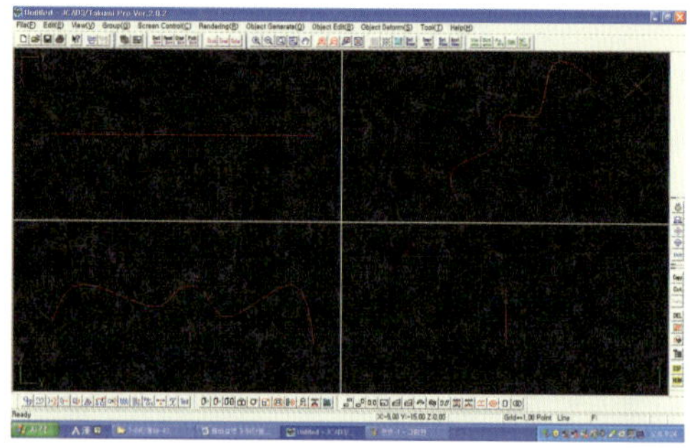

② 두 물체를 연결하기

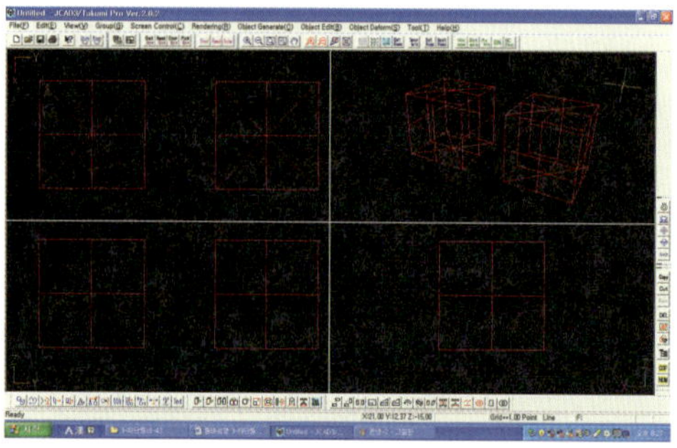

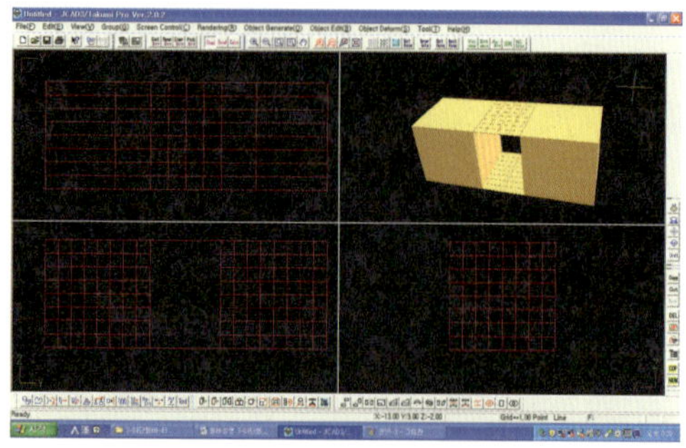

13) Surface Thick : Surface(Facet)에 두께 주기

Assign Thickness of the Surface – Surface에 두께 주기

- Facet 명령이 있는 Tool은 Sweep, Revolve, Polyhedron, Assign Section, Wire Combine, Wires Sweep이 있습니다.
- Facet 기능으로 만들어진 형체를 활성화하고 Surface Thick 명령을 실행하면 그림과 같이 Surface Thickness 창에 두께를 입력하여 물체화할 수 있습니다.

- 꽃병 만들기 – 원하는 형태 꽃병의 반 단면을 그리고 → F5를 눌러 Facet 기능으로

Revolve 클릭하여 → 돌리면 종이와 같이 얇은 형태의 꽃병이 그려지는데 → Surface Thick를 클릭하면 → Surface Thickness 창에 0.6 mm를 입력하여 꽃병을 완성합니다.

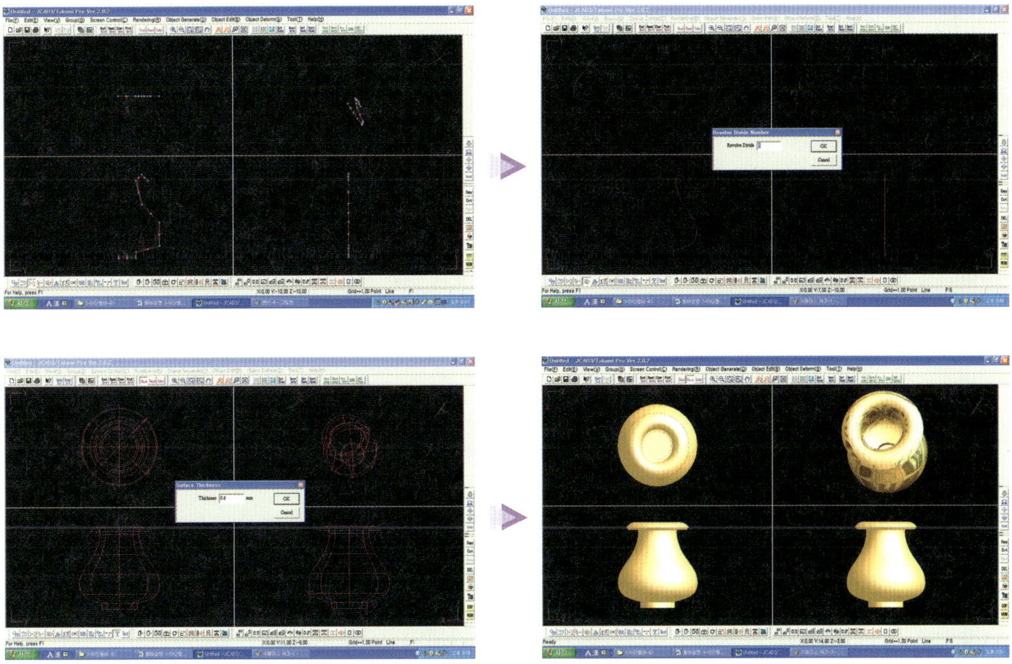

14) Text : Text(텍스트) – 문서, 글

Generate a Text Object – 텍스트 물체 형성하기

Text 명령을 실행하면 그림과 같이 설정할 수 있습니다.

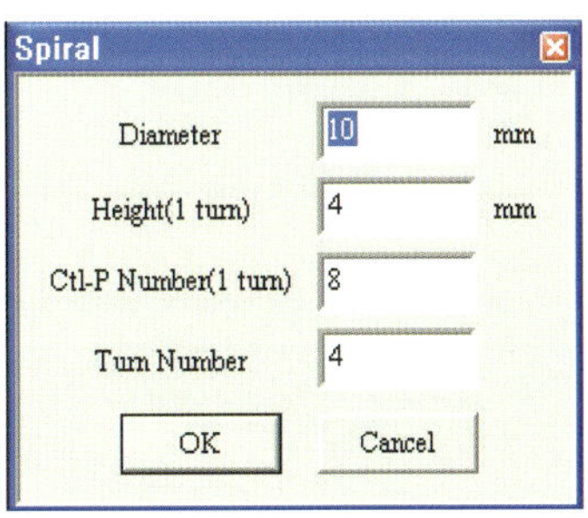

- Font – 글자체
- Text – 글
- Height – 글자의 크기
- Thickness – 글자의 두께
- Interval – 글자의 간격
- Reverse – 처음부터

한글 지원은 Gulim과 Batan 두 글씨체 입니다.

2 Object Deform 툴 바 모음

1) Point Move : 정점 이동

Move CTL-Points of an object [F5 : Shape, F6 : Shading, F7 : 1.Sym, F8 : 2.Sym, F9 : Pass.P] – 물체의 정점 이동하기

Point Move를 실행하면 물체의 초기 형태 과정에서 클릭하였던 정점들이 나타나는데 Perspective 화면은 Shading 상태가 됩니다. 정점이란 Wire를 그릴 때와 Wire나 Object를 수정할 경우 나타나는 점들을 말합니다.

▶F5~F9의 사용 설명

- F5를 누른 후 Point Move를 클릭하면 물체를 그리면서 주어졌던 명령들을 배제하고 물체의 현재 상태에서 가지고 있는 정점들을 나타내어 형태의 변화가 없습니다.
- F6을 누른 후 Point Move를 클릭하면 Perspective 화면에서 물체가 Shading 상태로 변하지 않습니다.
- F7을 누른 후 Point Move를 클릭하고 원하는 물체의 중심에 왼쪽 마우스를 클릭하면 좌우로 나누는 녹색 선이 나타나며 이 녹색 선을 기준으로 변형하고자 하는 정점들을 대칭으로 클릭하여 변형할 수 있습니다.
  ① 물체를 선택하고 F7을 누르고 Point Move를 실행합니다.
  ② 대칭으로 변형시키려는 곳을 왼쪽 마우스로 클릭하면 녹색 선이 나타납니다.
  ③ 대칭으로 변형시키려는 정점들을 양쪽 모두 클릭, 드래그하여 정점을 이동합니다.

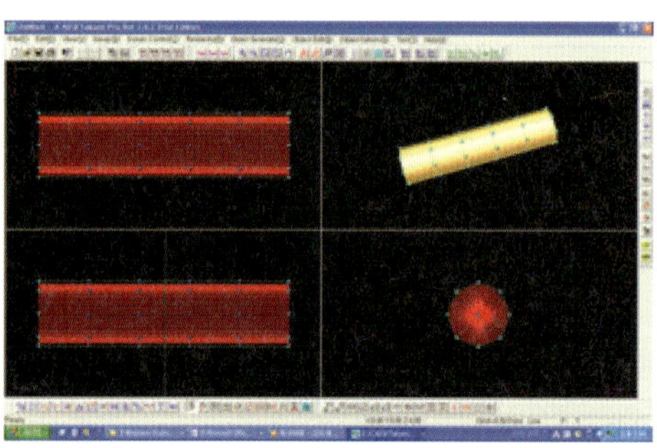

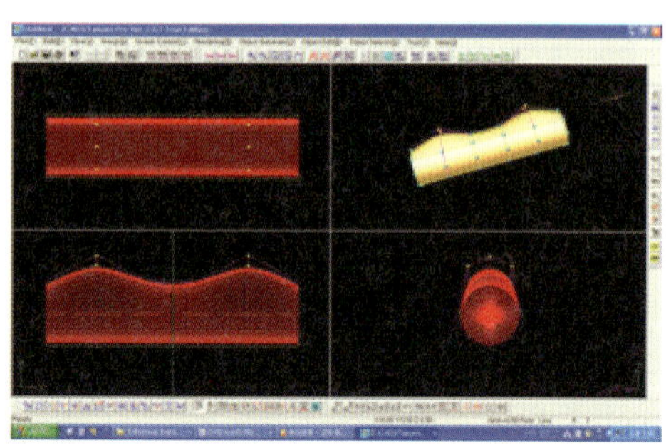

④ F8을 누르고 Point Move를 클릭하고 원하는 물체에 왼쪽 마우스를 클릭하면 4등분하는 녹색 선이 나타나는데 녹색 선을 기준으로 대칭점들을 모두 클릭하여 변형할 수 있습니다(순서는 F7과 같습니다).

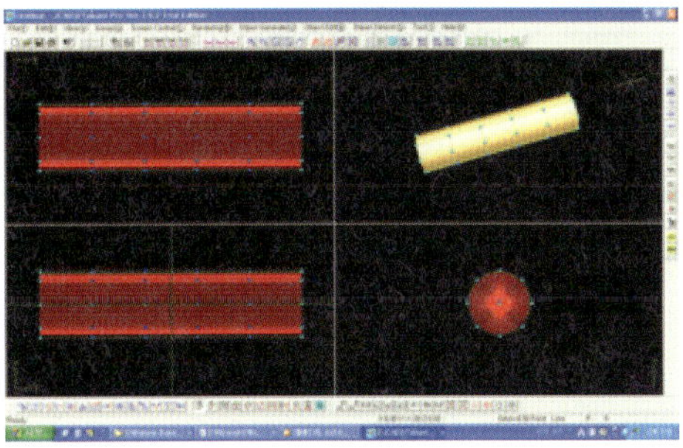

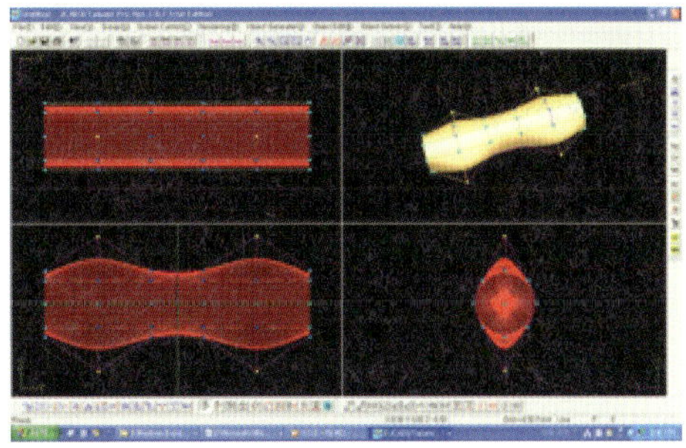

⑤ F9를 누른 후 Point Move를 클릭하여 정점을 클릭하여 이동 변화를 주면 변화를 준 정점의 주위의 정점들에게도 변화를 미치게 합니다.

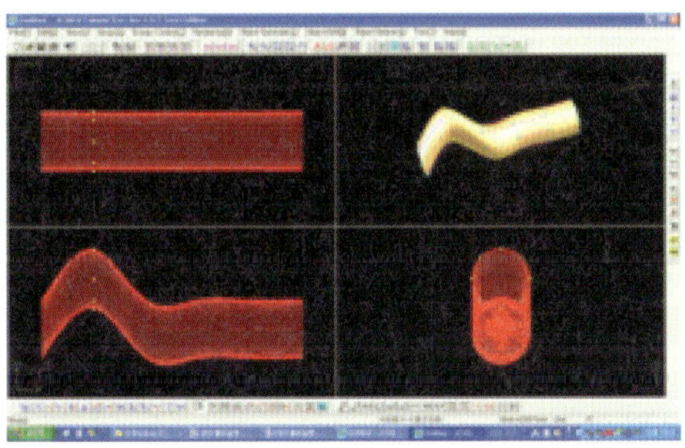

2) Line Move : 정점 정렬 이동

Move CTL-Point Lines of an object [F5 : Shape, F6 : Shading, F7 : 1.Sym, F8 : 2.Sym, F9 : Pass.P] – 물체의 정점 정렬 이동

※ F5~F9의 사용법은 Point Move와 같습니다.

물체가 가지고 있는 정점들을 연결한 선들로 인식한 파란 점들이 나타나는데 그 중에 변형을 원하는 파란 점을 클릭하여 클릭 드래그하여 이동 변화를 줄 수 있습니다.

또한, 단면의 성격으로 표현된 녹색 점은 단면의 형태를 이동하고 싶을 때 클릭하여 원하는 지점으로 이동이 가능합니다.

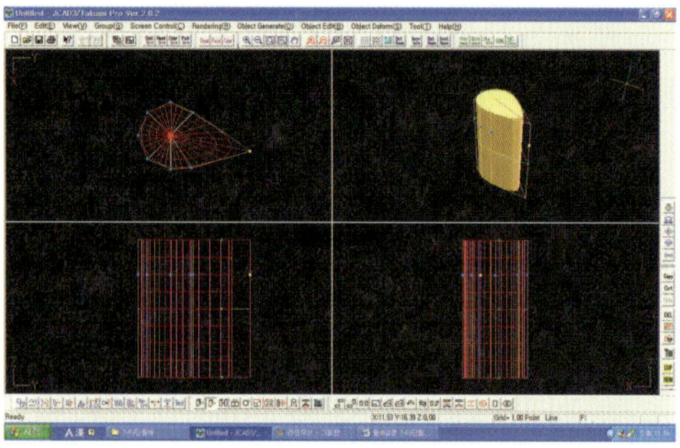

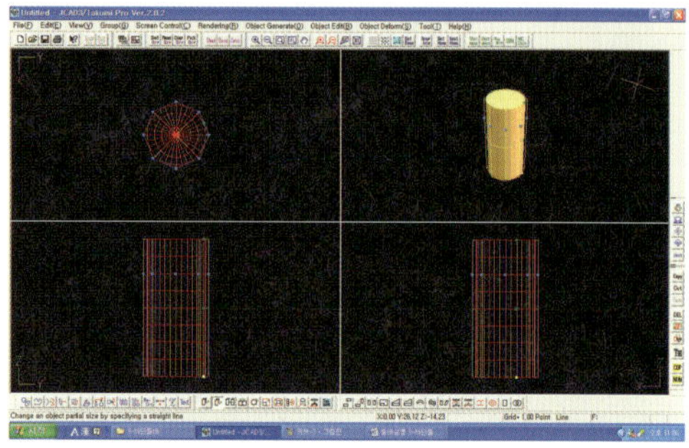

3) Insert : 정점 삽입

Insert CTL-Point Lines [F5 : Shape, F6 : Shading] - 정점 정렬 삽입하기

※ F5~F6의 사용법은 Point Move와 같습니다.

Insert를 클릭하면 정점들이 나타나는데 정점의 색깔 별로 설명을 하면

① 물체에 나타나는 녹색 정점은 단면과 단면의 사이에 가운데를 점으로 표현한 것이며 물체의 단면의 예비 녹색 정점은 물체의 위에서 아래까지 있는 단면들의 사이에 있는 원하는 녹색 점을 클릭하면 클릭한 점은 단면이 되고 양쪽에 녹색 점이 다시 생깁니다.

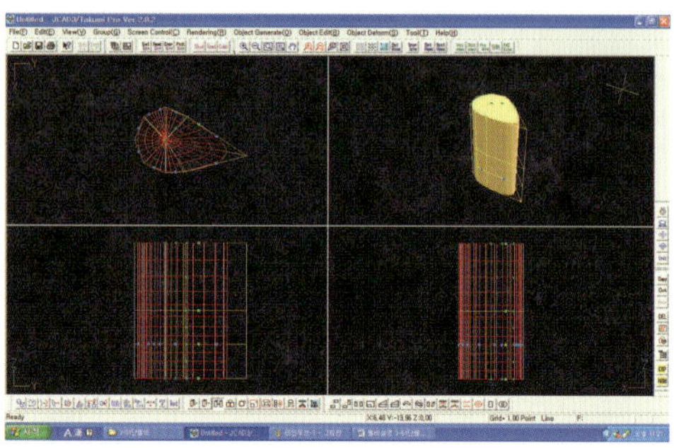

② 물체의 다른 파란색 정점은 Point Line에서 보여지는 선들의 사이에 있는 가운데를 점으로 표현된 파란색 정점이며 그 중에 원하는 파란 점을 클릭하면 한 선이 추가되며 양쪽에 파란색 점이 다시 생깁니다.

③ 물체가 곡선의 형태일 때 물체의 끝에 있는 연두색 정점을 클릭하면 그림과 같이 추가되는 단면의 위치를 별도 선택하고 물체의 끝에 있는 녹색 정점을 클릭하여 물체 중간의

단면을 각지게 하고 물체 중심에 있는 연두색 정점을 클릭하고 물체의 끝을 녹색의 정점을 클릭하면 볼록하고 또는 오목하게 변형할 수 있습니다.

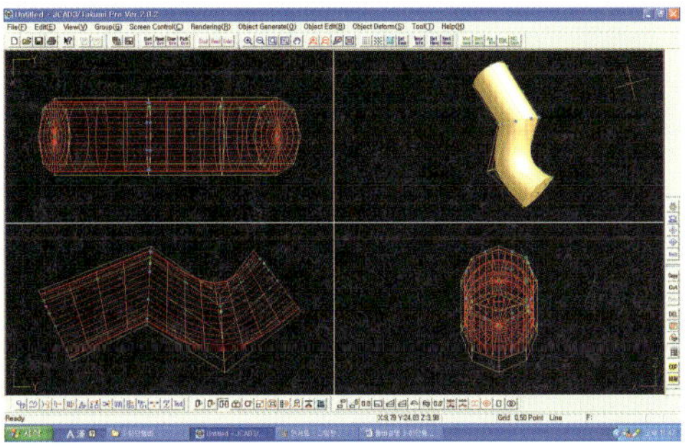

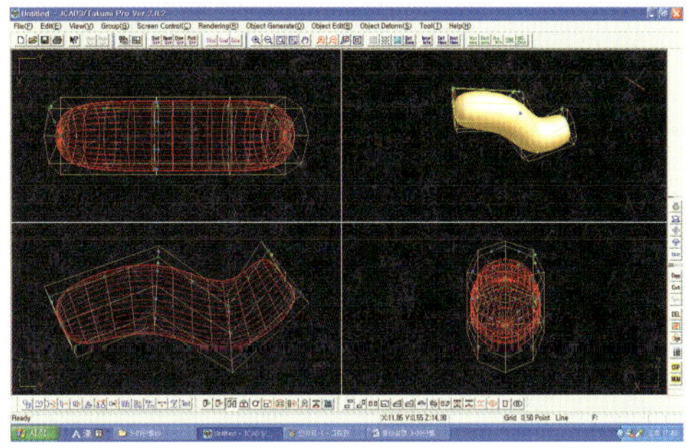

4) Line Rotate : 정점 정렬 회전

Rotate CTL-Point Lines of an Object [F5: Shape, F6: Shading] – 정점 정렬 회전하기

※ F5~F6의 사용법은 Point Move와 같습니다.

① 물체를 활성화하고 Line Rotate를 클릭하면 단면들이 녹색 정점들로 나타나는데 회전시킬 녹색 정점을 클릭하면 크기가 다른 두 개의 분홍색 점이 나타납니다.

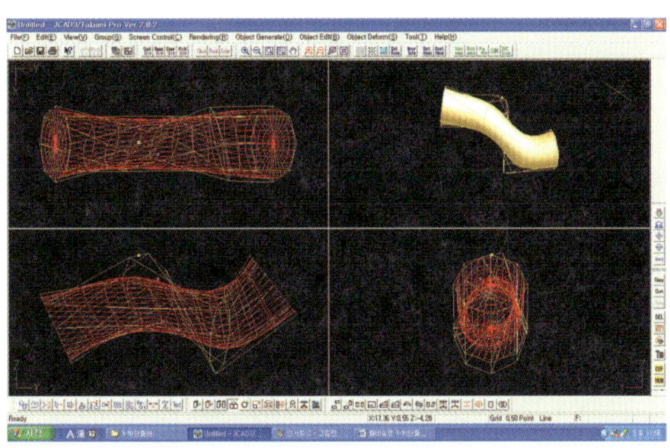

② 단면 중앙에 있는 분홍색 정점은 작고 또 하나는 큰데 큰 분홍색 정점을 클릭 드래그하여 움직이면 작은 분홍색 점을 기준으로 단면이 회전합니다.

5) Twist : 정점 정렬 비틀기

Twist CTL-Point Lines(Section) of an object [F5 : Shape, F6 : Shading]
– 물체의 정점 정렬 비틀기

※ F5~F6의 사용법은 Point Move와 같습니다.

① 물체를 활성화하고 Twist를 클릭하면 단면들이 녹색 정점들이 나타나는데 변화를 주고자 하는 녹색 정점을 클릭하면 (1개 이상 선택 가능) 파란색으로 된 단면의 정점이 나타납니다.

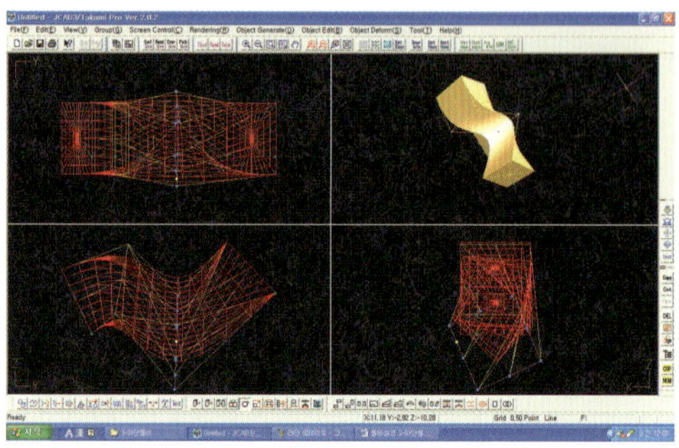

② 파란색 정점 중 하나를 클릭 회전 드래그하여 원하는 형태로 변형합니다.

6) Extend Reduce : 정점 확대 축소

Extend/Reduce CTL-Point Lines(Section)of an object [F5 : Shape, F6 : Shading] – 물체 정점의 단면 확대/축소하기

※ F5~F6의 사용법은 Point Move와 같습니다.

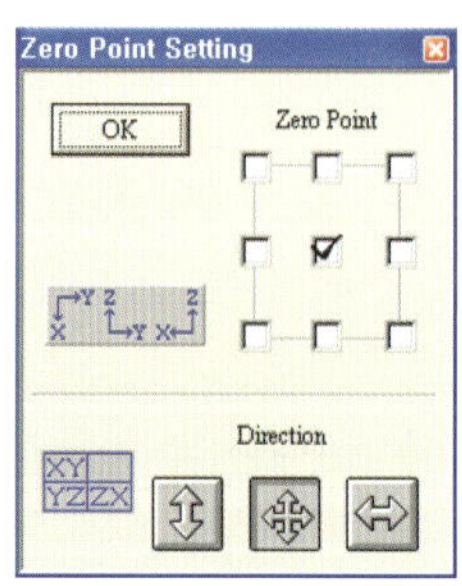

① 물체를 활성화하고 Extend Reduce를 클릭하면 녹색 정점들이 나타나는데 변화를 주고자 하는 녹색 정점을 클릭하면 Zero Point Setting 창이 나타나는데 단면의 위치와 단면의 변화를 주려는 방향을 정하고 OK를 클릭합니다.

② 파란색으로 된 단면의 정점이 나타나는데 변화를 원하는 만큼 파란 한 점을 클릭 드래그하여 확대하고 축소합니다.

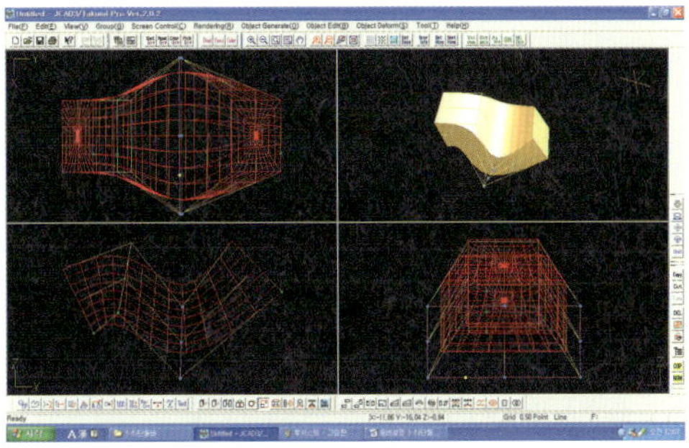

7) Section Deform : 단면 정점 변형

Deform a specified section of an object [F5 : Shap, F6 : Shading, F7 : Erase, F9 : Pass.P] – 물체의 단면의 정점 변형하기

▶F5~F9의 사용 설명

① F5를 누른 후 Section Deform을 클릭하면 물체를 그리면서 주어진 명령들을 배제하고 물체의 현재 상태로 정점들을 나타내어 현재 상태의 형태가 변화가 없이 단면을 수정할 수 있습니다.

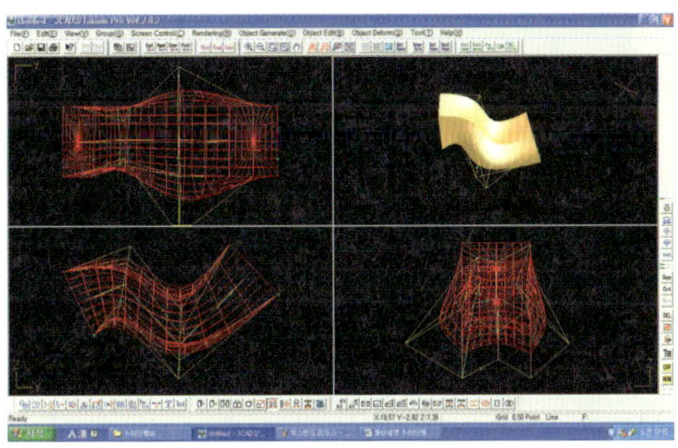

② F6을 누른 후 Section Deform을 클릭하면 Perspective 화면에서 물체가 Shading 상태로 변하지 않습니다.

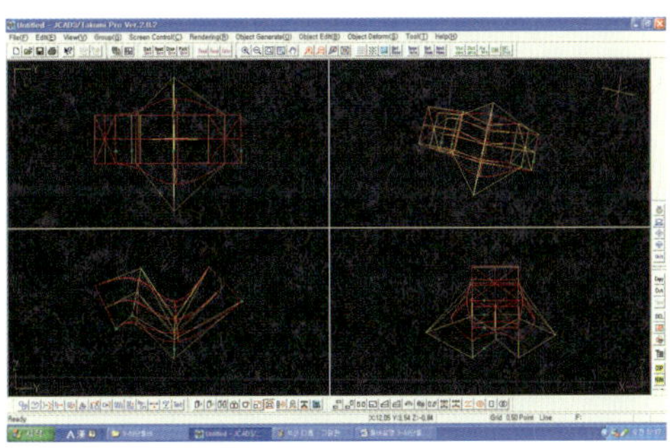

③ F7을 누른 후 Section Deform을 클릭하면 녹색 점들이 나타나는데 변화를 주려는 정점을 클릭하면 화면에 물체가 안 보이고 변형을 원하는 단면과 정점만 보이게 합니다.

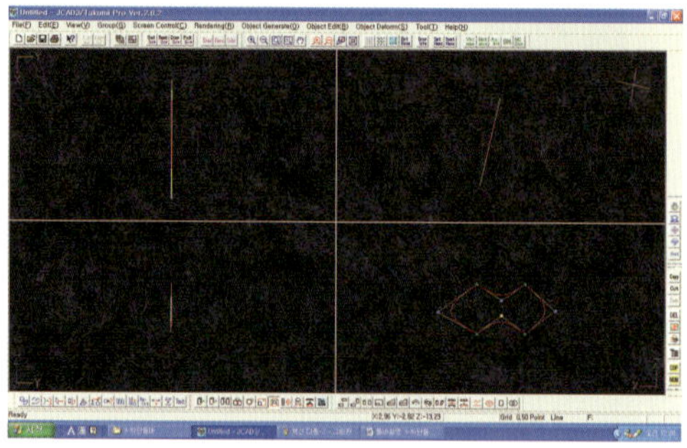

④ F9를 누른 후 Section Deform을 클릭하여 정점을 클릭하여 이동 변화를 주면 변화를 준 정점의 안쪽으로 노란 선들이 표현됩니다.

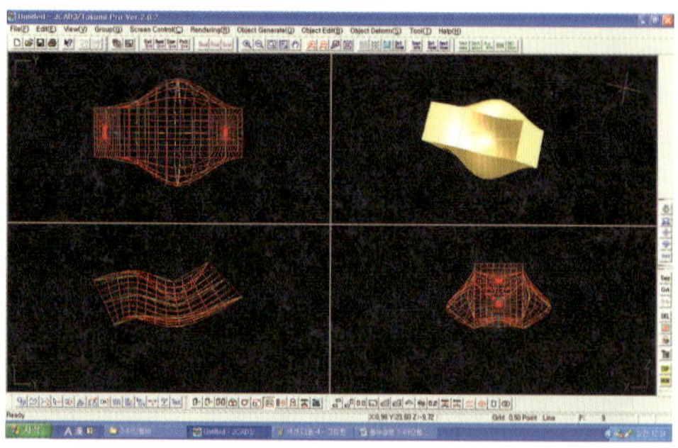

8) Move Rail : 레일의 정점을 이동하여 입체의 형태를 구부림

Move CTL-Points like moving rails [F5 : Shape, F6 : Shading, F7 : 1.Sym, F8 : 2.Sym, F9 : Pass.P] – rails 정점 이동하기

※ F5~F9의 사용법은 Point Move와 같습니다.

물체를 활성화하고 Move Rail을 클릭하면 녹색 정점이 나타나는데 물체의 한 녹색 정점을 클릭하여 그 단면을 이동하여 물체를 휩니다.

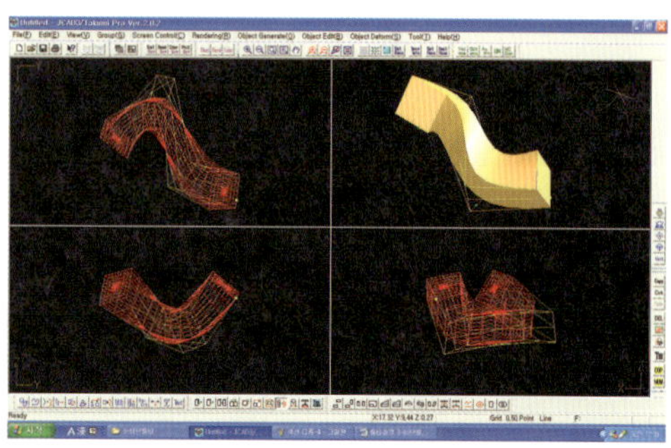

9) Base Line Deform : 라인에 따라 물체의 정점 이동

> Move Ctrl-Points according to Base Wire [F5 : X, F6 : Y, F7:Z, F8 : Del.Off]) - 선을 따라서 물체의 정점들을 이동시키기

① 물체를 그리고 물체의 정점을 변형시킬 원하는 형태로 선을 그린다.

② 선을 선택(활성화)하고 해당 번호(F5~8를 누르고)를 누르고 Base Line Deform을 클릭하면 선이 회색으로 변합니다.

③ 물체를 왼쪽 마우스로 클릭하여 활성화하고 다시 Base Line Deform을 클릭하면 물체에 파란색의 정점들이 나타납니다.

④ 선을 따라서 이동할 물체의 파란 정점들을 왼쪽 마우스로 드래그하면 노란 정점으로 활성화되는데 원하지 않는 부분의 정점들을 키보드의 Ctrl을 누른 상태에서 클릭하여 비활성화시키고 오른쪽 마우스를 클릭하면 선의 형태에 따라 활성화된 정점들이 이동되는 것을 확인할 수 있습니다.

▶F5~F8을 사용하여 그리기

① F5 : X축 방향으로 물체의 정점들이 이농될 때

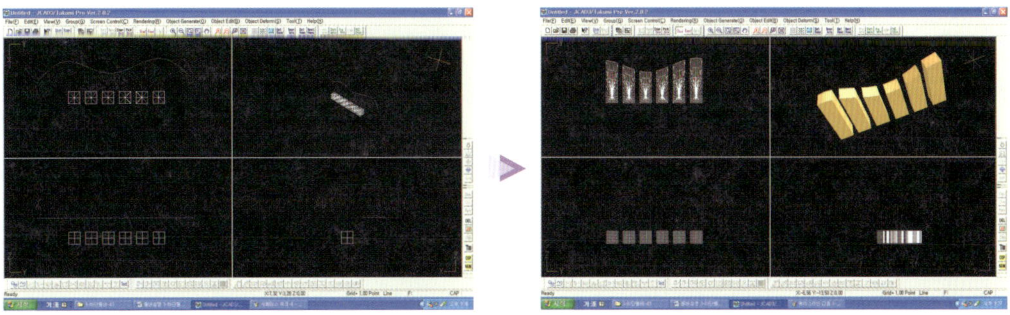

② F6 : Y축 방향으로 물체의 정점들이 이동될 때

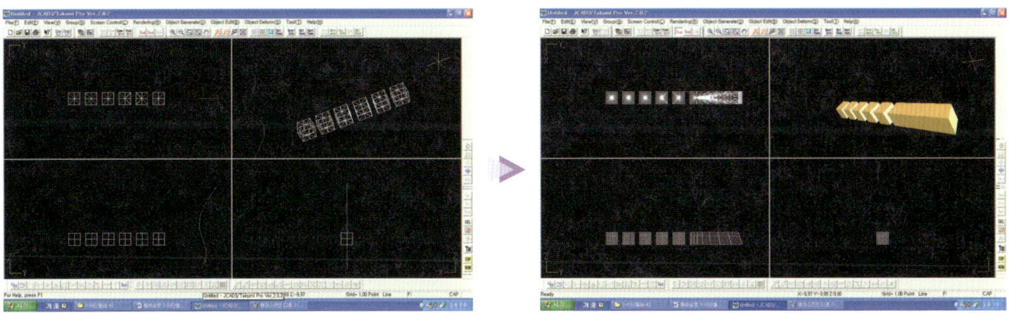

③ F7 : Z축 방향으로 물체의 정점들이 이동될 때

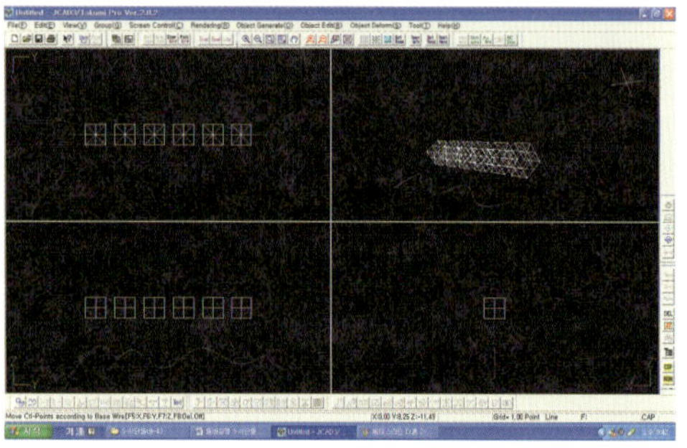

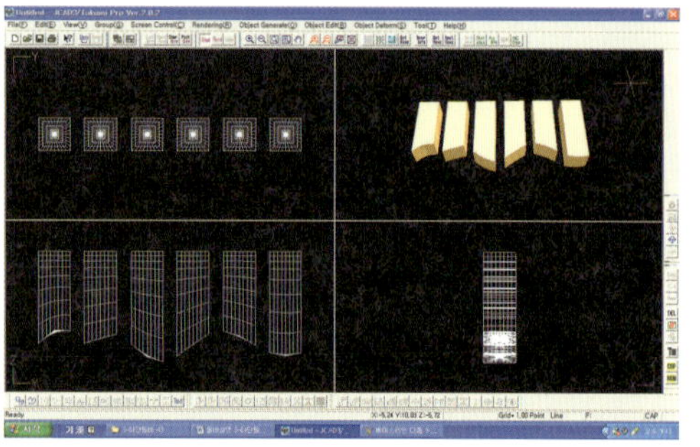

④ F8 : F5~ F7을 누를 때 F8을 같이 누르면 물체의 정점들이 이동된 후에도 선이 사라지지 않습니다.

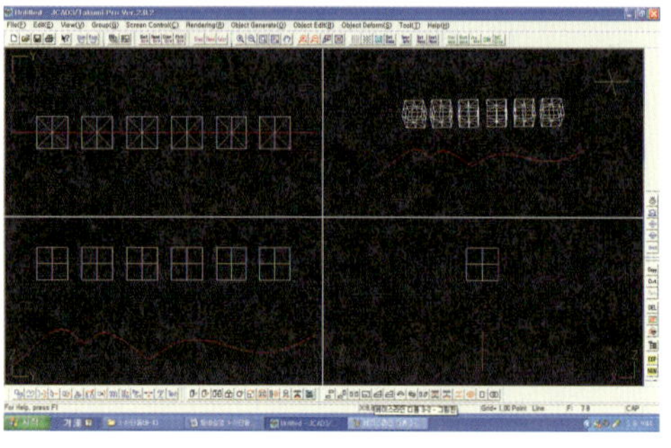

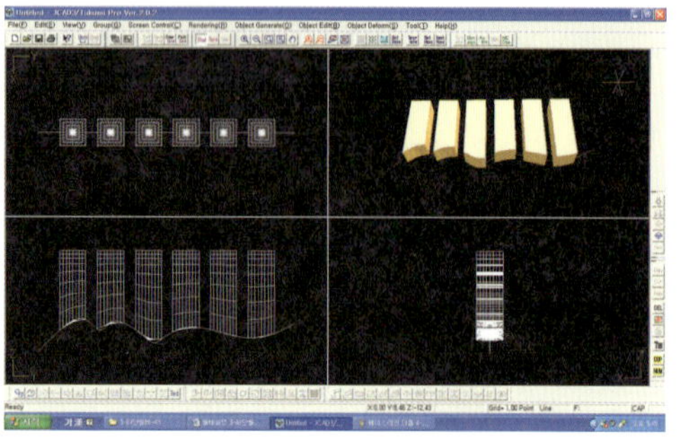

10) Base Surface Deform : 큰 물체의 표면을 따라 다른 작은 물체의 이동

Move Ctrl-Point According to Base Surface – 물체의 표면에 따라 물체를 이동시키기

기준이 되는 물체는 이동할 물체보다 크기가 커야 합니다.

Re-Create를 클릭하여 변형한 정점의 방향이나 성격을 재설정하여 준 후 Base Surface Deform를 클릭합니다.

① 기준이 되는 큰 물체를 왼쪽 마우스로 클릭하고 활성화하여 Base Surface Deform을 클릭합니다.

② 이동할 물체를 왼쪽 마우스로 클릭하고 활성화하여 다시 Base Surface Deform를 클릭하면 큰 물체에 작은 물체가 이동하여 있습니다.

- 큰 물체에 작은 물체를 올려본 보기

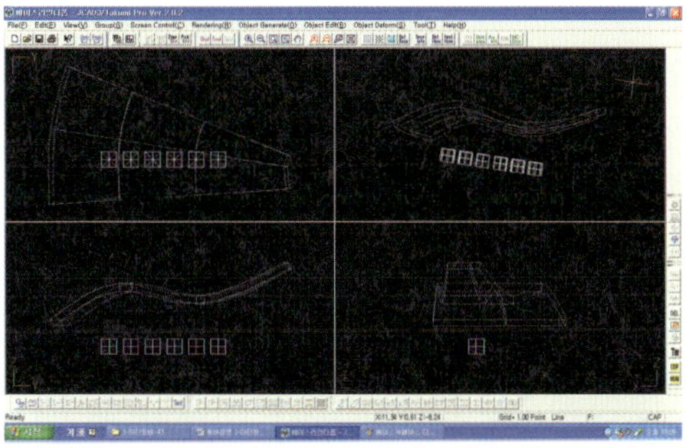

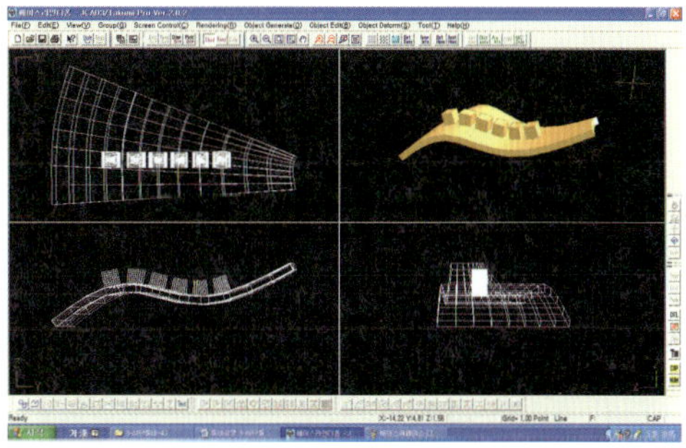

- Numeric과 함께 원하는 수치만큼 올려본 보기

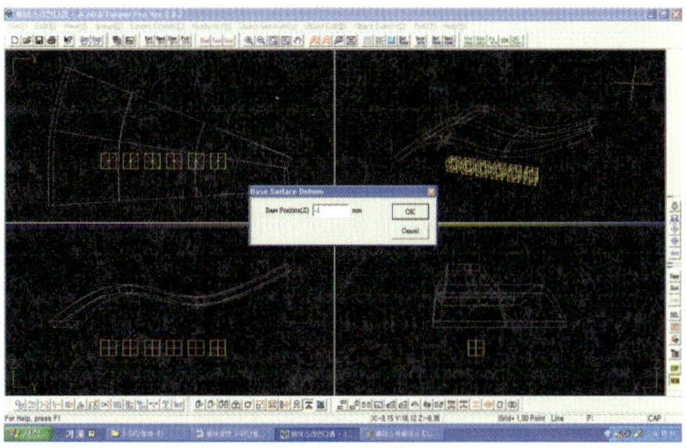

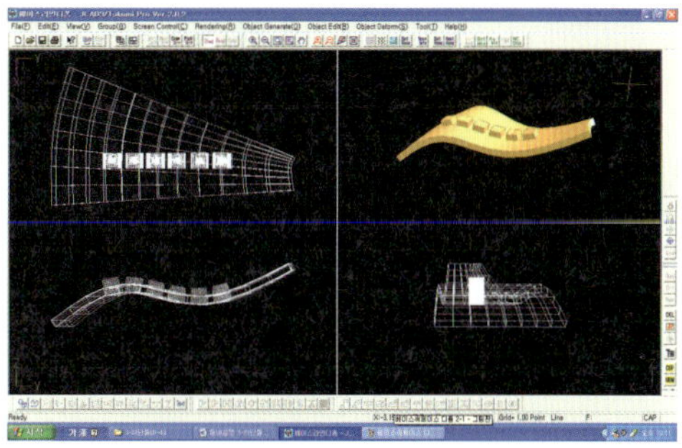

11) Tension Coefficient : 장력 설정

Assign Tension Coefficient(0–3) and area – 장력 범위 설정하기

Tension Coefficient 명령은 Base Surface Deform을 제외한 Object Deform 명령을 실행하여 나타난 물체의 정점을 이동시켜 변형할 때 변형되는 형태를 범위로 선택하여 변형할 수 있습니다.

① Tension Coefficient 는 0~3까지 선택할 수 있습니다.

(ⅰ) Tension Coefficient 0 – 물체의 정점을 변형하는 다른 명령 체계와 방법이 동일합니다(0을 설정한 명령과 0을 설정하지 않는 명령이 같습니다).

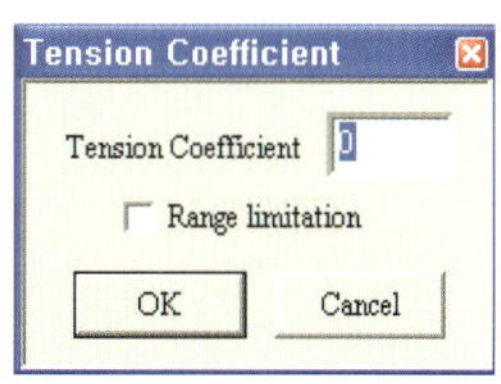

▶ Tension Coefficient 값을 입력하지 않고 Point Move를 실행합니다.

아래 그림과 같이 가운데 상단 정점을 선택하여 이동하면 그림과 같이 다른 정점에는 변화를 거의 주지 않습니다.

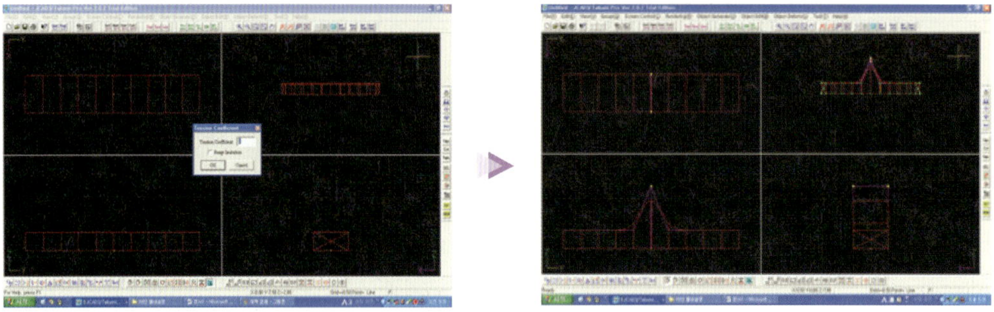

(ii) Tension Coefficient 1 - 물체의 정점을 변형 시 전체적인 형태가 안쪽으로 휘어진 포물선의 형태로 변형합니다.

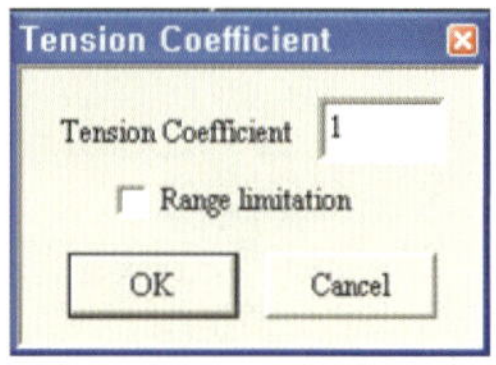

▶ 변화를 주고자 하는 물체를 활성화하고 Tension Coefficient 값을 1을 입력하고 OK를 클릭한 후 바로 Point Move를 실행합니다.

(i)번의 그림과 같이 가운데 상단 정점을 선택하여 이동하면 물체의 전체적인 형태가 그림과 같이 안쪽으로 휘어진 형태로 변화되어 다른 정점에도 영향을 줍니다.

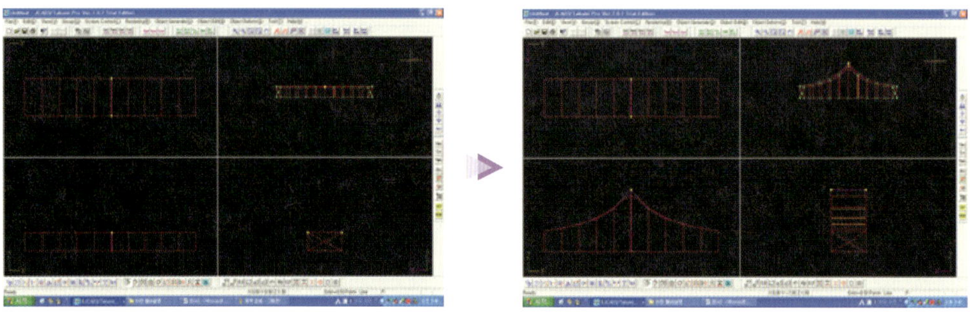

(iii) Tension Coefficient 2 - 물체의 정점을 변형할 때 전체적인 형태가 그림과 같이 이동된 정점으로부터 양쪽 끝부분이 직선의 형태로 변형됩니다.

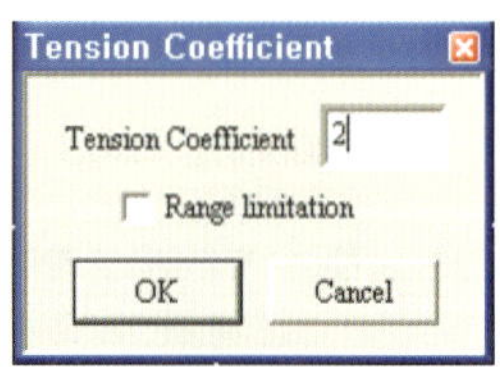

▶ 변화를 주고자 하는 물체를 활성화하고 Tension Coefficient 값을 2를 입력하고 OK를 클릭한 후 바로 Point Move를 실행합니다.

가운데 상단 정점을 선택하여 이동하면 물체의 전체적인

형태가 그림과 같이 직선의 형태로 변화되어 다른 정점에도 영향을 줍니다.

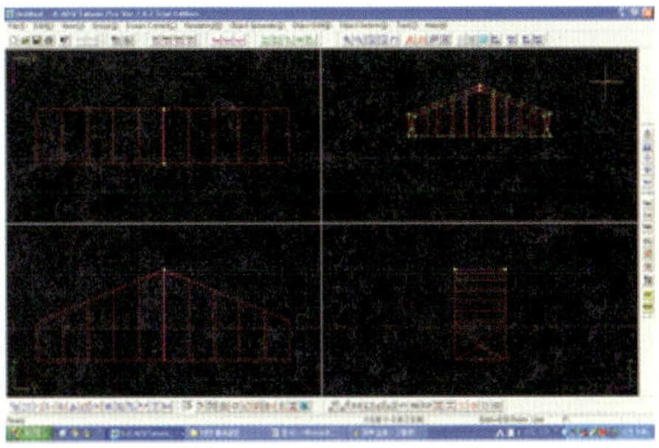

(iv) Tension Coefficient 3 – 물체의 정점을 변형 시 전체적인 형태가 이동된 정점으로부터 양쪽 끝부분이 바깥쪽으로 휘어진 포물선의 형태로 변형됩니다.

▶ 변화를 주고자 하는 물체를 활성화하고 Tension Coefficient 값을 3을 입력하고 OK를 클릭한 후 바로 Point Move를 실행합니다.
가운데 상단 정점을 선택하여 이동하면 물체의 전체적인 형태가 그림과 같이 배부른 포물선 형태로 변화되어 다른 정점에도 영향을 줍니다.

② Range Limitation을 사용할 경우 변형이 이루어지는 범위를 지정하여 범위 내에서만 변형되게 할 수 있습니다.

(i) Tension Coefficient 값을 0으로 입력하면 범위를 지정할 수 없습니다.

(ii) Tension Coefficient 값을 1~3을 입력하고 OK를 클릭하면 물체에 파란색 정점이 나타나며 변형을 원하는 부분의 정점을 클릭 드래그하거나 Ctrl을 누르고 클릭을 연속하여 범위를 지정할 수 있으며 지정된 범위에 한하여 물체가 변형됩니다.

▶ 물체를 선택하고, Tension Coefficient 값을 2를 입력하고 Range Limitation 클릭하고 OK를 클릭하면 그림과 같이 물체에 범위를 지정할 수 있는 파란색 점이 나타납니다.
클릭 드래그하여 범위를 지정하면 지정된 정점이 녹색으로 바뀌게 됩니다.

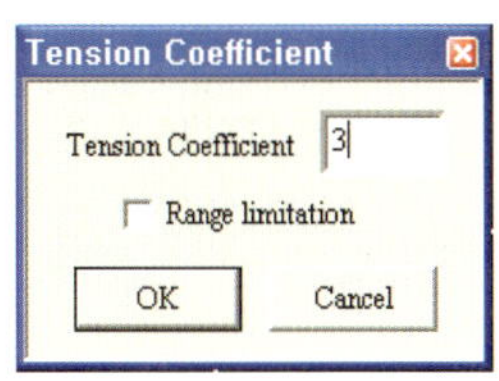

▶ 바로 Point Move를 실행하여 앞의 예와 마찬가지로 가운데 상단의 정점을 선택하고 이동하면 그림과 같이 지정한 범위 내로 변형되는 것을 확인할 수 있습니다.

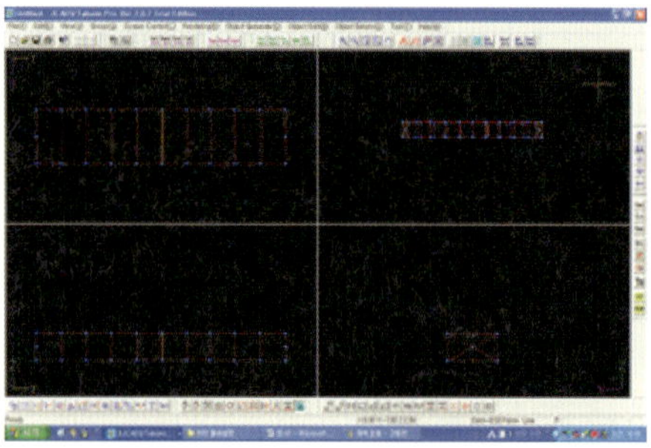

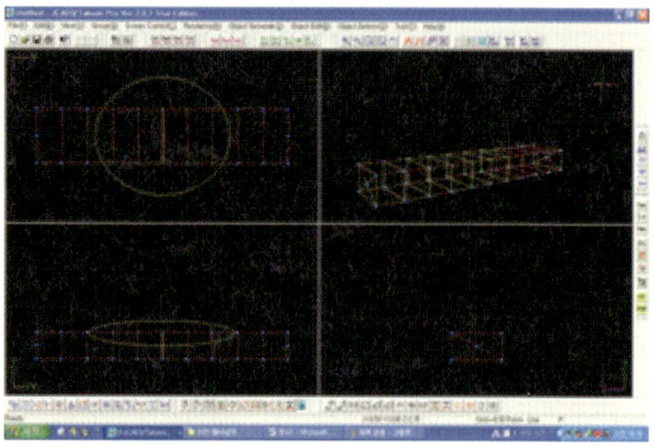

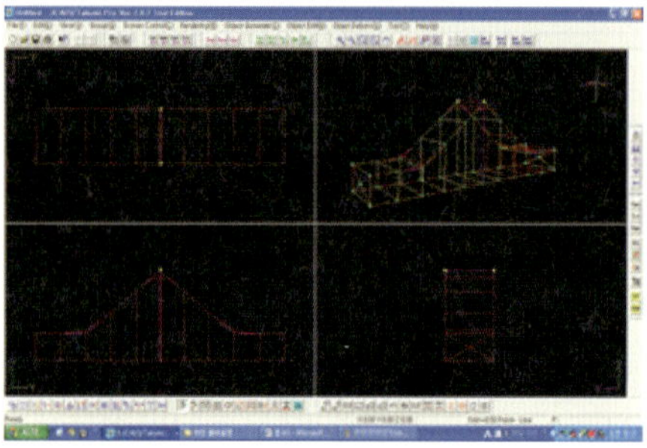

※ 위와 같은 방법으로 변형이 이루어지는 것은 어떤 특정의 정점이나 Point Move에만 해당되는 것이 아닙니다. Base Surface Deform을 제외한 Object Deform의 모든 명령을 실행할 때 물체의 형태와 상황에 맞게 적절히 사용하면 매우 좋은 결과를 얻을 수 있습니다.

3 Object Edit 툴 바 모음

1) Move : 이동

Move an object – 물체 이동하기

이동하려는 물체나 선을 활성화하고 활성화된 물체를 클릭한 상태에서 드래그하여 원하는 방향으로 이동합니다.

이동 후에는 오른쪽 마우스를 클릭하면 이동 명령이 종료되고 화면을 왼쪽 마우스로 클릭하면 물체의 활성화가 비활성화로 변형되어 모든 명령이 종료됩니다.

① Copy Mode와 Numeric Mode와 Move를 함께 사용 – Copy Mode를 먼저 클릭한 후 Move를 클릭하면 Copy Information 창이 나오고 Move 창이 차례로 나오는데 아래

에서 소개하는 것과 같이 원하는 형태에 맞는 복사되는 개수, 배율과 형태를 선택하고 기입하며 이동하려는 거리의 치수를 기입하여 정확한 복사와 이동을 할 수 있습니다.

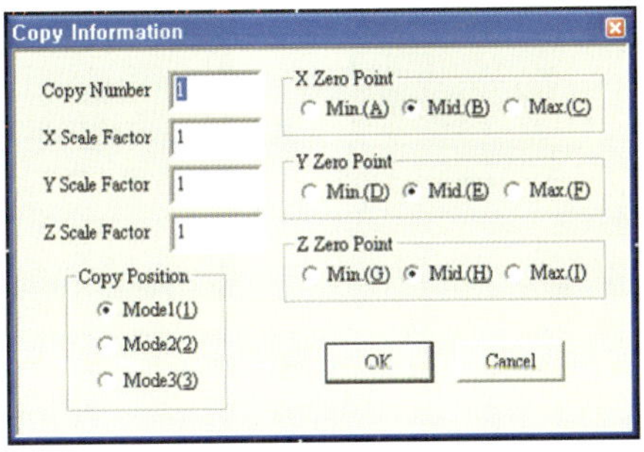

(ⅰ) Copy Number – 원하는 복사할 개수

(ⅱ) X Scale Factor – X축에 원하는 배율

(ⅲ) Y Scale Factor – Y축에 원하는 배율

(ⅳ) Z Scale Factor Z축에 원하는 배율

(ⅴ) X, Y, Z Scale Factor에 0.9를 입력하고 XY-Plane에서 볼 때 X Zero Point의 ⊙ Min(A)는 복사하려는 물체의 X축에서 최하단의 높이로 일정하게 복사됩니다.

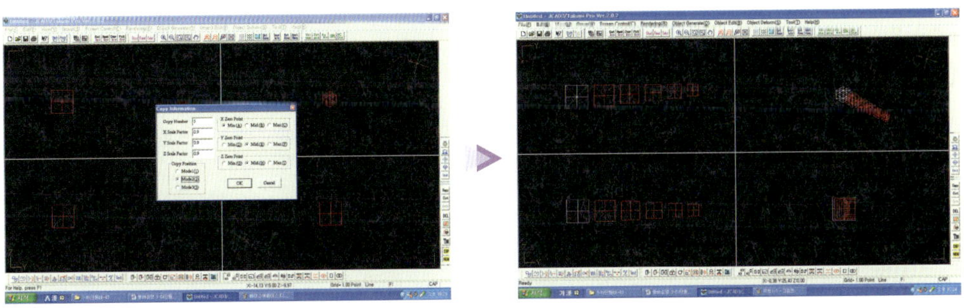

⊙ Mid(B)는 복사하려는 물체의 X축에서 중심의 높이로 일정하게 복사됩니다.

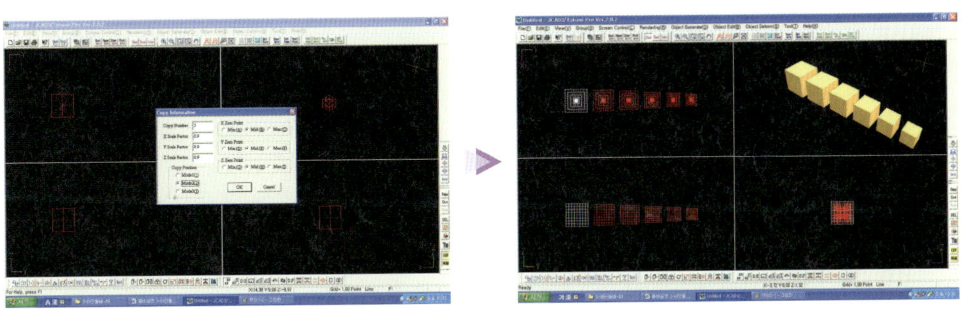

⊙ Max(c)는 복사하려는 물체의 X축에서 최상단의 높이로 일정하게 복사됩니다.

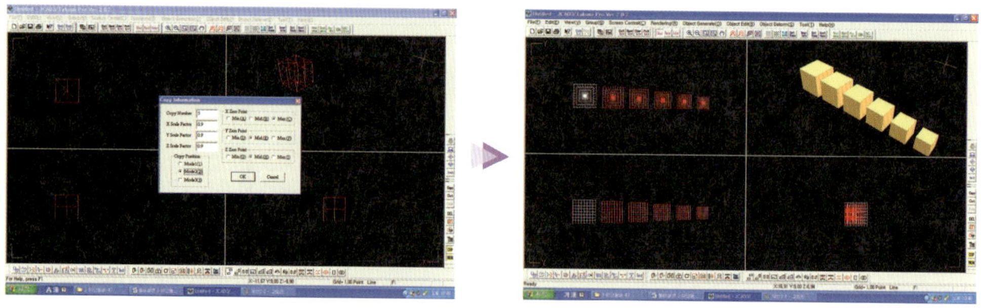

(vi) X, Y, Z Scale Factor에 0.9를 입력하고 Y Zero Point의 ⊙ Min(A)는 복사하려는 물체의 Y축에서 최하단의 높이로 일정하게 복사됩니다.

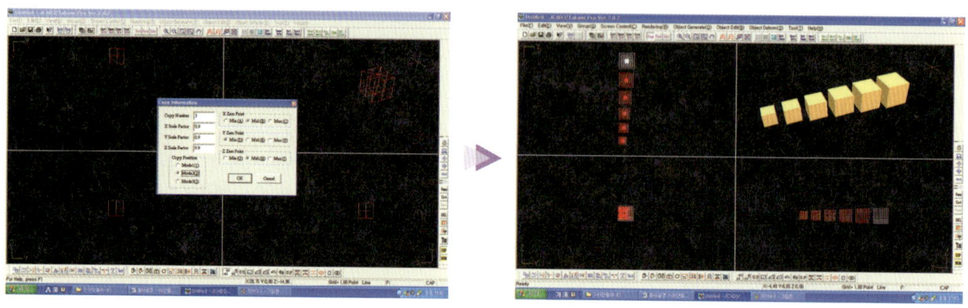

⊙ Mid(B)는 복사하려는 물체의 Y축에서 중심의 높이로 일정하게 복사됩니다.

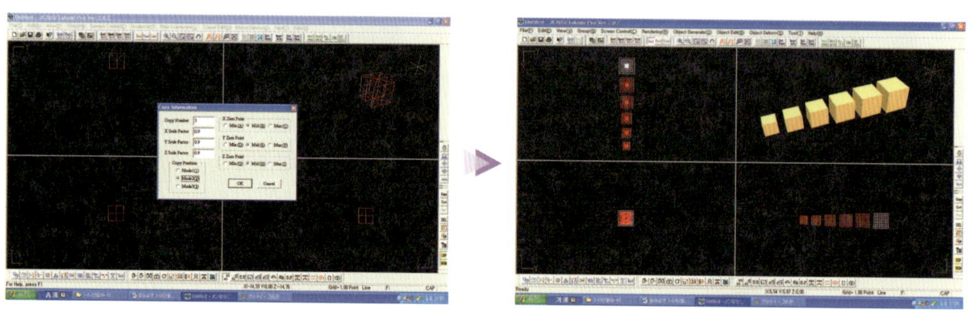

⊙ Max(c)는 복사하려는 물체의 Y축에서 최상단의 높이로 일정하게 복사됩니다.

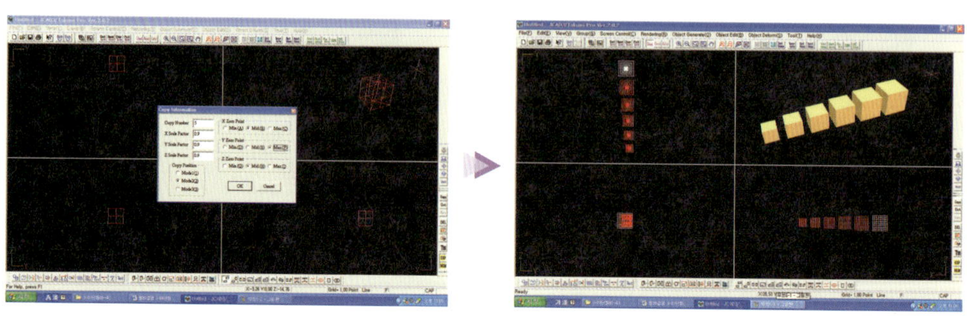

(vii) X, Y, Z Scale Factor에 0.9를 입력하고 Z Zero Point의 ⊙ Min(A)는 복사하려는 물체의 Z축에서 최하단의 높이로 일정하게 복사됩니다.

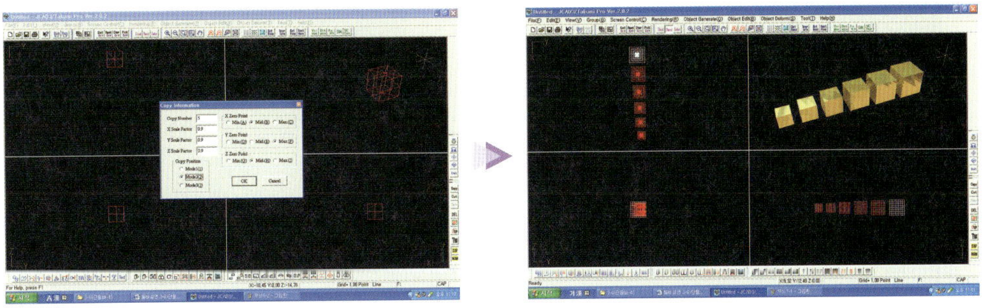

⊙ Mid(B)는 복사하려는 물체의 Z축에서 중심의 높이로 일정하게 복사됩니다.

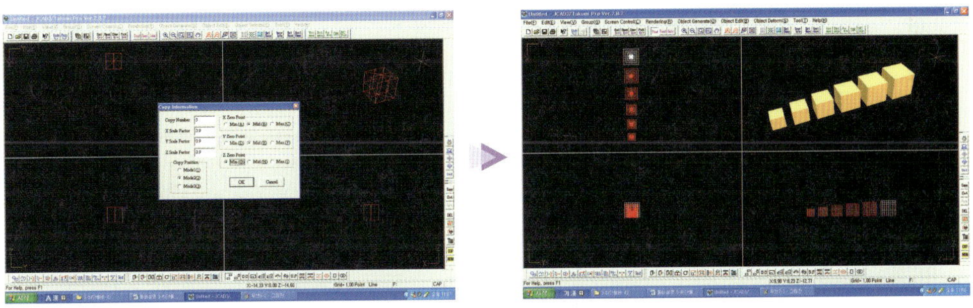

⊙ Max(c)는 복사하려는 물체의 Z축에서 최상단의 높이로 일정하게 복사됩니다.

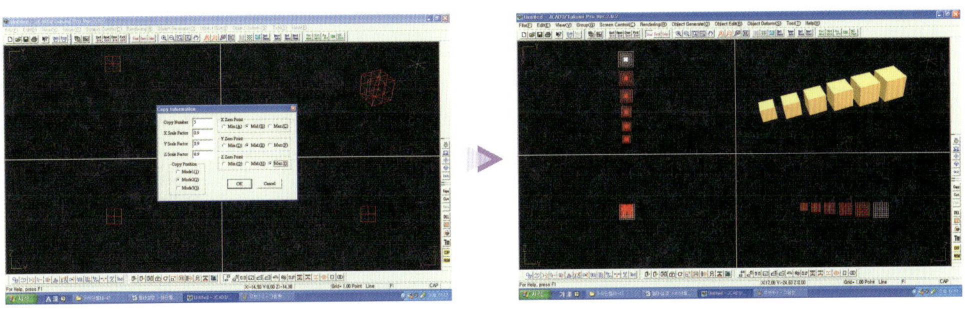

(viii) X, Y, Z Scale Factor에 0.9를 입력하고 Copy Position의

⊙ Mode(1) – 복사하는 물체의 중심과 복사된 물체의 중심의 간격이 일정하게 복사됩니다.

◉ 물체를 5개 복사하고 배율은 XYZ 모두 0.9 배율을 준 후의 Mode(1) 참조 그림

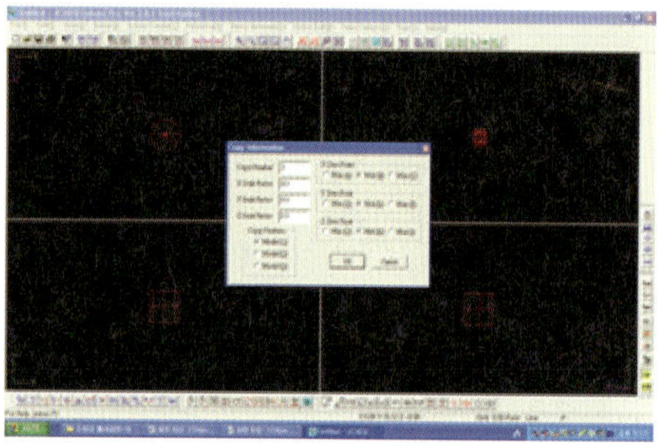

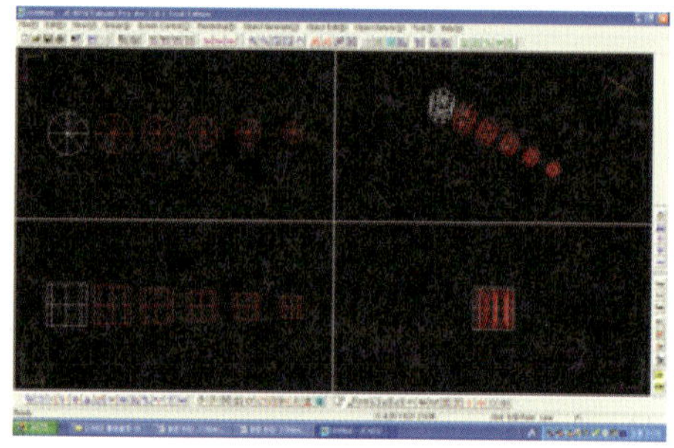

(ix) X, Y, Z Scale Factor에 0.9를 입력하고 Copy Position의

⊙ Mode(2) – 복사하는 물체와 복사된 물체의 간격이 일정하게 복사됩니다.

◉ 물체를 5개 복사하고 배율은 XYZ 모두 0.9 배율을 준 후의 Mode(2) 참조 그림

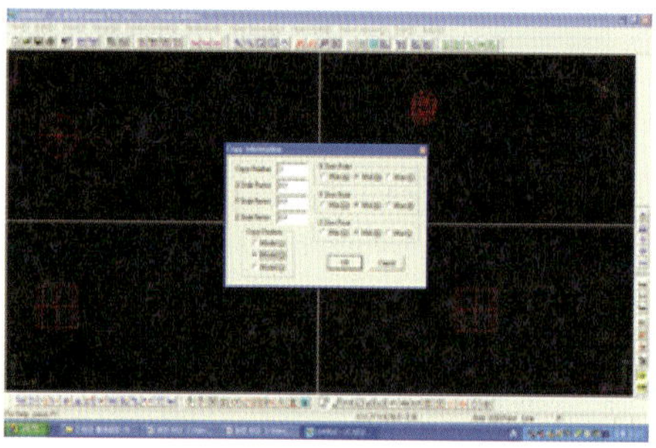

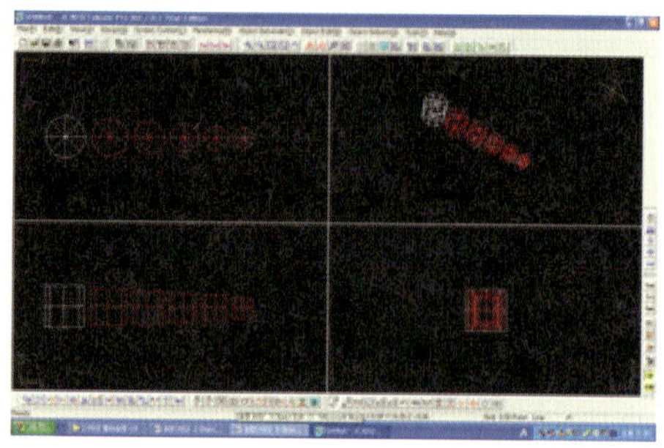

(x) Copy Position ⊙ Mode(3) – 복사하는 물체와 복사된 물체의 간격이 주어진 배율 만큼 줄어들면서 복사됩니다.

◉ 물체를 5개 복사하고 배율은 XYZ 모두 0.9 배율을 준 후의 Mode(3) 참조 그림

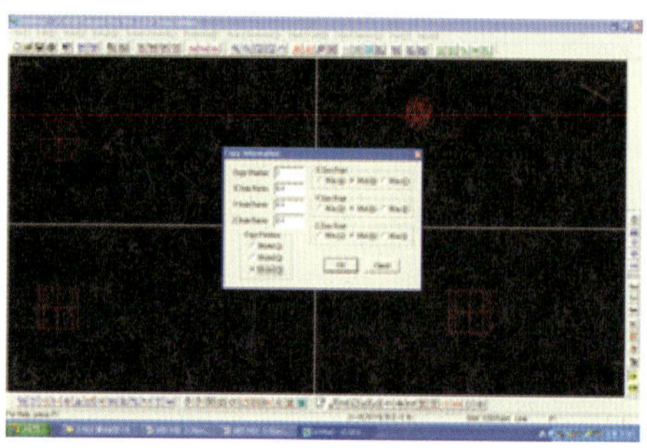

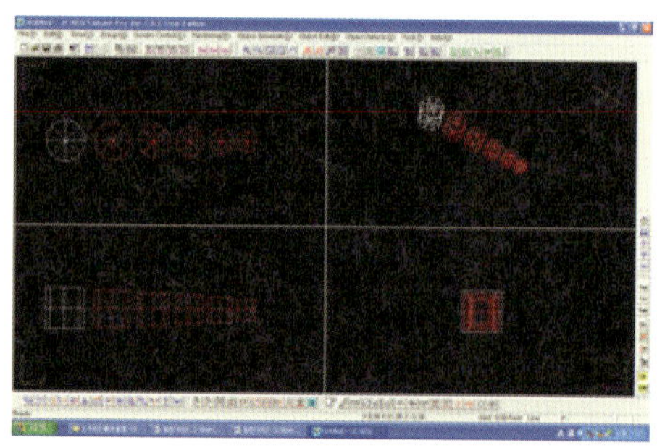

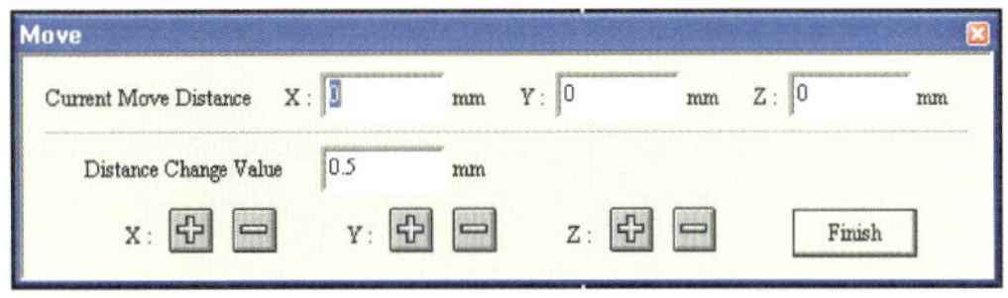

② Numeric Mode와 Move를 함께 사용 – Numeric Mode를 먼저 클릭한 후 Move를 클릭하면 Move 창이 나오는데 Current Move Distance 의 X Y Z 칸에 치수를 직접 기입할 수도 있고 Distance Change Value의 칸에 원하는 치수를 기입하여 그 치수만큼씩 가감을 주어 원하는 만큼 정확히 이동이 가능합니다.

③ Copy Mode와 Move를 함께 사용 – Copy Mode를 먼저 클릭한 후 Move를 클릭하면 Copy Information 창이 나오는데 위에서 소개한 대로 원하는 형태에 맞는 복사되는 개수, 배율과 형태를 선택하고 기입하며 이동하려는 거리는 마우스로 클릭 드래그하여 복사와 이동을 할 수 있습니다.

2) Rotate : 회전

Rotate an object – 물체 회전하기

Bind Grid와 함께 대부분 사용하므로 Bind Grid를 클릭하고 시작합니다.

① 물체를 활성화한 후 Rotate를 클릭합니다.

② 물체를 회전시키려는 원하는 중심점을 클릭하면 파란색 정점이 나타나고 그 정점을 중심으로 물체를 클릭한 상태에서 드래그하면 파란색 중심점을 중심으로 물체가 회전합니다.

③ 명령 종료 방법 오른쪽 마우스를 클릭하면 됩니다.

④ Copy Mode와 Numeric Mode와 Rotate를 함께 사용하여 다양한 방법으로 물체를 정확한 각도만큼 회전시킬 수 있으며 원하는 개수를 회전시키며 복사를 할 수 있습니다.

- 물체를 단순하게 Rotate 하는 보기

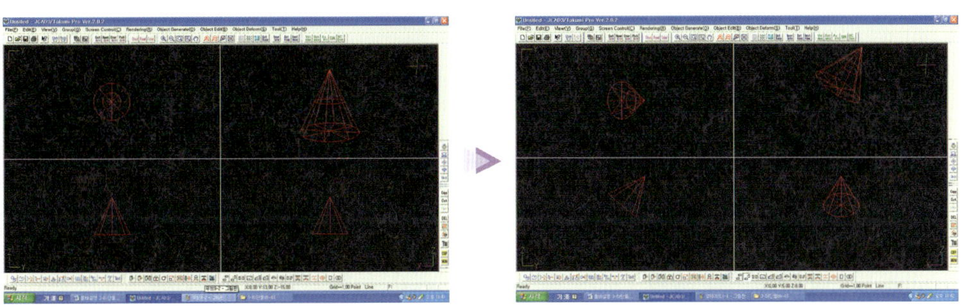

- 물체를 Numeric Mode와 Rotate를 함께 사용하여 Rotate 하는 보기

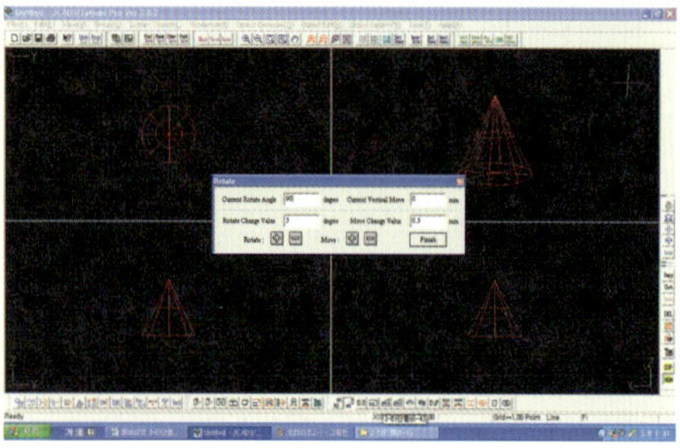

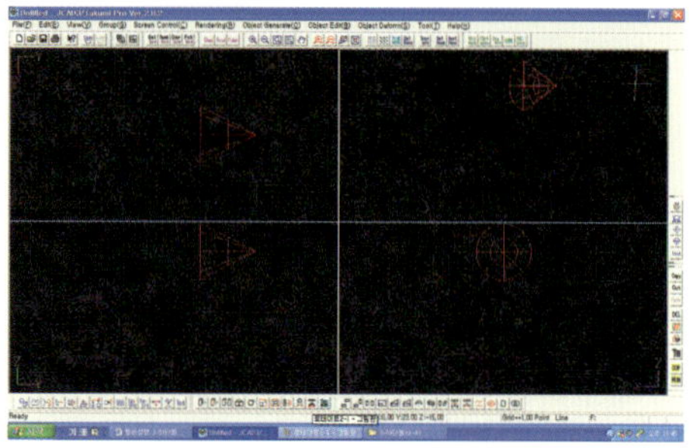

- 물체를 Copy Mode와 Numeric Mode와 Rotate를 함께 사용하여 Rotate 하는 보기

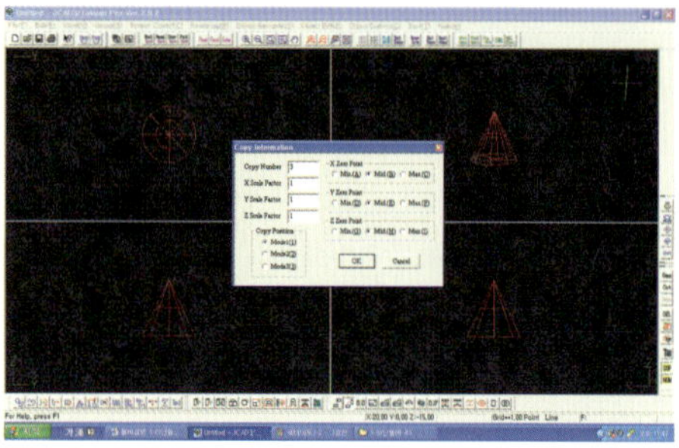

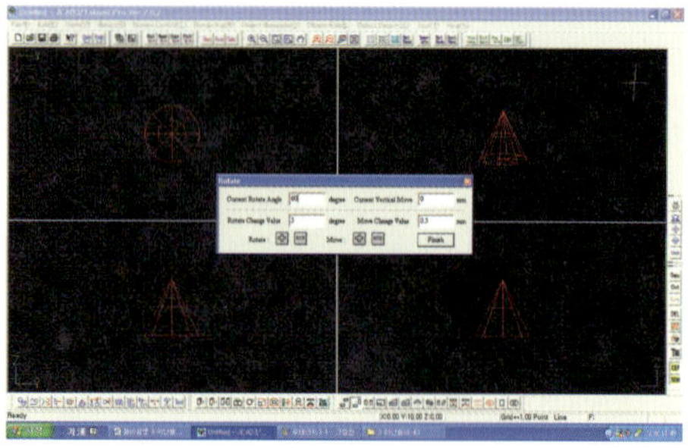

3)  Mirror : 대칭 이동

Move an object via mirror image – 거울상으로 물체 이동하기(대칭)

Bind Grid와 함께 대부분 사용하므로 Bind Grid를 클릭하고 시작합니다.

① 물체를 활성화한 후 Mirror를 클릭합니다.

② 물체가 대칭되려는 원하는 중심점을 클릭하고 드래그하면 대칭 이동됩니다.

③ 명령 종료 방법 오른쪽 마우스를 클릭하면 됩니다.

④ Copy Mode와 Mirror를 함께 사용 – 물체를 활성화하고 Copy Mode를 클릭하고 Mirror를 클릭하고 나서 물체를 대칭 복사하려는 원하는 중심점을 클릭하고 드래그하면 대칭 복사됩니다.

⑤ 상기에서 중심점을 클릭 드래그할 때 키보드의 Ctrl을 누른 상태에서 중심점을 클릭 드래그하면 수직이나 수평으로 드래그를 할 수 있습니다.

⑥ Bind Grid 명령을 클릭한 상태에서는 눈금 점 위에 정확하게 중심점을 클릭할 수 있으며 수직이나 수평으로 드래그를 할 수 있습니다.

- 물체를 단순하게 Mirror 하는 보기

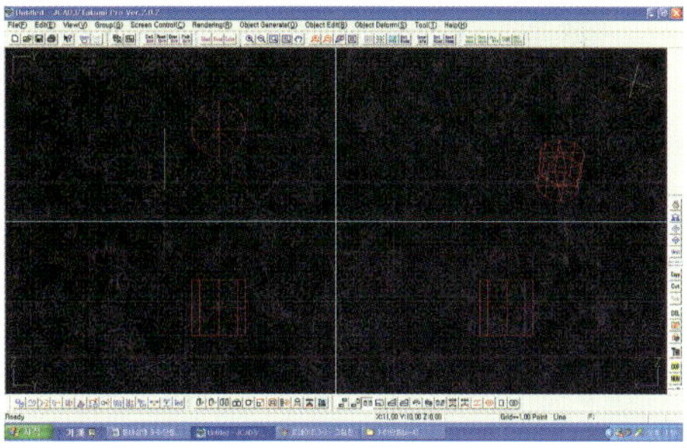

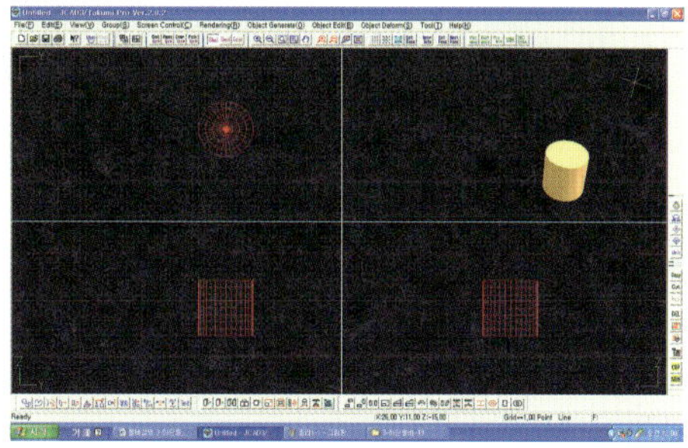

- 물체를 Copy Mode와 Mirror를 함께 사용하여 Mirror 하는 보기

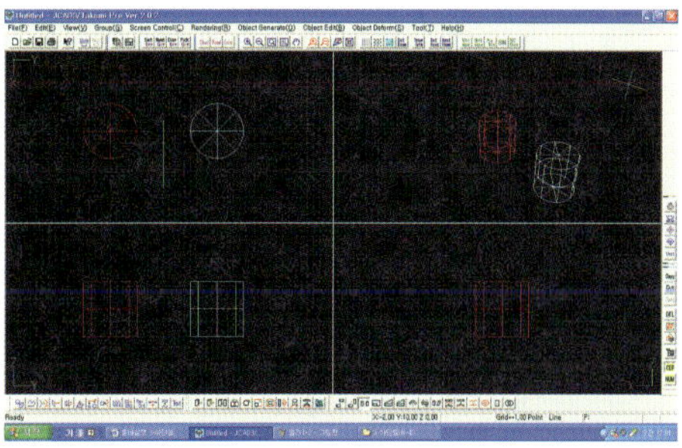

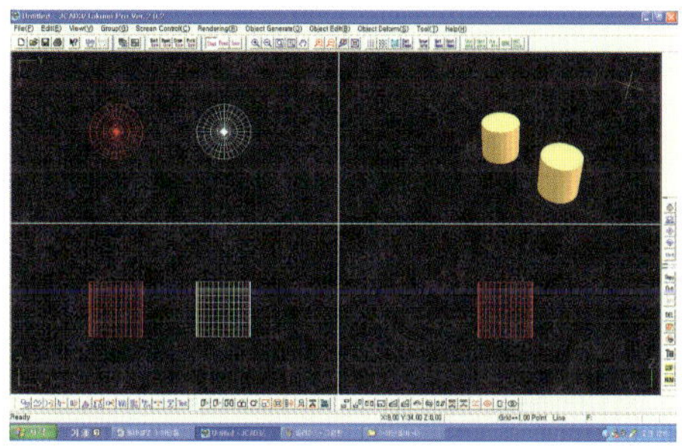

4) Scale : 크기 수정

Change an object size – 물체 크기 변경하기

전체적인 배율로 크기를 변형시키려면 키보드의 Shift를 누르고 변형하고 키보드의 Ctrl을 누르고 변형하면 한쪽 방향으로 축소, 확대시킬 수 있습니다.

① 물체를 선택하고 Scale을 실행하면 파란색의 9개의 기준점이 나타납니다.

② 원하는 위치의 기준점을 선택하고 기준점을 기준으로 물체의 크기가 변형됩니다.

※ 활성화된 물체에게 Numeric Mode와 Scale을 같이 사용하면 활성화된 물체의 정확한 치수를 알 수 있습니다.

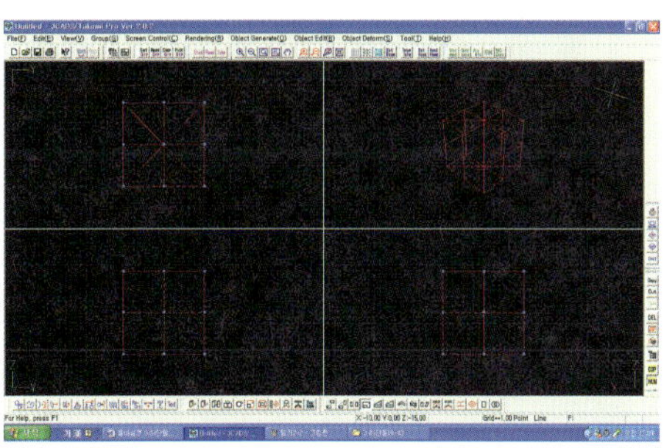

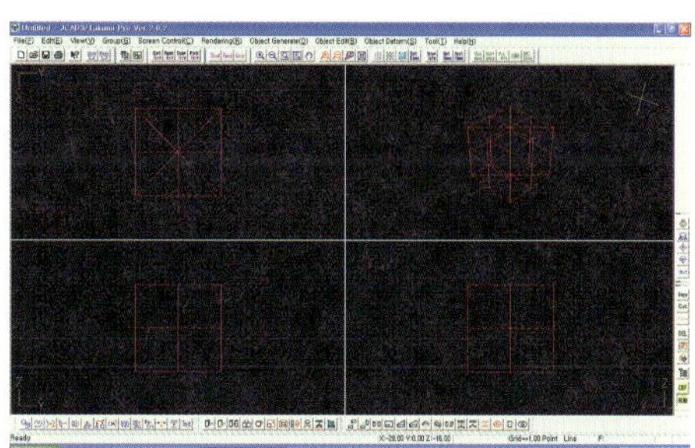

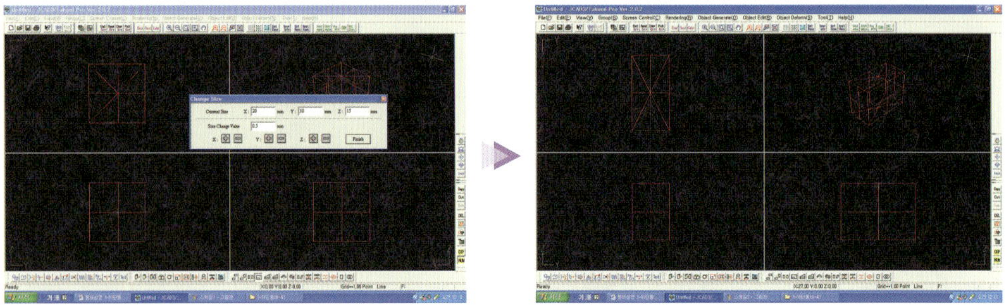

5) Resize(Straight) : 직선의 형태로 변화

Change an Object Partial Size by Specifying a Straight Line. - 기준점을 일일이 지정하여 물체의 부분적인 크기를 변화시키기

① 물체를 선택하고 Resize(Straight)를 실행하면 물체에 4개의 녹색 점이 나타납니다.

② 4개의 녹색 점 중에 원하는 정점을 상하로 클릭 드래그하던지 좌우로 클릭 드래그하여 이동 변형시킬 범위를 지정하면 파란색 정점이 나타납니다.

③ 파란색 점을 이동하여 물체를 지정된 범위 안에서 변형시킵니다.

- 물체의 우측과 하단을 약간 경사지게 직선으로 변화 주기

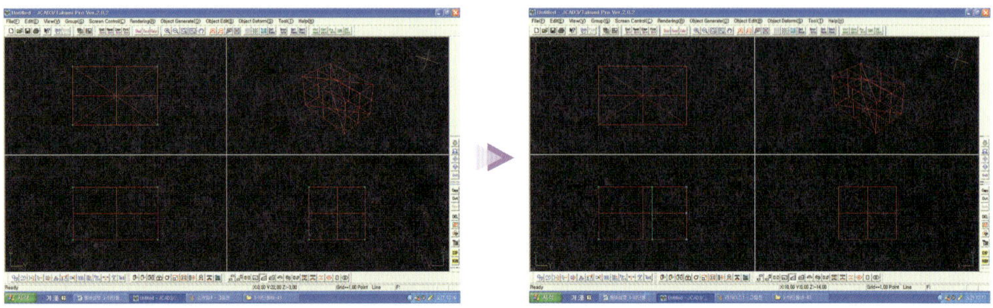

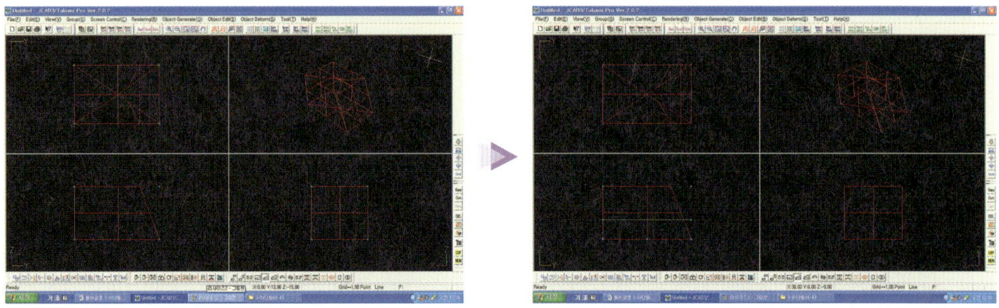

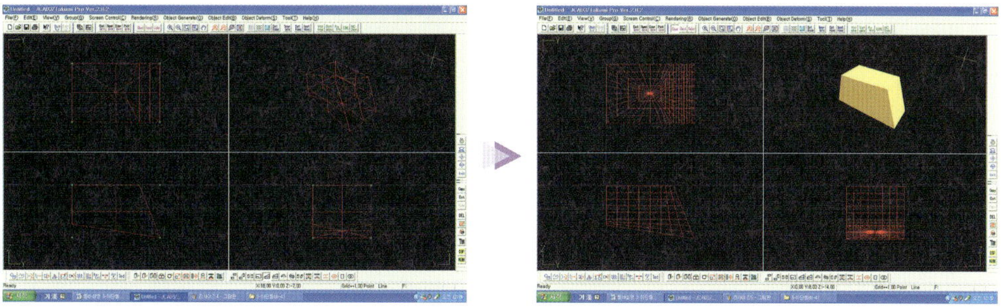

6) Resize(Curve) : 곡선의 형태로 변화

Change an Object Partial Size by Specifying a Curve. – 기준점을 일일이 지정하여 물체의 부분적인 크기를 변화시키기

① 변화를 주려는 물체를 활성화하고 Resize(Curve)를 클릭합니다.

② 4개의 파란 정점이 나타나는데 중앙 좌측이나 우측, 그리고 중앙 상하의 파란색 정점을 클릭한 상태에서 드래그해서 새로 나타난 녹색 선을 이동하여 범위를 정하고 마우스를 놓으면 두 개의 하늘색 점이 상하나 좌우에 나타납니다.

③ 이 하늘색 두 점을 클릭 드래그하여 확대나 축소를 하여 원하는 위치에 놓고 오른쪽 마우스를 클릭하여 명령을 종료합니다.

④ 다시 Resize(Curve)를 클릭하면 4개의 파란 정점이 나타나는데 변형하려는 원하는 방향의 정점을 클릭한 상태로 드래그하여 새로 나타나는 녹색 선으로 범위를 지정하고 파란색 정점을 클릭 드래그하면서 원하는 곡선의 형태로 변형시킵니다.

⑤ 한 물체에 Resize(Curve)를 반복하여 수행하면 포물선의 형태로 면들을 변형시킬 수 있습니다.

- 물체의 우측과 하단을 곡면 상태로 변화 주기

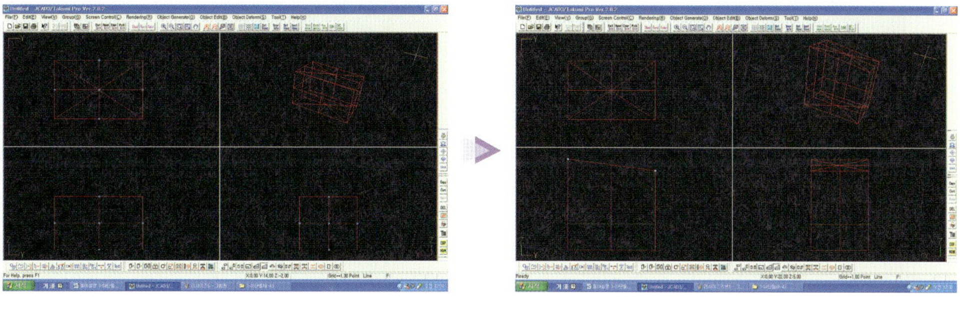

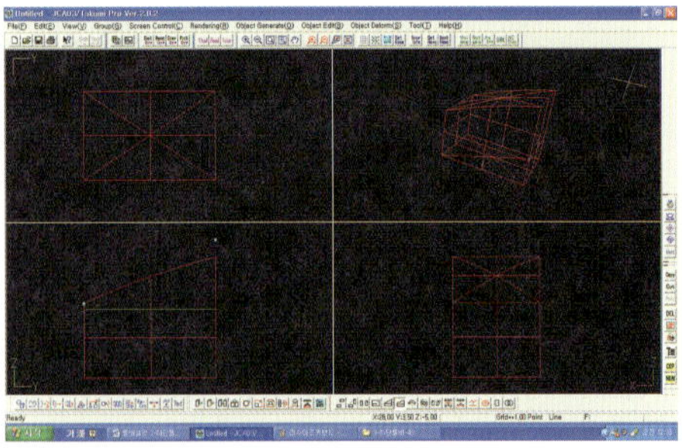

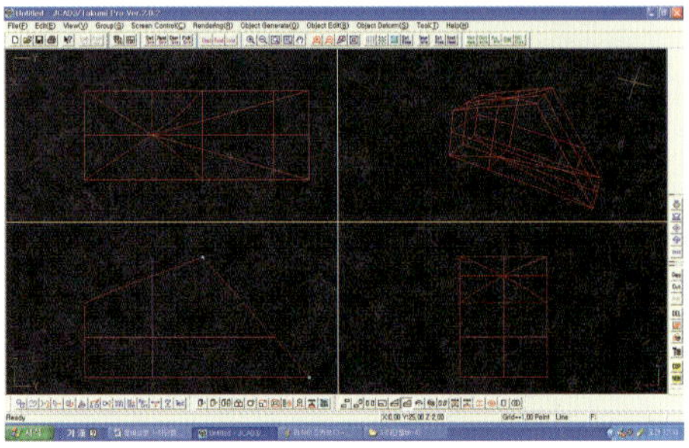

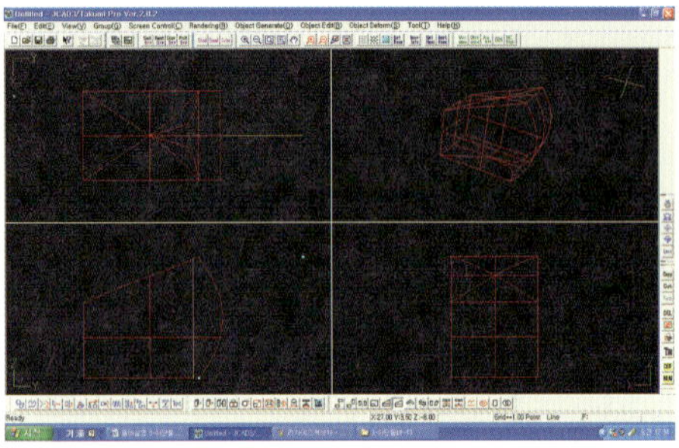

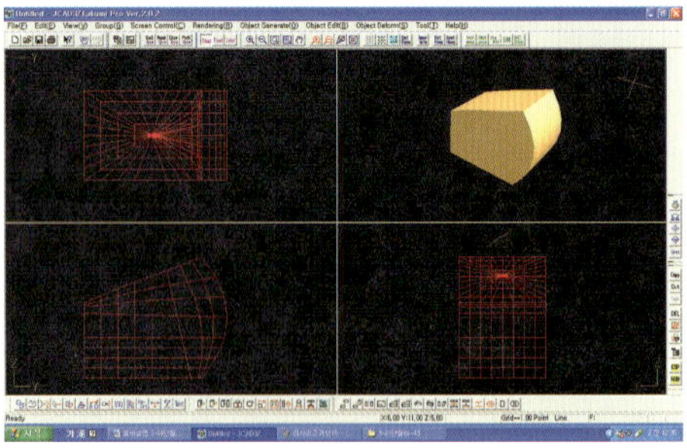

7) Bend : 구부리기

Bend an object - 물체 구부리기

① 하나의 물체나 원하는 여러 물체들을 활성화하고 Bend를 실행합니다.

② 상하좌우의 중앙 기준점을 클릭하고 드래그하여 구부립니다.

- Numeric Mode와 Bend를 이용하여 물체의 중앙 기준점으로 구부리기

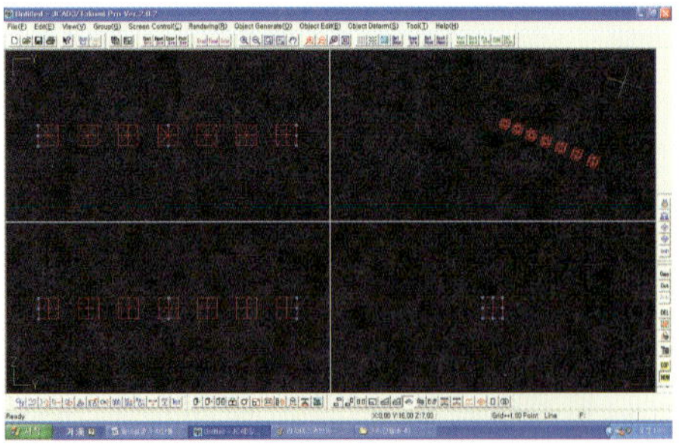

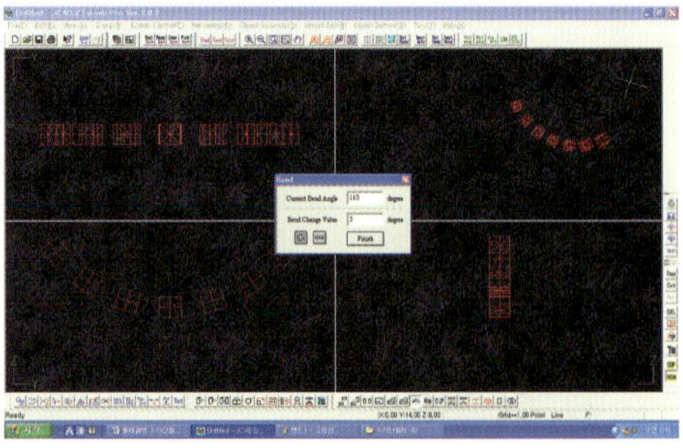

8) Object Twist : 물체 비틀기

Twist an Object – 물체 비틀기

① 물체를 선택하고 Object Twist를 실행하면 3Plane에서 물체에 4개의 파란색 정점이 나타납니다.

② 해당되는 Plane에서 파란색 점을 클릭하면 물체 중앙에 중심이 되는 파란색 점이 또 하나 나타나고 그 정점을 기준으로 드래그하여 비틉니다.

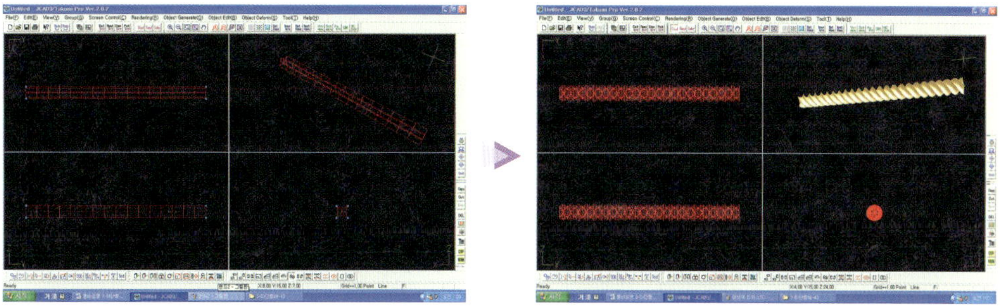

9) Shear : 기울이기

Shear an Object – 물체 기울이기

① 물체를 선택하고 Shear를 실행하면 3Plane에서 물체에 십자 형태로 파란색 정점이 나타납니다.

② 기준 정점을 클릭하고 드래그하여 물체를 기울입니다.

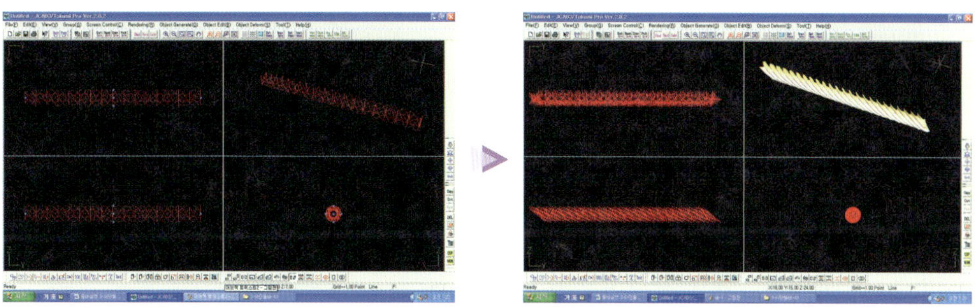

10) Base Wire Edit : Wire의 형태로 편집

Edit Object According to Base Wire [F5:Dell. off] – Wire의 형태에 따라 물체를 편집하기(F5와 함께 명령하면 Wire가 사라지지 않습니다).

① 나열된 보석들이나 물체들을 변형시키기 원하는 형태의 선을 그리고 나서 Base Wire Edit를 클릭하면 회색으로 변합니다.

② 보석들이나 물체들을 선택하고 다시 Base Wire Edit를 클릭하고 XY-Plane에서 활성화된 보석들이나 물체들의 처음에서 끝까지 드래그하면 노란 선과 파란 두 점이 생깁니다.

③ YZ Plane에서 파란 두 점 중에 한 점을 클릭 드래그하여 원하는 높이로 이동한 후 오른쪽 마우스를 클릭하면 변형된 모습을 보실 수 있습니다.

- 선을 따라 보석들이 변형된 모습

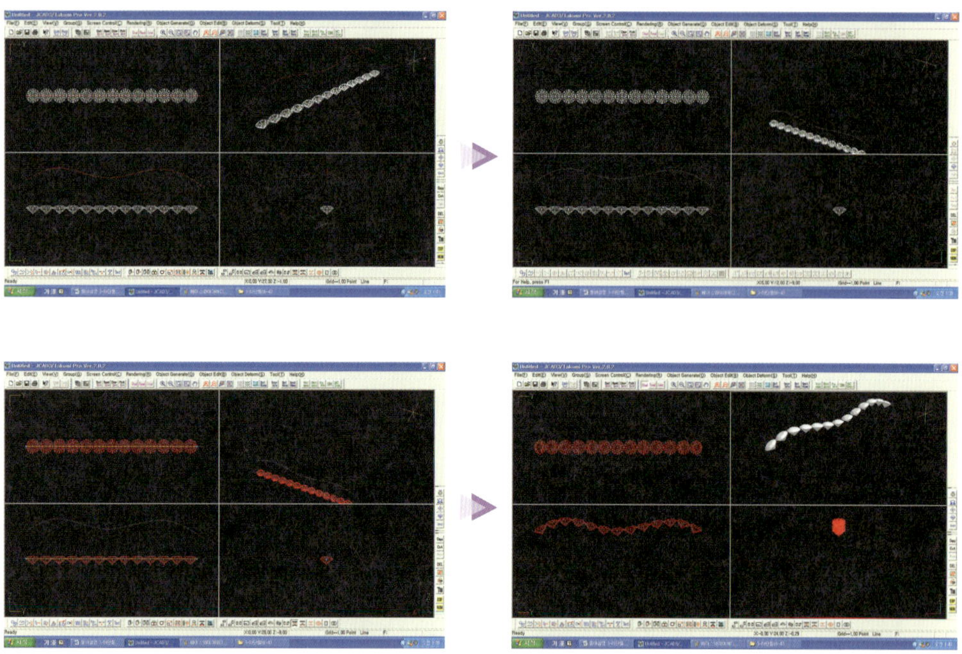

11) Base Surface Edit : Surface 표면의 형태로 편집

Edit Object According to Base Surface – Surface 표면의 형태에 따라 물체를 편집하기(이동할 물체보다 Surface의 너비가 커야 한다).

① Surface를 선택하고 Base Surface Edit를 실행합니다.
② 이동할 물체를 선택하고 다시 Base Surface Edit를 실행합니다.
③ Numeric과 같이 사용하여 원하는 높이로 물체를 올릴 수 있습니다.

- 면의 형태에 맞추어 보석들이 변형된 모습

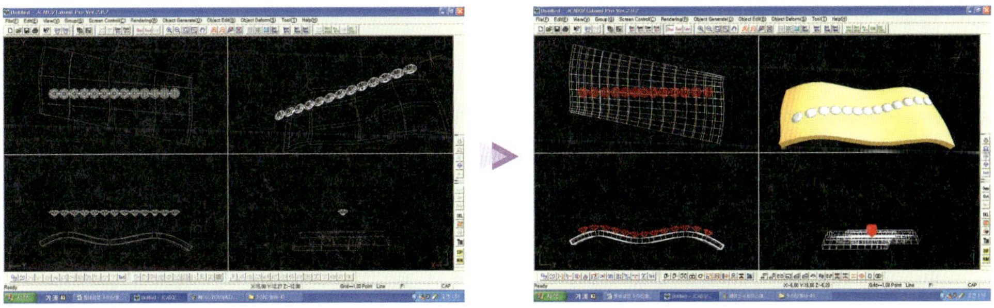

- Numeric과 같이 면의 형태에 맞추어 보석들이 변형된 모습

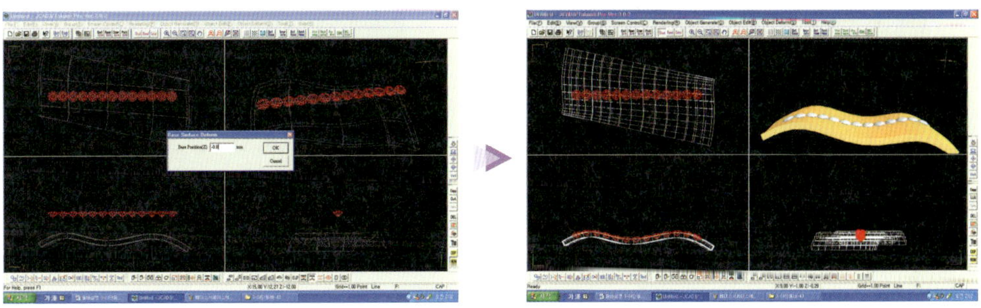

12) Base Line Edit : 라인의 형태로 편집

Edit Object According to Base Line [Distance Change, off] – 정렬된 물체를 라인의 형태로 편집하기

① 수평, 수직으로 정렬된 물체를 선택하고 Base Line Edit를 실행합니다.
② 변형시킬 범위를 물체에 클릭하고 드래그하여 설정하면 파란 정점이 5개인 노란색 선이 나타납니다.
(Numeric을 이용하면 정점의 수를 늘려 곡선의 표현을 증대시킬 수 있습니다.)
③ 노란색 선의 정점들을 이동하여 정렬된 물체를 변형시킵니다.
④ 키보드의 F5를 먼저 클릭하고 Base Line Edit를 함께 사용하면 물체의 간격이나 변형이 없습니다.

- 보석들을 선으로 잡아서 변형시킨 모습(보석과 보석의 사이가 불규칙합니다).

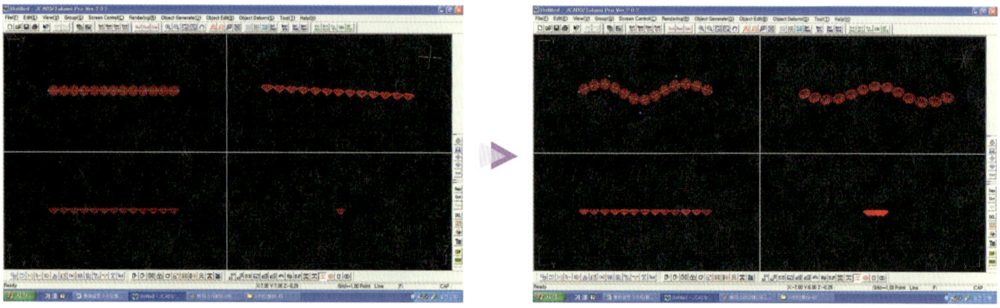

- F5와 같이 보석들을 선으로 잡아서 변형시킨 모습(보석과 보석의 사이가 일정합니다).

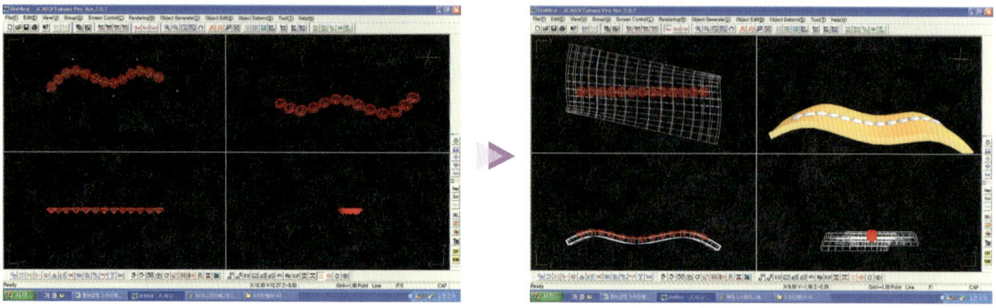

13) Base Circle Edit : 원의 형태로 편집

Edit Object According to Base Circle – 정렬된 물체를 원의 형태로 편집하기

물체들을 원의 형태로 클릭 드래그하여 묶어서 생성되는 점을 클릭 드래그하므로 확대, 축소, 편집할 수 있습니다.

- 원형으로 배열된 보석들을 원의 형태로 잡아 변형하기

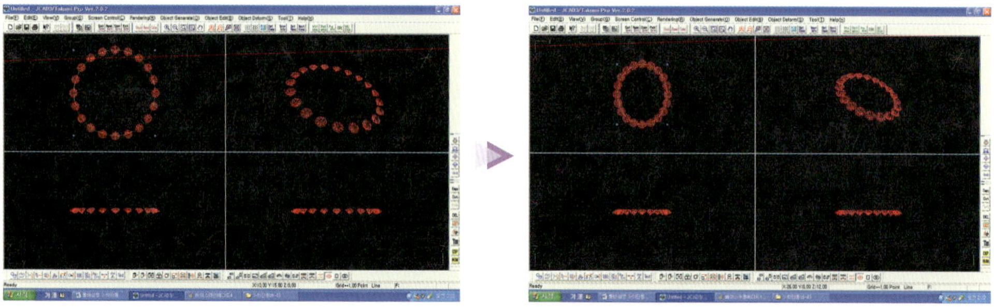

14) Plane Cut : 일직선 형태로 자르기

Cut an Object with a Plane – 일직선 형태로 물체 자르기

물체의 형태를 일직선으로 자를 수 있으며 일부만 자를 수 없습니다.

- XY-Plane에서 잘려서 나간 모습

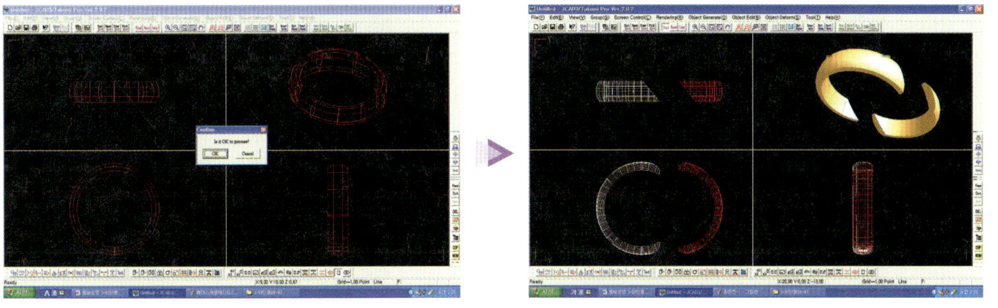

15) Boolean : 논리 연산

Do Boolean calculation of object – 물체의 논리 연산으로 계산하기

Boolean 명령은 3가지로 구분됩니다. 그림과 같이 Boolean(1), Boolean(2), Boolean(3)의 각각의 다른 기능을 가지고 있습니다.

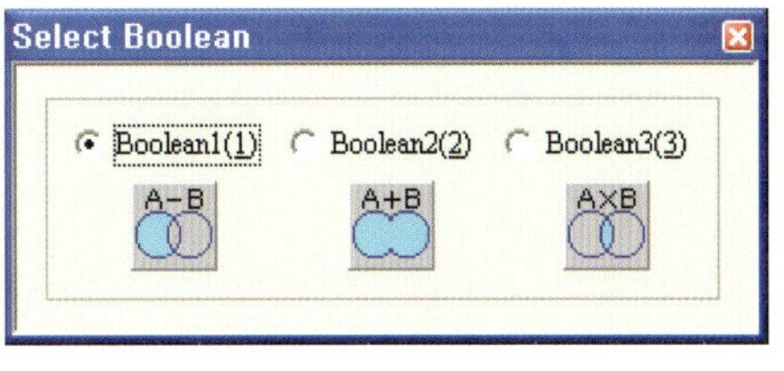

⊙ Boolean(1) – 두 물체 이상에서 서로 겹쳐 있는 부분이 있다면 사라지려는 물체들이 사라지면서 남아 있는 물체와 겹쳐 있는 부분을 함께 가지고 화면에서 사라집니다.

▶ 아래와 같이 그림으로 예를 들면

① 화면에 남기려는 물체인 큰 구를 활성화하고 Boolean을 실행하면 큰 구가 회색으로 변하게 됩니다.

② 화면에서 사라질 물체인 작은 구를 활성화하고 Boolean을 실행하면 Select

Boolean 상자가 나옵니다.

③ 여기서 Boolean(1)을 클릭하면 화면에 큰 구만 남아 있고 작은 구는 화면에서 사라졌는데 작은 구가 사라지면서 겹쳐진 부분까지 함께 사라진 것을 알 수 있습니다.

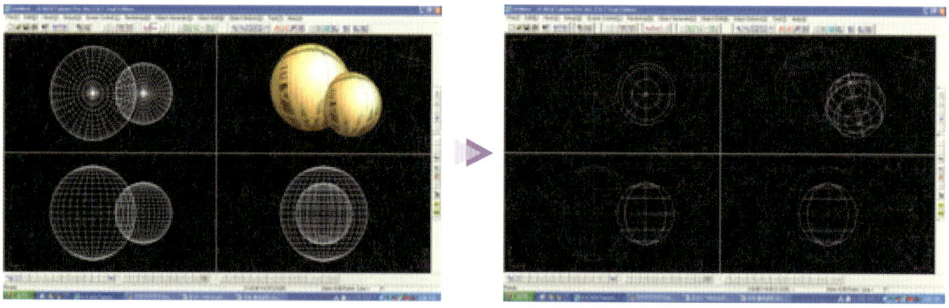

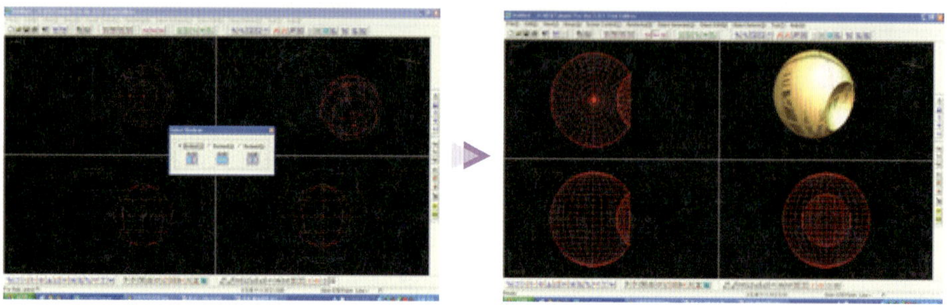

⊙ Boolean(2) – 두 물체 이상의 물체들을 하나의 물체로 만듭니다.

▶ 아래와 같이 그림으로 예를 들면

① 화면에 남기려는 물체인 큰 구를 활성화하고 Boolean을 실행하면 큰 구가 회색으로 변하게 됩니다.

② 화면에서 사라질 물체인 작은 구를 활성화하고 Boolean을 실행하면 Select Boolean 상자가 나옵니다.

③ 여기서 Boolean(2)를 클릭하면 큰 구와 작은 구가 하나의 물체가 된 것을 확인할 수 있습니다.

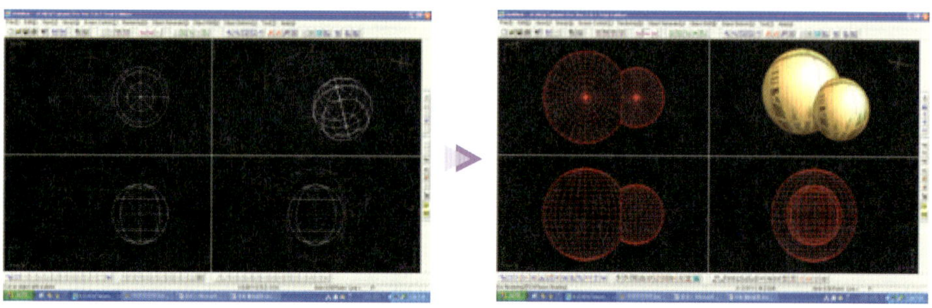

⊙ Boolean(3) - 두 물체 이상들이 서로 겹쳐진 부분만 화면에 남게 합니다.

▶ 아래와 같이 그림으로 예를 들면

① 화면에 남기려는 물체인 큰 구를 활성화하고 Boolean을 실행하면 큰 구가 회색으로 변하게 됩니다.

② 화면에서 사라질 물체인 작은 구를 활성화하고 Boolean을 실행하면 Select Boolean 상자가 나옵니다.

③ 여기서 Boolean(3)을 클릭하면 큰 구와 작은 구가 화면에서 사라지고 두 구가 서로 겹쳐져 있던 부분만 화면에 남아 있는 것을 확인할 수 있습니다.

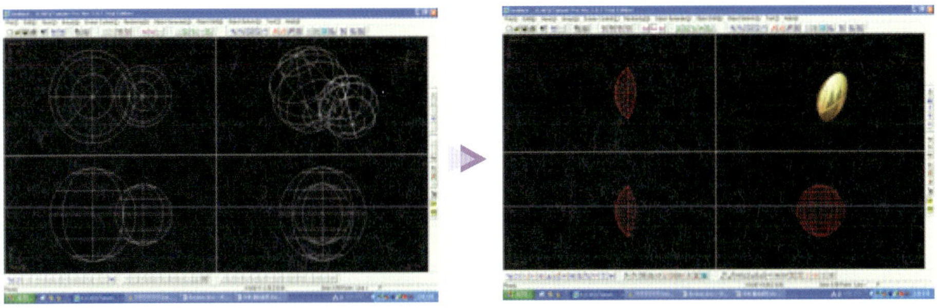

4 Manual에만 있는 기능

1 View Manual

1) Display All : 모든 물체 화면에 보이기

Display all Object – 모든 물체 화면에 보이기

화면에 있는 모든 물체나 선들을 활성화가 되었던 비활성화가 되었던 화면에서 사라지게 하였던 것을 다시 화면에 보이게 합니다.

활성화되었던 물체나 선들은 다시 화면에 보이면서 비활성화가 됩니다.

2) Erase All : 모든 입체 화면 숨김

Erase all Objects in displaying – 화면에 보이는 모든 물체 숨기기

화면에 있는 모든 물체나 선들을 활성화가 되었던 비활성화가 되었던 화면에서 사라지게 합니다.

3) Show Screen Information : 화면 정보 표시

Show or Hide Screen Information – 화면 정보 보이게 하거나 숨기기

화면이 초기에 가지고 있는 정보를 표현합니다.

4) Show Data Information – 데이터 정보 표시

Show or Hide Data Information – 자료 정보 보이게 하거나 숨기기

화면에 있는 물체나 선들의 정보를 수치로 볼 수 있습니다.

5) Show The Number : 수치 표시 〈Ctrl + K〉

Show or Hide Number Parameter – 매개변수 수치 보이게 하거나 숨기기

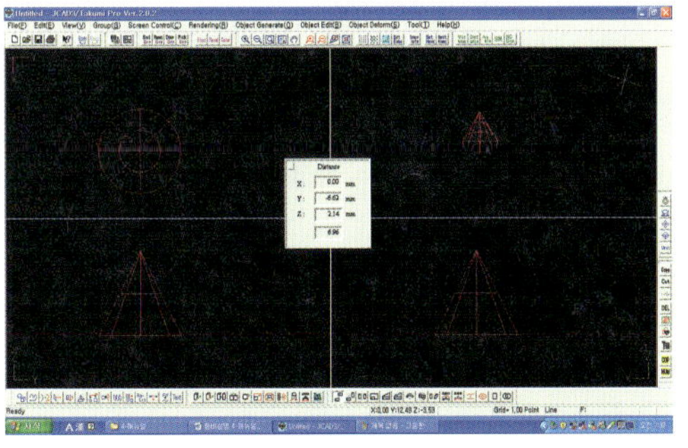

① 선의 정점들을 클릭할 때마다 정점 간의 간격을 새로운 수치로 보여줍니다.

② 선이나 물체를 정점으로 이동할 때 정점의 이동 간격을 수치로 보여줍니다.

③ 선이나 물체를 이동, 회전, 크기, 휘어짐, 꼬임, 기울임을 할 때 간격과 각도의 변화된 수치를 자동으로 바뀌며 보여 줍니다.

④ 지속적으로 화면에 보이게 사용할 수 있습니다.

6) Show Tool Bar : 도구 모음 표시

Standard, Edit, View, Group, Screen Control, Rendering, Object Generate Object Edit, Object Deform, Jewelry Tool, Measure Tool – 보이거나 숨기기

화면에 툴 바를 보이게 하려면 그림과 같이 v표가 표시되어 있으면 해당 툴 바들이 화면에 나타나 있고 화면에서 사라지게 하려는 해당 툴 바의 v표를 클릭하면 화면에서 사라집니다.

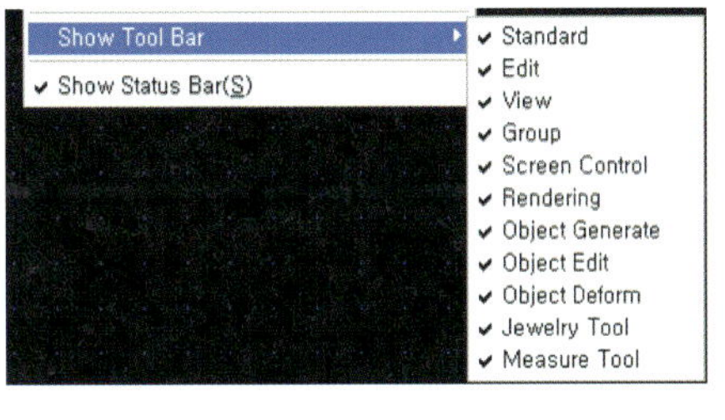

7) Show Status Bar : 상태 바 표시

Show or Hide the Status Bar – 상태 바 보이게 하거나 숨기기

① 화면 최하단에 있는 칸은 Ready라고 쓰여 있어서 현 화면의 명령 상태가 없다는 것을 표현하고 있습니다.

② 마우스의 현재 위치하고 있는 좌표 수치를 보여 줍니다.

③ Grid의 상태와 1*2*3*4*5*6*7*8*로 표현되는 키보드의 F5~F12(1~8)의 Set Group의 명령 상태의 표현을 하고 숫자 옆에 있는 * 표는 현재 물체들이 Show Group 상태로 Set Group을 한 물체들이 화면에 보이고 있음을 알려주고 있습니다.

④ 그 다음에 있는 두 개의 * * 표시 중 첫 별표는 Show Grid이 되어 화면 표시 점이 나타나 있다는 것을 알려 주고 있고, 다음에 있는 별표는 Bind Grid가 되어 있어서 화면 표시 점에 정점이 찍히게 되어 있다는 것을 표현하고 있습니다.

⑤ Point Line이 있는데 Point 옆에 *표가 없다는 것은 Set Base Point를 현재 진행하고 있지 않다는 것을 표현하고 있으며 Line 옆에 *표가 없다는 것은 Set Base Line이 현재 진행되고 있지 않다는 것을 표현하고 있습니다.

⑥ 마지막으로 있는 F는 키보드의 F5~F12 중 하나 이상을 클릭한 상태를 보여주는데 F 옆에 숫자가 없는 것은 현재 F5~F12 중 하나 이상을 클릭하고 있지 않다는 것을 보여주고 있습니다.

이상과 같이 기능을 아래와 같이 보여 표시하는데 Show Status Bar를 클릭할 때마다 Ready 칸을 보이게 하거나 숨깁니다.

2 Screen Control

1) Scroll Tool : 화면 이동 도구

Show or Hide Screen Scroll Tool – 화면 조절 도구 보이게 하거나 숨기기

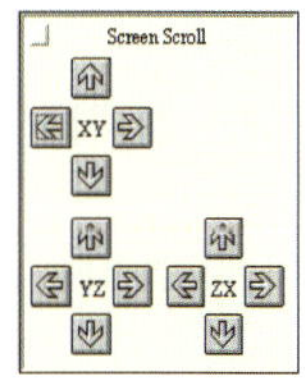

그림과 같은 창이 나와 X Y Z의 화살표를 원하는 방향으로 클릭하면 해당되는 화면의 물체들이 해당되는 방향으로 이동합니다.

2) View Change Tool : 화면 변경 도구

Show or Hide View Change Tool – 화면 변경 도구

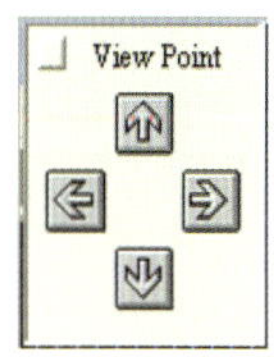

그림과 같은 창에서 화살표를 클릭하면 Perspective Plane에서 화면이 화살표 방향으로 움직입니다.

3) Set Template : 작업대 설정하기

Set a Template(DXF Data[2D]) – 작업대 설정하기

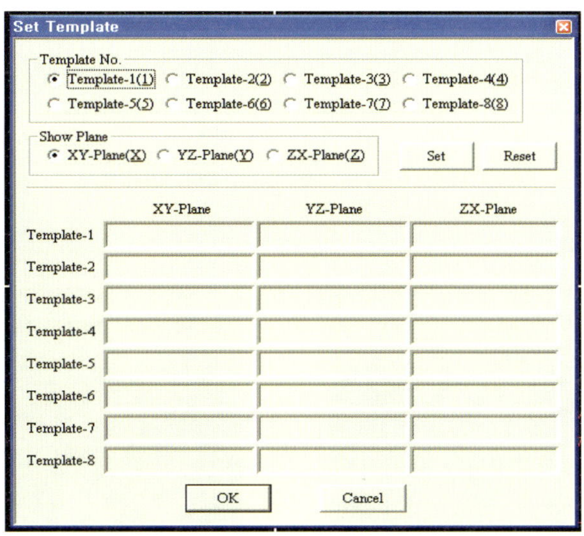

JCAD에서 제공하는 GLB를 여러분의 컴퓨터에 JCAD프로그램에 입력하게 하여야 하는데

Show Plane에 있는 Set를 누르고 Powered By GLB Labo가 있는 폴더에 들어가면 GLT 형식으로 저장되어 있는데 해당되는 번호를 찾아 입력하여 편리하게 사용하실 수 있습니다.

여기서 주의하셔야 할 것은 폴더에서 파일 형식을 GLT 형식으로 바꾸어 주어야 합니다. 작업대를 8가지를 만들 수 있으며 각도 별로 다양하게 만들어 사용할 수 있습니다.

3 Object Generate

1) Wire Parameter : Wire 매개변수

Assign Wire Parameter – Wire 매개변수를 부여하기

Wire를 물체화 할 때 지정하는 기본적인 사항으로 Wire Divide는 1~4, Wire Coefficient는 1~3까지 설정할 수 있습니다.

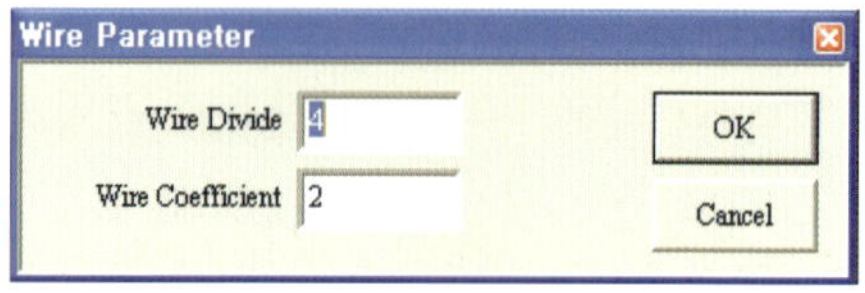

- 수치가 높을수록 자연스럽게 표현되지만 물체가 무거워 질 수 있습니다.
- 복잡한 물체는 수치를 적게 하여 적절히 입력하는 것이 바람직합니다.

4 Tool

1) Ruler : 막대자

Show a Ruler – 막대자 보이기

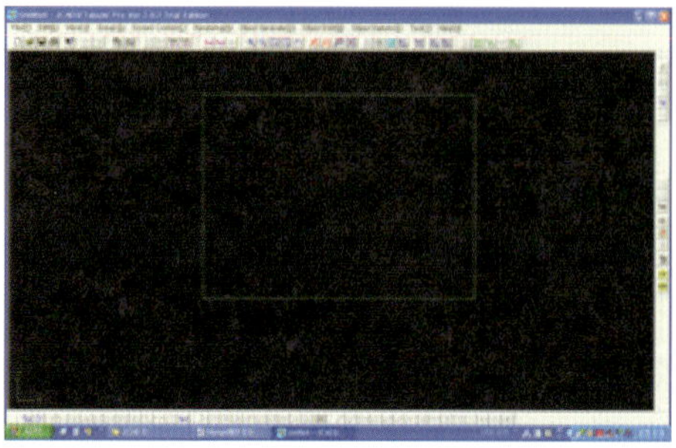

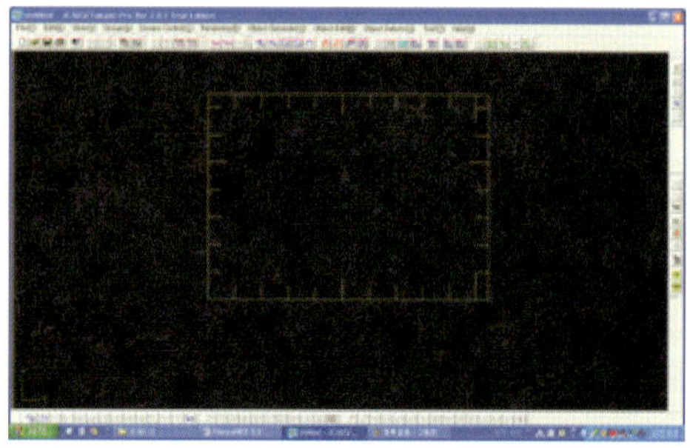

- Ruler를 실행하고 왼쪽 마우스를 클릭하고 드래그하여 범위를 지정하면(녹색 선으로 범위가 지정됨) 지정된 범위 안쪽으로 1 mm의 간격으로 된 막대 자가 나타납니다.
- 오른쪽 마우스를 클릭하면 사라집니다.
- 막대 자를 보이게 한 상태에서 다른 작업을 했을 때 오른쪽 마우스를 눌러도 지워 지지 않습니다.
- 막대 자를 지우려면 Tool 메뉴에 들어가서 v 표시된 Ruler를 클릭하면 사라집니다.

2) Show a Protractor : 각도기

Show a Protractor – 각도기 보이기

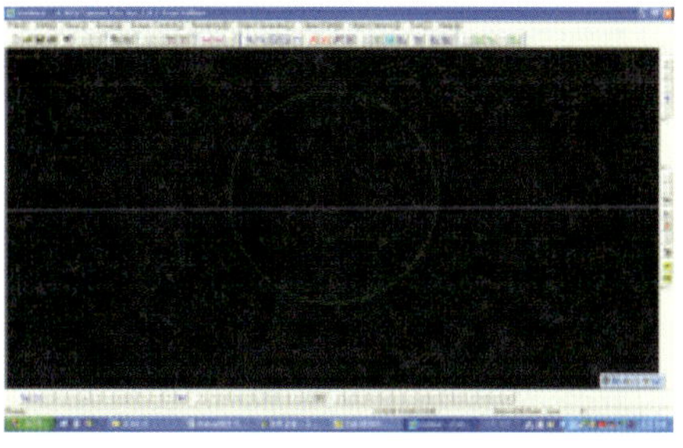

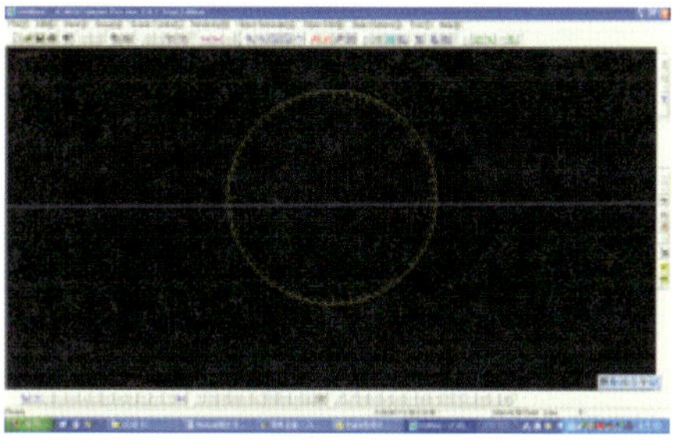

- Protractor를 실행하고 왼쪽 마우스를 클릭하고 드래그하면 원 형태로 범위가 지정됩니다(녹색 선으로 범위가 지정됨).
- 지정된 범위 안쪽으로 원의 중심을 기준으로 각도기가 나타납니다.
- 오른쪽 마우스를 클릭하면 사라집니다.
- 각도기를 보이게 하고 바로 다른 작업을 했을 때 각도기를 지우려면 Tool 메뉴에 들어가서 v 표시된 Ruler를 클릭하면 사라집니다.

3) Environment : 환경

Set a Key and Screen Condition – 키와 화면 조건 설정하기

그림과 같이 CAD 작업을 하는 과정에 필요한 조건들을 Key Condition과 Start Screen Condition에서 사용자가 편리하게 설정하여 사용자가 CAD 작업하기에 용이하게 할 수 있습니다.

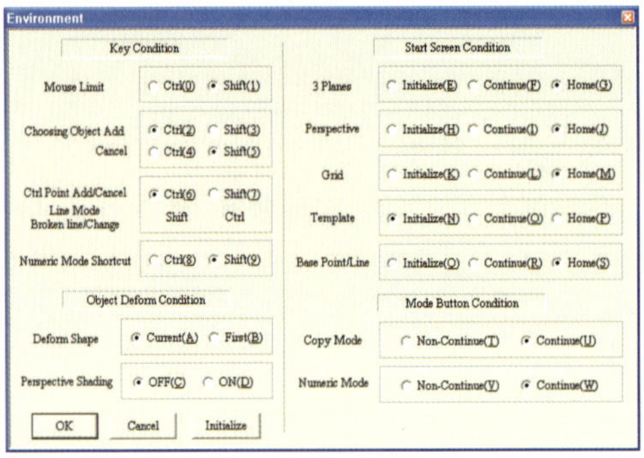

(1) Key Condition

① Mouse Limit – Wire 클릭하여 선을 그리거나 Wire Deform 클릭하여 정점을 수정 이동시킬 때 수평 수직 45 °로 제한하여 움직이기 위해 마우스를 잡지 않은 손으로 키보드의 Ctrl을 누른 상태에서 함께 누르던 것을 사용자의 편의대로 ⊙ Ctrl과 ⊙ Shift 중 클릭하여 변경할 수 있습니다.

② Choosing Object Add/Cancel – 물체를 2개 이상 활성화할 때는 마우스를 잡지 않은 손으로 키보드의 ⊙ Ctrl, 2개 이상 활성화된 물체들 중에 선택하여 비활성화할 때에는 마우스를 잡지 않은 손으로 키보드의 ⊙ Shift를 함께 누르고 왼쪽 마우스를 누르던 것을 사용자의 편의대로 ⊙ Ctrl과 ⊙ Shift 중 클릭하여 변경할 수 있습니다.

③ Ctrl Point Add/Cancel, Line Mode Broken Line/Change – 선이나 물체의 정점을 활성화할 때 정점을 더하여 활성화하거나, 활성화된 정점들을 빼기 위해 왼쪽 마우스와 함께 누르던 키보드의 Key와 선이나 물체의 정점에 각을 주거나 각진 선이나 각진 정점의 각을 풀기 위해 왼쪽 마우스와 함께 누르던 키보드의 Key를 ⊙ Ctrl/Shift, 또는 ⊙ Shift/Ctrl 중에 선택할 수 있습니다.

④ Numeric Mode Shortcut – 확인된 바 없습니다.

(2) Object Deform Condition

① Deform Shape – Object Deform명령을 실행할 때 물체가 초기 형태로 변하게 하는 ⊙ first와 현재 상태 그대로 유지하는 것 ⊙ Current를 선택할 수 있습니다.
(Current를 누르면 Object Deform 명령을 실행할 때 키보드의 F5를 먼저 누르고 하면 물체의 변형이 안 일어납니다.)

② Perspective Shading – Object Deform 명령을 실행할 때 Perspective 화면의 물체가 Shading 상태로 변할지 ⊙ ON과 변하지 않을지 ⊙ OFF를 선택할 수 있습니다.

(3) Start Screen Condition

JCAD 프로그램을 새로 실행할 때 화면의 처음 보이는 조건들을 설정할 수 있습니다. 3Plane, Perspective, Grid, Template Base Point/Line을 ⊙ Initialize(초기화), ⊙ Continue (현 상태 유지), ⊙ Home(처음 프로그램에 설정된 값) 중 선택할 수 있습니다.

(4) Button Condition

Copy Mode, Numeric Mode를 한 번 클릭하여 명령들이 계속 지속하려면 ⊙ Continue, 명령들을 사용 후에 곧바로 명령이 종료되려면 ⊙ Non-Continue를 선택할 수 있습니다.

4) Color Environment

Set Color Environment – 색상 환경 설정하기

Set Color 명령을 실행하여 물체를 색을 주어 표현할 때 색상을 조절하여 저장하여 사용할 수 있습니다.

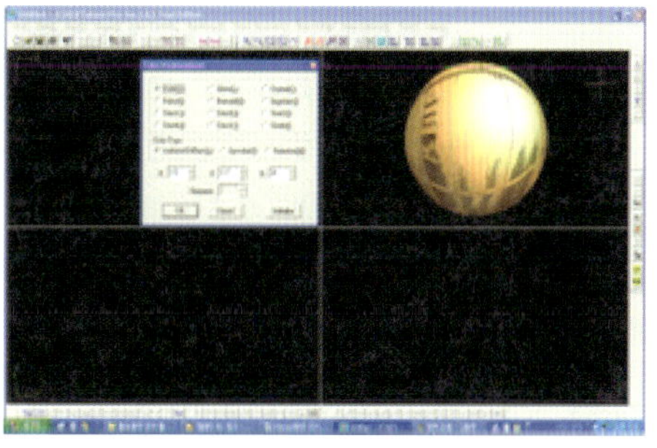

5) Rendering Environment

Set Rendering Environment – Rendering 환경 설정하기

Rendering을 실행하여 물체를 실물적으로 표현할 때 색상을 조절하여 보다 사실적으로 표현할 수 있습니다.

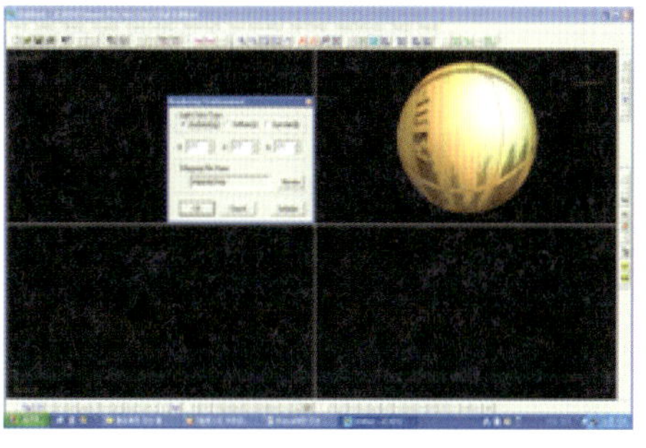

JCAD Pro

부록

1. JCAD 용어 정리와 단축키 정리

2. 자료

1 JCAD 용어 정리와 단축키 정리

Ⓣ : 화면에 있는 툴 바

Ⓜ : 매뉴얼에 있는 명령어

〈 〉: 단축키

파란색의 글 : 명령을 하기 위해 툴 바에 마우스를 클릭하려고 하면 화면 하단 왼편에 나타나는 해당 툴 바에 대한 설명

Ⓜ Ⓣ : 매뉴얼과 화면의 양쪽 모두에 있는 툴 바

1 화면 상단 툴 바

- Ⓜ Ⓣ New : 새로운 작업 〈Ctrl + N〉

  Create a new object – 새 물체 만들기

- Ⓜ Ⓣ Open : 열기 〈Ctrl + O〉

- Ⓜ Ⓣ Save : 저장 〈Ctrl + S〉

  Save the active object – 사용 중인 물체 저장

- Ⓜ Ⓣ Print : 인쇄 〈Ctrl + P〉

  Print the active object – 사용 중인 물체 인쇄

- Ⓣ Context Help : JCAD 전체적인 도움말

  Display help for clicked on buttons and menus – 클릭된 여러 버튼과 메뉴들에 대한 도움말 보이기

- Ⓜ Ⓣ Undo : 실행 명령 취소 〈Ctrl + Z〉

  Undo the last action – 마지막 명령으로 돌아가기

- Ⓜ Ⓣ Redo : Undo를 취소 〈Ctrl + Y〉

Redo the Previously undone action – 원래대로의 명령으로 돌아가기(앞으로 다시 가기)

- Ⓜ Ⓣ Display Mode : 입체 표시 모드 〈Ctrl + M〉

Change Display Mode – 입체 표시 모드 변경하기

- Ⓜ Ⓣ Screen Range : 화면 표시 정렬

Change Screen Range – 화면 표시 정렬 변경하기

  - All-Plane – 네 개 화면 〈Shift + Ctrl + A〉
  - Perspective – 투시도 〈Shift + Ctrl + S〉
  - XY-Plane – 평면도〈Shift + Ctrl + Z〉
  - YZ-Plane – 정면도〈Shift + Ctrl + X〉
  - ZX-Plane – 우측면도〈Shift + Ctrl + C〉

- Ⓜ Ⓣ Set Group : 그룹 설정

Set the picked object Groups [F5: Group1~ F12: Group8] – 선택된 물체 그룹 설정하기(F5=1, F6=2, F7=3, F8=4, F9=5, F10=6, F11=7, F12=8)

① Group으로 설정할 Object를 선택 활성화합니다.

② Set Group을 클릭한 상태에서 지정할 번호(F5: Group1~ F12: Group8)를 누릅니다(지정할 번호를 먼저 누르고 Set Group을 눌러도 됩니다).

③ Group이 설정되면 화면 하단의 중앙에 Group의 번호를 확인할 수 있습니다.
〈예: 1* 2* 3* 4* 5* 6* 7* 8*〉

- Ⓜ Ⓣ Reset Group : 설정된 그룹 해제

Reset the picked object Groups [F5: Group1~ F12: Group8] – (G1-G8) 선택된 그룹 해제하기

① 해제할 번호의 Group을 선택 활성화합니다.

② Reset Group을 클릭한 상태에서 해제할 Group의 번호(F5: Group1 ~ F12: Group8)를 누릅니다(지정할 번호를 먼저 누르고 Reset Group을 눌러도 됩니다).

③ 해제할 번호의 Group이 해제되면, 화면 하단의 중앙에 설정하였던 Group 번호가 사라진 것을 확인할 수 있습니다.

- Ⓜ Ⓣ Show Group : 그룹 표시

Show or hide Group [F5: Group 1~ F12: Group 8] – G1-G8 그룹 보이거나 숨기기

① 숨기려는 Group(F5: Group1 ~ F12: Group8)의 번호를 입력합니다.

② Show Group을 클릭하면, 해당 Group이 화면에서 사라진 것을 확인할 수 있습니다.

③ 숨겨진 Group 중에 다시 화면에 보이게 하기 위해서는 화면에 보이게 할 Group의 번호(F5: Group1 ~ F12: Group8)를 입력한 후, Show Group을 클릭합니다.
사라졌던 Group이 다시 화면에 보이는 것을 확인할 수 있습니다.

- Ⓜ Ⓣ Pick Group : 그룹 선택

Pick out object Group [F5: Group1~ F12: Group8] – G1-G8 그룹 선택하기
해당 Group(F5: Group1 ~ F12: Group8)의 번호를 입력한 후, Pick Group을 클릭하면 해당 Group이 활성화되는 것을 확인할 수 있습니다.

- Ⓜ Ⓣ Shading : 물체의 명암 묘사 〈Ctrl + H〉

Do Shading [F5: 3 – Planes Shading] – 명암 주기[F5 : 3면도에서 명암 주기]

- Ⓜ Ⓣ Rendering : 물체의 사실적 묘사 〈Ctrl + R〉

Do Rendering[F5 : 3 – Planes Rendering – 사실화하기[F5: 3면도에서 사실화하기]

- Ⓜ Ⓣ Set Color : 색 설정

Select an object color – 물체 색상 선택하기

- Ⓜ Ⓣ Zoom In : 화면 확대 〈Ctrl + I〉

- Ⓜ Ⓣ Zoom out : 화면 축소 〈Ctrl + T〉

- Ⓜ Ⓣ Auto Zoom : 자동 배율 〈Ctrl + A〉

Automatically adjust zoom so that an object can be completely displayed on – 물체를 전부 보여줄 수 있도록 자동으로 초점을 확대하기

- Ⓜ Ⓣ Zoom Box : 화면 지정 배율 〈Ctrl + E〉

Specify zoom on the screen – 지정된 화면으로 초점을 맞추기

- Ⓜ Ⓣ Scroll : 화면 이동 〈Ctrl + Q〉

Scroll the screen in specified directions – 지정된 방향으로 화면 이동하기

- Ⓜ Ⓣ Track Up : 투시도 화면 확대 〈Ctrl + U〉

perspective drawing – 투시도면

- Ⓜ Ⓣ Track Down : 투시도 화면 축소 〈Ctrl + D〉

  perspective drawing – 투시도면

- Ⓜ Ⓣ Reset View : 투시도 화면 초기화 〈Ctrl + C〉

  Reset view point of the perspective drawing to the center of the screen – 투시도면의 화면 중앙에 맞춰진 초점 재설정

- Ⓜ Ⓣ Change Perspective : 시각(투시화) 변경 〈Ctrl + V〉

  Adjust the display of perspective drawing to the 3-planes – 투시도에서 3면도로 조정하기

- Ⓜ Ⓣ Show Grid : 화면 점 표시 〈Ctrl + G〉

  Show or hide Grid/ Base Point/ Base Line – 화면 점을 보이게 하고 안 보이게 하고/기본 중심점/기본 중심선 보이거나 숨기기

- Ⓜ Ⓣ Bind Grid : 화면 점 선택 〈Ctrl + B〉

  Bind or free Grid/ Base Point/ Base Line – 화면 점/기본 중심점/기본 중심선에 구속시키거나 자유롭게 하기

- Ⓜ Ⓣ Grid Interval : 화면 점 간격 선택

  Assign Grid Interval – 화면 점 간격 지정하기

- Ⓜ Ⓣ Set Base Point/Line : 기본 중심점/라인 설정

- Ⓜ Ⓣ GLB : 도표선 작업대

  Show a Guide Line Box – 도표선 작업 상자 보이기

- Ⓜ Ⓣ Save Home Position : 기본 화면 저장 〈Ctrl + W〉

- Ⓜ Ⓣ Restore Home Position : 기본 화면 복구 〈Ctrl + X〉

- Ⓜ Ⓣ Measure Volume : 체적 측정

  Measure an object volume – 물체의 체적 측정

  선택된 물체의 크기와 K24, K18, K14, Silver 등의 중량을 확인할 수 있습니다.

- Ⓜ Ⓣ Measure Distance : 거리 측정

  Measure distance of two points – 두 개의 점으로 거리 측정하기

- Ⓜ Ⓣ Measure Angle : 각도 측정

  Measure Angle of two points – 세 개의 점으로 각도 측정하기

- Ⓜ Ⓣ Simulation : 모의 실험(지정한 입체의 상태 예측)

  Do modeling simulation – 모형의 모의 실험하기

2 화면 우측 툴 바

- Ⓜ Ⓣ Ring Size : 반지 크기(호수) 설정

  Assign Ring Size[F5: No, F6: Diameter, F8: Angle] – [F5: 사용 안 함, F6: 지름, F8: 각도] 링 크기(호수) 설정하기

- Ⓜ Ⓣ Generate Setting : 난 집 설정

  Generate a Setting – 난 집 형성하기

  Ⓣ 안에 round – 원형(발은 Round에서만 형성됩니다)

  Ⓣ 안에 Oval – 타원형

  Ⓣ 안에 Square – 사각

  Ⓣ 안에 Prongs Numbers – 발 개수

  Ⓣ 안에 Prongs Length – 발 길이(보석의 거들부터의 길이를 말합니다)

  Ⓣ 안에 Prongs Thick – 발의 두께

- Ⓜ Ⓣ Gem : 보석(종류별 선택)

  Generate a Gem – 보석 형성하기

  Ⓣ 안에 Round Brilliant – 원형 커트

  Ⓣ 안에 Oval Brilliant – 타원형 커트

  Ⓣ 안에 Marquise Brilliant – 마키즈 커트

  Ⓣ 안에 Pear Shape Brilliant – 페어 커트

  Ⓣ 안에 Heart Shape Brilliant – 하트 커트

  Ⓣ 안에 Single – 구 원형 커트

  Ⓣ 안에 Emerald – 팔각 커트

  Ⓣ 안에 Baguette – 사각 커트

  Ⓣ 안에 Tapered Baguette – 점점 좁아지는 사각 커트

  Ⓣ 안에 Rose – 로즈 커트

Ⓣ 안에 Cabochon – 볼록 커트

- Ⓜ Ⓣ Unit Object : 보석과 물체의 합

  Register objects as the Unit[F5: Cancel] – 한 단위로써 보석들이나 물체들을 기록(저장)하기

- Ⓜ Ⓣ Delete : 삭제

- Ⓜ Ⓣ Deselect : 삭제 선택 해제

- Ⓜ Ⓣ Construction tool : 작업 구조 표시

  Show or hide Construction Tool – 작업 구조 보이거나 숨김

  Ⓣ 안에 Add Unit – 폴더 생성

  Ⓣ 안에 Delete Unit – 폴더 삭제

- Ⓜ Ⓣ Copy mode : 복사 모드

  Copy the object by Move/Rotate/Mirror – 이동/회전/대칭 이동으로 물체를 복사하기

- Ⓜ Ⓣ Numeric mode : 수치 지정 모드

  Input numerical value – 수치 입력하기

3 화면 하단 툴 바

- Ⓜ Ⓣ Primitive : 초기 형태 형성

  Generate a Primitive – 초기 형태 형성하기

  Ⓣ 안에 Circle – 원

  Ⓣ 안에 Rectangle – 직사각형

  Ⓣ 안에 Sphere – 구체

  Ⓣ 안에 Cube – 정육면체

  Ⓣ 안에 Cylinder – 원기둥

  Ⓣ 안에 Cone – 원뿔

- Ⓜ Ⓣ Wire (와이어) : 선, 줄

  Generate a Wire – 선 형성하기

  Ⓣ 안에 Close – 닫힘

  Ⓣ 안에 Open – 열어짐

- Ⓜ Ⓣ Wire Deform : 선 변형

  Deform a Wire – 선 변형하기

  ① 변형할 Wire로 그려진 Object를 선택 활성화합니다.

  ② Wire Deform 명령을 실행합니다.

  ③ 정점이 나타나면 이 정점을 활성화하여 자유롭게 변형합니다.

- Ⓜ Ⓣ Sweep : 쓸다. 선이나 면을 형태화

  Generate a Sweep object [F5: Facet(종이 형태), F6: 1Section] – 선을 긋듯이 쓸어 형성하기

  ① Primitive나 Wire로 그려진 단면이나 선을 선택하여 Sweep 명령을 실행합니다.

  ② 원하는 시작 지점에서 Click하여 원하는 형태로 마우스를 움직여 연속 Click합니다. 완료되면 오른쪽 마우스를 클릭합니다.

  ③ 정점 개수를 입력하면 완성된 면이나 형태를 확인할 수 있습니다.

- Ⓜ Ⓣ Revolve : 회전체

  Generate a Revolve object[F5: Facet, F6: 1Section] – [F5: 종이 형태, F6: 1섹션] 회전체 형성하기

- Ⓜ Ⓣ Polyhedron : 다변제

  Generate a Polyhedron object[F5: Facet, F6: 1Section] – [F5: 종이 형태, F6: 1섹션] 다면체 형성하기

- Ⓜ Ⓣ Wire Combine : 선을 따라 단면 형태로 변형

  Generate a Sweep object combine wires[F5: Facet, F6: 1Section] – [F5: 종이 형태, F6: 1섹션] 선과 면을 결합하기

- Ⓜ Ⓣ Wires Sweep : 단면 지정(단면끼리의 정점 수가 같아야 함.)

  Generate a Sweep object from several wires[F5: Facet, F6: 1 Section] – [F5: 종이 형태, F6: 1섹션] 여러 단면끼리 형태를 형성하기

- Ⓜ Ⓣ Surface Thickness : 두께 지정

  Assign thickness of the surface – 표면의 두께를 지정하기

- Ⓜ Ⓣ Point Move : 정점 이동

  Move CTL-Points of an object [F5: Shape, F6: Shading] – [F5: 형상, 현 위치에서 정점을 보임, F6: 명암] 물체의 정점 이동하기

- Ⓜ Ⓣ Line Move : 선 (면) 이동

  Move CTL-Point Lines of an object [F5: Shape, F6: Shading] – [F5: 형상 (현 위치에서 정점을), F6: 명암] – 물체의 선이나 면 이동

- Ⓜ Ⓣ Insert : 선이나 물체에 정점이나 선(면) 삽입

  Insert CTL-Point Lines [F5: Shape, F6: Shading] – [F5: 형상 (현 위치에서 정점을 보임), F6: 명암] – 정점 삽입하기

- Ⓣ Twist : 선이나 면을 비틀기(F5: 현 위치에서 정점을 보임)

  Twist CTL-Point Lines(Section) of an object [F5: Shape, F6: Shading] – [F5: 형상, F6: 명암] – 물체의 선이나 면을 비틀기

- Ⓜ Ⓣ Extend/Reduce : 선이나 면의 확대 축소

  Extend/Reduce CTL-Point Lines(Section)of an object [F5: Shape, F6: Shading] – [F5: 형상, F6: 명암] – 물체의 선이나 면의 확대/축소

- Ⓜ Ⓣ Section Deform : 물체의 한 단면만 선택하여 변형

  Deform a specified section of an object [F5: Shape, F6: Shading] – [F5: 형상, F6: 명암] 물체의 단면 변형하기

- Ⓜ Ⓣ Move Rails : 선택된 면을 형태에 맞게 구부리는 변형

  Move CTL-Points like moving rails [F5: Shape, F6: Shading] – [F5: 형상, F6: 명암] – 레일 이동처럼 제어 점 이동하기

- Ⓜ Ⓣ Tension Coefficient : 장력 설정

  Assign Tension Coefficient(0-3) and area – 장력 범위 설정하기

- Ⓜ Ⓣ Move : 이동

  Move an object – 물체 이동하기

- Ⓜ Ⓣ Rotate : 회전

  Rotate an object – 물체 회전하기

- Ⓜ Ⓣ Mirror : 대칭

  Move an object via mirror image – 거울상으로 물체 이동하기(대칭 이동)

- Ⓜ Ⓣ Scale – 크기 수정

Change an object size – 물체 크기 변경하기
(전체적인 배율로 변형시키려면 Shift를 누르고 변형합니다)

- Ⓜ Ⓣ Bend : 구부리기

Bend an object – 물체 구부리기

- Ⓜ Ⓣ Object Twist : 입체 비틀기

Twist an object – 물체 비틀기

- Ⓜ Ⓣ Plane Cut : 일직신 형태로 자르기

Cut an object with a plane – 면 형태로 물체 자르기

- Ⓜ Ⓣ Boolean : 논리 연산(합하거나, 분리)

Do Boolean calculation of object – 물체의 논리 연산으로 계산하기

4 매뉴얼 안에만 있는 툴 바(22개)

(1) File (파일) : 항목별 정리

- Ⓜ Save As – 다른 이름으로 저장 〈Ctrl + F〉
- Ⓜ Printer Setup – 프린터 설정
- Ⓜ Recent File – 최근 작업한 파일 목록
- Ⓜ Restore Backup – 백업 파일 복구
- Ⓜ Exit JCAD3 – 나가기

(2) Edit : 편집

- Ⓜ Deselect – 선택 해제

(3) View : 화면 보기

- Ⓜ Display All – 모든 입체 화면 표시
- Ⓜ Erase All – 모든 입체 화면 숨김
- Ⓜ Show Screen Information – 화면 정보 표시
- Ⓜ Show Data Information – 데이터 정보 표시
- Ⓜ Show The Number – 수치 표시 〈Ctrl + K〉
- Ⓜ Show Tool Bar – 도구 모음 표시

- Ⓜ Show Status Bar – 상태 바 표시

(4) Group : 집합

(5) Screen Control : 화면 제어

- Ⓜ Scroll Tool – 화면 이동 도구
- Ⓜ View Change Tool – 화면 변경 도구

(6) Rendering : 물체의 사실적 묘사

(7) Object Generate : 입체 형성

- Ⓜ Wire Parameter – 선의 매개변수 설정

  Ⓣ 안에 Wire Divide – 선의 분할

  Ⓣ 안에 Wire Coefficient – 선의 계수

(8) Object Edit : 입체 수정

(9) Object Deform : 입체 변형

(10) Tool : 기타 도구

- Ⓜ Ruler – (막대)자
- Ⓜ Protractor – 각도기
- Ⓜ Environment – 환경 설정

(11) Help : 도움

- Ⓜ Contents – 목차
- Ⓜ Search for help on – 도움말
- Ⓜ How to use help – 도움말 사용법
- Ⓜ About JCAD3 – 버전 정보

5 JCAD Takumi Pro Ver.2.0.2에만 있는 툴 바(26개)

1) EDIT

- Ⓜ Ⓣ Copy : 복사

  Copy the Object – 물체 복사하기

- Ⓜ Ⓣ Cut : 자르다

  Cut the Object – 물체 자르기

- Ⓜ Ⓣ Paste : 붙이기

  Paste the Object – 잘라내거나, 복사한 물체 붙이기

  (Copy 명령과 Cut 명령과 Paste 명령은 서로 구분되는 명령이 아니라 물체를 복사하기 위해 연계되는 명령으로 각각의 명령은 독립적으로 사용할 수 없습니다.)

Copy 명령으로 Paste 명령 사용

1. 물체를 선택하고 Copy 명령을 실행합니다.
2. Paste 명령을 실행하면 물체가 회색으로 바뀌면서 마우스를 클릭하는 곳 마다 복사됩니다.

- Ⓜ Ⓣ Pick All : 화면에 있는 모든 Object 선택(활성화)

  Pick out all Objects Displaying – 화면에 있는 모든 물체들을 선택하기

2) View

- Ⓜ Display All : 모든 물체 화면에 보이기
- Ⓜ Erase All : 모든 물체 화면에서 숨기기

3) Screen Control

- Ⓜ Show Template : 형판(GLB) 보이기
- Ⓜ Set Template : 형판(GLB) 설정하기

4) Object Generate

- Ⓜ Ⓣ Assign Section : 레일에 단면 지정하기

  Generate a Sweep by assigning Section to Sweep Base Line[F5: Facet, F6: 1Section, F8: Del, Off] – 라인(레일)에 따라 스윕하기 위해 각 정점에 지정된 단면으로 스윕을 형성하기

- Ⓜ Ⓣ Spiral : 나선 모양

  Generate a Spiral[F5: Facet, F6: 1Section] – 나선 모양 형성하기

Ⓣ 안에 Diameter – 지름

Height (1 turn) – 한 바퀴 도는 높이

Ctrl-P Number (1 turn) – 한 바퀴 돌 때까지의 정점 수

Turn Number – 돌아가는 횟수

- Ⓜ Ⓣ Re-Create : 다시 만들기

Re-Create Curves/ Surfaces in current Ctrl-P Position – 커브/서페이스 정점의 위치를 재설정하기

- Ⓜ Ⓣ Connect : 연결하다.

Connect Curves/Surfaces[F5 : close] – [F5 : 닫기] 선과 물체의 연결

- Ⓜ Ⓣ Text(텍스트) : 문서, 글

Generate a Text Object – 텍스트 물체 형성하기

Ⓣ 안에 Font – 글자체

Text – 글

Height – 물체 크기

Thickness – 물체의 두께

Interval – 글자 간격

Reverse – 뒤집기

5) Object Edit

- Ⓜ Ⓣ Resize (Straight)[Vertex] : 수직으로 물체의 형태 변형

Change an object partial size by specifying a straight line – 조건 지정한 수직선으로 물체의 부분적인 형태의 변화

- Ⓜ Ⓣ Resize (Curve)[Vertex] : 곡선으로 물체의 형태의 변형

Change an object partial size by specifying a Curve – 조건 지정한 곡선으로 물체의 부분적인 형태의 변형

- Ⓜ Ⓣ Shear (쉬어) : 기울이기

Shear an Object(쉬어 언 오브젝트) – 물체 기울이기

- Ⓜ Ⓣ Base Wire Edit : 선에 보석 올리기

Edit objects according to Base Wire [F5: Dell. Off] – 선에 따라 물체(보석)를 편집

(교정)하기

- Ⓜ Ⓣ Base Surface Edit : Surface에 보석 올리기

  Edit objects according to Base Surface [F5: Dell. Off] – 물체에 물체(보석)를 편집 (교정)하기

- Ⓜ Ⓣ Base Line Edit : 물체를 지정된 라인으로 정렬하기

  Edit objects according to Base Line [F5: Distance Change. Off] – [F5: 거리 변화. 끄기] 정렬된 물체들을 라인 형태에 맞게 정렬 위치를 변형하기

- Ⓜ Ⓣ Base Circle Edit : 물체를 원 형태로 정렬하기

  Edit objects according to Base Circle – 원 형태에 따라 물체의 정렬 위치를 변형하기

6) Object Deform

- Ⓜ Ⓣ Line Rotate : 정점 면의 회전

  Rotate Ctrl-Point Lines of an object[F5: Shape, F6: Shaking] – [F5: 형상, F6: 명암] 물체의 정점 면을 회전시키기

- Ⓜ Ⓣ Base Wire Deform : 라인에 따라 정점 이동

  Move Ctrl-Points according to Base Wire [F5: X, F6: Y, F7: Z, F8: Del. Off] – [F5: X축, F6. Y축, F7. Z축, F8: 지우기.끄기] 라인에 맞게 정점을 이동시키기

7) Tool

- Ⓜ Ⓣ Arrange Setting : 물체를 원 형태로 배열(복사)

  Arrange a Setting – 물체를 원 형태로 배열하여 복사하기

  Ⓣ 안에 Arrange Angle – 배열 각도

  All Arrange Number – 총 배열 수

- Ⓜ Display NC Data : NC 자료 보기

- Ⓜ Color Environment : 색상 환경

  Ⓣ 안에 Gold(골드)

  Silver(실버)

  Crystal(크리스탈)

  Ruby(루비)

Emerald(에메랄드)

Sapphire(사파이어)

User(1~6)

Color Type – 색상 유형

Ambient/Diffuse – 포위/확산

Specula – 반사

Emission – 발산

Shininess – 빛남

- Ⓜ Rendering Environment : 렌더링 환경

Ⓣ 안에 Light Color Type – 색상 밝기 유형

Ambient – 포위(바깥 부위 색상 조절),

Diffuse – 확산(중간 부위 색상 조절)

Specula – 반사(중앙 부위 반사 값 조절)

2 자료

1 많이 쓰이는 다이아몬드의 크기와 중량

직경	깊이	CARAT	직경	깊이	CARAT	직경	깊이	CARAT
m/m	m/m	carat	m/m	m/m	carat	m/m	m/m	carat
1.3	0.78	0.01	4.4	2.61	0.30	6.5	3.90	1.00
1.7	1.02	0.02	4.5	2.64	0.31	6.6	3.96	1.05
2.0	1.20	0.03	4.5	2.70	0.33	6.7	4.02	1.10
2.2	1.32	0.04	4.6	2.76	0.36	6.8	4.08	1.15
2.4	1.44	0.05	4.7	2.82	0.38	6.9	4.14	1.20
2.6	1.56	0.06	4.8	2.88	0.40	7.0	4.20	1.25
2.7	1.62	0.07	4.9	2.94	0.43	7.1	4.26	1.31
2.8	1.68	0.08	5.0	3.00	0.46	7.2	4.32	1.37
2.9	1.74	0.09	5.1	3.06	0.49	7.3	4.38	1.42
3.0	1.80	0.10	5.2	3.12	0.50	7.4	4.44	1.50
3.1	1.86	0.11	5.3	3.18	0.55	7.5	4.50	1.54
3.2	1.92	0.13	5.4	3.24	0.58	7.6	4.56	1.61
3.3	1.98	0.14	5.5	3.30	0.61	7.8	4.68	1.75
3.4	2.04	0.15	5.6	3.36	0.65	8.2	4.72	2.00
3.5	2.10	0.16	5.7	3.42	0.68	8.6	5.16	2.25
3.6	2.16	0.17	5.8	3.48	0.71	9.0	5.40	2.50
3.7	2.22	0.18	5.9	3.54	0.75	9.3	5.58	3.00
3.8	2.28	0.20	6.0	3.60	0.79	10.2	6.12	4.00
3.9	2.34	0.22	6.1	3.66	0.83	11.0	6.60	5.00
4.0	2.40	0.23	6.2	3.72	0.85	11.7	7.02	6.00
4.1	2.46	0.25	6.3	3.78	0.92	12.4	7.44	7.00
4.2	2.52	0.27	6.4	3.80	0.96	13.0	7.80	8.00
4.3	2.58	0.29	6.45	3.87	0.98	14.0	8.40	10.00

2 세분화한 다이아몬드의 크기와 중량

직경	높이	중량	직경	높이	중량	직경	높이	중량
m/m	m/m	carat	m/m	m/m	carat	m/m	m/m	carat
1.40	0.84	0.010	3.05	1.83	0.103	4.70	2.82	0.379
1.45	0.87	0.011	3.10	1.86	0.109	4.75	2.85	0.392
1.50	0.90	0.012	3.15	1.89	0.114	4.80	2.88	0.404
1.55	0.93	0.013	3.20	1.92	0.119	4.85	2.91	0.417
1.60	0.96	0.014	3.25	1.95	0.125	4.90	2.94	0.430
1.65	0.99	0.016	3.30	1.98	0.131	4.95	2.97	0.443
1.70	1.02	0.017	3.35	2.01	0.137	5.00	3.00	0.457
1.75	1.05	0.019	3.40	2.04	0.143	5.05	3.03	0.471
1.80	1.08	0.021	3.45	2.07	0.150	5.10	3.06	0.485
1.85	1.11	0.023	3.50	2.10	0.156	5.15	3.09	0.499
1.90	1.14	0.025	3.55	2.13	0.163	5.20	3.12	0.514
1.95	1.17	0.027	3.60	2.16	0.170	5.25	3.15	0.529
2.00	1.20	0.029	3.65	2.19	0.177	5.30	3.18	0.544
2.05	1.23	0.031	3.70	2.22	0.185	5.35	3.21	0.560
2.10	1.26	0.033	3.75	2.25	0.193	5.40	3.24	0.576
2.15	1.29	0.036	3.80	2.28	0.200	5.45	3.27	0.592
2.20	1.32	0.038	3.85	2.31	0.208	5.50	3.30	0.608
2.25	1.35	0.041	3.90	2.34	0.217	5.55	3.33	0.625
2.30	1.38	0.044	3.95	2.37	0.225	5.60	3.36	0.642
2.35	1.41	0.047	4.00	2.40	0.234	5.65	3.39	0.660
2.40	1.44	0.05	4.05	2.43	0.243	5.70	3.42	0.667
2.45	1.47	0.053	4.10	2.46	0.252	5.75	3.45	0.695
2.50	1.50	0.057	4.15	2.49	0.261	5.80	3.48	0.714
2.55	1.53	0.06	4.20	2.52	0.271	5.85	3.51	0.732
2.60	1.56	0.064	4.25	2.55	0.280	5.90	3.54	0.751
2.65	1.59	0.068	4.30	2.58	0.290	5.95	3.57	0.770
2.70	1.62	0.072	4.35	2.61	0.301	6.00	3.60	0.790
2.75	1.65	0.076	4.40	2.64	0.311	6.05	3.63	0.810
2.80	1.68	0.08	4.45	2.67	0.322	6.10	3.66	0.830
2.85	1.71	0.084	4.50	2.70	0.333	6.15	3.69	0.851
2.90	1.74	0.089	4.55	2.73	0.344	6.20	3.72	0.872
2.95	1.77	0.093	4.60	2.76	0.356	6.25	3.75	0.893
3.00	1.80	0.098	4.65	2.79	0.367	6.30	3.78	0.915

직경	높이	중량	직경	높이	중량	직경	높이	중량
m/m	m/m	carat	m/m	m/m	carat	m/m	m/m	carat
6.35	3.81	0.937	8.15	4.89	1.981	9.95	5.97	3.605
6.40	3.84	0.959	8.20	4.92	2.018	10.00	6.00	3.660
6.45	3.87	0.982	8.25	4.95	2.055	10.05	6.03	3.715
6.50	3.90	1.005	8.30	4.98	2.092	10.10	6.06	3.770
6.55	3.93	1.028	8.35	5.01	2.130	10.15	6.09	3.827
6.60	3.96	1.052	8.40	5.04	2.169	10.20	6.12	3.884
6.65	3.99	1.076	8.45	5.07	2.208	10.25	6.15	3.941
6.70	4.02	1.100	8.50	5.10	2.247	10.30	6.18	3.999
6.75	4.05	1.125	8.55	5.13	2.287	10.35	6.21	4.057
6.80	4.08	1.150	8.60	5.16	2.327	10.40	6.24	4.117
6.85	4.11	1.176	8.65	5.19	2.368	10.45	6.27	4.176
6.90	4.14	1.202	8.70	5.22	2.410	10.55	6.33	4.297
6.95	4.17	1.228	8.75	5.25	2.451	10.60	6.36	4.359
7.00	4.20	1.255	8.80	5.28	2.494	10.65	6.39	4.421
7.05	4.23	1.282	8.85	5.31	2.536	10.70	6.42	4.483
7.10	4.26	1.309	8.90	5.34	2.580	10.75	6.45	4.546
7.15	4.29	1.337	8.95	5.37	2.623	10.80	6.48	4.610
7.20	4.32	1366	9.00	5.40	2.668	10.85	6.51	4.674
7.25	4.35	1.394	9.05	5.43	2.712	10.90	6.54	4.739
7.30	4.38	1.423	9.10	5.46	2.758	10.95	6.57	4.805
7.35	4.41	1.453	9.15	5.49	2.803	11.00	6.60	4.871
7.40	4.44	1.483	9.20	5.52	2.849	11.05	6.63	4.938
7.45	4.47	1.513	9.25	5.55	2.896	11.10	6.66	5.005
7.50	4.50	1.544	9.30	5.58	2.943	11.15	6.69	5.073
7.55	4.53	1.575	9.35	5.61	2.991	11.20	6.72	5.142
7.60	4.56	1.606	9.40	5.64	3.039	11.25	6.75	5.211
7.65	4.59	1.638	9.45	5.67	3.088	11.30	6.78	5.281
7.70	4.62	1.670	9.50	5.70	3.137	11.35	6.81	5.351
7.75	4.65	1.703	9.55	5.73	3.187	11.40	6.84	5.422
7.80	4.68	1.736	9.60	5.76	3.238	11.45	6.87	5.494
7.85	4.71	1.770	9.65	5.79	3.288	11.50	6.90	5.566
7.90	4.74	1.804	9.70	5.82	3.340	11.55	6.93	5.639
7.95	4.77	1.839	9.75	5.85	3.392	11.60	6.96	5.712
8.00	4.80	1.873	9.80	5.88	3.444	11.65	6.99	5.787
8.05	4.83	1.909	9.85	5.91	3.497	11.70	6.02	5.861
8.10	4.86	1.945	9.90	5.94	3.551	11.75	7.05	5.937

3 한국 반지 지름

(손가락 둘레 + 반지 두께)

반지호수	손가락 둘레	반지 안 지름	반지호수	손가락 둘레	반지 안 지름
1 호	44.0mm	13.1mm	16호	59.0mm	18.0mm
2 호	45.0mm	13.6mm	17호	60.0mm	18.mm
3 호	46.0mm	13.8mm	18호	61.mm	18.6mm
4 호	47.0mm	14.2mm	19호	62.0mm	19.0mm
5 호	48.0mm	14.5mm	20호	63.0mm	19.3mm
6 호	49.0mm	14.7mm	21호	64.0mm	19.6mm
7 호	50.0mm	15.2mm	22호	65.0mm	19.8mm
8 호	51.0mm	15.4mm	23호	66.0mm	20.1mm
9 호	52.0mm	15.8mm	24호	67.0mm	20.5mm
10호	53.0mm	16.0mm	25호	68.0mm	20.8mm
11호	54.0mm	16.4mm	26호	69.0mm	21.1mm
12호	55.0mm	16.6mm	27호	70.0mm	21.5mm
13호	56.0mm	17.0mm	28호	71.0mm	21.8mm
14호	57.0mm	17.2mm	29호	72.0mm	22.1mm
15호	58.0mm	17.7mm	30호	73.0 mm	22.5mm

4 한국 큐빅 기본 사이즈(펜시 컷 위주의 기본 사이즈)

(라운드는 거의 모든 사이즈가 있으나 펜시 컷은 사이즈 외에 제품은 주문 생산)

(단위 : mm)

라운드	물방울	뽀드	정사각	하트	삼각	직사각	타원	쿠션	트릴리온
1.00~	3.5×2.5	3×1.5	2.00	3.00	3.00	4×3	3.5×2.5	5.00	3.00
2.00	4×3	3×2	2.25	3.25	3.25	4.5×3.5	4×3	5.50	3.255
2.25	4.5×3.5	3.2×1.6	2.50	3.50	3.50	5×3	4×2.5	6.00	3.50
2.50	5×3	3.5×1.8	2.75	3.75	3.75	5×4	4.5×3.5	6.50	3.75
3.00	5.5×3.5	3.5×2.5	3.00	4.00	4.00	5.5×3.5	5×3	7.00	4.00
3.50	5×4	3.8×2	3.25	4.50	4.25	5.5×4.5	5×4	7.50	4.50
3.75	6×4	4×2	3.50	5.00	4.50	6×4	5.5×3.5	8.00	5.00
4.00	7×5	4×2.5	3.75	5.50	4.75	6.5×4.5	5.5×4.5	8.50	5.50
4.25	8×5	4.4×2.25	4.00	6.00	5.00	7×5	6×4	9.00	6.00
4.50	8×6	4.5×2	4.25	6.50	5.25	8×6	6×5	9.50	6.50

라운드	물방울	뽀드	정사각	하트	삼각	직사각	타원	쿠션	트릴리온
4.75	9×6	4.5×2.5	4.50	7.00	5.50	8.5×6.5	6.5×4.5	10.00	7.00
5.00	10×7	5×2.5	4.75	7.50	5.75	9×6	7×5	11.00	7.50
5.25	11×7	5×3	5.00	8.00	6.00	9×7	7.5×5.5	12.00	8.00
5.50	11×7.5	5.25×3	5.25	8.50	6.25	9.5×7.5	8×6	9×7	8.50
5.75	12×8	5.5×3.5	5.50	9.00	6.50	10×5	8.5×6.5	10×8	9.00
6.00	13×8	6×3	5.75	9.50	6.75	11×9	9×6	11×9	10.00
6.25	13×9	6×4	6.00	10.00	7.00	12×10	9×7	12×10	11.00
6.50	14×10	7×3.5	6.25	10.50	7.50	13×10	10×8	14×10	12.00
6.75	15×10	8×4	6.50	11.00	8.00	13×11	11×9	14×12	13.00
7.00	16×10	9×4.5	6.75	12.00	8.50	14×10	12×10	16×12	14.00
7.50	18×13	10×5	7.00	13.00	9.00	14×12	13×11	18×13	
8.00		11×5.5	7.50	14.00	9.50	16×12	14×10		
8.50		12×6	8.00	15.00	10.00	18×13	14×12		
9.00		13×6.5	8.50		11.00		15×10		
9.50		14×7	9.00		12.00		16×12		
10.00		15×7.5	9.50				18×13		
10.50		16×8	10.00				20×15		
11.00		18×9	10.50						
12.00		20×10	11						
13.00		30×15	12.00						
14.00			13.00						
15.00			14.00						
16.00									
17.00									
18.00									
19.00									
20.00									

5 Accessory Stone Sizes 일반 명칭(ø mm)

PP 1 & SSS 000 = 0.8~0.9	PP 25 & SS 13 = 3.2~3.3	SS 33 = 6.872~7.069
PP 2 & SS 00 = 0.9~1.0	PP 26 & SS 13 = 3.3~3.4	SS 34 = 7.069~7.272
PP 3 & SS 0 = 1.0~1.1	PP 27 & SS 14 = 3.4~3.5	SS 35 = 7.272~7.482
PP 4 & SS 1 = 1.1~1.2	PP 28 & SS 15 = 3.5~3.6	SS 36 = 7.482~7.7
PP 5 & SS 2 = 1.2~1.3	PP 29 & SS 15 = 3.6~3.7	SS 37 = 7.7~7.927
PP 6 & SS 2 = 1.3~1.35	PP 30 & SS 15 = 3.7~3.8	SS 38 = 7.927~8.164
PP 7 & SS 3 = 1.35~1.4	PP 31 & SS 16 = 3.8~4.0	SS 39 = 8.164~8.412
PP 8 & SS 3 = 1.4~1.5	PP 32 & SS 17 = 4.0~4.1	SS 40 = 8.412~8.672
PP 9 & SS 4 = 1.5~1.6	PP 33 & SS 17 = 4.1~4.2	SS 41 = 8.672~8.945
PP 10 & SS 4 = 1.6~1.7	SS 18 = 4.2~4.4	SS 42 = 8.945~9.232
PP 11 & SS 5 = 1.7~1.8	SS 19 = 4.4~4.6	SS 43 = 9.232~9.534
PP 12 & SS 5 = 1.8~1.9	SS 20 = 4.6~4.8	SS 44 = 9.534~9.852
PP 13 & SS 6 = 1.9~2.0	SS 21 = 4.8~4.9	SS 45 = 9.852~10.187
PP 14 & SS 6 = 2.0~2.1	SS 22 = 4.9~5.1	SS 46 = 10.187~10.54
PP 15 & SS 7 = 2.1~2.2	SS 23 = 5.1~5.27	SS 47 = 10.54~10.912
PP 16 & SS 7 = 2.2~2.3	SS 24 = 5.27~5.44	SS 48 = 10.912~11.304
PP 17 & SS 8 = 2.3~2.4	SS 25 = 5.44~5.61	SS 49 = 11.304~11.717
PP 18 & SS 9 = 2.4~2.5	SS 26 = 5.61~5.78	SS 50 = 11.717~11.97
PP 19 & SS 9 = 2.5~2.6	SS 27 = 5.78~5.96	SS 55 = 12.97~13.22
PP 20 & SS 9 = 2.6~2.7	SS 28 = 5.96~6.14	SS 60 = 14.22~14.47
PP 21 & SS 10 = 2.7~2.8	SS 29 = 6.14~6.32	SS 65 = 15.47~15.7
PP 22 & SS 10 = 2.8~2.9	SS 30 = 6.32~6.5	SS 70 = 16.72~16.97
PP 23 & SS 11 = 2.9~3.0	SS 31 = 6.5~6.68	SS 75 = 17.92~18.22
PP 24 & SS 12 = 3.0~3.2	SS 32= 6.68~6.872	

Size 별 판매 단위 1 그로스(gross) = 12 다스(dozen) =144 피스(piece)

- SS 5 ~ SS20 1 패키지(package) 단위는 10 그로스 = 120 다스 = 1440 피스
- SS 30 1 패키지 단위는 2.5 그로스 = 360 피스
- SS 34 ~ SS40 1 패키지 단위는 1 그로스 = 144 피스
- SS 48 1 패키지 단위는 0.5 그로스 = 72 피스

Jeweler 도우미 I *JCAD Pro*

2009년 4월 20일 1판 1쇄 인쇄
2009년 4월 25일 1판 1쇄 발행

저 자 ● 장 성 식
발행자 ● 조 승 식
발행처 ● (주) 도서출판 **북스힐**
서울시 강북구 수유2동 258-20
등 록 ● 제 22-457호

(02) 994-0071(代)
(02) 994-0073
www.bookshill.com

값 22,000원(CD 포함)

ISBN 978-89-5526-577-4